LA
MÉDITERRANÉE

SES ILES ET SES BORDS

LA
MÉDITERRANÉE

SES ILES ET SES BORDS

PAR

M. LOUIS ÉNAULT.

ILLUSTRATIONS DE MM. ROUARGUE FRÈRES

PARIS

MORIZOT, LIBRAIRE-ÉDITEUR

3, RUE PAVÉE-SAINT-ANDRÉ.

1863

Tous droits réservés.

LA MÉDITERRANÉE

SES ILES ET SES BORDS

I

LA MÉDITERRANÉE.

Quelques mots en guise de préface. — Où l'auteur aurait envie de parler de lui. — La Méditerranée et l'Océan. — Rapide coup d'œil. — Souvenirs et paysages.

Voici un livre que j'avais envie d'écrire depuis dix ans, — depuis le jour où, m'embarquant à Marseille pour la Terre Sainte, je me livrai aux flots de la Méditerranée — et à ses charmes. Je ne fis, hélas! que la traverser, mais non sans me promettre d'y revenir... J'ai tenu parole : elle et moi nous nous sommes revus bien des fois. J'ai côtoyé tous ses rivages, j'ai visité toutes ses îles, franchi tous ses détroits, et je puis résumer toutes mes impressions par un mot, qui devrait suffire à l'histoire de toutes les amitiés et de tous les amours! « Plus je la vis, plus je l'aimai! » J'ai du sang norvégien dans les veines; je viens de ceux qui s'appelaient eux-mêmes les rois de la mer, qui avaient le cœur entouré du triple airain, et dont la barque fragile luttait avec la vague et l'écueil. Tout petit, j'ai joué avec la blanche écume.

Si plus tard la vie dure et les rudes labeurs m'ont attaché à la terre, dès que j'avais reconquis un peu de liberté par le travail — auquel je dois tout ce que je suis, c'est peu de chose; et tout ce que j'ai, c'est moins encore — j'allais retremper mes poumons au souffle frais de la brise marine. — Je partageais mon temps entre l'Océan et la Méditerranée. Ne forment-ils point l'un avec l'autre le plus saisissant contraste?

L'Océan est plus grand, sans doute... C'est le grand Océan! Il a pour lui le double prestige de l'infini et de l'inconnu; il a ses abîmes insondés et ses plages inexplorées : « *Major è longinquo reverentia.* » Il a sa vie à lui, une vie puissante et majestueuse, dont chaque palpitation prend douze heures; ses longs flots roulants entourent le monde comme une ceinture, et la courbe de ses montagnes liquides se creuse au bord des Amériques et s'écroule sur les rivages de notre Europe. Il est partout à la fois; rien ne lui reste étranger dans ce vaste monde; comme Dieu, dont il est la plus sublime image, il ne connaît les bornes ni de la durée, ni de l'étendue. Il baigne tous les continents et reçoit dans son sein le reflet de tous les cieux; — son limpide miroir vous renvoie et les rayons brûlants du soleil de l'équateur, et les soleils mourants des pôles; il est tout à la fois éclairé par l'astre du jour et illuminé par les astres de la nuit, et il voit dans le même moment et tous les soirs qui s'éteignent, et toutes les aurores qui s'éveillent. — A le contempler du haut de ses falaises, le vertige vous prend, et si vous n'avez pas dans l'âme, fortement gravée, l'idée d'un Dieu personnel et distinct de sa création, je ne sais quelles vagues et perfides idées de panthéisme vous arrivent, quand vous le regardez trop longtemps; la voix des flots, profonde et caressante, vous appelle, et vous sentez une secrète envie de vous absorber et de vous perdre, en l'écoutant, dans le sein du grand tout.

Il ne faut pas demander à la Méditerranée des impressions si fortes. La Méditerranée est un lac délicieux; mais c'est un lac. — Elle n'a flux ni reflux pour la troubler; aussi, de même qu'il faut voir l'Océan dans ses tempêtes, de même faut-il voir la Méditerranée quand elle est calme et sereine. Elle est alors toute pleine de grâce : son sein s'émeut à peine; ses petites vagues roulent mollement, et vous bercent comme des bras amis, avec je ne sais quel murmure plaintif et doux.

L'Océan, dont je vantais les grandeurs, l'Océan est un parvenu : il n'a point de passé ; le passé de la Méditerranée remonte, pour ainsi dire, aux premiers jours du monde, et ses souvenirs se confondent avec ceux de l'humanité. Que de rivages elle baigne, que de peuples elle désaltère, que de fleuves elle reçoit, que de continents elle unit, que d'îles elle entoure de ses belles ondes ! Elle se parfume des orangers de Cadix, et s'endort dans le golfe de Smyrne, — après avoir moissonné les fleurs de l'Archipel, — posant sa tête entre les colonnes d'Hercule et ses pieds d'argent sur les îles de la mer Égée, tandis que ses deux bras touchent l'Afrique et l'Italie. L'Écriture l'appelle *la Mer* par excellence, et trouve pour la peindre ces expressions dont elle seule a le secret. Les Grecs lui donnèrent toutes sortes de noms harmonieux, et empruntèrent au calme de ses flots l'image la plus parfaite de la beauté du visage humain : « Calme comme le calme des mers, » disait un de leurs poëtes, en parlant de cette beauté harmonieuse et sereine qui rayonne dans leurs marbres éternels. Les Romains, qui conquirent ses bords, la nommèrent *la mer Intérieure ;* et la politique qui change à chaque instant les lignes rouges et bleues de la carte, en fera peut-être quelque jour un grand lac français. Pendant longtemps l'histoire de la Méditerranée fut presque l'histoire du vieux monde campé sur ses rivages, de même que ses ondes furent le théâtre flottant de tous les grands drames du passé. Elle porta tour à tour les colonies égyptiennes qui peuplèrent la Grèce et ces aventuriers grecs qui promenèrent leur audace et leur génie sur ses flots, et ces grands exils, illustres comme des triomphes, et ces défaites qui étaient encore de la gloire! Elle vit tour à tour Carthage, fondée pour éterniser le deuil de Didon et sa foi violée ; les Troyens, chargés de leurs dieux, et Antoine, perdant le monde pour ne pas perdre le sourire de Cléopâtre : « Je n'ai pas fui, disait-il, je l'ai suivie! » Où retrouver de pareils souvenirs? Mais les siècles passent, une civilisation nouvelle change la face des choses ; les barques de Galilée échouent sur tous ses écueils avec leurs pêcheurs d'hommes ; les croisés plantent leur étendard sur tous ses rochers ; les galères chrétiennes se heurtent contre les barques turques ; les pirates écument l'Archipel ; les Grecs modernes lui rendent un instant l'écho de Salamine, et l'attention et les regards du monde, hier encore, n'étaient-ils point invinciblement attirés sur ce mouillage de Ténédos, qui doit donner l'immortalité au nom de Bésika !

Je ne fais qu'effleurer ces inépuisables sujets : j'oublie l'Adriatique, et la reine des lagunes, Venise, si éclatante aux jours de sa gloire, si morne aujourd'hui, — et qu'il me semble voir encore, assise sur ses rivages, comme la grande désolée des nations, pleurant ses fils parce qu'ils ne sont plus, pleurant sa liberté trahie ; j'oublie la plus aimable civilisation du monde, et la plus brillante fleur de l'âme humaine, épanouie sur les rivages de l'Ionie, au bord des fleuves qu'enchantait le génie d'Homère ; je n'ai parlé ni de Byzance, que retint un instant sur son déclin trop rapide la civilisation du vieux monde ; ni des Cyclades, habile transition de la nature entre l'Europe et l'Asie, constellation d'îles semées sur l'azur des flots comme les étoiles dans l'azur du ciel. Je n'ai pas nommé l'Égypte, — cette patrie du granit immobile et du sable mouvant, cette vieille terre faite aujourd'hui de la cendre des morts, qui compte par siècles, quand nous comptons par années, et où les dynasties défilent devant l'impassible histoire, comme ailleurs les individus se succèdent. Puis, à côté, voici les Syrtes sauvages et la régence de Tunis, longtemps notre ennemie, notre alliée aujourd'hui, secouant la chaîne de son antique barbarie et s'initiant avec une ardeur de néophyte à la pensée moderne. Un peu plus loin, voici l'Algérie, cette jeune France d'outre-mer, encore effarée du bruit des armes, — toujours prête à secouer le joug de la conquête, et se défiant toujours des présents douteux qui lui viennent d'Europe. — Enfin, pour clore la liste dignement, voici l'Espagne héroïque, essuyant son épée, teinte du sang du Maroc, et regrettant de n'avoir plus d'Abencerrages à combattre.

Cette situation de la Méditerranée est vraiment admirable. Elle a pour rivages les trois continents qui furent jadis le monde connu, et comme si elle se trouvait encore à l'étroit dans cette large étendue, sa vague irritée renverse les colonnes d'Hercule pour aller rejoindre le flot atlantique; le Bosphore et la mer Noire la rapprochent des races slaves qu'attend le long avenir, tandis que les pionniers de M. de Lesseps lui ouvrent à travers le Désert cette communication avec la mer Rouge qui lui livrera l'extrême Orient, en mariant dans ses abîmes les ondes du Rhône à celles du Gange, du fleuve Jaune et du Brahma-Poutra.

Nulle part le ciel, la terre et la mer ne conspirent avec un plus merveilleux accord pour ravir le regard par la grâce des lignes et l'harmonie des couleurs. Nulle part les côtes, les îles, les golfes, les montagnes n'ont de lignes plus pures, de plus souples mouvements, des ondulations plus faciles, des profils d'une correction plus sévère.

On pourrait faire un cours de paysage sans quitter le bord. Toutes ces côtes effleurées, toutes ces îles, aperçues ou visitées, les golfes de l'Italie, les rochers de la Corse, les montagnes de la Sardaigne, les villes de Sicile, les dentelures de Gozzo et de Malte nous présentent leurs sites souriants ou sévères et leurs aspects changeants.

Tout le monde a vanté la transparence bleue de son ciel sans nuage; la mer a des nuances infinies. Sa palette liquide étale une gamme chromatique de couleurs fondues, depuis la turquoise pâle du golfe de Gênes et le saphir de Tunis jusqu'aux émeraudes veinées d'or d'Alexandrie et de Rosette. Quand on approche des mers de la Grèce, les phénomènes de lumière prennent une intensité et des caractères particuliers. Le crépuscule et l'aurore sont supprimés; le jour se précipite dans la nuit; la nuit disparaît du ciel comme une tente qu'on roule. Les levers de soleil, qui ne durent qu'un instant, ont des splendeurs inouïes.

Une bande violette unit à l'horizon la nue avec le ciel. Des nuages légers, d'un lilas clair par le bas et plus foncé vers le haut, sont répandus çà et là, comme des mouchetures de panthère, sur une bande de lapis-lazuli; puis le violet se teint en pourpre; des touffes de roses semblent éclore çà et là dans le firmament; puis tout à coup et d'un bond, le soleil, invisible jusque-là, franchit la ligne de l'horizon. On se rappelle les comparaisons des poëtes, et ce guerrier au casque d'or, dont les flèches, qui sont des rayons, chassent au loin les nuages.

C'est le jour!

Ces souvenirs et ces spectacles occupent les longues heures de calme monotone, pendant lesquelles l'astre sans repos fait le tour du bateau, mesurent les heures trop lentes au gnomon du capitaine. Trop heureux de n'avoir à noter sur notre journal, ni le sirocco du midi ou la mousson du nord, ni la brise de mer, ni la houle du large, ni cette troisième lame dont parlent les poëtes et les marins, et qui perdent les vaisseaux!

En attendant, de Marseille à Jaffa, vingt échantillons de la race humaine ont passé sous vos yeux. Le bord du steamer est un diorama vivant. Tant que vous longez les côtes d'Italie, les Français, les Anglais, les Allemands, les Espagnols s'arrangent et se posent en groupes pittoresques à tous les coins du bateau. A partir de la Sicile et de Malte, ce sont les Grecs et les Égyptiens qui dominent. Après Alexandrie et Syra, c'est le tour de l'Orient. Le costume des Francs Levantins laisse flotter ses longs plis majestueux; les Juifs se drapent dans leurs manteaux percés; les Turcs, accroupis, fument le chibouk; les Arabes étendent au soleil leurs membres souples et nus, pendant que les pèlerins qui reviennent de la Mecque et ceux qui vont à Jérusalem échangent entre eux le titre sacré d'*Hadji*.

On se fait assez vite à la régularité de la vie à bord, et l'on est à peu près accoutumé à son bateau..... le jour où on le quitte.

On l'a dit avec raison : la Méditerranée est un vrai lac parsemé d'archipels; on peut abandonner sa voile : on est certain d'atterrir à un rivage hospitalier; il n'est pas besoin de choisir pour trouver dans les dentelures de ses côtes de beaux ports, des golfes gracieux, des havres magnifiques et des plages séduisantes. Les brises, généralement douces et tournant chaque jour avec le soleil, poussent le navire d'un souffle égal; si parfois l'ouragan bouleverse sa face mobile, le calme y succède promptement à la tempête. Comme on le sait, les marées y sont nulles, le niveau toujours égal, de telle sorte que les jeux alternatifs des courants n'y contrarient ni l'entrée ni la sortie des baies. Les terres qu'elle baigne sont comme d'attrayantes oasis aimées du ciel : on n'a qu'à choisir entre la rivière de Gênes, le golfe de Naples, Sorrente, la Sicile, l'Égypte, l'Asie Mineure, l'Espagne ou l'Afrique; partout les peuples navigateurs sont invités à se fixer autour de ce bassin tranquille, où l'oranger exhale ses plus doux parfums et fait briller son fruit d'or dans le feuillage sombre.

II

MARSEILLE.

L'arrivée. — La ville. — Le présent et le passé. — Population. — Les femmes du peuple. — La Cannebière. — Peu de monuments. — Marseille artiste. — Un peu d'histoire. — Promenades publiques. — Un mariage impromptu. — L'hôtel de Suez. — Notre-Dame de la Garde. — L'architecture gothique et la gaieté méridionale. — La cathédrale de Marseille. — Le style byzantin. — Rêves d'avenir.

Quand le voyageur qui vient d'Arles a franchi la plaine de la Crau, cette zone torride de la Provence, traversé le viaduc de Saint-Chamas, et longé l'étang de Berre, plus grand que bien des lacs, le sifflet de la locomotive déchire brusquement l'air et perce son tympan; la nuit nous enveloppe, et le convoi s'enfonce en des profondeurs sombres : c'est le souterrain de la Nerthe. Marseille est au delà; longtemps dérobé par un pli de terrain, il va nous apparaître avec le jour.

Bientôt la lumière se fait. Nous sortons du *tunnel;* une gorge sauvage, bordée de rocs aux formes étranges, nous montre ses flancs pelés, plaqués d'ocre rouge et de tons gris-verdâtres. Mais, tout à coup, les roches s'écartent, comme un rideau d'opéra qu'on rejetterait des deux côtés, et les splendeurs d'un décor féerique se déroulent devant nos yeux éblouis.

La mer!

On ne voit qu'elle d'abord, la mer immense, avec ses vagues étincelantes et ses vastes nappes d'azur tachetées de voiles blanches; à trois cents pieds au-dessous du rail, le flot vient mourir en découpant, par de vives arêtes, les contours de la côte.

Je ne connais pas en France un panorama plus magique. Le

vaste système de montagnes qui parcourt la Provence du nord au sud, s'entr'ouvre tout à coup, et, par deux longs bras, qui s'avancent au loin dans la mer, il entoure un vaste espace : c'est le golfe de Marseille.

Marseille est au fond.

L'étendue vous saisit, la couleur vous charme. Autour de vous, sur toutes les hauteurs, s'élèvent des bouquets de pins d'Italie, formant d'élégants parasols d'un vert sombre; sur le flanc des coteaux descendent les oliviers, à la verdure pâle; partout, au milieu des grands arbres, les bastides montrent leurs murailles blanches et leurs toits rouges; un peu plus loin, entre la terre et l'eau, et, comme sur la limite des deux éléments, Marseille tour à tour se fait voir et se cache, suivant les ondulations du rivage; la tour Saint-Jean lui sert de bornes, et les îles de Pomègue et de Ratonneau ferment son horizon.

On voudrait longtemps rester là, et graver dans son âme l'empreinte de ces belles images qui ne s'effaceront plus.

Le vapeur vous emporte, et, une heure plus tard, le flux et le reflux de la houle humaine vous promènent et vous bercent sur les larges trottoirs de la Cannebière et sur les quais de la Joliette et du vieux Port.

C'était déjà le soir quand j'arrivai à l'entrée de cette belle rue de la Cannebière, moins longue peut-être, mais plus large que notre rue Royale Saint-Honoré, bordée d'hôtels d'une architecture majestueuse, bâtis par Le Puget, et qui commence d'un côté à une promenade plantée d'arbres, pour finir de l'autre à une forêt de mâts. Sur un ciel ardent où se fondaient dans un ton d'une incomparable harmonie les plus riches nuances de la pourpre et de l'or, les agrès des navires découpaient leurs noires silhouettes enchevêtrées et immobiles. Le spectacle était saisissant. Et quel plaisir de se mêler à cette foule bigarrée, diverse et ondoyante, où tous les costumes marchent et se coudoient; où se croisent et s'échangent tous les idiomes! Marseille, c'est l'Orient et l'Europe qui se donnent la main. Ici les Turcs obèses, à la physionomie honnête et douce, à la gravité nonchalante, vêtus de pelisses et coiffés de turbans, passent à côté des Arméniens au noble et calme visage, dont la longue robe levantine traîne sur les dalles; les Grecs futés leur jettent des regards obliques; les Maltais se reconnaissent à leurs jambes nues, sèches et nerveuses; l'Afrique nous montre toute une gamme de couleurs sombres, depuis le bistre olivâtre jusqu'au noir d'ébène lustré; les Catalans ont des yeux et des fronts d'airain; les Anglais balancent leurs membres maladroits et dégingandés, tandis que les célèbres portefaix du pays étalent fièrement leur carrure athlétique.

Le port de la Cannebière, voilà ce que l'étranger doit voir tout d'abord à Marseille. Peut-être serait-il assez heureux pour Marseille qu'il ne pût pas voir autre chose. Ce n'est pas, toutefois, que Marseille manque de certains détails intéressants. Il a un JARDIN BOTANIQUE, dans un site admirable, avec de beaux horizons et de superbes échappées de vue sur la mer et sur les montagnes de la Provence; il a les ALLÉES DE MEILHAN, avec la plus charmante fontaine du monde. Je vous la recommande, cette jolie FONTAINE des Allées de Meilhan; je n'en connais pas en France qui me plaise davantage. Là, plus de rochers artificiels, plus de fausses cascades, plus de marbres prétentieux; plus de Tritons mal venus, de Neptunes grotesques ou d'Amphitrites aux lourds appas, — vous avez tout simplement un gros massif de lauriers-roses, de saules pleureurs et de plantes aquatiques; au milieu de toute cette verdure, fraîche et vigoureuse, la gerbe jaillit; entre les arbres, un rayon de lumière glisse, tombe sur elle et fait étinceler ses paillettes d'argent; çà et là, purs comme le cristal, jasent et courent en filets minces à travers la nymphée sombre, au milieu des fleurs brillantes, de petits ruisselets scintillants. Je ne sais rien de plus délicieux et de plus poétique.

MARSEILLE.

Marseille vante encore sa promenade du Prado, plantée de cinq ou six rangs de platanes aux larges feuillages, bordée, du côté de la ville, par des habitations somptueuses qui s'étagent sur la croupe onduleuse des collines, au milieu de bosquets de pins d'Italie, et, du côté des prairies qu'arrose l'Huveaume, par des villas et des maisons de campagne entourées de parcs aussi frais que ceux de l'Écosse ou de l'Irlande.

Assise au bord de la Méditerranée, s'étageant en amphithéâtre sur la croupe mollement ondulée des collines, la reine du Midi s'épanouit au souffle des brises tièdes qui lui apportent les échos d'Athènes et les parfums de la molle Ionie.

Marseille, la plus ancienne de nos villes de France, se vante d'une noble origine. Les premières pages de son histoire ont l'éclat et le parfum d'un chant d'Homère : hommes ou peuples, nous aimons que la poésie enchante notre berceau de ses légendes.

Les Phocéens, hardis navigateurs qui exploraient toutes les côtes de la Méditerranée, frappés de la beauté du site où s'élève aujourd'hui Marseille, députèrent un des leurs, Protis, au roi du pays, pour lui proposer une alliance.

Protis eut le bonheur d'arriver à propos : c'était le jour même où Gyptis, la fille du roi, allait choisir un époux. La jeune fille, une coupe à la main, devait la présenter à celui des assistants qu'elle daignerait choisir. Protis était jeune et beau. Venue près de lui, Gyptis n'alla pas plus loin, mais, rougissante, elle lui tendit la coupe.

Marseille était fondé.

Pendant cinq ou six cents ans, il fut grec ; c'est-à-dire qu'il représenta en Occident la civilisation la plus brillante et la plus accomplie du vieux monde.

Et cependant tous les vestiges de cette admirable civilisation tiendraient dans le creux de ma main; ce sont quelques médailles d'une exquise beauté, j'en conviens, mais perdues au fond d'un cabinet où personne ne va les voir.

Plus tard, Marseille fut l'ami et l'allié de Rome. Mais l'amitié de Rome était dangereuse; un jour vint où Marseille fut réduit comme le reste de la Gaule.

Rome, du moins, savait se faire pardonner ses victoires en couvrant le sol vaincu des monuments de sa puissance et de son art. Partout la Provence en est sillonnée. Pour ne citer ici que les témoignages les plus éclatants, qui ne connaît les Arènes de Nîmes, et ce temple délicieux que le peuple appelle la *Maison Carrée?*

Outre un Cirque admirable, Arles nous montre encore le théâtre d'Auguste et de Livie, et les ruines du palais de Constantin et du Panthéon.

A Marseille, il n'y a rien.

On sait quelle féconde époque fut le moyen âge pour la France; on connaît ses misères et sa grandeur. Ce fut un âge d'or et de fer tout à la fois; au milieu des larmes et du sang qui coulaient partout, il y eut comme une explosion du génie humain. Partout s'élevèrent des palais, des châteaux, des temples superbes; des cathédrales dont les ogives, se penchant l'une vers l'autre, comme des sœurs qui s'embrassent dans la prière, portèrent jusqu'au ciel la pensée de la terre.

Le moyen âge n'a rien laissé à Marseille.

Bientôt, ce fut le tour de la Renaissance; elle passa les monts, ouvrit ses belles mains prodigues, et la France des Valois fut couverte de merveilles.

Sans doute elle eut peur du négoce, car elle oublia Marseille.

Tout récemment, cependant, les Marseillais se sont piqués d'honneur; ils ont voulu bâtir quelque chose qui fît parler d'eux, et ils ont ordonné à leur architecte de leur construire... une Bourse... Il n'y a rien à cela que de très-permis, et l'on comprend ce désir chez des négociants. Mais ce que l'on comprend moins, c'est la masse de critiques auxquelles cette pauvre Bourse prête le flanc. D'abord, on l'a placée aussi mal que possible, comme une maison, à l'alignement d'une rue, sans que de grands et beaux dégagements, habilement ménagés, lui assurent ces perspectives imposantes qui rehaussent tous les mérites d'un monument; il n'y a même pas une rue devant la façade. On ne comprend pas qu'il ait été possible d'oublier à ce point les plus simples lois et les plus élémentaires convenances architecturales.

Quant au monument en lui-même, c'est quelque chose de si bizarre, de si hétéroclite, un tel mélange de tous les ordres connus et inconnus, un si malheureux essai d'ornementation mal venue, qu'en vérité je crois que le mieux est de n'en point parler.

Maintenant, voulez-vous le bilan des arts plastiques?

Au fronton de l'Hôtel de Ville (médiocre chose dans le goût italien), un très-joli écusson de Puget, avec d'adorables petits génies portant les armes *mutilées* de la France;

A la Consigne, au milieu de quatre tableaux, plutôt bons que mauvais, un excellent bas-relief du même Puget, représentant *la Peste de Milan*, dont quelques parties offrent des beautés de premier ordre;

Une jolie fontaine sur la place Saint-Ferréol, dont la colonne de granit est surmontée d'une aimable statue d'enfant, par Chardigny;

Une porte, d'un caractère assez noble, avec de bonnes sculptures de David.

Enfin, au Musée, quelques tableaux de mérite, parmi d'autres qui n'en ont guère.

C'est tout... et ce n'est pas assez pour la seconde ou la troisième ville de l'empire français.

Mais s'il est vrai que l'on chercherait vainement dans toute l'étendue du territoire marseillais un tronçon de colonne, un chapiteau mutilé, capables de réveiller dans l'esprit du voyageur amoureux des œuvres éternellement jeunes, éternellement belles de la Grèce, le souvenir des Phocéens, fondateurs de la ville, faut-il en conclure que les Marseillais n'ont ni le sentiment ni le goût des arts? Ce serait une grave erreur, et je ne connais pas en France une seule ville, si l'on en excepte Paris, — mais Paris est une ville européenne plutôt encore qu'une ville française, — où la préoccupation de l'art soit plus constante que chez le peuple marseillais, et où la nature ait plus largement répandu des aptitudes heureuses. La ville est remplie de peintres, de musiciens et de poëtes, qui n'ont pas l'outrecuidante prétention de vivre de leur guitare, de leur lyre ou de leur pinceau, car ils appartiennent tous à des industries florissantes, ou à de bons métiers lucratifs, qu'ils n'ont garde d'abandonner pour les douteuses et capricieuses faveurs de la Muse; mais leurs productions artistiques n'en révèlent pas moins une facilité remarquable. Elles sont admises à nos expositions parisiennes, et font souvent honneur à la patrie du Puget. Dans des sociétés de bourgeoisie moyenne, j'ai entendu des barcarolles pleines de couleur et d'un très-vif accent.

Le très-beau poëme de *Mireïo*, que M. de Lamartine ne craint pas de comparer aux sublimes compositions d'Homère (politesse de poëte à poëte), est éclos au milieu d'une pléiade de troubadours qui chantent et riment en travaillant.

Tout cela ne prouve-t-il point les dons d'une nature généreuse jusqu'à la prodigalité? Mais, pareils aux laboureurs de terres trop fertiles, qui se contentent de les remuer du pied, et qui les abandonnent avec leur semence au soleil et aux ondées, les Marseillais ne songent point à pousser jusqu'au bout cette forte culture sans laquelle la plante humaine n'arrive point à son complet épanouissement, et ne donne jamais ni toute sa fleur ni tout son fruit.

Je crois, du reste, que, sous ce rapport comme sous beaucoup d'autres, Marseille est sur le point de subir une transformation heureuse. L'exemple lui viendra de haut, et tout fait espérer qu'il aura des résultats féconds.

Deux ou trois monuments se préparent ou s'élèvent aujourd'hui, qui, par la grandeur de leurs proportions et de sérieuses qualités de style, révéleront peut-être à l'esprit des Marseillais les conditions d'un art nouveau.

Le premier de ces monuments, dont nous avons en ce moment le plan sous les yeux, n'est qu'un hôtel, dont nous sommes allé visiter l'emplacement sur le port de la Joliette.

Cet hôtel, ou plutôt, pour être juste, ce caravansérail de deux mondes, fortement assis sur le rivage du vieil Occident, tourne sa face vers l'Orient, et porte à son fronton ces quatre lettres, qui forment pour Marseille le mot de l'avenir : SUEZ!

L'hôtel de Suez, à cette place, c'est le trait d'union entre vingt peuples et vingt civilisations. Mais je n'ai point à examiner ici le côté moral de l'entreprise; je ne dois et je ne veux m'occuper que de la question d'art.

L'hôtel de Suez sera le plus bel édifice civil de Marseille. Profilant sa grande façade sur le quai de la Joliette, il développera ses arcades géminées, et surmontées d'une rose dans le goût de certains palais mauresques, qui font, à Venise, l'orgueil du grand canal, avec cette différence toutefois que les palais de Venise ne sont, le plus souvent, que de petits hôtels, tandis que l'hôtel de Suez sera un palais gigantesque, dont la décoration empruntera toutes les ressources de l'art moderne. Pour la beauté du plan, pour la majesté de l'ensemble, pour la richesse des détails, l'hôtel de Suez fera époque dans les destinées du Marseille monumental.

A l'extrémité de Marseille, sur la dernière cime du rocher qui le domine, il est un oratoire vénéré, consacré à la Reine des anges, à l'Étoile de la mer, à la patronne des matelots.

On l'appelle Notre-Dame-de-la-Garde, et plus d'un capitaine, suivi de ses marins, après avoir échappé au naufrage, gravit sur ses genoux la montée âpre et dure qui conduit aux pieds de Marie.

La chapelle est humble et petite ; elle n'a rien en soi de remarquable, mais l'antiquité du lieu, la reconnaissance des fidèles, la foi de tous, l'ont rendue sacrée.

Tout à côté, presque sur le même emplacement, un architecte marseillais, dont le nom est d'heureux augure, M. Espérandieu, élève une chapelle, aujourd'hui aux deux tiers de sa construction, et qui sera d'une grande élégance et peut-être d'une trop grande richesse : l'intérieur est orné partout de riches sculptures, où éclatent, dans leurs vives couleurs, les marbres les plus rares. Je me demande maintenant si les femmes et les filles des matelots oseront suspendre à ces murailles étincelantes leurs *ex-voto* à vingt francs pièce. Mais telle n'est point la question qui a préoccupé l'architecte ; il a voulu doter cette partie de Marseille d'un petit monument. Nous croyons qu'il a réussi ; cependant, comme il ne faut pas que la critique perde jamais ses droits, nous dirons qu'il y a dans les chapiteaux un certain mélange composite qui nous fait sortir du byzantin pur ; les petites têtes mêlées aux ornements nous ont aussi paru porter une empreinte moderne trop caractérisée.

La cathédrale, que l'on construit en ce moment même, voilà le vrai monument du Marseille de l'avenir.

Admirablement située sur la limite extrême de la vieille ville, au milieu des quais de la Joliette, la maison de Dieu abritera les maisons de l'homme et dominera la mer au loin, montrant, comme un phare, leur route aux vaisseaux.

On a longtemps discuté sur le plus ou moins de convenances des divers styles architectoniques qu'il était possible d'employer pour une église, et qu'ont déjà consacrés les traditions du catholicisme.

Les uns, se souvenant des effets saisissants de l'architecture ogivale et de ses flèches magnifiques qui, d'un seul élan, jaillissent de la terre vers le ciel, voulaient que l'on prît pour modèle quelqu'une de nos admirables basiliques du Moyen-Age.

C'était, je crois, une poétique erreur. Nos cathédrales gothiques, avec leur grandeur mystérieuse et vague et leurs aspirations infinies, qui plongent l'âme dans l'infini du rêve, conviennent merveilleusement à nos cieux du Nord, avec leur expression variée et profonde, leurs nuages changeants, leur lumière brisée et leurs nuances un peu sombres, si bien en harmonie, hélas! avec nos passions mélancoliques. Mais quelle différence avec ce ciel du Midi, tente d'azur rayée d'argent au passage de quelque nuage léger, et qui ne semble faite que pour abriter les félicités de l'homme et les fêtes de la nature! Ah! il faut le voir, ce beau ciel, d'un bleu si profond au zénith, et qui, dégradé par nuances insensibles, va se perdre à l'horizon dans une blancheur ravissante, il faut le voir, ou l'on ne saura jamais tout ce qu'il peut entrer de joie dans l'âme de l'homme par ses yeux. Comme on doit porter la vie légèrement au milieu de cette inaltérable sérénité, dans cette profusion de clarté, dans cet épanchement de lumière dorée! Quelle richesse, quelle beauté, quel charme inépuisable dans ces deux teintes suaves, le bleu et le blanc, qui se rapprochent, se confondent, et finissent par s'évanouir l'une dans l'autre; quelle transparence dans l'air, et quelle profondeur dans le ciel!

On le comprend : ce n'est pas au milieu de ces éblouissantes splendeurs que l'on devait placer l'architecture grave, et même un peu triste, si bien d'accord avec les brumes de l'Allemagne, de l'Angleterre et de la France du Nord, — où l'âme des Méridionaux se croit toujours en exil!

Il y fallait, au contraire, quelque chose de brillant, mais de fini, que le regard satisfait pût embrasser et saisir, sans qu'une préoccupation attristante l'engageât à chercher au delà, toujours plus loin!

Les beaux modèles de l'architecture byzantine se présentaient naturellement au souvenir et à l'esprit de nos artistes. L'architecture byzantine, dont l'œil suit et caresse les gracieux contours, qui a de si souples ellipses, des courbes si charmantes, des dômes si mollement arrondis, l'architecture byzantine convient merveilleusement à le décoration un peu terrestre de tous ces pays de la vie heureuse, où la religion même ne tourne jamais ses deux yeux à la fois vers le ciel.

Nous approuvons donc complétement le choix du type byzantin pour l'église de Marseille.

Nous donnerons peu de détails sur les arrangements particuliers et sur les dispositions intérieures de la cathédrale; on a refusé, avec assez peu de courtoisie, de nous laisser jeter un coup d'œil sur les plans, de peur sans doute que, de retour dans notre village, il ne nous prît fantaisie de faire construire une église sur le même modèle. Nous avons pu examiner cependant, — nous ne dirons pas où, — un projet complet et en relief du monument. Avec ces cinq coupoles, entremêlées de petits clochetons, il aura vraiment fort grand air, et, en voyant le rayon se briser et rejaillir, resplendissant, d'un dôme à l'autre, les matelots venant d'Orient pourront se croire encore dans les belles eaux de la Propontide, non loin de Sainte-Sophie, de la Suleymanieh, et des belles mosquées d'Achmet et de Bajazet II.

Une simple observation.

Au-dessous des anciennes basiliques, il n'était pas rare de voir des cryptes, ou églises souterraines, dans lesquelles, à de certains jours, et en mémoire des bienheureux martyrs, on célébrait les saints mystères.

Il n'y a point de crypte sous la cathédrale de Marseille; mais il y a des docks où l'on entasse le sucre et le coton. Dieu est au rez-de-chaussée, et les marchands dans la cave. Je voudrais plus de distance.

On nous répond que le terrain est si cher!

On a souvent dit, et l'on répète encore chaque jour, que Marseille, comme toutes les villes industrielles et commerçantes, se montre assez dédaigneux de tout ce qui touche à la littérature et aux beaux-arts. Il s'inquiète plus du prix de l'indigo et du savon que du mérite d'un tableau et des qualités d'un livre. Habitué à projeter au loin son activité, embrassant le monde dans ses spéculations, pendant de longs siècles Marseille ne considéra les choses qu'au point de vue exclusif de l'échange commercial, de l'achat et de la vente; le monde n'était pour lui qu'un vaste marché, et les hommes que des négociants.

Cependant la plus ancienne ville de France, la fille des Phocéens, la colonie grecque qui nous précéda tous dans la civilisation, Marseille, qui, quatre siècles avant notre ère, frappait à sa monnaie des drachmes à l'effigie de Diane, aussi belles que les plus belles médailles de Sicile, pendant que la Gaule Chevelue tressait en osier les grossiers simulacres de ses dieux, Marseille ne pouvait point rester toujours en dehors du grand mouvement intellectuel et artistique qui emporte aujourd'hui toutes les villes de notre France. Est-ce que la nature même des organisations méridionales n'est pas, plus que toute autre, prédisposée aux délicates jouissances de l'esprit? On peut refouler ses penchants, mais non pas les détruire!

Dès 1832, un Cercle des beaux-arts fut fondé à Marseille, et il organisait des expositions permanentes de tableaux et d'objets d'art.

Après plusieurs essais et diverses transformations heureuses, le Cercle des beaux-arts est devenu la *Société artistique des Bouches-du-Rhône.*

Dirigée et patronnée par les hommes les plus honorables de la ville, soutenue et enrichie par tout ce qui a un nom, une influence, une position, une fortune à Marseille, la Société des Bouches-du-Rhône excite et dirige un mouvement généreux dans lequel nous voudrions voir entrer toutes nos villes.

Et cependant, malgré tous ces éléments de grandeur et de beauté, malgré l'éclat pittoresque de son port, malgré son incomparable situation, Marseille, jusqu'à ces derniers temps, ne faisait à personne l'effet d'une grande et belle ville.

C'est que la grandeur ne se mesure pas seulement à l'étendue, et que sans ordre et sans harmonie il n'y a point de beauté véritable.

Les édiles de Marseille ont mis environ deux mille six cents ans à s'en apercevoir.

Pour la construction, pour l'embellissement d'une pareille ville, et même pour les rectifications de certaines parties, il serait indispensable d'avoir un système arrêté, un plan général, une idée préconçue, en un mot, un grand type de ville, réalisable en plus ou moins d'années, ou de siècles, si l'on veut, mais en vue duquel on travaillerait toujours. C'est ainsi que se préparent les œuvres dignes de durer. On ne devrait pas donner un coup de pioche ou de truelle qui ne fût un commencement d'exécution de quelque projet monumental, destiné à transformer un jour cette capitale du Midi, comme on transforme depuis dix années Lyon, Bordeaux et surtout Paris.

Marseille s'est contenté longtemps d'un provisoire trop souvent définitif; trop longtemps il a vécu au jour le jour, sans songer que les villes sont éternelles, que l'humanité ne meurt point, et que les bons pères n'ont jamais travaillé que pour leurs fils. Il allait au plus pressé, faisait de petites choses mesquines avec une économie bourgeoise, comme si l'on n'était pas toujours assez riche pour payer sa gloire et sa beauté; comme si, pour une ville, les grandes dépenses intelligentes n'étaient pas toujours un capital placé à gros intérêts. On jette l'argent par les fenêtres; l'or rentre par la porte.

C'est parce que Marseille est resté pendant des siècles sans comprendre ces vérités de premier ordre que chez lui tout accuse ce manque de symétrie et d'unité qui est une indispensable condition de la grandeur et de la beauté des villes modernes. Rien ne se correspond, rien ne s'appelle et ne se motive réciproquement. Les rues s'en vont d'un côté, les promenades de l'autre, et il n'y a pas une place, — je dis pas une — méritant ce nom, — reliant ces rues les unes aux autres, et ouvrant aux regards ces belles et vastes perspectives qui les réjouissent.

Disons-le, toutefois, il y a aujourd'hui d'heureux symptômes, et l'on peut noter partout une amélioration marquée.

La Cannebière, — qui est à peu près la seule rue de Marseille, — aboutit à de misérables ruelles, encombrées par le flot des affaires, où la circulation est interrompue trois ou quatre fois par jour, et où deux voitures ne peuvent se rencontrer.

On prolonge la rue et on élargit les ruelles. De l'est à l'ouest, depuis le port jusqu'à la campagne, on va ouvrir, en ligne *presque* droite, une grande artère où circulera la vie; cette fois on ne ménage plus l'espace : des flots de lumière baigneront des flots d'hommes.

Au cœur même de la ville, tout à côté des quartiers riches et élégants, sur la limite de la Cannebière, se trouve le vieux Marseille, indescriptible amas d'antiques maisons qui se sont entassées les unes sur les autres depuis des siècles; dédale de rues si étroites, que l'on ne peut marcher au milieu sans coudoyer les murailles des deux côtés, et qui, avec leurs toits surplombants, leurs balcons en saillie, leurs portes enfoncées sous les auvents, leurs brusques zigzags, leurs détours soudains, leurs impasses ténébreuses, leurs repaires infects, leurs défilés en coupe-gorge, offrent un spectacle vraiment étrange quand on le voit la nuit, par quelque lune capricieuse, qui tour à tour vous illumine et vous laisse dans l'ombre. C'est une fantaisie digne des pinceaux de Martinn et des crayons de Callot, mais où le manque d'espace, d'air et de lumière font de chaque minute de la vie un supplice, ou du moins une privation, et où les créatures humaines s'entassent dans des réduits dont le seul aspect serre ou soulève le cœur. Quand les navires de Marseille lui rapportent avec les tissus et les parfums d'Orient ses contagions mystérieuses, c'est là que la peste sévit avec le plus de fureur; quand le choléra passe dans l'air et secoue ses ailes noires au-dessus de la ville, c'est là qu'il s'abat de préférence et qu'il tue ! Les victimes tombent alors, drues et serrées comme les épis sous la faux du moissonneur.

Si encore toutes ces misères avaient leur poésie et leur beauté ! Mais, à part deux ou trois petits coins où la lumière joue assez capricieusement sur des murs brûlés et lézardés, à part trois ou quatre maisons de la Renaissance, comme on en trouve par centaines dans toutes les villes de second ordre, il n'y a rien dans le vieux Marseille qui mérite le regard d'un artiste ou le regret d'un archéologue.

Mieux éclairée sur ses vrais intérêts, et comprenant ses devoirs, la municipalité marseillaise porte enfin le fer et le feu dans ces horreurs séculaires. Elle veut assainir et purifier ces vieux quartiers ; — déjà la cathédrale s'élève au pied même de cette *cité dolente*, que vont traverser de belles et vastes rues. La JOLIETTE, le port NAPOLÉON et les DOCKS, créations nouvelles, seront mis en communication avec l'ancien port, la Bourse, le Palais de Justice, la ville centrale, les quartiers riches et bourgeois. — Perpendiculairement à ces grandes voies bordées d'édifices superbes, on tracera des rues moyennes, avec des habitations décentes, et l'on fera disparaître ainsi cette lèpre de maisons pourries qui, maintenant encore, vient ronger les flancs de la Cannebière.

L'ancien port de Marseille, le plus beau de toute la Méditerranée, n'a pas suffi au développement inattendu qu'a pris de nos jours le commerce de notre grand entrepôt. Au point de vue pittoresque, il est parfait : rien n'est comparable à ce magnifique bassin, aperçu de l'extrémité de la Cannebière, — surtout quand le soleil descend à l'horizon et que les grands mâts, les voiles détendues et les vergues noires découpent leurs silhouettes enchevêtrées sur un fond d'azur, de pourpre et d'or.

Mais le négoce, positif de sa nature, ne s'est pas contenté de cet aspect poétique. Il a demandé de l'espace pour ses sucres et ses cafés. On lui a donné avec le port de la JOLIETTE une surface d'eau parfaitement abritée, de vingt et un hectares, et 2,200 mètres de quais. Cela même n'a pas suffi, et un troisième port, celui d'Arenc, muni d'un môle extérieur, conquis sur la mer, et faisant suite à la Joliette, sur une longueur de 1,200 mètres, ajoute une superficie de treize hectares aux cinquante dont Marseille jouissait déjà. C'est là un ensemble de créations merveilleuses, dont une ville, dont un royaume, ont le droit d'être fiers.

C'est beaucoup sans doute; ce n'est pas trop pour la cité sans rivale, devenue depuis deux siècles l'entrepôt naturel de tout le commerce de la Méditerranée avec la France, à laquelle la conquête d'Alger a ouvert l'Afrique, que tant de liens communs unissent de plus en plus étroitement à l'Italie, que Suez, baigné par les flots de la Méditerranée, va rapprocher des Indes, et que nos aigles toujours victorieuses enrichissent de la Cochinchine, comme d'une province nouvelle.

Voilà pour l'Orient et pour le Midi.

Marseille veut plus encore. On assure que parfois, se rappelant ce Caledonian-canal, surnommé par les Anglais l'escalier de Neptune, et dont les flottes de Victoria gravissent les marches liquides pour voguer à pleines voiles au milieu des forêts du Glen Névis, et le Göta-canal, cette œuvre de géants, qui fait communiquer, à travers les granits et les porphyres de la Suède, la Baltique et la mer du Nord, — il rêve d'une entreprise non moins cyclopéenne, d'un chemin d'eau frayé à ses navires entre nos provinces, de la Cannebière aux quais de la Gironde, de la Méditerranée à l'Océan. Il croit voir ses navires de haut bord en partance pour Carcassonne, faisant escale à Toulouse, bravant également la tempête et la guerre, également à l'abri des souffles du mistral et des canons de Gibraltar. — Beau rêve, en effet... si ce n'est qu'un rêve... Mais qu'y a-t-il d'impossible au siècle qui perce les Alpes, et qui fait resplendir en six secondes la pensée de l'Europe aux yeux de l'Amérique avec une étincelle que tous les flots de l'Atlantique ne sauraient éteindre?

III

TOULON.

Une ville du Midi. — Comment les Anglais traitent leurs alliés. — Topographie. — L'Arsenal. — La toilette d'un forçat. — Un bagne pittoresque. — Le plus beau jardin du monde.

Si Marseille est le comptoir de la Méditerranée, Toulon en est la forteresse : Toulon est la sentinelle avancée de la France. C'est de Toulon que s'élancent les hardis vaisseaux qui vont porter au bout du monde la terreur ou l'espérance, le secours ou le châtiment.

Henri IV fut le véritable fondateur de cette ville, insignifiante jusqu'à lui, et qu'il dota d'une enceinte fortifiée. Richelieu y ajouta un arsenal et les deux grands môles qui enveloppent encore aujourd'hui le port marchand. Un peu plus tard, quand les vaisseaux de haut bord, faisant une véritable révolution dans la marine, commencèrent de remplacer les galères, Louis XIV choisit Toulon pour recevoir les navires d'un fort tirant d'eau qui n'abordaient que difficilement à Marseille. Colbert et Vauban sont les créateurs du port militaire.

La plupart des expéditions maritimes de Louis XIV partirent de Toulon. Aussi les ennemis de la France dirigèrent-ils leurs efforts contre cette ville redoutée. On se rappelle encore le siège de 1707, et l'attaque savamment combinée, mais cependant impuissante, du prince Eugène, du duc de Savoie, et de l'amiral Cloudesly-Showell, fermant la mer avec une flotte anglo-batave de quarante-six vaisseaux et de vingt-neuf galiotes à bombes et à brûlots. La vigoureuse résistance des assiégés rendit ce déploiement de force inutile : le siége fut levé le 22 août.

Les Anglais furent plus heureux quand ils eurent des Français pour auxiliaires contre la France. On sait comment la réaction du Midi leur livra Toulon : Bonaparte, alors simple officier d'artillerie, la réduisit au pouvoir de la Convention, en s'emparant du fort de l'Éguillette malgré les résistances d'un état-major routinier. Ce fut son premier pas sur ce chemin de la victoire qui devait le mener si loin. Il faut lire une page de l'historien national pour savoir comment sont punis les traîtres à leur patrie, par ceux-là mêmes qui se servent d'eux.

Dès que le fort de l'Éguillette fut occupé, dit M. Thiers, les républicains se hâtèrent de disposer les canons de manière à foudroyer la flotte; mais les Anglais ne leur en donnèrent pas le temps. Ils se décidèrent sur-le-champ à évacuer la place, pour ne pas courir plus longtemps les chances d'une défense difficile et périlleuse. Avant de se retirer, ils résolurent de brûler l'arsenal, les chantiers et les vaisseaux qu'ils ne pourraient pas prendre. Le 18 et le 19, sans en prévenir l'amiral espagnol, sans avertir même la population compromise qu'on allait la livrer aux montagnards victorieux, les ordres furent donnés pour l'évacuation. Chaque vaisseau anglais vint à son tour s'approvisionner à l'arsenal. Les forts furent ensuite tous évacués, excepté le fort Lamalgue, qui devait être le dernier abandonné. Cette évacuation se fit même si vite, que 2,000 Espagnols, prévenus trop tard, restèrent hors des murs et ne se sauvèrent que par miracle. Enfin on donna l'ordre d'incendier l'arsenal : vingt vaisseaux ou frégates parurent tout à coup en flammes au milieu de la rade et excitèrent le désespoir chez les malheureux habitants et l'indignation chez les républicains, qui voyaient brûler l'escadre sans pouvoir la sauver. Aussitôt plus de 20,000 individus, hommes, femmes, enfants, vieillards, portant tout ce qu'ils avaient de plus précieux, vinrent sur les quais, tendant les mains vers les escadres et implorant un asile pour se soustraire à l'armée victorieuse. C'étaient toutes les familles provençales qui, à Aix, à Marseille, à Toulon, s'étaient compromises dans le mouvement sectionnaire. Pas une seule chaloupe ne se montrait à la mer pour secourir ces imprudents Français, qui avaient mis leur confiance dans l'étranger et qui lui avaient livré le premier port de leur patrie. Cependant l'amiral Langara, plus humain, ordonna de mettre les chaloupes à la mer et de recevoir sur l'escadre espagnole tous les réfugiés qu'elle pourrait contenir. L'amiral Hood n'osa pas résister à cet exemple et aux imprécations qu'on vomissait contre lui; il ordonna à son tour, mais fort tard, de recevoir les Toulonnais. Ces malheureux se précipitaient avec fureur dans les chaloupes. Dans cette confusion quelques-uns tombaient à la mer, d'autres étaient séparés de leurs familles. On voyait des mères cherchant leurs enfants, des épouses, des filles cherchant leurs maris ou leurs pères, et errant sur les quais aux lueurs de l'incendie. Dans ce moment terrible, des brigands profitant du désordre pour piller, se jettent sur les malheureux accumulés le long des quais et font feu en criant : « Voici les républicains ! » La terreur alors s'empare de cette multitude; elle se précipite, se mêle, et, pressée de fuir, elle abandonne ses dépouilles aux brigands, auteurs de ce stratagème.

Enfin, les républicains entrèrent et trouvèrent la ville à moitié déserte et une grande partie du matériel de la marine détruit. Heureusement les forçats avaient arrêtés l'incendie et empêché qu'il ne se propageât. De 56 vaisseaux ou frégates, il ne restait que 7 vaisseaux et 12 frégates. La prise de Toulon causa une joie extraordinaire. Dès lors on n'avait plus à craindre que les Anglais, s'appuyant sur cette ville, vinssent apporter dans le Midi le ravage et la révolte.

Toulon est bâti dans une position admirable, sur un terrain qui s'incline légèrement vers la mer, à la base d'un système de montagnes d'une structure puissante, et entouré d'une ceinture de fortifications qui, dit-on, le rendent imprenable. Du haut de ces montagnes le regard se promène sur un horizon à souhait. Tout près, et à vos pieds, voici la ville, puis l'arsenal, une seconde ville aussi étendue que la première; un peu plus loin, voici les deux ports : le port marchand avec ses navires de toutes formes et de tout modèle; le port militaire avec ses vaisseaux colosses, ses frégates agiles, ses corvettes aux fines carènes, ses avisos toujours en mouvement, rayant l'onde bleue d'un sillage argenté, tandis que la vapeur épaisse s'ébouriffe au-dessus d'eux en panaches croulants; plus loin, encore, c'est la rade, enfermée dans sa presqu'île de collines; enfin, c'est la mer immense.

La ville sera bientôt vue. — Vous les connaissez, ces villes du midi de notre France, aux rues étroites, tortueuses, propres..... quelquefois, aux maisons irrégulières, laissant apercevoir au fond d'une vaste cour quelque maigre oranger entre deux lauriers-roses, et un grand jasmin couvrant un mur de son feuillage étoilé d'argent.

Peu de monuments.

Une PLACE D'ARMES, quadrilatère allongé, planté de sycomores, beaux comme en Syrie, et de trembles deux ou trois fois séculaires, — à l'un des angles, une fontaine décorée d'arbustes et de fleurs.

Sur le port marchand, vous remarquerez quelques façades d'édifices publics et surtout le balcon de l'HÔTEL DE VILLE, supporté par deux magnifiques cariatides de Puget. — Mais la merveille de Toulon, c'est son ARSENAL.

On y pénètre par une porte monumentale, commencée en 1738, sous la direction de Lange, chef d'atelier des sculptures du port. Imaginez une ouverture centrale, à plein cintre; de chaque côté deux colonnes de ce marbre gai, rayé de bandes alternées vertes et grises, que l'on nomme marbre cipolin, forment avant-corps et supportent un entablement dorique. Les entre-colonnes sont remplis par de beaux bas-reliefs, représentant des attributs maritimes ; l'attique qui règne au-dessus de l'entablement est partagé en trois compartiments. Dans les deux compartiments latéraux sont assises les figures de Mars et de Bellone, — allégories un peu vieilles, mais toujours de mode, à ce que l'on assure : la tournure est assez fière et l'exécution habile. Au-dessus du compartiment central on a placé un magnifique écusson, entouré de drapeaux et de génies tenant des palmes : il y a de la bizarrerie dans le plan, et de la fougue dans la mise en œuvre de cette composition, que complète heureusement la décoration artistique de cette porte monumentale.

La première vue de l'Arsenal est saisissante. Depuis le port jusqu'au *Magasin général* s'étend une longue allée de platanes. A gauche de l'allée, ce sont les bureaux de la direction des travaux, surmontés du clocher, sentinelle sonore et vigilante qui mesure à tous les heures du travail et du repos. A droite, c'est la *Corderie*, qui se développe sur une ligne de 370 mètres. De toutes parts vous apercevez les toits en dôme des *Cales couvertes*, le *Pavillon des Écrivains* (ainsi s'appellent à Toulon les employés comptables et autres, qui passent leur vie entre les *quatre règles*), le *Pavillon des Boussoles*, la *Direction hydraulique*, et le Magasin général. Toutes ces constructions, d'un caractère assez pittoresque, se détachent avec un relief vigoureux sur un fond de montagnes colorées des tons ardents de la palette du Midi. — Nous ne pouvons qu'indiquer en passant le *Pavillon de la Maistrance*, où s'élaborent les plans des vaisseaux et des machines, et ses annexes, l'*École de dessin*, la *Bibliothèque* et la *Classe de musique*. — Il nous faut, cependant, entrer dans les *Grandes forges* pour y contempler un des plus étonnants spectacles que puisse nous offrir l'industrie humaine. Au bruit des marteaux retentissants, au mugissement de la vapeur, qui tantôt siffle et tantôt gronde, deux cents forgerons, noirs comme leur charbon, suent, soufflent et battent l'enclume de 96 fourneaux ; les flammes rouges jaillissent, resplendissent et pétillent avec des millions d'étincelles au sein de la houille embrasée ; le fer travaillé, tordu, brûlé, ploie, crie, grince, retentit, vole en éclats, ou, feu liquide, ruisselle des creusets en fusion, et trace son lit dans l'argile calcinée, comme la lave qui s'embrase dans les entrailles du volcan, puis se répand sur ses flancs.

Bien qu'il soit maintenant dépouillé des sculptures du Puget (c'est au Louvre qu'il faut les voir), le Musée des Modèles offre un curieux spectacle par l'ensemble de tous les navires que la France possède ou a possédés, depuis le canot jusqu'au *trois-mâts*, depuis la yole jusqu'au *trois-ponts*. La plus belle collection de vieux clous qui soit au monde a trouvé un asile inviolable dans le Magasin général, vaste monument en pierres de taille, dont sept grandes arcades partagent la façade superbe. Ce bâtiment, large de 17 mètres et long de 100, renferme, du reste, autre chose que des vieux clous.

Le Parc d'artillerie, placé dans un des bastions du rempart construit par Vauban, renferme toutes les décorations et tous les embellissements dont le genre est susceptible : murailles de boulets, pyramides d'obus, contre-forts de canons, créneaux de caronades, rien ne manque à cet assortiment complet de tous les moyens de destruction inventés par l'homme, et au milieu desquels la nature souriante et bénigne sème à pleines mains les lauriers-roses : c'est ainsi que les images terribles se mêlent aux gracieuses images. Vous souvenez-vous des abeilles de la Bible qui avaient déposé leur miel dans la mâchoire du lion étranglé par les vaillantes mains de Samson — ce robuste imbécile ?

La salle d'armes est une véritable merveille de coquetterie. Le lapidaire ne met pas plus de soin à monter et à polir ses diamants que nos capitaines à fourbir et astiquer leurs sabres, leurs fusils et leurs baïonnettes. Ces haches d'armes sont étincelantes comme des bijoux ; ces jolis poignards donnent envie de s'en servir ; et quel heureux parti on a su tirer de tous ces instruments de destruction pour en former des ornements décoratifs, imitant, avec une ingénieuse fantaisie, les ornements de l'architecture ! Admirez ces colonnes de mousquets, ces ogives en fers de lances, ces pleins cintres de pistolets et ces voûtes de baïonnettes.

Il ne faut pas manquer d'honorer d'un regard le *Consulaire*, ce fameux canon à la bouche duquel le dey d'Alger faisait de temps en temps attacher un consul européen — pour l'exemple.

La double ligne de bâtiments et de navires qui se déroule devant nous finit à la CHAINE-NEUVE, large ouverture, barrée le soir par une chaîne de fer tendue à fleur d'eau ; deux caronades chargées à mitraille tiennent les forçats en respect, et leur défendent le passage de cette chaîne.

Nous venons d'écrire un mot sinistre : les FORÇATS ! Pendant longtemps les forçats ont ajouté à toute cette poésie du port le pittoresque horrible du Bagne. On les rencontrait partout, couples sinistres, traînant chacun un compagnon, moins hideux peut-être que leur conscience, mais plus lourd que leur boulet ; leur bonnet de tricot et leur casaque de *moui* rouge s'apercevait au loin sur le flanc noir des navires, où le fouet des gardes-chiourmes les ramenait chaque matin à la tâche maudite. On sait les duretés de ce régime, par lequel on veut combattre ces natures féroces, en guerre ouverte avec la société, qui ont pris le monde pour un champ de bataille, et que la seule force peut réduire. Tout ce qui a trait à ces bannis de la vie civile est empreint d'une sombre grandeur. Quand la chaîne arrive au bagne, les forçats sont conduits sous une tente, où on les rase jusqu'au cuir ; on les lave et on les revêt de la livrée de leur servitude ; puis leurs anciens vêtements sont brûlés. On veut qu'ils sachent bien que tout est fini entre eux et le passé ; ils ne sont plus des hommes : ils ne sont que des chiffres ; ils n'ont plus de nom : ils n'ont qu'un numéro. — Au bout de quatre jours, ils sont accouplés — horrible mot — plus horrible chose! et on les envoie aux ateliers avec une casaque, un bonnet, deux pantalons et deux chemises qui doivent durer un an : ils couchent sur une planche, roulés dans une couverture que l'on ne change que de trois en trois ans. Les fers de chaque couple ne pèsent guère moins de quinze livres. Tout est à l'avenant : l'administration ne *doit* pas un gramme de viande aux condamnés : le pain et la soupe de fèves, voilà la ration ordinaire et perpétuelle. Le châtiment corporel est permis ; il est presque abandonné à la discrétion du gardien. Un tel état de choses pourrait parfois révolter la délicatesse de nos mœurs et ce sentiment de la dignité humaine qui doit être le plus vivace de nos instincts. Mais songeons qu'après tout la société ne fait que se défendre ; que ceux qu'elle retranche ainsi de son sein ont accompli ou médité contre elle d'horribles attentats ; que presque tous ont mérité la mort, et que, malgré son épouvantable sévérité, le bagne voit s'accomplir chaque jour de sanglantes tragédies. Le dénoûment en est toujours horrible. La hideuse machine se dresse sur le pré ; les forçats, à genoux et têtes nues, s'allongent en lignes serrées sous la bouche des canons chargés à mitraille, et contemplent l'expiation offerte par un des leurs à la justice accomplissant ses hautes œuvres. Il faut une vaillante poitrine pour contempler sans pâlir ce duel du Crime et de la Loi, et le bourreau jetant une tête à ceux qui ont tant de fois exposé leur tête comme enjeu.

Grâce à Dieu, le bagne aujourd'hui se dépeuple. La France, pareille à ces corps blessés qui, par un violent effort de la nature, chassent loin d'eux la substance étrangère qui envenime leurs plaies, la France se débarrasse de ceux qui ne méritent plus de vivre dans son sein. Cayenne les prend, et ne les rend point.

Ce fut une des plus grandes et des plus nobles pensées du règne de Louis XIV que d'élever un hôtel aux vétérans de nos armées, d'assurer un asile et du pain à ceux qui ont versé leur sang pour la patrie. — Une pensée analogue a présidé à la création de l'hôpital de Saint-Mandrier, — où nos marins, blessés ou malades, reçoivent les soins les plus dévoués comme les plus intelligents.

Situé à la pointe de la presqu'île du cap Cesset, de l'autre côté de la rade, Saint-Mandrier est comme le bouquet de la France. Cette ambulance de Louis XIV, cet hôpital d'aujourd'hui est peut-être un des plus charmants coins de terre de la Provence : je ne crois pas qu'il soit possible de trouver en France une végétation plus magnifique que dans le jardin de ce bel établissement. — Là, par un privilége unique, se rencontrent tous les produits des deux hémisphères : une haute bordure de sapins encadre des massifs de cactus et d'aloès. — Les genêts de Bretagne marient leur corolle de safran à la verdure sombre des cyprès d'Italie ; les agaves et les bananiers de l'équateur poussent à côté de nos œillets et de nos roses ; les figuiers de Barbarie alternent avec les saules, et, entre deux trembles au feuillage velouté, le palmier des déserts africains balance sa taille élégante et son régime de fruits d'or... Et, tout à l'entour, quels horizons enchanteurs ! l'œil se promène des vallées ombreuses aux plaines verdoyantes, et s'arrête tour à tour sur des montagnes aux cimes fières, sur des rochers aux noms glorieux. — Voici la falaise de Lamalgue qui vit le Romulus, — seul contre tous, — tenir tête à une escadre anglaise ; voici le *Laron*, dont les précipices engloutirent 1,800 soldats surpris par l'ennemi, victimes volontaires de l'héroïsme et de l'honneur, qui s'abîmèrent comme les marins du *Vengeur*, en criant : Vive la république ! Voici la Sainte-Baume, sanctifiée, parfumée par une des plus suaves figures de l'Église naissante, Marie-Madeleine.

IV

NICE.

Trois noms pour une ville, et deux villes pour une. — Νικη, Nizza, Nice. — Les bienfaits de l'annexion. — Heures de paresse. — Les couleurs suaves. — Symphonie en bleu majeur. — Palais et villas. — Couleur locale. — Les Ponchettes. — Aimez-vous les roses ? — Le royaume de Lilliput. — Les Grimaldi. — Tempête dans un verre d'eau. — Prince et comédien. — Sous-préfecture de première classe.

Les historiens, qui savent tout, rapportent dans leurs livres que les Phocéens, pères de Marseille, ayant défait les Liguriens, leurs ennemis, en bataille rangée, à l'embouchure du Var, élevèrent sur un rocher battu par la mer une petite citadelle, qui devait tout à la fois servir à leur défense et rappeler leurs triomphes. Ils lui donnèrent le nom de Νικη, qui, dans leur langue, signifie *Victoire*. Aimable souvenir, heureux présage ! Les Italiens, dont la bouche harmonieuse adoucit tout ce qu'elle prononce, et corrompt les mots pour leur donner une sonorité plus prosodique, de Νικη, un peu dur, firent *Nizza*, qui est charmant ; à notre tour, nous en avons fait *Nice*, qui n'est pas désagréable.

La plus récente de nos conquêtes en est aussi la plus aimable ; elle m'a réconcilié avec ce terme un peu barbare d'annexion que l'on n'eût pas compris à l'hôtel de Rambouillet. Ce que je ne comprendrais pas, moi, c'est que la France eût acquis autrement ce petit coin de terre tout plein de grâce ; il me plairait moins s'il avait vu couler du sang. Nice me fait songer à une belle et noble créature que l'on ne veut recevoir que d'elle-même, et à qui la contrainte enlèverait tout son prix. C'est ce que ses habitants ont senti comme nous ; ils sont devenus Français par acclamation et à force d'aimer la France.

Allons donc visiter sans crainte cette patrie du soleil et des fleurs, du repos, de l'indolence et de l'oubli, où l'on passerait ses jours à répéter le refrain languissant du poëte :

<blockquote>Ah ! qu'il est doux de ne rien faire...</blockquote>

On s'y laisse vivre, on s'y laisse mourir, sans penser qu'on meurt ou qu'on vit. Le bonheur visible ruisselle dans cette coupe des félicités autour de laquelle se fondent en mille nuances ineffablement amollissantes les trois couleurs les plus suaves : le bleu, le rose et le blanc, qui emportent l'âme vers les idées riantes et les douces rêveries. Les nuits mêmes, aux clartés des étoiles, y prennent des teintes laiteuses de nacre et d'opale. Et quel incomparable climat ! Qui dira les séductions de ce ciel profond et limpide en décembre ? de cette atmosphère éternellement tiède, où seulement de respirer vous donne le sentiment du bien-être et le frémissement du plaisir ?

Ceux que les puissantes attaches du souvenir ne retirent point en arrière ; ceux que n'asservissent point les nécessités parfois si cruelles de l'existence sociale laissent passer les heures, sans les compter, dans les enchantements de ce paradis terrestre.

Il y a surtout une certaine terrasse dominant la plage ! cette terrasse c'est la gloire et la fortune de Nice. Elle a été achevée à la fin du dernier siècle, après trente-cinq ans de travaux non interrompus. Et l'on a bien fait d'étager sur ses flancs de larges volées d'escalier, aux marches basses et faciles, invitant à monter les pieds paresseux, car elle est devenue le rendez-vous de l'Europe. Nulle part peut-être la Méditerranée ne vous apparaît sous des aspects plus séduisants ; nulle part sa nappe d'azur ne se pénètre d'une plus éclatante lumière ; nulle part ses mille rides, sous la brise, ne la creusent de fossettes plus mignonnes.

A Nice, comme en beaucoup d'autres lieux, comme partout où

s'est manifesté un fort courant de civilisation moderne, il y a deux villes : la vieille et la neuve. La ville neuve comprend l'ensemble de tous les édifices publics et les habitations plus ou moins somptueuses des étrangers. Églises, palais, maisons, rues et places publiques, tout s'entremêle aux jardins et se marie aux luxuriantes merveilles de la végétation avec un bonheur d'effet que l'on rencontre seulement dans les villes les plus aristocratiques de la haute Italie. La plupart de ces maisons ont un air de décor qui fait songer aux féeries de l'Opéra : des fresques légères, hardies, imitation d'ornement où la brosse impétueuse lutte avec le ciseau, reproduisent les fines ciselures et les arabesques découpées de l'Alhambra des Maures.

Tout autre est l'aspect du vieux Nice, bâti sur la hauteur. Là, nous retrouvons les rues étroites, si ordinaires aux villes du Midi ; les boutiques primitives ne recevant le jour que par leurs larges portes et faisant naïvement étalage de leurs oripeaux multicolores ; mais là, aussi, tout a son accent, sa physionomie, son cachet : les boutiques à larges arcades, les paniers d'Orient remplis de figues, et, par place, suspendus entre ciel et terre, les balcons aériens, en fer ouvragé, faisant saillie et renflés comme aux beaux jours de Louis XIII.

Une des plus jolies promenades que l'on puisse voir à Nice, c'est celle des Ponchettes, qui conduit à la montagne du Château. Cette montagne en miniature est une sorte de promontoire isolé, ombragé jusqu'à son sommet de pins et de lauriers. On y monte par des chemins en labyrinthe tout plantés de rosiers. Nice est la terre classique des roses : les rosiers n'y font que fleurir et refleurir ; l'air est embaumé de leur parfum. Nulle part je n'ai trouvé à ces aimables fleurs des grâces plus exquises. Ce sont là, du reste, des roses très-cultivées, très-civilisées, que tous les horticulteurs du monde seraient heureux d'accueillir, — et toutes les femmes de cueillir. — Il y en a d'autres que l'on trouve dans les petits vallons fermés au nord, ouverts au midi :

elles couvrent de gros buissons; ce sont des roses sauvages. J'aime beaucoup ces bosquets de roses églantines. Ils ne valent pas sans doute les jardins odorants de **Pæstum**, qui fleurissent deux fois l'an :

Biferi rosaria Pœsti;

mais ils ont à mes yeux je ne sais quel charme agreste et naïf... Le parfum m'en revient avec le souvenir.

Ces églantines, dont les amours ont les brises de la montagne pour confidentes et les vents du ciel pour messagers, se reproduisent, — tout en restant sauvages, — en des variétés sans fin : on retrouve là toutes les roses primitives que la nature fait naître en se jouant, sans le secours de l'homme; et ces larges roses épanouies, toujours prêtes à s'effeuiller, qu'on prendrait de loin pour des étoiles d'argent dans les sombres massifs; et ces roses timides qui semblent se refermer sur elles-mêmes, comme pour cacher leurs trésors en leur sein; et celles qui s'entr'ouvrent à demi pour recevoir la rosée, comme des calices d'or. Il y a autant de nuances que de formes... depuis la blancheur la plus immaculée jusqu'au pourpre le plus ardent. Il ne manque à la collection que la rose sans épines — qu'on ne trouve pas même à Nice.

Non loin de Nice, et toujours sur les bords de cette Méditerranée que nous ne quitterons guère, nous trouvons le royaume microscopique et charmant de Monaco, dont le territoire n'égalera jamais la renommée. Nulle part la végétation n'est plus riche ni plus belle : les fleurs y naissent d'elles-mêmes, comme au temps où la vierge Astrée foulait encore la terre de son pied divin, — de son pied nu. — Là on ne cultive pas le blé; on ne récolte pas l'orge ou l'avoine; on se contente de cueillir le jasmin, le géranium et la violette; l'agriculture est remplacée par le jardinage, et au lieu de condamner les champs à produire du pain, on ne leur demande que des couleurs et des parfums! Chose étrange, contraste piquant, dans ce royaume de Lilliput toutes les plantes sont gigantesques : on y voit des violettes grandes comme des pervenches; les mauves y sont des arbustes et les fuchsias des arbres; les aloès ont une grandeur colossale, les lauriers et les géraniums forment des forêts touffues.

Posé sur un rocher que décorent des verdures admirables, au milieu d'une terrasse de granit d'où le regard embrasse un panorama immense, le château, avec son air de citadelle et ses grandes constructions mauresques, présente un aspect assez imposant. Ses ennemis l'ont dévasté presque autant que ses garnisons. Ces constructions bizarres, dont les murs s'ajoutent au roc, ne manquent point toutefois d'une certaine poésie : elles sont aussi pittoresques qu'irrégulières. Le travail de l'homme s'associe à celui de la nature, et le château s'unit si intimement à la montagne que, grâce au rideau flottant des pariétaires, on ne sait pas toujours où finit le sol et où commence la pierre. C'est ce que M. Théodore de Banville a heureusement exprimé dans une page de prose qui vaut les strophes ailées de sa poésie. Les jardins, nous dit-il, sont, dans le château, aussi réellement que le château est dans les jardins; les terrasses, le coteau, les allées, ici montent vers l'édifice et l'embrassent, là descendent vers d'autres parterres, auxquels on arrive en traversant des portes ou en gravissant des marches creusées dans le roc : c'est un labyrinthe séduisant, d'où il est d'autant plus difficile de sortir, qu'on n'en veut pas sortir une fois qu'on s'y promène à travers une végétation prodigieuse, sous un ciel dont il semble à chaque instant que l'azur va disparaître, dévoré par la lumière de diamant dont les vives étincelles l'envahissent et le pénètrent. Aussi l'architecte a-t-il négligé d'y faire placer des bancs, adressant ainsi un madrigal excessif à l'adorable nature qu'il était chargé de mettre en œuvre. Dans d'autres endroits, les jardins sont tout à fait conquis sur la pente de la montagne, et par des plateaux étagés, resplendissants de fleurs aux couleurs vives, descendent jusqu'à la mer, qui lèche amoureusement cette colline de parfums.

J'espère vous étonner en vous apprenant que ce fabuleux Versailles, suspendu au milieu des airs, est entretenu par un seul jardinier, dont les appointements coûtent au prince 40 francs par an ! Pourtant il n'y a rien là que de naturel, car les plantes qui ornent ce lieu de délices, géraniums, aloès, lauriers-roses, sont les mêmes qui, à Monaco, poussent sur les grands chemins, et elles y seraient aussi belles que dans les parterres du prince, si elles n'étaient dévorées par les animaux domestiques, brisées par les enfants et insultées par la poussière. Mais là, calmes, reposées, vivifiées par l'air de la mer, qui de deux côtés vient les rafraîchir, elles ont toutes la gigantesque puissance de végétation de leurs compagnes grandies en liberté, et elles n'attristent pas le regard par ce voile poudreux qui, souvent à Nice, déshonore les plus riants paysages. Seulement des lauriers, des aloès, des géraniums; mais les aloès sont des colosses qui résistent à la hache; les lauriers-roses sont plantés en forêts touffues; les géraniums, à l'état d'arbres, étendent sur de vastes espaces un voile de pourpre écarlate : on dirait qu'un pêcheur-génie a jeté sur le penchant de cette montagne tous les coraux de la mer. Ailleurs, des tapis de violettes s'étendent à perte de vue, laissant monter au-dessus d'eux une colonne d'odeurs suaves. Mais ces douces violettes, aux grands yeux bleus, ne sont pas, comme toutes celles des villes environnantes, destinées à la main brutale des parfumeurs ; leur essence, mêlée à des drogues de pharmacie, ne sera pas emprisonnée dans de prétentieux flacons. Elles naissent et meurent libres sous le ciel, fleurs de luxe, fleurs de loisirs, qui fleurissent pour fleurir, pour la joie d'exhaler leur âme en des ivresses silencieuses et d'admirer toutes les nuits l'inexorable blancheur des étoiles. Celles-ci, on n'ose les cueillir sans raison, ni les fouler aux pieds et les meurtrir : ce sont les violettes princesses et courtisanes, portant fièrement leur diadème ; tandis que les violettes élevées pour les alambics penchent le front et se sentent parquées sans espoir, comme le troupeau d'un harem. Le prince de Monaco a l'esprit de ne pas laisser voir ses appartements et prouve ainsi un tact admirable. Possédât-il encore la fameuse salle pavée en sequins d'or, que pourrait-il montrer après ses aloès aigus et formidables comme des glaives de géants ; après ses géraniums, pareils à des héros revêtus de pourpre ; après ses lauriers-roses, qui ont pour fleuve une mer paradisiaque ; après ses figuiers de Barbarie, jetés du sommet de la montagne comme des cordes qu'un prisonnier suspend pour son évasion ; après ses prairies et ses rideaux de plantes grasses qui tapissent la terre et le roc d'un treillis vivant ; après ses terrasses qui s'élancent vers les flots, vêtues de fleurs comme des nymphes amoureuses. Tout au plus, les voyageurs protégés par l'architecte du prince traversent la cour intérieure du palais, parallélogramme à galeries, entouré d'arcades, où l'on admire des restes de fresques relativement anciennes, qui méritent d'être remarquées. C'est une guirlande de peintures entourant l'ensemble entier du bâtiment, où s'entremêlent de puissantes nudités à la Rubens, d'une facture hardie et d'une belle couleur. L'escalier, qui rappelle, dit-on, celui du palais de Fontainebleau (en bien petit toutefois), est orné de boules d'un marbre noir qui ne peut se polir, et qui garde, malgré l'outil, son grain sauvage et fruste.

Ce petit coin de terre béni des dieux, où il semble que l'on ne saurait placer que les scènes de la vie heureuse, a vu des drames sanglants et des tragédies de famille — les plus cruelles de toutes les tragédies. — Pour peu que vous y teniez, on vous montrera dans le château les dalles sur lesquelles Lucien Grimaldi, assassin de son père, fut assassiné par son neveu, Barthélemy Doria, et le créneau d'où le duc Hercule fut précipité dans la mer, en 1717.

Ces Grimaldi furent seigneurs, ou plutôt princes souverains de Monaco, depuis le XIIIe siècle jusqu'à la révolution française, qui bouleversa tant d'existences aristocratiques. Restaurée plus tard, avec tant d'autres débris du vieux monde, la famille des Grimaldi a poursuivi, non sans peine, une existence pleine de péripéties inattendues. Elle n'a pas figuré seulement sur le théâtre de la politique, et l'on assure qu'elle s'est mêlée à d'autres acteurs. — Nous avons connu, pour notre compte, un de ses représentants couronnés, maire d'un village de Normandie. Un des derniers princes régnants avait cédé sa souveraineté au roi de Piémont : elle se trouvera un jour comprise dans l'annexion. Nous aurons un sous-préfet à Monaco.

V

GÊNES.

Effet de neige. — Une ville qu'il faut voir de loin. — Les rues de marbre. — Trop de palais. — Faute de place. — Architecture aérienne. — Les Génois à la recherche de la meilleure des républiques. — On se tue beaucoup. — Qu'il est parfois difficile d'avoir un maître. — Les églises. — Un pape qui n'est pas galant. — Saint Jean-Baptiste trop vengé. — N'y touchez pas! — La douane. — Le port. — L'aristocratie des portefaix. — Comment on *bâtit* une promenade. — Toilettes de femme. — La villa Pallavicini. — Souvenir d'Horace. — Où l'auteur ose avouer qu'il n'est pas riche.

La première fois que je vis Gênes, c'était par une belle matinée d'hiver : l'atmosphère était d'une transparence parfaite, le ciel d'un bleu pâle et profond : il avait un peu neigé pendant la nuit, et cette neige immaculée qu'aucun pied d'homme n'avait foulée encore, posait sur la cime de toutes les montagnes comme une crête d'argent, teintée vers les bords d'un rose délicat par les rayons obliques du soleil levant. Je revenais d'Égypte, les yeux encore éblouis de cet azur implacable d'un ciel sans pluie et sans rosée, fatigué des ardentes réverbérations des sables, accablé sous la rigide immobilité des colosses de granit de Thèbes, de Memphis et de Karnak. Toutes les idées riantes de calme, de fraîcheur limpide, de sérénité qui s'éveillèrent en moi, quand, de l'avant de mon vaisseau, je contemplai cette belle ville de Gênes, — le front dans la neige, ses pieds de marbre blanc mollement caressés par la vague, et dressant par étages ses amphithéâtres de temples et de palais, se représentent parfois à mon souvenir avec une fidélité qui me rend aujourd'hui encore mes impressions dans toute leur force. — Cette première vue de Gênes est incontestablement la plus

belle, et il en faut jouir lentement, longuement, sans se hâter.
— Plus tard, on examinera s'il faut croire ce proverbe, qui a la prétention de peindre Gênes en quatre mots :

Mare senza pesci (mer sans poissons),

Monti senza legno (montagnes sans arbres),

Uomini senza fide (hommes sans foi),

Donne senza vergogna... je ne veux plus traduire...

Que l'on se contente tout d'abord de voir et d'admirer l'éclatante cité, la ville de marbre, Gênes-la-Superbe !

Deux murailles parallèles enveloppent Gênes dans une double ligne. Une de ces murailles, s'étendant sur les montagnes et sur les collines voisines, mesure une circonférence de plus de dix-huit milles ; l'autre se resserre autour de l'enceinte trop étroite de la ville aristocratique et marchande, et lui enlève toute possibilité de s'agrandir. Elle ne peut plus croître qu'en hauteur. Aussi la plupart de ses rues, sur lesquelles les maisons empiètent avidement, irrégulières, tristes et sans clarté, accessibles aux seuls piétons, encombrées d'échoppes misérables, mal pavées, n'offrent dans plus d'un quartier qu'une promenade maussade. D'autres, il est vrai, frappent le voyageur par la réunion magnifique et imposante des palais qui les bordent. C'est un assemblage unique des plus somptueuses masses d'architecture qui se puissent voir, et où la beauté de l'art lutte avec celle de la matière. Telle est, par exemple, la STRADA-NUOVA, telles sont les rues BALBI, NUOVISSIMA, CARLO-FELICE, CARRETTIERA et GIULIA, des rues comme Paris ni Londres n'en ont point.

Un des plus beaux, s'il fallait choisir entre tous ces palais, c'est peut-être le palais DORIA, que le peuple appelle encore aujourd'hui le palais du prince André. Dans la plus fière capitale de l'Europe, il passerait à bon droit pour une résidence royale : sa position est des plus heureuses. Il est situé à l'extrémité de la courbe que décrit le rivage, mais assez loin de la muraille qui emprisonne la ville pour jouir des plus vastes perspectives : Gênes semble à ses pieds; le port déroule devant ses fenêtres le tableau mouvant de cette activité fiévreuse que le commerce apporte partout avec lui, et plus loin, la Méditerranée développe ses horizons infinis. Ajoutez de magnifiques jardins, chose presque aussi rare à Gênes qu'à Venise, et vous comprendrez l'admiration qu'il inspire. André Doria, déjà vieux, avait acheté ce palais à la riche famille des Fregosi, patriciens de la vieille roche, qui avaient longtemps tenu le sort de Gênes entre leurs mains. Doria le fit agrandir et embellir : les meilleurs maîtres du grand siècle des arts furent conviés par le prince généreux. Montorsoli présida aux constructions, qui comprirent deux galeries nouvelles, dont l'une, à colonnes de marbre blanc, est surmontée d'une belle terrasse; Perino del Vaga se chargea du portail, des stucs et des arabesques du vestibule; la sculpture fut confiée aux frères Carlone, qui peuplèrent le palais de statues; Alessi dessina les jardins, où fut placée la statue de Doria en Neptune, — flatterie délicate adressée à l'amiral de Charles-Quint. — On y voit encore un Jupiter colossal, et le tombeau de Roedan, le célèbre chien que l'empereur lui avait donné.

Pourquoi faut-il ajouter que ce noble palais est aujourd'hui à peu près abandonné et que la plus triste des dégradations fait un sombre contraste avec ses antiques splendeurs?

Le PALAIS DUCAL, que l'on appelle aussi le palais de la CITTA, était l'ancienne résidence des doges. Il fut construit au XIIIe siècle, par ordre de SIMON BOCCANERA, alors revêtu de la première dignité de la république, celle de capitaine. Agrandi en 1388 par le doge Adorno, il fut complétement rebâti à la fin du XVIe siècle, et, à la suite d'un horrible incendie, restauré sur les dessins de Simon Carlone en 1778. On y avait placé les statues des Génois célèbres; elles furent brisées en 1797 par cette stupidité populaire qui ne respecte rien. —

Aujourd'hui la police a installé ses bureaux dans le palais ducal.

Le PALAIS DURAZZO, maintenant appelé PALAZZO REALE, incorrect, mais imposant par sa masse, fut acquis par le roi de Sardaigne en 1815, et restauré par Charles-Albert en 1842. Ce palais fut longtemps célèbre par sa galerie de tableaux, où l'on comptait cinq portraits par Van-Dyck ;

Une *Vierge* d'André del Sarto pressant le doux Jésus dans ses bras : cette toile a son importance dans l'histoire de la peinture et dans l'histoire du peintre, car André avait pris pour modèle de la Vierge mère cette trop charmante et trop frivole Lucrezia, dont les folles dépenses conduisirent son mari à la ruine, puis au déshonneur, puis à la mort ;

Une *Annonciation* du Dominiquin, dont l'expression pathétique vous remue ;

Des Carrache et des Guerchin ;

Des Ribéra, brûlés au soleil d'Espagne ; six tableaux du Guide, et une *Sainte Catherine* de Paul Véronèse, qui vous attire par le geste de ses doigts d'ivoire tournés en fuseaux, et par le regard de ses yeux d'émeraude, clairs et transparents comme une goutte d'eau de mer. Pourquoi faut-il ajouter que ce palais Durazzo a été quelque peu dépouillé au profit du musée que la maison de Savoie a voulu improviser à Turin ?

Le plus riche de ces palais comme collection d'art, c'est le palais BRIGNOLE-SALE, que l'on appelle vulgairement le palais Rouge, à cause de la couleur de sa façade. C'est un véritable musée dont chaque salle renferme des trésors : heureux ceux qui ne seront point obligés de compter les heures dans la salle des *Arts libéraux,* dans la *Grande Salle,* dans les salons du *Printemps,* de l'*Été,* de l'*Automne* et de l'*Hiver,* dans le salon de la *Vie humaine,* ou de la *Jeunesse à l'épreuve,* ou dans la chambre des *Vertus patriotiques.* Les grands maîtres de l'Italie, de l'Espagne et des Flandres se sont donné rendez-vous dans cette noble demeure, où l'on accueille avec une grâce courtoise la visite de l'étranger.

Il en est de même dans les six palais des Spinola, dans le palais Serra, dans le palais Pallavicino, auquel ses belles et nombreuses fontaines ont fait donner le nom de palais *delle Peschiere,* dans le palais Lercaro-Imperiale, aujourd'hui palais Parodi : Gênes est hospitalière. On peut entrer hardiment dans ces somptueuses demeures : elles s'ouvrent volontiers pour tout le monde — ou plutôt elles sont ouvertes. Le vestibule et l'escalier sont considérés comme des lieux publics : ce n'est qu'au premier étage que le Génois se croit chez lui, et, chez lui encore, vous êtes chez vous! jamais l'entrée d'une collection n'est refusée à qui sait la demander.

Le génie de l'homme semble grandir avec les obstacles, et son talent ne se manifeste jamais mieux qu'en face des difficultés qui semblent s'opposer à son libre développement. Si les architectes qui ont bâti Gênes avaient eu l'espace devant eux, s'ils avaient pu s'abandonner à l'aise et sans contrainte à leurs caprices, ils n'auraient pas trouvé les ressources infinies et la variété multiple de motifs, de dessins et de dispositions auxquels la façade de leurs palais doit un caractère si piquant d'originalité, et qui introduit à chaque moment l'inattendu dans la grandeur; ils n'auraient pas songé à ces combinaisons ingénieuses et brillantes de portiques, d'escaliers, de terrasses et de galeries qui donnent au plus positif de tous les arts je ne sais quel caractère de fantaisie imprévue, et à la plus lourde des matières je ne sais quelle sveltesse aérienne.

Mais il ne faut point que les palais de Gênes, si beaux qu'ils soient, nous fassent complétement oublier les Génois. Les pierres ne sont pas tout dans une ville : il y a aussi les hommes. Avouons-le, cependant, l'histoire de Gênes, comme celle de presque toutes les républiques italiennes, n'est qu'une lamentable suite de crimes et de bouleversements, d'usurpations aristocratiques et de séditions populaires, de déchirements intérieurs et d'invasions étrangères. Chaque page de ses vieilles chroniques est arrosée de larmes et de sang.

Fondée par les Ligures au VIIIe siècle avant notre ère, elle fut conquise par les Romains cinq cents ans plus tard, et incorporée à cette belle province (les provinces romaines étaient grandes comme des royaumes) de la Gaule cisalpine. Les Carthaginois la ruinèrent de fond en comble pendant la seconde guerre punique; les Romains la rebâtirent et la gardèrent aussi longtemps qu'ils gardèrent le reste du monde. On sait comment tomba ce grand colosse, qui avait si longtemps caché ses pieds d'argile, et comment les barbares, ce déluge d'hommes si longtemps comprimé, reflua sur la ville éternelle... Gênes tomba au pouvoir des Lombards.

Quand ceux-ci furent, à leur tour, domptés par la main toute-puissante de Charlemagne, l'antique capitale des Ligures se soumit au grand empereur d'Occident. — On sait aussi comment les descendants de ce souverain maître de l'Europe se trouvèrent impuissants à conserver ce que l'illustre monarque croyait avoir conquis pour eux : — le monde entendit comme un craquement sourd : c'était une monarchie qui s'écroulait. Gênes se déclara indépendante, et elle entra dès lors dans cette ère tumultueuse de la liberté, où elle s'agita pendant huit siècles avec autant de gloire que de malheur. La première période fut démocratique : il y avait bien des consuls et un sénat, mais souvent le peuple s'assemblait sur la place publique, comme les Athéniens sur l'Agora, et il traitait lui-même des affaires d'État. Des guerres au dehors, des factions au dedans, signalèrent cette première période. La querelle des Guelfes et des Gibelins, si fatale à l'Italie, jeta ses ferments de discorde au sein de la république naissante; les Doria et les Spinola, du parti guelfe, les Grimaldi et les Fieschi, du parti gibelin, se disputèrent le pouvoir les armes à la main.

Fatiguée de ces éternelles dissensions, Gênes remplaça ses consuls par un PODESTAT étranger, qui prit pour conseillers huit des principaux citoyens. Ceux-ci commencèrent à se donner le titre de nobles. De là murmures, mécontentement et révolte ; le peuple courut aux armes et se donna un CAPITAINE. Ceci se passait au XIII° siècle. Cent ans plus tard, le peuple s'aperçut que le remède ne l'avait pas guéri, et il crut faire merveille en remplaçant le capitaine par un doge. — Le premier doge fut le fameux Simone Boccanera. — Mais les doges ne furent pas plus capables que les capitaines d'assurer la paix à ce peuple turbulent. On n'avait fait que changer de maître... et de mal. On n'avait plus, il est vrai, les factions des quatre familles guelfes et gibelines, mais on avait les Adorni, les Fregosi, les Guarchi et les Montalti, qui ne valaient pas mieux. C'étaient chaque jour des batailles de palais à palais. Les doges ne faisaient que passer. L'un d'eux, Antonietto Adorno eut l'idée dangereuse de se mettre sous la protection du roi de France. — Le roi de France s'appelait alors Charles VI. — Il leur envoya un des hommes de guerre les plus renommés du temps, le maréchal de Boucicault, dont la main ferme sut contenir les factions. Les chefs des trois familles indociles furent décapités sur la place publique, et les autres se tinrent pour avertis. — Quelques années de paix suffirent à Gênes pour doubler sa richesse et sa puissance commerciales. Mais l'absence du maréchal, qui était allé guerroyer contre les Turcs, remit tout en question. On profita de son absence pour défaire ce qu'il avait fait ; on massacra les Français et on se donna au marquis de Montferrat ; le règne du marquis dura quatre ans ; après quoi la seigneurie de Gênes fut cédée à Visconti, duc de Milan. Moins de quinze ans après, les Milanais étaient chassés et les Français rappelés, puis quittés de nouveau pour François Sforza, dont la domination leur parut bientôt insupportable. Ils voulurent se donner une fois de plus à la France ; mais Louis XI, occupé d'autres projets, et qui trouvait la turbulence des Génois difficile à comprimer de loin, leur répondit par cette plaisanterie historique : « Les Génois se donnent à moi, et moi je les donne au diable ! » Il les donna au duc de Milan ; c'était à peu près la même chose ! Si, plus tard, lorsque Galéas-Marie Visconti fut assassiné, la malheureuse ville échappa à la domination odieuse des Milanais, ce fut pour retomber dans toutes les horreurs de la guerre civile avec les Adorni, les Fieschi, les Fregosi. Deux fois encore elle redevint française et deux fois italienne. André Doria, au xvie siècle, l'arracha enfin à toutes ces alternatives de domination étrangère et lui donna, aidé de douze réformateurs, une constitution qui dura 270 ans. Les anciennes distinctions de caste et de parti furent abolies : les priviléges de la noblesse furent restreints à vingt-huit familles, choisies parmi les plus hauts contribuables. Ces vingt-huit familles formaient, sous le nom d'*alberghi*, des centres auxquels les autres se rattachaient. Sept plébéiens étaient agrégés chaque année à cette noblesse. Il y avait deux sénats, le grand et le petit, et un doge, les uns et les autres nommés pour deux ans. La conjuration heureusement avortée de Fiesque en 1547 fut le dernier et inutile effort de la révolte contre le fait accompli : on put dès lors considérer comme éteintes les rivalités qui avaient si longtemps troublé la république.

La constitution d'André Doria dura jusqu'en 1797, époque où les Génois l'altérèrent pour former ce qu'on appela dès lors la République ligurienne. Le congrès de Vienne l'incorpora en 1815 au royaume de Sardaigne : elle a maintenant perdu pour jamais sa vie à part, sa vie orageuse mais non sans gloire, qui va se confondre et s'absorber dans la puissante unité de la commune patrie italienne.

Toutes ces agitations, toutes ces querelles, toutes ces violences n'avaient pas empêché Gênes d'atteindre au plus haut degré de prospérité commerciale. Elle disputa un instant le commerce de l'Orient à Venise : ses négociants étaient assez riches pour de-

venir les banquiers des rois. Comme à Venise sa rivale, la découverte du Nouveau Monde lui porta un coup mortel, et les nouveaux chemins découverts sur l'Océan condamnèrent ses entrepôts jadis si florissants à une longue torpeur. Elle participera sans doute au nouvel avenir qui s'ouvre aujourd'hui pour tout le bassin de la Méditerranée, et elle retrouvera sa fortune tout en gardant la paix.

Cette petite disgression terminée, revenons à nos cailloux.

Gênes est italienne par ses églises comme par ses palais. Il ne faut pas admirer sans réserve les églises d'Italie : souvent la matière est plus précieuse que l'art, et l'on peut dire de leurs auteurs qu'ils les font riches parce qu'ils ne peuvent pas les faire belles. A Gênes, par exemple, la profusion des ornements, en donnant à la maison de Dieu un aspect trop théâtral, nuit souvent à l'impression religieuse.

Nous devons cependant une visite aux principales églises de Gênes.

La cathédrale, placée sous l'invocation de saint Laurent, date du XIe siècle. Restaurée et rebâtie plusieurs fois, elle présente un singulier mélange de style. L'extérieur, tout revêtu de marbre blanc et noir, disposé par bandes alternées, est d'un aspect singulier, plus joli que beau, et manquant essentiellement de grandeur. Noirs et blancs sont aussi les marbres des seize colonnes composites qui décorent la grande nef : cette fois l'effet décoratif est mieux réussi. On remarquera, entre plusieurs chapelles, celle de Saint-Jean-Baptiste, dessinée par *Giacomo della Porta*, avec ornements en marbre et stuc doré, bas-reliefs et statues. Sous un édicule, que supportent quatre colonnes de porphyre, on a placé une châsse d'argent, ornée de figurines du XVe siècle, du travail le plus délicat, et contenant les cendres du Précurseur, apportées de Mirra à Gênes en 1397. Il s'est trouvé un pape, Innocent VIII, qui, pour flétrir la fille d'Hérodiade et venger son crime, depuis longtemps expié, sur toutes celles de son sexe, a interdit aux femmes l'entrée de cette chapelle, — à l'exception d'un seul jour de l'année. Saint Jean-Baptiste n'en demandait pas tant.

On montre dans la sacristie un vase, prétendu d'émeraude, trouvé par les Croisés à la prise de Césarée, en 1101. On prétend que ce vase, donné par Balkis, la célèbre reine de Saba, à son hôte royal le *sage* Salomon, servit au Christ dans le repas suprême qu'il prit en commun avec les apôtres, et où fut instituée l'Eucharistie. Une loi d'État punissait de mort quiconque touchait ce vase précieux avec un corps dur. Cette mesure de précaution n'était point inutile; la suite le prouva bien. La célèbre émeraude fit le voyage de Paris en 1809, et il fut reconnu qu'elle était tout simplement un échantillon bien réussi de verre colorié.

Après les magnificences d'un goût plus ou moins contestable de Saint-Laurent, il faut aller voir l'église de l'Assomption, appelée aussi Sainte-Marie de Carignan, chef-d'œuvre de *Galéas Alessi*, bâtie sur une hauteur, d'où l'on domine la terre et la mer. C'est bien certainement un des monuments religieux les plus parfaits de toute l'Italie. Son plan forme un carré régulier de cent-cinquante pieds, sans compter l'abside : trois nefs divisent l'intérieur, qui affecte la forme générale de la croix grecque; quatre piliers, masses énormes, soutiennent la grande coupole centrale; aux quatre angles de la croix, on a placé d'autres coupoles plus petites. Quatre statues en marbre, hautes de douze pieds, et dont les deux plus belles sont sorties vivantes des mains du Puget, ornent les quatre piliers de la coupole centrale. De bons tableaux complètent la décoration très-artistique et très-intelligente de cette église, dont le voyageur qui a le sentiment vrai du beau emportera le meilleur souvenir et une impression durable.

On fait trop de commerce dans une partie de Gênes pour que l'on fasse beaucoup d'art dans l'autre. Venise est presque la seule exception que l'on puisse citer à cette règle aussi triste que générale : il faut choisir entre les joies de l'esprit et les jouissances de la fortune. C'est à des architectes, des sculpteurs et des peintres étrangers que Gênes doit ses splendeurs. Gênes ne pourra donc point revendiquer, dans l'histoire de l'art, la légitime influence accordée à Florence, à Rome et à Venise. Elle a fait peu de choses par elle-même ; mais elle était riche ; elle commandait, elle payait... et elle avait.

On a dit du port de Gênes qu'il n'offrait guère que le spectacle d'une grande activité dans une grande saleté : le fait est qu'il n'est bon à voir que de la mer. Il est assez vaste (environ vingt mille mètres de large), formant hémicycle, et si bien protégé par ses deux môles, projetés en avant comme de longs bras, qu'il n'est ouvert qu'à un seul vent, celui du sud-ouest, le Libeccio des Italiens.

Non loin de ce port on trouve un quartier curieux, — une sorte de petite ville, composée d'édifices uniformes, enclos dans une enceinte de murailles, et ne communiquant avec la mer que par une issue, et par une seconde avec la ville. Ce port, où toutes les marchandises qui arrivent de l'étranger, soit par eau, soit par terre, peuvent débarquer et s'emmagasiner sans payer aucun droit, est livré à l'exploitation d'une corporation de deux cents portefaix bergamasques, d'une belle couleur locale, qui vendent leur privilége à des prix fort élevés. Ces portefaix sont des messieurs !

Les femmes ne sont pas mieux reçues dans ce port que dans la chapelle de Saint-Jean-Baptiste : l'entrée leur en est sévèrement interdite, ainsi qu'aux prêtres et aux militaires. Il leur faut une permission spéciale du directeur.

Nous ne parlerions pas de la Douane, vieille institution surannée que notre siècle verra sans doute disparaître à Gênes comme ailleurs, si elle n'occupait ici les bâtiments de cette fameuse Banque de Saint-Georges, institution aussi politique que commerciale, véritable compagnie des Indes du moyen âge, qui vendait des peuples et possédait des royaumes. La grande salle est ornée des statues des fondateurs et des bienfaiteurs de la banque. — Passons. — Au-dessus de la porte principale, on montre les tronçons d'une énorme chaîne de fer dont les Pisans se servaient pour fermer l'entrée de leur port, et que les Génois brisèrent en 1290. Ils étalent encore aujourd'hui avec un certain orgueil le souvenir de cet exploit de l'antique valeur de leurs pères. — Un peu d'orgueil doit être permis aux fils des héros.

Ce qui manque le plus à Gênes, ce sont les promenades publiques : il est vrai que le besoin ne s'en fait guère sentir, puisqu'il suffit d'ouvrir sa fenêtre pour jouir d'un horizon sur la mer ou d'un panorama sur la montagne.

Cependant les Génois se sont récemment *bâti* une promenade, — j'emploi le mot à dessein. — Les énormes déblais résultant des travaux nécessités par la construction du théâtre Carlo-Felice (disons en passant que ce théâtre est un des plus grands et des plus beaux de l'Europe), donnèrent l'idée d'élever des terrasses qui pourraient servir de promenades, — il serait peut-être plus juste de dire *promenoirs*. — On a planté des arbres, amené des ruisseaux, ménagé des fontaines, taillé des escaliers pour les piétons, adouci les rampes pour les voitures, et la promenade de l'Acqua-Sola est aujourd'hui très-fréquentée. Il faut y aller par une belle après-midi de dimanche pour voir passer et repasser les Génoises à l'œil noir, gracieusement drapées dans les longs plis du blanc *mezzaro*.

Il faut aussi aller voir, à quelque distance de Gênes, une des merveilles de l'Italie pittoresque. Je veux parler de la VILLA PALLAVICINI, gigantesque et ruineuse improvisation de la fortune et du luxe qui n'ont jamais su mettre de bornes à leurs désirs. On s'est plu à créer sur un coteau aride un parc aux beaux ombrages, avec lac, eaux jaillissantes et cascades ; Carrare a donné ses plus beaux marbres pour le bâtiment principal, — un palais, — et pour toutes les constructions accessoires disséminées dans le parc. Des fragments de stalactites, recueillis à grande peine et à grands frais, ont servi à la construction d'une grotte, où tout l'effort de l'art consiste à se cacher sous l'imitation la plus exacte de la nature. Une miniature de lac occupe le fond de la grotte; une barque, dont la proue à long cou de cygne se recourbe avec de molles ondulations, vous invite à tenter une excursion facile, et bientôt vous balance au roulis des petites vagues clapotantes. — Vous sortez de cette grotte en songeant à la grotte d'azur du golfe napolitain, et vous vous trouvez en face d'un site enchanteur, et vraiment à souhait pour le plaisir des yeux : à votre droite, une cascade s'épanche des hauts rochers; à votre gauche, un temple d'ordre ionique, consacré à la déesse des fleurs, vous fait songer aux plus aimables souvenirs de la mythologie grecque, tandis qu'un peu plus loin vous voyez sortir du lac, comme des flots du Nil débordé, un obélisque qui n'est point en granit, et qui ne vient ni de Thèbes, ni de Memphis. — Un peu plus loin, c'est un kiosque chinois, qui vous rappelle les mandarins et le fleuve Jaune. Enfin, à l'horizon, à travers les arches gothiques d'un vieux pont, — qui n'a pas l'âge du Pont-Neuf, — vous apercevez le golfe de Gênes et la mer immense. Comment peut-on se résoudre à mourir quand on possède tant de merveilles? me demandais-je en me promenant dans ce parc, un des plus beaux du monde assurément. Et malgré moi les vers mélancoliques du poëte traduit par Janin me revenaient à la pensée :

Eheu! fugaces, Posthume, Posthume,
Labuntur anni!.....

« Posthume! ah! Posthume! elles courent les années, elle arrive à grands pas la vieillesse, et déjà voilà les rides, et bientôt voici la mort! La prière n'y fait rien!..... Il te faudra quitter ces riches domaines, abandonner ta maison, ton aimable épouse, et de tous ces arbres que ta main cultive, un seul, le cyprès, ornement des tombeaux, doit te suivre, ô maître éphémère de tant de biens ! »

Mais je me rappelai à temps que toute cette poésie ne s'adresse qu'aux riches et que je ne suis qu'un pauvre diable... Qu'ils soupirent donc, ceux qui ont tout à perdre... Moi, je n'ai ni la terre, ni la maison..., ni surtout la douce épouse qui plaît... et quand il faudra tout quitter, je ne quitterai rien...: que le bâton de voyage sur lequel je m'appuie, — c'est le seul *arbre* que j'aie jamais possédé!... — Je secouai donc la poudre de mes souliers sur le seuil de marbre des Pallavicini, et je repris le chemin de la ville, en faisant sauter gaiement dans ma main la bourse pleine, — et pas lourde, pourtant! — qui devait me mener jusqu'à Jérusalem... et me ramener à Paris... peut-être !...

VI

LA CORSE.

Les îles sont excommuniées. — Farouche insulaire. — Marius, Sylla, Charlemagne. — Sombre histoire. — Rôle de la France dans les affaires de la Corse. — Tragédie de famille. — Un assassin délicat. — Comment il faut tuer sa femme. — Une révolution pour trois centimes. — Les noms prédestinés. — Carbone allume l'incendie. — Mangin roi. — Qu'il faut être beau pour plaire au peuple. — Un prince bien vêtu. — Sans argent. — Un vrai grand homme. — Paoli. — Comme quoi il est permis aux Corses de ne pas trop aimer les Français. — Un peuple vendu. — Physionomie du pays. — Portrait d'homme d'après nature. — Les mâquis. — La vendetta. — La ville et la campagne. — Le berceau d'un grand homme. — Pas galants. — Les femmes. — Sans dot.

Les îles, a dit un théologien génois, sont excommuniées par la nature. C'est là, sans aucun doute, un mot aussi absurde qu'il est cruel. La souveraine puissance de laquelle sont émanées les choses, et dont la main prodigue a répandu la vie dans le vaste monde, n'a pas prononcé ces exclusions barbares contre telle ou telle de ses œuvres, et dans le plan général du grand tout, les îles, autour desquelles roulent les flots des océans, ne sont pas moins nécessaires à l'universelle harmonie que les continents assis sur leurs fondements immobiles. Et cependant, il faut bien l'avouer, les îles, séparées du reste de la terre par une barrière orageuse et mouvante, gardent toujours je ne sais quelle puissante et indestructible originalité que l'on ne retrouve point chez les nations de terre ferme, mêlées les unes aux autres par un commerce incessant. Personne ne s'y trompe, et ceux-là même qui n'ont jamais réfléchi à ces idées en sentent néanmoins confusément la justesse. Il y a dans la langue un mot qui par lui-même ne signifie rien autre chose qu'habitant d'une île, — c'est le mot INSULAIRE. — Voyez pourtant quelle importance il prend sous les plumes les plus inoffensives ! lorsque, dans un récit de voyage, le navigateur a laissé tomber ce mot formidable : les INSULAIRES, auquel (par parenthèse), il ajoute presque toujours quelque épithète sonnante — et mal sonnante — : les farouches insulaires, par exemple, soudain se déroulent devant vous des processions de cannibales, tenant en main les couteaux avec lesquels ils vont scalper leurs ennemis, ou les broches qu'ils aiguisent pour les enfiler ou les rôtir.

Un voyage en Corse ne semble pas fait pour adoucir ce qu'il y a d'un peu cruel dans le préjugé qui frappe un mot innocent.

Les Corses, en effet, gardent, entre toutes les races d'hommes qui se partagent l'Europe, une physionomie à part, profondément originale, peu rassurante, et qui n'engage guère. Voyez-les, pâles ou basanés, sombres et hautains, l'œil tors et la bouche superbe, armés en guerre, traversant leurs plaines brûlées par le soleil, gravissant l'âpre versant de leurs montagnes, ou s'enfonçant dans l'épais fourré des *maquis*, et au lieu d'éprouver ce sentiment naturel de sympathie que la rencontre de l'homme doit faire naître chez l'homme, vous sentirez en vous je ne sais quelle défiance instinctive et profonde, et vous vous répéterez une fois de plus, en hâtant le pas et en détournant la tête : Farouche insulaire !

Soyons justes, toutefois : l'histoire est là qui plaide en faveur des Corses la circonstance atténuante ; si jamais homme eut le droit de devenir méchant, n'est-ce pas celui que la fortune a si longtemps et si cruellement persécuté ? L'histoire de la Corse est une des plus dramatiques et en même temps des plus cruelles qui soient au monde : il y a du sang et des larmes sur toutes ses pages ; nulle part on ne rencontre un tel entassement de crimes, de forfaits et d'infortunes ; et cependant, au milieu de ces épouvantables épreuves, la nationalité de cette race fortement trempée est demeurée pure de toute atteinte, intacte de tout mélange ; et pareils à ces métaux qui repoussent tout alliage, les

Corses, restés eux-mêmes, sont aujourd'hui ce qu'ils étaient il y a vingt siècles.

Jetons sur cette histoire un rapide coup d'œil.

Hérodote que, dans le monde antique, on retrouve toujours au début de toute histoire sérieuse, est le premier qui nous ait parlé de la Corse, à laquelle il donne le nom de Callista, qui veut dire très-belle; il assure qu'elle fut peuplée par une colonie de Phéniciens; Diodore prétend que ce fut par les Tyrrhéniens; Pausanias, par les Africains; Sénèque, par les Grecs ou les Espagnols. Ils ont peut-être tous raison. La Corse, comme beaucoup d'autres contrées du vieux monde, vit venir, en effet, successivement à elle différentes immigrations qui se superposèrent les unes aux autres pour former lentement et obscurément cette première population dont l'origine vraie se perd presque toujours dans la nuit des temps.

C'est seulement avec les Romains et au ve siècle de leur ère que nous entrons dans la certitude. Ces conquérants, que leur constitution non moins que leurs instincts condamnait à une guerre éternelle, et qui fatiguaient du bruit et de l'éclat de leurs victoires la Renommée, toujours occupée à souffler pour eux dans ses trompettes, — portèrent les armes dans l'île, de peur qu'elle ne tombât entièrement aux mains des Carthaginois, leurs mortels ennemis. Ils y envoyèrent, sous la conduite de Lucius Cornélius Scipion, une de ces armées consulaires fortes de quarante à cinquante mille hommes, qui suffisaient d'ordinaire à la conquête d'un royaume. Mais ces futurs maîtres du monde rencontrèrent, dans la petite île, une résistance à laquelle ils n'étaient pas accoutumés. Il ne leur fallut pas moins d'un siècle et de huit ou dix expéditions pour réduire ces énergiques courages, et l'on peut dire qu'ils furent vaincus, mais non domptés. Leur âme fière ne se laissa point abattre par la fortune ennemie : elle ne se plia jamais à la servitude; les Corses, nés libres, et se souvenant de leur origine, étaient les plus mauvais esclaves du monde ; ils finirent par ne plus trouver d'acheteurs sur les marchés de leurs maîtres. Aussi les Romains, qui savaient honorer tous les courages, finirent par les traiter en alliés plus qu'en sujets, et ils leur permirent de se gouverner par leurs propres lois. Deux colonies furent fondées par eux sur la côte orientale de l'île, MARIANA par Marius, ALERIA par Sylla. Sous l'empire, la position de la Corse fut mauvaise ; l'empire avait besoin d'argent : il pressait, jusqu'à les tarir, les plus fécondes mamelles. De toutes parts on fuyait pour échapper à ces impôts, devenus bientôt de nouveaux instruments de servitude entre les mains des tyrans qui s'en servaient pour corrompre et pour avilir ; les plus riches parmi les Corses abandonnèrent leur patrie ; le sol resta à ceux qui ne pouvaient pas payer d'impôts ; dès lors le proverbe était vrai : Où il n'y a rien, le fisc perd ses droits.

Cependant « cette épouvantable machine de l'empire romain, » comme l'appelait Montaigne, s'était usée elle-même, et elle craquait sous l'accablant fardeau de son antique grandeur. Rome fut vaincue par ses vices plus encore que par ses vertus, et le monde romain submergé par un déluge de barbares. Les Vandales passèrent comme un flot sur la Corse, et la couvrirent de ruines ; bientôt elle fut ravagée par les Goths et les Lombards, puis elle retomba entre les faibles mains des empereurs d'Occident, à qui Charlemagne l'enleva d'un geste.

Avant d'entreprendre cette conquête, l'illustre partisan du *pouvoir temporel* en fit par avance don au pape, beaucoup plus capable de l'accepter que de la défendre. Aussi le fils du grand empereur, Louis, si *débonnaire* qu'il fût, se vit-il forcé d'en confier le gouvernement au comte Boniface, marquis de Toscane, qui fut tout à la fois la terreur des papes et des Sarrasins. Cette famille s'éteignit après cent ans de suprématie. Il y eut alors une période de féodalité atroce. Mais ce peuple, qui avait supporté impatiemment le joug romain, secoua bientôt celui des comtes et des barons. Les Corses se réunirent tumultueusement en consulte ou diète nationale l'an 1007, dans la vallée de MORROSAGLIA, point central de l'île, environné des cantons les plus populeux, et qui avait été, dans les anciens temps, le champ de Mars de ce peuple guerrier.

Un plébéien, homme de cœur et homme de génie, Sambucuccio, affranchit les deux tiers de son pays qui formèrent une sorte de république sous le titre de *Terre de commune*. Sambucuccio établit un gouvernement sage et libéral : des podestats et des juges élus par le peuple étaient chargés, avec le corps des *caporaux* ou magistrats secondaires, du gouvernement des communes. Cette constitution fut en vigueur un peu plus d'un demi-siècle, jusqu'à ce que le fameux Hildebrand, qui, sous le nom de Grégoire VII, remplit la chrétienté du bruit de ses talents et des prétentions de sa politique, revendiqua les droits que lui attribuait la donation de Charlemagne. Le Saint-Siége n'avait pas encore osé réclamer un pays tombé en d'autres mains. Mais Hildebrand avait souvent à la bouche cette maxime tout italienne, et que Machiavel, quelques siècles plus tard, n'aurait pas répudiée : « Là où la peau du lion ne peut atteindre, il faut joindre celle du renard. » Il envoya dans l'île un négociateur rusé qui détermina les Corses à se déclarer sujets de l'Église romaine (1077). Le Saint-Siége, qui tenait surtout à ce que les légistes appellent le *domaine utile*, céda bientôt ses nouveaux sujets, moyennant une rente annuelle, aux évêques de Pise. Mais cette cession alluma la jalousie des Génois, rivaux des Pisans, qui envahirent la Corse et fondèrent à Bonifacio un premier établissement. Cette tentative heureuse fut suivie d'une série d'attaques qui eurent pour résultat définitif l'entière expulsion des Pisans. Les Pisans revinrent à la charge avec des fortunes diverses ; mais les Corses se donnèrent d'eux-mêmes aux Génois par un acte de cession envoyé à Gênes le 12 août 1347. Le traité établissait dans l'île deux formes de gouvernement : les statuts corses pour la terre de commune, et la loi féodale pour le tiers de l'île qui était resté sous le pouvoir des seigneurs. Gênes n'accomplit aucun de ses engagements; aussi la Corse se souleva bientôt; les Génois se virent promptement dépossédés, et au bout de quelques années, il ne leur restait plus que deux points du territoire : Calvi et Bonifacio. Mais les Génois étaient résolus à tout pour ressaisir leur belle proie : ils revinrent à la charge; énergiquement repoussés, ils arrosèrent de leur sang cette malheureuse terre. Cependant le pape Boniface VIII, voyant qu'il ne pouvait jouir de la Corse, l'avait cédée aux rois d'Aragon. Ceux-ci comprirent ce que valait une pareille cession du bien d'autrui, et ils ne songèrent point, quoiqu'ils l'acceptassent, à revendiquer leurs droits. Toutefois, après plus d'un siècle de silence, le roi Alphonse arriva dans l'île avec des forces imposantes, et il y apporta des éléments nouveaux de dissension. Incapable désormais de se gouverner elle-même, la Corse se donna à la compagnie de Saint-Georges, à laquelle elle se reprit bientôt pour se rendre aux Campi-Fregosi, famille puissante régnant parfois sur Gênes, qui la transportèrent, comme s'ils en avaient eu le droit, au duc de Milan. Mais à quoi bon faire une halte si longue au milieu de ces bouleversements sans fin? L'état de guerre paraissait l'état normal de la Corse. Les populations naissent, croissent et meurent au bruit des armes et dans le tumulte des insurrections. Le pays n'est plus qu'un vaste champ de bataille où les partis s'entre-détruisent sans pitié; la guerre civile est partout, non pas seulement dans la nation, mais dans chaque famille. Le moment est mauvais d'ailleurs pour toute l'Italie : Pise, Florence, Sienne, Gênes, présentent le spectacle de la plus déplorable mobilité. Une de ces villes, ne sachant plus à qui se donner, élit Jésus-Christ pour roi! La Corse ne faisait ni mieux ni pire que ces grandes rivales.

Cependant la guerre qui éclata en Italie entre Charles-Quint et le roi de France Henri II donna aux Corses une occasion nouvelle de prouver leur haine contre Gênes. Notre ennemi, c'est notre maître ! Henri II avait résolu de s'emparer de cette île si admirablement située pour servir de place d'armes et d'entrepôt à la France. Un Corse, Sampiero d'Ornano, fut l'âme de l'entreprise. Il était alors maréchal de camp au service de la France, et sa valeur lui avait donné le droit d'écarteler son blason avec nos fleurs de lis royales. Sampiero débarqua en Corse, à la suite du maréchal de Thermes, commandant de l'expédition. A la voix d'un de ses plus courageux enfants, l'île se souleva et reconnut la France. Cette première incorporation est de 1557. La Corse croyait dater de cette soumission volontaire une ère de délivrance. Mais le Valois, mobile comme une femme, et qui n'apportait en politique que cette foi des Médicis, qui ne valait pas beaucoup mieux que la foi punique, rendit à leurs anciens maîtres ceux qu'il avait poussés à la révolte. Ce nouveau traité plongea l'île dans la consternation, et on l'accueillit avec ce cri de haine énergique : « *Salva la fede, piutosto il Turco.* Sauf la foi, plutôt le Turc ! » Les Génois, ces Anglais du moyen âge, ces soldats doublés de marchands, qui tenaient l'épée d'une main et la balance de l'autre (mais cette balance-là n'était pas celle de la Justice), les Génois signalèrent leur retour par des exactions odieuses. Sampiero proscrit vint chercher en France des secours et des vengeurs : il n'y trouva que des indifférents. Il se rendit alors à Alger et à Constantinople ; mais ni Constantinople ni Alger ne se laissèrent fléchir à sa prière. C'est à la Corse qu'il voulut alors demander le moyen de sauver la Corse.

Un complot tramé au sein de sa famille l'arrêta au début de cette généreuse tentative.

Sampiero avait épousé une belle et noble créature, Vannina, de l'illustre maison d'Ornano, dont il avait ajouté le nom au sien. — Vannina était non moins célèbre pour son intelligence que pour sa fortune et sa beauté. — A l'âge où la flamme du premier amour commence à pâlir dans l'âme de la femme, et où ses sentiments complexes que le présent seul n'absorbe plus embrassent tout à la fois le passé et l'avenir, Vannina se souvint de la prospérité de ces aïeux et elle s'inquiéta de la destinée de ses enfants. — Quel sort attendait les fils d'un proscrit, courant le monde, jouant sa vie, et toujours à la poursuite d'un but qui le fuyait toujours?

Sans doute on devina les sentiments secrets de la pauvre mère, car on promit de lui restituer tous ses biens et de l'entourer des honneurs dus à sa naissance, si elle voulait venir à Gênes avec ses enfants. Les Génois espéraient, une fois en possession de ces précieux otages, réduire facilement leur adversaire à traiter avec eux. — Sampiero se trouvait alors auprès du dey d'Alger, quand il apprit la fatale nouvelle. Il envoie en toute hâte un de ses amis en Europe. Vannina était déjà partie pour Gênes. L'émissaire du mari atteignit la femme sur la route, non loin d'Antibes : il la contraignit de rebrousser chemin et de le suivre dans Aix. Sampiero arriva bientôt à son tour. Il apprend tout, et au récit terrible que lui fait son ami, il éprouve un de ces transports de colère qui ne peuvent éclater que dans l'âme orageuse et passionnée des Corses. Il revêt sa terrible armure et se présente devant sa femme, tout à la fois comme un juge et comme un bourreau. Vannina foudroyée tombe à ses pieds, avoue sa faute et demande la vie. Sampiero se sent ému ; mais ses yeux rencontrent l'écharpe qui retenait la robe de Vannina et lui servait de ceinture : cette écharpe était blanche et rouge, aux couleurs de Gênes. A cette vue abhorrée, la colère du Corse ne connaît plus de bornes. « Il faut mourir ! » dit-il à la malheureuse. Vannina connaît trop bien l'âme inexorable qu'elle a offensée pour espérer la fléchir. Elle dédaigne la plainte et ne se permet pas la prière. Sampiero appelle alors ses esclaves, instruments dociles des volontés du maître. Mais Vannina craint la honte plus que la mort : elle ne veut point être touchée par ces mains viles, elle veut recevoir la mort de celui qu'elle a tant aimé. « Au moins tue-moi toi-même! » dit-elle à son mari dans un dernier cri d'amour. — Sampiero se découvre devant elle, demande humblement pardon à *sa dame* (c'est ainsi qu'il appelait toujours sa femme), puis il lui passe son mouchoir autour du cou et l'étrangle.

Après ce trait de barbarie — ou d'héroïsme — Sampiero vint montrer à la cour de France sa tête dévouée aux furies. Il promena sa fière et sauvage énergie devant les mignons efféminés du Valois. On n'osa pas même instruire contre lui.

Quelque temps après, il débarquait dans l'île, qu'il embrasa bientôt du feu de son patriotisme. Il en aurait sans doute chassé les Génois, si la trahison ne les avait délivrés tout à coup de ce redoutable ennemi. Un de ses serviteurs, qu'il traitait comme un fils, Vittolo, le tua d'un coup de feu par derrière (janvier 1567). Depuis lors, tous les traîtres s'appellent en Corse des *Vittoli*, comme ils s'appellent chez nous des *Judas*. Le fils de Sampiero, Alphonse d'Ornano, qui fut plus tard maréchal de France, continua l'œuvre de son père, et soutint la lutte contre Gênes jusqu'en 1569. Un traité intervint alors entre les deux nations; Gênes abusa, comme toujours, des avantages qu'elle devait plus encore à sa diplomatie qu'à ses armes. L'île fut tyrannisée et appauvrie : Gênes la traitait comme les Anglais traitent l'Irlande: la plus atroce des dominations, c'est celle d'un gouvernement de marchands. Ils pillèrent comme après une prise d'assaut, et, pour extorquer aux malheureux habitants leurs derniers écus, ils leur vendirent tout, jusqu'à la justice. — Il est vrai qu'après l'avoir vendue ils ne la livraient pas. — Le XVII° siècle fut pour la Corse un véritable siècle de fer. Mais tout a des bornes, même la patience des vaincus. La Corse opprimée, dépouillée, enchaînée, sortit tout à coup de sa léthargie et commença cette campagne héroïque que l'on appela son Iliade. Comme toujours, une étincelle alluma l'incendie. Un pauvre vieillard du nom de CARBONE (n'y a-t-il pas des noms prédestinés?) se présenta pour payer son impôt; il lui manquait un paolo — quelques centimes! — l'employé refusa de recevoir sa contribution s'il ne payait la somme entière. Le vieillard se plaignit; sa parole émut la foule : l'ancien cri de la Corse : « Vive la liberté! vive la nation! » retentit de toutes parts. L'émeute d'un village devint bientôt la révolution d'un pays. « Les révoltes qui viennent du ventre sont les pires de toutes, » a dit Bacon. Nous ne ferons point l'histoire de cette lutte de héros, dans laquelle le clergé lui-même fut national. « Allez et combattez, disaient les moines, vous ne demandez que la justice, et les hommes la doivent aux hommes s'ils veulent l'obtenir de Dieu. » Cette fois encore le bon droit triompha; les Corses secouèrent le joug et se constituèrent en république. — Mais Gênes protestait, la main sur ses armes. — C'est alors que les Corses, poussés par je ne sais quel esprit de vertige, étonnèrent l'Europe en se donnant un roi. Cette révolution fut opérée par un charlatan du rang suprême, plus digne de parader dans un cirque que de s'asseoir sur un trône, le baron Théodore de Neuhoff. Théodore avait été d'abord page de la duchesse d'Orléans, puis capitaine dans le régiment de la Marck. Quelque temps après, il entrait dans la diplomatie, parcourait la France, la Suède et l'Espagne, se liait avec Law et tombait avec lui. Sa vie aventureuse l'amena bientôt à Gênes; c'est là qu'il conçut le projet de se faire roi de Corse. Il se mit en rapport avec les gens de l'île, et leur persuada que, s'ils avaient à leur tête un homme comme lui, ils n'auraient plus rien à craindre des Génois. Il leur annonça qu'il allait négocier avec les potentats, et chercha des alliances à son nouveau royaume. Les rois de la vieille Europe flairèrent l'aventurier et ne furent point sa dupe. Le bey de Tunis, encore à demi barbare, fut plus crédule : il lui fournit des secours, et, le 12 mars 1736, il débarqua sur le territoire de l'ancienne colonie romaine, Aleria, avec dix pièces de canon, quatre mille fusils, sept cents sacs de blé, et plusieurs caisses d'argent. Ce roi de théâtre portait une robe écarlate doublée d'hermine, une vaste perruque, un chapeau retroussé à larges bords et à long plumet, un sabre traînant et deux pistolets à la ceinture. Il tenait à la main une canne qui ressemblait à un sceptre. Sa stature était élevée, sa physionomie mâle, tout l'ensemble de sa personne imposant et majestueux. Les peuples sont des enfants qu'il faut prendre par les yeux : la robe écarlate et le plumet firent merveille. Les Corses reçurent Théodore avec tous les honneurs dus au rang qu'il s'attribuait... à son plumet et à sa robe, et le conduisirent en grande pompe au château de Cervione. Il y vécut en prince, distribuant quelquefois de l'argent, et des armes toujours. L'assemblée générale de la nation l'élut roi de Corse sous le nom de Théodore Ier, et il fut couronné dans l'église de Tavagna d'une branche de laurier. Il eut une cour, des secrétaires d'État, des gardes : il créa des marquis et des comtes, fonda un ordre de chevalerie et battit monnaie. Les pièces de cuivre portaient une couronne avec les deux initiales T. R. (THÉODORE ROI), que les Génois interprétaient plaisamment : TUTTI REBELLI (tous rebelles). Les pièces d'or et d'argent représentaient d'un côté les armes de la Corse (la tête de Maure), et de l'autre l'image de la Vierge avec cette légende, empruntée à l'une des plus belles hymnes de la liturgie catholique : MONSTRA TE ESSE MATREM. S'il eût pu mettre en circulation un assez grand nombre de ces curieuses pièces, Théodore eût eu les meilleures finances de l'Europe, car on payait sur le continent la monnaie de Corse trente fois sa valeur!

Gênes lâcha contre Théodore une armée de misérables, de voleurs et d'assassins, recrutés dans tous les bas-fonds de l'Europe. Théodore n'eut pas de peine à les disperser ; mais il eut bientôt épuisé toutes ses ressources, et comme il avait sans cesse entretenu ses sujets dans la fabuleuse idée qu'il gouvernerait sans impôt, et qu'il n'osait pas encore manquer à sa parole, il tomba bientôt dans une détresse extrême. Il mentait toujours, mais on ne le croyait plus. Cependant il retrouva un moment de popularité. Il assembla les principaux du pays à Sartène, et leur déclara qu'il irait lui-même chercher les secours dont son royaume avait besoin : il désigna un conseil de régence pour gouverner en son absence, et partit accompagné des bénédictions de son peuple, dont la longue acclamation le suivit sur la mer. Seulement il avait relégué la robe écarlate et le chapeau à plumes dans la garde-robe de son palais, et il avait pris le costume plus modeste d'un abbé (décembre 1736). Il alla successivement à Rome, à Paris et à Amsterdam, cherchant partout des secours pour son royaume. Il parvint à envoyer dans l'île plusieurs navires chargés de munitions et d'effets militaires.

Gênes la Superbe s'humilia et demanda l'appui de la France. Celui qui devait plus tard trahir la Pologne résolut de faire rentrer la Corse sous la dure domination des marchands génois. Les Français débarquèrent en Corse le 5 février 1738 — et ils y débarquèrent en ennemis.

Les Corses adressèrent à Louis XV un mémoire éloquent, en le suppliant de ne pas les livrer à leurs implacables ennemis. Ces trop justes doléances ne furent pas écoutées.

Sur ces entrefaites, Théodore reparut dans les eaux de son île avec trois vaisseaux marchands et une frégate. Mais, trouvant les Français sur la côte, il n'osa débarquer; il reprit donc la mer et alla, un peu malgré lui, aborder à Naples. Il y trouva une assez dure captivité. Une fois libre, il intéressa l'amiral anglais Mathews à sa cause; il en obtint trois vaisseaux de haut bord, avec lesquels il reparut en vue de son île. Le peuple n'eût pas demandé mieux que de l'accueillir et de se grouper une seconde fois autour de lui, mais le langage que lui tinrent les notables du pays ne lui permirent pas une longue illusion, et, une fois de plus, il fut obligé de s'éloigner de son royaume pour ne plus le revoir jamais. Il alla végéter à Londres, ce refuge de tous les princes en disponibilité. Il y serait mort en prison, si Horace Walpole, digne de comprendre cet aventurier, n'avait payé ses dettes. Les Anglais élevèrent un tombeau au monarque détrôné, et firent graver cette inscription sur sa tombe :

LE DESTIN LUI DONNA UN TRONE ET LUI REFUSA
DU PAIN.

Cependant les Français continuaient leur œuvre fatale, et employaient leur force à opprimer un peuple qui voulait rester libre. Ils se firent battre à Borgo (13 décembre 1738), dans une affaire à laquelle on donna le nom de VÊPRES CORSES, — quoiqu'elle ne valût pas les *Vêpres siciliennes*.

Le marquis de Maillebois rétablit les affaires de France ; il sut unir la modération à la valeur, et il apaisa les Corses après les avoir vaincus. Mais la guerre de 1740 pour la succession à l'Empire, en soulevant les plus graves questions dans l'Europe agitée, força Louis XV à retirer ses troupes de la Corse. Le fruit de la guerre échappa donc à ses mains au moment où il allait le cueillir.

De nouvelles insurrections tourmentèrent ce malheureux pays, et la Corse s'organisa sous trois chefs qui s'appelèrent les *Protecteurs de la Patrie*. La France envoya de nouvelles troupes. Elles étaient commandées par le marquis de Cursay, qui, malgré les difficultés de sa situation, sut, par son esprit de justice et de modération, se concilier tous les partis. Les Corses le prirent même pour arbitre entre eux et les Génois, et, pour lui prouver leur confiance, ils lui remirent leurs places fortes comme un gage de la loyauté avec laquelle ils entendaient exécuter leur traité. Les successeurs du marquis de Cursay ne craignirent point de remettre le gage, — une chose sacrée, — aux mains des Génois ! N'était-ce pas justifier à l'avance toutes les revanches d'une nationalité si indignement outragée? Les Corses se préparèrent à résister — jusqu'à la mort. — Ils élirent pour généralissime Gaffori, un de leurs trois protecteurs. Les Génois le firent assassiner, comme ils avaient assassiné Sampiero. La Corse, à la nouvelle de cet attentat, éprouva un mouvement d'horreur; mais son ardeur et son courage s'exaltèrent encore au sentiment de son injure. Elle choisit pour chef un homme dont le souvenir restera indissolublement lié à son histoire : j'ai nommé Pascal Paoli. Paoli, une des plus belles et la plus sympathique figure de la Corse, réunissait en lui tout ce qui séduit les simples — et tout ce qui les sauve : il avait la noblesse du maintien, la beauté du visage, le charme de la parole, la grâce de l'homme du monde et la dignité de l'homme d'État; la majesté du commandement, l'intelligence ouverte à toutes les grandes idées, et l'amour brûlant de son pays. Paoli, à qui la Corse semblait vouloir remettre tous les pouvoirs entre les mains, borna lui-même son empire et restreignit ses droits, n'ambitionnant d'autre rôle que celui d'exécuter la volonté de la patrie. Il ne tarda pas à regagner en influence ce qu'il semblait perdre en autorité. Il fut à lui seul plus grand que toute sa nation. En même temps qu'il se préparait à l'affranchir, il travaillait aussi à la réformer; il l'instruisait, il la moralisait; il lui donnait la notion plus juste du droit et du devoir. Il réorganisa le clergé, et fit servir au profit du patriotisme le sentiment religieux de sa nation. Ses soldats faisaient le signe de la croix avant de marcher au feu.

Gênes, sérieusement effrayée, tenta trois fois d'armer les Corses contre les Corses : Diviser pour régner, c'est une vieille maxime. Ces suprêmes efforts n'eurent d'autre résultat que la honte de ceux qui les avaient tentés. L'amour de la patrie était maintenant une sorte de culte dans l'âme des Corses. Jamais ils n'avaient été plus dignes du bonheur et de la liberté, et s'ils n'avaient eu en face d'eux que les Génois, leur courage et le génie de Paoli eussent sans aucun doute assuré leur triomphe. Mais, une fois encore, ils trouvèrent la France entre eux et la victoire. Jamais la fatalité ne s'était plus acharnée sur un peuple. Le 7 août 1764, Gênes et la France signèrent à Compiègne un traité qui indigna l'Europe : le cabinet de Versailles s'engageait une fois de plus à rétablir l'autorité des Génois. Deux mois plus tard, les troupes royales débarquèrent dans l'île, sous la conduite du comte de Marbœuf. Le comte déclara tout d'abord que ses intentions n'étaient point hostiles ; qu'il n'avait d'autre but que de tenir garnison pendant quatre ans dans les places fortes appartenant aux Génois ; que si, à l'expiration de ce délai, la paix n'était pas conclue, les Français se retireraient de l'île. Paoli employa ces quatre années à consolider son œuvre de réparation, à poursuivre les améliorations qu'il avait essayées, à cicatriser les plaies de sa patrie, et à préparer pour elle des destinées meilleures. Le monde l'admirait. Avant la fin des quatre années fixées par M. de Marbœuf, le traité entre Gênes et la France fut singulièrement modifié : cette fois la République fit au Roi une cession conditionnelle de ses droits, une sorte de vente à réméré : si les Génois ne pouvaient payer à la France les sommes déboursées pour les secourir, la France garderait la Corse. Aujourd'hui, quand de pareils traités interviennent entre deux souverains, on consulte du moins le peuple qui fait l'objet du marché ; en ce temps-là, on vendait les hommes comme des troupeaux : ce n'était pas encore l'heure du suffrage universel. La conquête suivit de près la cession diplomatique : de nouvelles troupes, qui comptaient dans leurs rangs des noms diversement célèbres, mais tous promis à la postérité : Dumouriez, Volney, Mirabeau, débarquèrent dans la ville d'Ajaccio, sous les ordres du comte de Narbonne. Cette fois on leva le masque ; on demanda la remise de l'île Rousse et des tours du cap Corse ; et quoique les quatre années de trêve ne fussent pas encore accomplies, on n'accorda aucun délai à Paoli. On n'était plus médiateur, on devenait ennemi déclaré. Les circonstances étaient graves et le danger menaçant. Tous les Corses capables de porter les armes se levèrent pour marcher contre nous. Il y eut des traits de courage antique; il y eut des victoires sanglantes. Mais que pouvait la Corse contre la France, trouvant en elle d'inépuisables ressources, toujours prête à remplacer un bataillon par un régiment, un régiment par une armée? La Corse fut écrasée, l'île devint française, et son héros, trahi par la fortune, s'embarqua pour Londres, après avoir eu la gloire de résister pendant un an aux armées du roi de France.

Paoli avait eu pour secrétaire le rejeton d'un exilé de Florence, Charles-Marie Buonaparte. De retour à Ajaccio, Buonaparte obtint la main d'une des plus belles femmes de son temps, Lætizia Ramolino, qui lui donna treize enfants avant d'avoir accompli sa trentième année. Parmi ses enfants, il y en eut un qui fut l'homme le plus étonnant de son siècle, et peut-être de toute la durée humaine. Chacun l'a déjà nommé. Ainsi toutes ces injustes violences d'une guerre entreprise contre le droit des gens, ainsi toutes ces ruses d'une diplomatie sans conscience eurent pour résultat de faire un Français de celui qui devait remplacer la race de Louis XIV sur le trône des lis, et inaugurer, à l'exemple de Charlemagne et de Hugues Capet, une dynastie nouvelle. — Voilà ce que ne prévoyaient guère les conseillers de Versailles. L'homme s'agite et Dieu le mène!

La Corse, sanglant théâtre de toutes les querelles que nous venons de raconter, est une des plus grandes îles de la Méditerranée; sa situation, son étendue et sa fertilité ont dû inspirer de tout temps l'envie de la posséder; ajoutez qu'elle se trouve à la portée de tout le monde. Elle n'est qu'à trente-trois lieues d'Antibes, à trente-huit de Gênes, à vingt-cinq de Livourne, à cent-vingt-cinq de Tunis, à cent soixante d'Alger. Elle a un peu plus de quarante lieues de longueur sur une largeur inégale, qui varie de sept à dix-huit. Creusée de golfes et de baies, dentelée de promontoires et de caps, elle offre des mouillages et des abris précieux. L'île est formée d'un nœud de montagnes centrales, avec de grandes plaines à leurs pieds s'étendant jusqu'à la mer. Les plaines sont fertiles, les montagnes inaccessibles ; aussi le Corse pur sang a-t-il toujours préféré la montagne à la pleine : c'est là qu'il abrite sa fierté, sa paresse, son orgueil farouche... et la *vendetta*.

Pour embrasser la Corse d'un coup d'œil et juger de l'étendue comme de la forme du pays, il faudrait pouvoir monter jusqu'aux plus hauts sommets du Gradaccio, que les anciens appelaient le mont d'Or (*mons Aureus*) et que les modernes appellent le mont Rond (*monte Rotondo*). De cet observatoire élevé on découvre l'île tout entière, et les mers de Sardaigne, et l'Italie d'un côté et la France de l'autre.

Chaque contrée a son paysage qui lui est propre : l'Afrique a le désert ; l'Amérique, les forêts vierges ; l'Écosse, les lacs ; la Norvége, les fjords ; la Suède, les forêts de sapins ; la Hongrie, ses plaines fertiles et sans fin : la Corse a ses mâquis.

Sur des racines tellement rapprochées qu'elles semblent serrées les unes contre les autres, s'élèvent des cépées touffues, dont les tronçons, durs et noueux, acquièrent avec le temps une hauteur de trois à quatre mètres : voilà ce qu'on appelle les mâquis. Différentes essences d'arbustes et d'arbrisseaux les composent[1], croissant et multipliant dans un désordre et une confusion inexprimables. Quand on veut mettre ces mâquis en valeur, on commence par les livrer à l'incendie, et c'est un grand et terrible spectacle de voir la flamme s'attaquer à ces arbres vivants, et les dévorer sur pied au milieu de leur jeune ramure verdoyante et fraîche, arrosée, mais excitée par la séve qui coule des troncs déchirés comme le sang des blessures.

---

[1]. Ce sont principalement des buis, des myrtes, des arbousiers, des lentisques, des lauriers-thyms et des bruyères, — mais des bruyères arborescentes, qui atteignent jusqu'à dix et douze pieds de hauteur. — Les mâquis couvrent les vingt et un vingt-septièmes de la Corse.

Quand le feu a fait disparaître le mâquis, on enlève les racines, et sur cette terre, fertilisée par l'incendie même, on jette la semaille d'une main négligente. Souvent, la récolte levée, on abandonne le fonds; bientôt les racines, mal arrachées, rejettent, et les ceps repoussent. Vienne le printemps, les pâtres amèneront leurs troupeaux, qui broutent branches et bourgeons, puis, après leur retraite, le mâquis reprendra son ancienne vigueur, et la civilisation, qui s'avance à la suite des charrues plus sûrement qu'à la suite des épées, n'aura point avancé d'un pas.

Bien que le sol soit naturellement fertile, la terre mal cultivée rapporte peu. Le Corse n'est point industrieux.

Les productions animales de la Corse sont à peu près les mêmes que celles de la France et de l'Italie. Procope a beaucoup parlé des troupeaux de chevaux corses qui n'étaient pas plus gros que des moutons. Sans être encore d'une bien haute taille, les chevaux corses ont grandi depuis Procope. On trouve dans le haut pays un chevreau charmant, le moufflon, moins remarquable par la beauté de sa forme svelte que par l'éclat de sa peau mouchetée et la vive souplesse de ses mouvements. Pris jeune, le moufflon s'apprivoise; mais quand on l'a laissé grandir dans la liberté, il devient très-farouche, habite constamment les sommets, et pour être plus sûr de garder sa chère indépendance, il ne quitte plus les escarpements. On connaît les sangliers des *mâquis;* les Corses les chassent avec une sorte de passion en se servant de grands chiens à poils ras, à l'air terrible, mais très-attachés à leurs maîtres, et qui les défendent jusqu'à la mort.

La Corse est plus intéressante pour l'historien, le moraliste et le penseur que pour le simple touriste : elle a sans doute quelques jolis paysages, comme on en rencontre, du reste, dans tous les pays de montagnes; mais elle n'a pas de ruines poétiques et grandioses comme les régions heureuses que nous allons désormais parcourir. Une chaussée romaine, dont les

fragments rompus apparaissent çà et là, sur la côte orientale, entre Aleria et Mariana, les colonies de Marius et de Sylla, voilà tout ce qui lui reste de l'antiquité. Les deux principales villes, Ajaccio et Bastia, ne sauraient lutter, ni pour la beauté ni pour le pittoresque, avec ce qui nous attend en Italie, en Grèce, partout. Hâtons-nous donc ! Ce qu'il importe de connaître en Corse, ce sont les mœurs bien plus que les monuments, les hommes et non pas le paysage.

Indiquons cependant quelques villes, qui seront pour le voyageur comme autant de points de repère où il pourra se rallier après ses diverses excursions dans l'île.

AJACCIO, le chef-lieu administratif de la Corse, est une ville manquée. La nature avait cependant beaucoup fait pour elle. Son golfe est magnifique. Pour la teinte du ciel, comme pour la forme générale et l'ensemble des lignes, il rappelle la célèbre baie de Naples. Si vous ne vous montrez pas trop exigeant pour les palais, il a sa côte de Portici ; si vous rapprochez un peu les îles sanguinaires, il a Caprée ; donnez des flammes à la montagne de Pozzo di Borgo, une des plus hautes de la Corse, et voilà son Vésuve.

S'il faut en croire le vieil historien de la Corse, Jean della Grossa, Ajaccio tire son nom d'Ajax, fils de Télamon, un des héros de la guerre de Troie. Cette origine est plus noble qu'authentique. Quoi qu'il en soit, Ajaccio, avec ses belles promenades, trop souvent désertes, ses grands bâtiments administratifs, dont quelques-uns sont encore inachevés, a plutôt l'air d'un projet de ville que d'une ville réelle. Son quai et son môle de granit, voilà peut-être tout ce qu'il offre à l'attention sérieuse et trompée du voyageur. La cathédrale, en forme de croix grecque, est surmontée d'une coupole assez belle ; l'hôtel de ville et le théâtre sont modernes. C'est assez dire, hélas ! qu'ils ont plus de grandeur que de beauté.

La maison où naquit Napoléon, et que sa gloire semble entourer d'un immortel prestige, est la première chose que se fait montrer l'étranger. Elle est modeste, cette maison qui contint tant de génie et d'ambition, assez petite, élevée d'un étage, et précédée par une place carrée, plantée de quatre acacias, et portant le nom de la mère de l'empereur. — On sait que Lætizia accoucha dans son salon, en revenant de la messe. — Un beau portrait de Napoléon en costume impérial, peint par Gérard, est la principale décoration de ce salon. On n'y voit plus la célèbre tapisserie représentant les exploits de l'Iliade et qui dut attirer les premiers regards du futur héros. La chambre à coucher qui suit le salon est assez obscure; elle n'a qu'une fenêtre, et il est difficile de la voir sans éprouver cette indéfinissable impression que produit toujours sur nous tout ce qui a l'apparence du mystère. Chaque année, dans la semaine de Pâques, le curé de la paroisse vient bénir le berceau du fils de la Corse, devenu l'homme du siècle.

N'oublions pas de signaler, au milieu des promenades assez jolies qui entourent la ville, l'effet aussi agréable que pittoresque des sépultures particulières établies dans presque toutes les propriétés. Ce sont, pour la plupart, de petites coupoles blanches, qui se détachent vigoureusement sur le vert feuillage. Ces coupoles ont quelque chose d'oriental et rappellent un peu les tombeaux musulmans qui donnent une grâce si mélancolique aux alentours de Péra et aux deux rives du Bosphore.

BONIFACIO est certainement la ville la plus curieuse de la Corse. Sa position seule suffirait à la rendre extrêmement intéressante. — Elle est assise, comme l'aire d'un aigle, sur la cime d'un roc. Ce roc calcaire, horizontal à sa cime, vertical sur ses flancs, largement troué à sa base, domine un joli bassin ovale, creusé par la nature, et qui lui sert de port. La ville fut fondée par Boniface, marquis de Toscane, comte de Corse, et gouverneur pour les empereurs d'Allemagne (833). — Citons parmi ses monuments une jolie église, *Sainte-Marie Majeure*, élégante construction des Pisans, toute brillante de marbre et de porphyre. Une autre église, celle de *Saint-Dominique*, qui appartenait jadis aux Templiers, est remarquable par sa belle construction ogivale, et son clocher octogone, percé à jour : c'est la plus grande église de la Corse.

Les grottes marines qui entourent Bonifacio en sont la plus intéressante curiosité. Les grâces riantes du plus beau paysage s'unissent aux merveilleuses et prodigues fantaisies des stalactites et aux accidents de terrain les plus inattendus et les plus divers, pour former un ensemble saisissant de cavernes, de portiques, de colonnades et d'entablements. Ici, comme dans le *Sdragunau*, ce sont de vastes degrés taillés par la mer qui vous introduisent dans une immense rotonde ; là, c'est une élégante galerie qui traverse la montagne ; plus loin, c'est une coupole aérienne, savant ouvrage dû à la collaboration de la nature et du temps, sorte de Panthéon qui, au lieu d'un pavé de granit et de porphyre, vous offre un parquet limpide et changeant dans lequel se doublent et se reflètent des architectures grandioses avec leurs ornements de vrais feuillages, leurs touffes de myrtes odorants, de lentisques et d'arbousiers en fleurs.

Bastia, le chef-lieu judiciaire de la Corse, est bâtie en amphithéâtre au milieu de jardins d'oliviers, de citronniers et d'orangers ; son petit port, incommode et dangereux, est dominé par un grand rocher noir, qui a la forme assez nettement accusée d'un lion — mais c'est un lion *tigré*, car des lichens blancs et des mousses tachettent et mouchettent sa peau brune. Malgré son lion, qui n'a rien de symbolique, Bastia offre une douceur de mœurs tout italienne et une sociabilité des plus aimables. En fait de monuments, il n'a rien : le compte est bientôt fait ; c'est une ville dans laquelle il faut se promener en regardant à ses pieds, car le pavé est magnifique ; ce pavé, extrait des carrières voisines, est une espèce de marbre jaspé qui prend, sous l'action de l'eau, un aspect singulier. L'étranger qui arrive à

Bastia après une petite pluie n'ose pas marcher dans les rues, de peur de les salir.

Les Corses, âmes profondes, impénétrables, qui attirent autant qu'elles effrayent, sont peut-être, de tous les Européens, les plus difficiles à définir; aussi a-t-on porté sur eux les jugements les plus contradictoires. On s'accorde pourtant à reconnaître qu'ils sont tout à la fois opiniâtres et rusés, pénétrants et discrets, défiants et grands parleurs, souples et hautains, avares et paresseux, d'une bravoure à toute épreuve, également capables d'aimer et de haïr, d'une sobriété d'Arabe, d'une fermeté que rien n'abat; graves, sérieux, et généralement mélancoliques. Sénèque, exilé par Néron dans une tour du cap Corse qui porte encore son nom, lui a consacré un distique désobligeant :

> *Prima est ulcisci lex, altera vivere raptu,*
> *Tertia mentiri, quarta negare Deos.*

Ajoutons que les Corses ont répondu par un autre, qui n'est peut-être pas plus exact :

> *Parcere lex prima est, secunda vivere recto,*
> *Tertia vera loqui, quarta et amare Deum.*

Le prosaïsme bourgeois qui déshonore aujourd'hui le vêtement de l'Europe prétendue civilisée n'a pas encore pénétré dans l'intérieur de la Corse. Si dans les villes on s'habille à la française, c'est-à-dire assez platement, les campagnes, les villages reculés, les lisières des bois, les gorges des montagnes ont gardé les anciennes traditions du costume pittoresque. Le paysan corse, quand on l'aperçoit de loin, semble tenir le milieu entre l'homme et l'animal : on en aurait peur si l'on ne savait point qu'il n'y a pas d'ours dans l'île. — Il porte généralement une camisole rouge ou jaune, d'un mauvais drap, sous une veste brune d'une très-grosse étoffe; on jette par-dessus un manteau large, assez pareil au froc des capucins; la jambe est couverte d'une peau de chèvre, dont le poil reste en dehors, et le pied chaussé d'un informe soulier plat, dont le cuir n'a jamais été corroyé ; pour coiffure, un bonnet de la même étoffe que le manteau, et d'où s'échappent de longues mèches de cheveux emmêlés : quelquefois une barbe *hirsute,* comme dirait un Romain, ajoute un trait de plus à ce tableau peu rassurant. La barbe longue, chez les Corses, comme chez nos oncles les Germains, indique un vœu prononcé et non encore accompli : ce vœu, c'est le vœu du sang, la promesse terrible de l'implacable vendetta. Dans ce costume étrange, le Corse parcourt la campagne, ordinairement seul ; dans son île, il est chez lui ; pour toute provision, il a sa gourde pleine de vin et un petit sac de châtaignes rôties. Mais le fusil, qui porte sa balle au but, se balance sur ses reins ; sa ceinture est garnie de pistolets, de stylets et de poignards, et il porte dans sa poitrine un cœur que la peur n'a jamais fait battre.

Les femmes qui jouissent de quelque aisance ont pour coiffure le béguin rond de toile blanche par-dessus leurs cheveux tressés ; pour vêtement, le petit justaucorps de soie ou de drap rouge, avec deux cotillons ordinairement bleus, dont l'un se relève et fait capuchon sur la tête. Quelques-unes se parent aussi d'un corset de belle étoffe, d'un mouchoir fin sur le col, et d'une espèce de petit toquet sur la tête avec une pointe penchée sur l'œil gauche. Ces pauvres créatures, assez gracieuses dans la jeunesse, et capables d'attachement profond, sont généralement malmenées par leurs maris, qui les traitent comme des esclaves, les condamnent aux plus vils emplois, et les chargent des plus durs travaux : à la fin du dernier siècle, elles ne mangeaient pas même avec eux et les servaient à table !

Un mot suffirait pour caractériser l'infériorité de leur position : elles appellent leur mari « mon maître ! »

Malgré le Code civil, les filles sont à peu près exclues de tout partage, ce qui est fort injuste, et elles ne réclament point, ce qui est assez méritoire, puisqu'elles seraient certaines d'avoir la loi pour elles. Il est vrai qu'elles auraient contre elles leurs frères et leurs cousins, et, dans ce cas-là, je ne sais pas trop où elles trouveraient des maris. Ne nous récrions point, cependant, contre cet usage de la Corse : il est plus moral que nos contrats à espérances, où des notaires cravatés de blanc balancent les successions des grands parents, et supputent ce que nous vaudra la mort de nos pères et mères. En Corse, du moins, on ne s'épouse pas pour son argent.

Ajoutons, hélas ! que l'on s'épouse souvent sans le secours du maire et du curé : souvent même on se prend à l'essai, et l'on se quitte sans trop de colère au bout de quelques mois d'épreuve, réalisant ainsi, sans trop s'en douter, la pensée doucement ironique de saint François de Sales : « Le mariage est un certain ordre où il faut faire la profession avant le noviciat; et, s'il y avait un an de probation, comme dans les cloîtres, il y aurait peu de profès. »

La vengeance, ce sentiment si naturel à l'homme corrompu, cet outrage à la justice, qui seule doit et peut mesurer la réparation à l'offense, ce reste du vieux monde que le christianisme, malgré la divine douceur et les miséricordieuses tendresses de son auteur, n'a pu encore déraciner du nouveau, la vengeance, sous son nom italien de VENDETTA, s'est élevée pour ainsi dire à la hauteur d'une institution sociale en Corse. Pour un geste, pour un regard, pour un mot, on ne craint point de ravir à son semblable le bien suprême de l'existence, qu'on ne peut pas lui rendre. Chaque victime, en mourant, lègue à ses parents, comme un pieux devoir, le soin de la venger, d'arracher la vie à l'offenseur, et ce legs effroyable du désespoir est presque toujours religieusement acquitté.

De là un enchaînement de calamités sans fin; de là le sentiment farouche qui transforme en vertu, dans quelques localités, le meurtre d'un ennemi !

Cette vendetta, telle que le Corse la comprend, est pour lui une sorte de religion; elle se fonde sur l'idée du devoir: le Corse nourrit sa rancune, parce que, s'il la sentait mourir, il croirait avec elle avoir perdu sa vertu; il se venge parce qu'il a appris, parce qu'il croit qu'une âme basse peut seule pardonner une injure.

Si du moins la vendetta ne s'attaquait qu'au seul coupable! Mais trop souvent le meurtre devient un massacre et s'étend à toute une famille. L'homme qui déclare la vendetta, ou à qui elle est déclarée, se regarde comme hors la loi: s'il reste chez lui, sa maison devient une place de guerre; son toit est crénelé, sa porte barricadée, ses fenêtres murées et remplacées par des meurtrières. Mais souvent il prend la fuite, se cache dans la profondeur des bois ou dans le sombre fourré des mâquis, d'où il guette sa proie, comme fait le tigre dans les jungles du Gange. — Ce que souffrent de privations et de tortures — en attendant la mort — ces hommes en état de guerre avec la société, paraîtrait incroyable. Il faut, pour résister à de pareilles épreuves, avoir l'âme trempée comme le plus pur acier. — Et dire qu'il y a parfois jusqu'à cinq cents bandits sur le sol de la Corse, endurant mille maux, mais portant en tous lieux la terreur et la mort! Tous les gouvernements ont successivement essayé leurs forces contre ce fléau terrible, et tous ont échoué.

Est-ce à dire qu'il n'y ait point déjà une tendance vers le bien, et comme un progrès marqué? Non, sans doute. En Corse, comme partout, les mœurs s'adoucissent; et si l'on se hait encore beaucoup, on se tue déjà moins.

VII

L'ILE D'ELBE.

Trois princes pour un royaume. — Napoléon à l'île d'Elbe.

Une traversée de quelques heures vous fait passer de la Corse dans l'île d'Elbe. La Corse fut le berceau de Napoléon; l'île d'Elbe, sa première halte dans le malheur; Sainte-Hélène, le terme suprême de sa course éblouissante. L'île d'Elbe n'est pas grande; mais, ce qui vaut mieux, elle est charmante : au printemps, on dirait un gros bouquet sortant du sein des flots. La campagne est riante, fertile, bien cultivée; les vignes et tous les arbres fruitiers se mêlent agréablement aux platanes, aux pins et aux ormeaux. PORTOFERRAJO, sans être une grande ville, il s'en faut beaucoup, a tout à fait l'aspect et la dignité d'une capitale; son joli port peut recevoir une flotte nombreuse; ses fortifications sont imposantes et pittoresques; sa porte de terre, la TROMBA, avec ses excavations dans le roc vif, est un travail grandiose. Quoique l'île entière ne compte que 17,000 habitants, sa ville a une apparence de luxe et d'aisance qui fait plaisir à voir.

Jusqu'à l'occupation française, qui fut suivie d'une cession à la Toscane, la souveraineté de ce petit coin de terre avait été fort partagée : ces 17,000 habitants étaient divisés entre trois maîtres. La Toscane possédait Portoferrajo; Naples, Portolungone; le reste dépendait de la principauté de Piombino. PORTO-

LUNGONE, qui fut jadis, par son port et ses fortifications, le rival de Portoferrajo, est aujourd'hui fort déchu de sa splendeur, et nous n'en parlerions point si son église Saint-Jacques ne possédait le seul objet d'art qui soit dans toute l'île. C'est un *Christ mort*, en papier mâché, venu d'Espagne, et qui, comme plus d'une œuvre de ce pays de la passion, est empreint d'un sentiment pathétique vraiment puissant.

Le séjour de Napoléon à l'île d'Elbe, son premier exil, restera le plus grand souvenir du pays. L'empereur, dans toute la force de l'âge et du génie, employait son indomptable activité à tout ordonner, à tout régler sur ce grain de sable où il allait refaire un simulacre d'empire. On montre encore partout les traces de son passage. Il y avait conservé une maison souveraine, une cour, des chambellans; mille hommes d'infanterie de la vieille garde y représentaient la France héroïque des grandes luttes du siècle; la cavalerie, moins nationale, il est vrai, se composait de Polonais et de Mamelucks, qui lui rappelaient du moins ses plus lointains exploits au Nord et au Midi. Son étroit asile ne fut ni sans dignité, ni sans grandeur; son palais impérial, formé des deux anciens quartiers du génie et de l'artillerie, réunis par un salon, ne valait pas les Tuileries; mais le monarque déchu y vit, pendant un règne de dix mois, les courtisans du malheur, qui valent mieux que ceux de la fortune.

Une route pour aller de Portoferrajo à Portolungone, une allée d'acacias sur l'ancien rempart converti en jardin, une citerne à pompe, un petit théâtre et une grande caserne consacrent le souvenir de son passage.

Des historiens à courte vue ont reproché à Napoléon le dernier accès d'ambition qui l'arracha de l'île d'Elbe pour le lancer une seconde fois sur l'Europe et le précipiter ensuite à Sainte-Hélène. C'est bien raisonner au point de vue du bonheur bourgeois. Mais ne voit-on point que le maître du monde étouffait dans cette sous-préfecture de troisième classe, et que son impossible résignation avait des réveils terribles, en face des rivages de ce continent qu'il avait senti trembler sous ses pas? Pouvait-il ne pas tenter une seconde fois cette fortune qui lui avait été si longtemps fidèle? Et d'ailleurs, si la vie — pour un autre — eût été douce à l'île d'Elbe, si pour lui l'agonie fut amère à Sainte-Hélène, qu'importe à présent? Le malheur seul achève la destinée : la légende de l'homme du siècle serait moins complète sans la poésie de son tragique et suprême revers. Qu'est-ce que la villa italienne de Portolungone comparée au rocher lointain où l'on cloua le Titan moderne? Celui qui avait ébloui le monde comme un météore devait avoir le coucher d'un astre, et s'éteindre dans la pourpre et l'or des flots de l'Atlantique.

VIII

LA SARDAIGNE.

Profils de paysans. — Les cavalcanti. — Un guide pour les guides. — Population. — Les Barbares. — Charlemagne et le denier de Saint-Pierre. — Trop de maîtres. — Huit cents ans de guerre. — Paysages. — Tempio. — Beauté des femmes. — Les tombeaux. — Noraghes. — Sassari. — Rita-Christina. — L'amour impossible. — Milis. — Une forêt d'orangers. — Le Tirsis. — Un coin de l'Afrique. — Cagliari. — Physiologie du balcon. — Le paradis des vieillards. — Seconde jeunesse. — Le Campo-Santo. — La Cathédrale. — Débris du passé. — Une ville carthaginoise. — Ruines romaines. — Saint-Avendrace. — Effet du soir. — Le Campidono. — Costumes et coutumes. — Une vieille langue.

Un détroit de quelques milles de largeur, et semé de petites îles, sépare la Corse et la Sardaigne, jadis unies. — Une barque longue, que l'on charge de grosses pierres en guise de lest, vous fait passer assez rapidement d'un bord à l'autre et vous débarque sur la plage de TERRA-NOVA. C'est là que vous ferez connaissance avec les Sardes, dont les barbes épaisses, les vêtements sombres, les visages basanés, les cheveux flottants, l'armure théâtrale, le long fusil, le large *gulteddo* (coutelas) suspendu à un ceinturon de cuivre servant de giberne, le capuchon pointu, noir ou brun, couvrant presque toute la tête, vous inspireront peut-être tout d'abord une répulsion voisine de la terreur. C'est le cas ou jamais de se défier de son premier mouvement; car, malgré cette redoutable apparence, le Sarde est le meilleur des hommes, à la fois doux et vif, obligeant et gai, poli, protecteur de l'étranger, hospitalier jusqu'à la profusion. — Les *cavalcanti*, qui se chargent de la conduite des voyageurs, seraient les premiers guides du monde... s'ils connaissaient un peu leur pays. — Mais, à tout prendre, ce sont d'excellents compagnons. — S'ils vous égarent un peu, c'est vraiment plaisir de s'égarer avec eux. Nous n'avons qu'un regret, et il est sincère, c'est que la rapidité du voyage ne nous permette de rester que quelques jours en leur compagnie. — Mais ici, comme en Corse, nous ne pouvons qu'effleurer l'histoire du pays et toucher les points principaux de l'île : le temps est court et la route est longue.

Comme la Sicile, comme la Corse, comme l'Italie, la SARDAIGNE a dû sa population à des alluvions successives qui la couvraient et lui laissaient, en la quittant, leurs diverses races d'hommes, que le lent travail des siècles a mêlées et confondues pour en faire ce que l'on appelle aujourd'hui la race sarde. C'est ainsi qu'elle vit arriver tour à tour les Libyens, conduits par Sardus, fils de Macéris, l'Hercule thébain, qui lui donna son nom — elle s'appelait auparavant ICHNUSA, mot qui veut dire *plante du pied*, et qui indique assez sa forme générale — puis les Ibères, les Thespiens, les Troyens, les Athéniens et les Carthaginois. Là, comme partout, ces éléments ennemis luttèrent à outrance, et vécurent les uns près des autres dans un état de guerre seulement interrompu par des trêves souvent violées, jusqu'à l'heure où la domination romaine leur imposa la paix en les conquérant tous.

Cette conquête eut lieu l'an 238 avant Jésus-Christ. Il y eut encore quelques luttes sourdes et quelques révoltes partielles; mais l'aigle romaine ne rouvrit point sa serre : quand elle tenait, elle tenait bien. La Sardaigne n'échappa aux maîtres du monde que lorsqu'ils perdirent le monde. A la chute de l'empire, ce furent les Vandales qui possédèrent l'île ; les Goths la leur enlevèrent, mais furent obligés de la rendre à Justinien, un moment vainqueur des Barbares, qui la réunit aux provinces d'Afrique. Mais cette résistance aux envahisseurs de la civilisation ne dura qu'un instant; la civilisation devait être un moment opprimée sur toute la face de l'Europe. Les successeurs de Justinien ne purent continuer son œuvre : les Barbares revinrent. Cette fois, ce furent les Sarrasins qui ravagèrent la Sardaigne ; les Lombards la leur prirent, pour bientôt la rendre à Charlemagne, qui l'offrit au Saint-Siége, comme denier de Saint-Pierre. Malheureusement les Maures furent plus forts que les papes, et ils la pillèrent à plusieurs reprises ; ils y formèrent ensuite des établissements qui indiquaient assez clairement l'intention de s'y fixer. Les papes, plus politiques que guerriers (*Ecclesia abhorret sanguine*), suscitèrent une ligue des Génois et des Pisans, qui entreprirent de chasser les Maures. Ils y réussirent ; et, après quelques luttes sanglantes, lorsqu'il s'agit de partager leur conquête, ils la firent gouverner par des Juges, revêtus d'une autorité presque absolue, et tributaires des deux républiques, en qui reposait toujours la souveraineté. Une rivalité ne tarda pas à naître entre ces deux alliées, toujours prêtes à devenir ennemies ; la guerre éclata : Pise, victorieuse, resta seule maîtresse de la Sardaigne. Sa domination dura près de trois cents ans. Mais les papes se ravisèrent, et firent une cession de l'île au roi d'Aragon. La prise de possession ne fut point sans difficultés. Pise se défendit ; mais la fortune des armes lui fut contraire : les rois d'Aragon firent reconnaître leur pouvoir et l'exercèrent. Lors de la réunion de ce royaume à celui de Castille, par le mariage de Ferdinand et d'Isabelle, la Sardaigne fit partie de la monarchie espagnole.

A la mort de Ferdinand (23 janvier 1516), elle passa aux mains de Charles-Quint, et, sous ses successeurs, elle suivit les orageuses destinées de l'empire. En 1720, le traité de Londres l'attribua à Victor-Amédée, en échange de la Sicile qu'il possédait depuis le traité d'Utrecht. Elle a longtemps donné son nom au royaume gouverné par la maison de Savoie, et elle se rattache aujourd'hui par elle au sort de la patrie italienne.

Ces prémisses posées, reprenons notre course rapide.

Une route pittoresque qui part de Terra-Nova escalade les

flancs boisés des monts Limbara, longe la fontaine de Caddos, entourée et comme enveloppée de chênes verts, dont l'eau abondante et fraîche est d'une telle légèreté qu'il semble, en la buvant, que vous buviez de l'air, et vous amène à Tempio, chef-lieu du district de la Gallura.

Tempio est également célèbre par ses maisons et par ses femmes. Les maisons sont en granit, et les femmes mériteraient d'être en marbre, tant leur stature et leurs traits rappellent les chefs-d'œuvre de l'art et tentent le ciseau. Ce sont d'admirables créatures portant avec noblesse leur costume éclatant de drap écarlate aux boutons dorés : il faut les suivre à la fontaine pour admirer la fière cambrure et la svelte souplesse de leur taille, quand elles s'avancent, pieds nus, drapées comme les filles des patriarches dans leurs amples vêtements, et balançant légèrement sur leur tête, avec l'aisance et la force des cariatides antiques, la jarre pleine que leur main dédaigne de toucher. S'il faut en croire quelques écrivains qui accordent peut-être trop de foi à l'étymologie, la Gallura, dont les armes sont un coq (*Gallus*), aurait été peuplée par une colonie gauloise, et l'on veut bien voir dans l'entrain, la belle humeur et la spirituelle gaieté des habitants un argument en faveur de cette opinion fort obligeante pour nos pères. Quoi qu'il en soit, les pasteurs de la Gallura ont conservé les mœurs poétiques des bergers de Virgile et de Théocrite, et il n'est pas rare, aujourd'hui encore, de les voir se provoquer à de véritables improvisations rimées et à des chants alternés...

.... Amant alterna Camœnœ !

Les femmes de Gallura sont également douées de cet aimable talent d'enfermer une pensée aimable dans un rhythme harmonieux rapidement trouvé. Souvent, à l'arrivée du voyageur, une Corinne villageoise, moins solennelle, à coup sûr, mais non point peut-être moins charmante que la Corinne de madame de

Staël, celle qu'Oswald écoutait si bien au cap Mycènes, se lève, lui présente une fleur et lui adresse une strophe. — Si c'est un Français, il prend la fleur, regarde la femme... et ne comprend pas la strophe.

Le district d'ANGLONA succède à la Gallura, et a pour chef-lieu le gros village de NULVI, célèbre par ses tombeaux antiques nommés NORAGHES, lourdes constructions cyclopéennes remontant jusqu'à une ténébreuse antiquité. Ce sont parfois des pyramides bizarres; parfois aussi des cônes longs et solides, posés au flanc ou sur la cime des hauteurs les plus escarpées. Ces ruines sépulcrales, dont quelques-unes nous présentent des ogives parfaites, mêlées aux arbres, aux gazons, aux broussailles, font un merveilleux effet dans le paysage. Ainsi la demeure suprême des morts réjouit l'œil des vivants.

Mais quelle est cette campagne fertile, riante et bien cultivée? Partout des plants d'oliviers et d'orangers, partout des jardins au milieu des champs nous annoncent l'approche d'une ville. Nous voici, en effet, aux portes de Sassari, l'ancienne rivale de Cagliari, et aujourd'hui encore la seconde ville de la Sardaigne.

SASSARI a de trompeuses apparences : charmante au dehors, au dedans la ville est triste; elle est mal bâtie et, à vrai dire, n'a qu'une rue qu'on appelle la place (la Piazza), et qui la traverse dans toute sa longueur. Disons cependant que le château, grande fabrique de pierres rouges, avec son beffroi et son écusson aragonais, ne manque pas d'une certaine tournure. On sait que Philippe II avait accordé à la Sardaigne le *bienfait* de l'inquisition; une des tours du château s'appelle encore la TOUR DE L'INQUISITION; que le souvenir du grand Torquemada la protége! — Ne disons rien de la cathédrale assez lourde, ni de l'archevêché, dont plus d'un curé de campagne ne voudrait pas pour son presbytère, — mais n'oublions pas deux beaux palais : celui du marquis de Saint-Sébastien et celui du duc de Vallombrosa.

Le palais Vallombrosa serait remarqué même à Venise et à

Gênes : il est vaste et majestueux, rempli de copies des grands maîtres italiens, parmi lesquels on trouve aussi quelques toiles originales de Carlo Dolci, le maître des grâces molles et des élégances un peu maniérées, — le Vanloo de l'Italie.

Sassari est fier, et à bon droit, de ses belles eaux, et de la multitude de fontaines limpides, perpétuelles et savoureuses qui arrosent son territoire. La plus remarquable de ces fontaines est celle du Rosello, dans la jolie vallée qui porte le même nom : elle est en marbre, et d'une belle ordonnance architecturale, ornée avec autant de richesse que de goût. L'eau s'échappe par douze bouches, chantées dans la langue du pays par le poëte Araolla.

> « Sas doighi figias de Rosellu
> ... dulchimente pianghen a d'ogn' ora,
> E de su piantu insoro restat bella. »

« Les douze filles de Rosello doucement pleurent à toute heure, et leurs larmes font de belles ondes!... »

C'est à Sassari que naquit, en 1829, ce couple gracieux et trop uni des deux sœurs jumelles connues sous le nom, indivis comme elles, de Rita-Christina, et que leurs parents promenèrent à travers l'Europe, dans l'espérance avouée d'une fortune qu'ils n'obtinrent pas. — Double au-dessus de la ceinture, Rita-Christina était simple au-dessous : elle n'avait qu'une paire de jambes pour deux têtes et quatre bras. Elle avait deux cœurs, — il est donc probable qu'elle eût pu avoir deux amours, phénomène qui, dit-on, s'est vu chez des femmes n'en ayant qu'un — ou même n'en ayant pas. Le cœur de Christina était à droite; celui de Rita était à gauche : celle-ci était mélancolique et pâle; l'autre souriante, vive, heureuse. Si ce monstre charmant eût vécu, bien des questions graves auraient été posées par leur vie; leur mort empêcha de les résoudre.

Une route superbe, vraie route royale, et à peu près parallèle à la côte occidentale de la Sardaigne, conduit de Sassari à l'antique ville d'Oristano.

Nous aurions à faire plus d'une halte entre le départ et l'arrivée; impossible : il faut marcher, marcher toujours; — du moins ralentissons le pas en traversant la forêt de MILIS, — une forêt d'orangers, — la gloire de la Sardaigne, qui ne compte pas moins de cinq cent mille pieds d'arbres, et dont l'approche est annoncée par une brise toute chargée de parfums. C'est un site exquis, vraiment fait pour plaire et pour ravir, et dont le souvenir ne vous quitte plus. Une ceinture de collines entoure la forêt et l'abrite; nulle part les ombrages ne sont plus délicieux, ni les taillis plus touffus; ajoutez au charme indicible et perfidement amollissant de ces senteurs pénétrantes, le ramage des oiseaux invisibles, cachés dans les frondaisons épaisses, et le murmure frais des ruisseaux sans nombre qui arrosent le pied de ces arbres toujours altérés, et vous aurez peut-être une imparfaite idée de ces séductions d'une nature enchanteresse qui semble s'emparer de vous par tous les sens à la fois. C'est au mois de mai qu'il faut visiter la forêt de Milis. — Alors une couche épaisse, une couche de fleurs jonche le sol; on marche, on glisse sur cette neige odorante; parfois on y enfonce jusqu'aux chevilles, et les fleurs écrasées vous envoient une exhalaison plus enivrante; écartez-vous les branches pour percer le taillis? de toutes parts les fleurs se détachent, tombent ou jaillissent, et vous couvrent de leur pluie embaumée. — On comprend alors le doux vers du poëte :

Il fior d'arancio d' ogni fior è il re.

Çà et là de grandes herbes aromatiques mêlent leur odeur forte et saine à celle de l'oranger, et corrigent ainsi ce qu'elle aurait peut-être de trop sensuel et de trop énervant. — Ah! si l'on pouvait arranger sa vie, qui ne voudrait s'en aller, la main dans la main, avec la moitié la plus chère de soi-même, le long

CAGLIARI, notre dernière station, et la principale ville de la Sardaigne, présente tout d'abord aux voyageurs arrivant par la route du Nord le beau faubourg STAMPACE, qui lui fait une entrée superbe. Cagliari, avec ses maisons bien construites et ses rues larges et propres, occupe un bon rang parmi les villes italiennes de second ordre. L'influence espagnole s'y fait encore sentir dans ce qu'elle a de galant et d'amoureux. Chaque maison a son balcon, qui tient le milieu entre la terrasse et la fenêtre ; le balcon qui appelle la sérénade, la guitare, l'œil noir et l'éventail ; le balcon qui tempère la sévérité des mœurs domestiques et qui adoucit la clôture de la femme : au milieu des fêtes et des réjouissances publiques, les balcons, avec leurs guirlandes de jeunes beautés, suspendues entre ciel et terre dans ces corbeilles aériennes, donnent à la ville une vive animation et un éclat singulier. On dirait que le balcon a une influence heureuse sur la santé des habitants. C'est sans doute à Cagliari que M. Flourens a trouvé l'idée de sa piquante théorie de la seconde jeunesse ; les hommes s'y remarient agréablement (pour leurs femmes?) entre cent dix et cent quinze ans ; les femmes y voient repousser leurs dents au moment où elles accomplissent leur siècle, — ce sont évidemment des dents de sagesse, — et il leur arrive des regains de cheveux noirs sous leurs cheveux blancs. Tous ces faits merveilleux sont constatés dans des rapports authentiques : il n'est pas permis d'en douter !

Il n'y a guère de monuments à Cagliari. Le plus intéressant est peut-être la TOUR DE L'ÉLÉPHANT, élevée par les Pisans, et plus haute que leur fameuse Tour penchée : son revêtement de pierres est tellement uni que la tour entière semble de marbre ; la clémence de cet heureux climat conserve et, pour ainsi dire, cuit sa belle couleur rouge vermeil. La tour porte incrusté un petit éléphant de marbre, les armes des châtelains et une inscription rimée, en style assez barbare. Les autorités, les nobles et les riches habitent un quartier à part, dans la ville haute, appelé le Castello. Cagliari compte quelques palais. Le plus beau, qui n'est pas très-beau, est le palais royal : il est grand, solide, imposant ; mais son architecture est tout à la fois irrégulière et sans poésie.

Le port commercial est le premier de l'île, et il a des relations quotidiennes avec Gênes, Marseille, Livourne, Naples et Malte.

Après la suppression de la sépulture dans les églises par le roi Charles-Félix, on a construit sur la pente de la colline de Montréale un Campo-Santo avec une chapelle d'ordre ionique. De grands palmiers, qui s'élèvent à côté, semblent la décoration, plus gracieuse que funèbre, de ces tombes récentes. Le Campo-Santo date de 1827.

La Cathédrale, grande et irrégulière, fut commencée par les Pisans, achevée par les Aragonais, et refaite par les Sardes au xviie siècle. Les premiers architectes étaient plus habiles que les seconds ; les troisièmes furent pires encore. Il y a longtemps que l'art de bâtir est en décadence. On parle beaucoup de l'autel tout en argent, ayant la forme générale d'un saint ciboire, et décoré d'une foule de statuettes d'un joli travail. La cathédrale est riche en objets d'art : c'est le musée de la Sardaigne.

Cagliari est célèbre pour ses ruines et ses antiquités. On rencontre dans son voisinage immédiat l'enceinte de Calaris, la ville carthaginoise, où l'on retrouve encore une quantité de débris :

L'amphithéâtre romain, pouvant contenir vingt mille spectateurs, et dont la vaste circonférence est encore parfaitement visible. Cet amphithéâtre est placé au premier rang parmi les monuments de la magnificence du peuple-roi ;

Un petit temple, également romain, circulaire, avec quelques degrés — il n'a plus que sa partie inférieure ; — on voit encore la base des quatre colonnes qui décoraient le pronaon. Comme l'admirable ruine de même forme qui orne les bords du Tibre, il paraît avoir été consacré à Vesta ;

De vastes citernes, creusées dans le roc, et dont le ciment, véritable ciment romain, est aussi solide et aussi ferme que le lendemain du jour où il fut appliqué ;

Un aqueduc, le plus considérable de l'île entière : il a quarante-cinq mille mètres de longueur ;

Une vaste nécropole, dont quelques chambres gardent encore leurs sculptures intérieures ;

Enfin, un tombeau taillé dans le roc, avec un portique à colonnes, deux serpents au fronton et diverses inscriptions grecques et latines : ce tombeau fut consacré à sa femme Promptilla par le préteur Lucius Philippus, lieutenant de Sylla.

La nécropole dont nous parlions tout à l'heure, et où reposent les cendres des Carthaginois, occupe une petite colline, que l'on appelle la colline SAINT-AVENDRACE. Les nombreuses grottes sépulcrales qui sont creusées à ses pieds servent de gîte à de pauvres familles : les morts, comme il arrive trop souvent, ont été expropriés par les vivants : mais ici les vivants ne sont pas plus gais que les morts, et cette population de Troglodytes affamés, hâves et chétifs, vrais habitants des tombeaux, ne semblent devancer que de quelques heures le moment où ils se coucheront pour toujours dans la demeure funèbre dont ils ont déjà pris possession.

C'est le soir, aux rayons obliques du soleil couchant, qu'il faut gravir les pentes rocheuses de la colline de Saint-Avendrace : l'horizon rouge, sombre, brûlant de Cagliari évoquera dans votre âme le génie africain, le génie farouche, et la foi punique de l'ancienne rivale de Rome, et vous emporterez de ce séjour de la mort une impression forte et durable.

La Sardaigne est environnée et pour ainsi dire escortée par des groupes de petites îles qui en sont séparées par des bras de mer étroits. Les principales de ces îles sont celles de l'Asinara, de San-Antioco et de San-Pietro ; puis celles de la Caprera, de la Maddalena, de San-Stefano et de Tavolara, qui sont de moindre importance, mais qui contribuent cependant à donner aux côtes une physionomie particulière.

Située au midi de la Corse, dont elle suit la direction du nord au sud, la Sardaigne offre dans la découpure de ces côtes un assez grand nombre de havres abrités. Elle n'a point, comme sa voisine sourcilleuse, de puissants systèmes de montagnes, et l'on ne saurait, dans toute son étendue, trouver une véritable chaîne ; les plus hauts reliefs de son terrain sont toujours interrompus par de profondes coupures transversales, qui donnent un grand caractère à son paysage, de vastes plateaux, ou de larges plaines basses : la plus considérable de ces plaines, qui commence près de Cagliari, est connue sous le nom de *Campidono*, et célèbre, depuis les temps anciens jusqu'à nos jours, par sa fertilité : c'est le grenier d'abondance de la Sardaigne.

L'île ne présente qu'un seul cours d'eau un peu considérable, c'est le Tirsis — on l'appelle aussi le *fleuve d'Oristano* — qui a sa source dans les monts granitiques de *Buddusò*, et qui coule en suivant la direction du sud-ouest. Le Flumendosa, le Coghinas, le Fiume de Bosa et le Fiume de Porto-Torrès ont de grands noms et de petites eaux.

Les granits, les porphyres, les schistes, les calcaires et les basaltes sont les principaux éléments géologiques constitutifs de la Sardaigne, où l'on trouve de véritables richesses métallurgiques : l'or, l'argent, le mercure, le plomb, le cuivre, l'antimoine et le manganèse ; puis le marbre, le gypse, l'albâtre, la pierre volcanique, le jaspe, l'agate, l'améthyste, le silex, l'argile, le nitre et l'alun.

Les productions animales, non plus que la végétation, ne présentent point un caractère assez nettement indiqué, assez tranchant sur ce que nous rencontrons dans les pays voisins pour mériter qu'on s'en occupe dans un livre de voyage qui n'a nulle prétention à la science. Contentons-nous donc de grouper dans une dernière page nos observations sur ce pays, que nul ne verra sans plaisir et ne quittera sans regret.

Les Sardes sont un peu plus petits que les Italiens du continent; mais ils sont bien faits, habiles à tous les exercices du corps, et d'une force musculaire remarquable; leur esprit, qui se ploie facilement à toutes les cultures, est souple et vif, leur caractère sympathique. — Les femmes sont surtout remarquables par l'élégance de leur taille et l'éclat de leurs yeux noirs pleins de feu. Les *dames* ont un goût prononcé pour la danse et les modes françaises. Leurs maris trouvent même ce dernier goût *trop* prononcé. Dans les classes inférieures, on s'habille un peu moins et on danse un peu plus.

La langue sarde comprend plusieurs dialectes, qui peuvent se réduire à deux principaux : celui de Cagliari et celui de Logudoro; ces dialectes, qui appartiennent à la grande famille des langues romanes, sont plus harmonieux que le piémontais, le milanais ou le génois; ils terminent tous les mots par une voyelle ou par une des consonnes *s* et *t*. Des phrases tout entières sont restées latines; — celle-ci, par exemple : « *Columba mea est in domu tua*. Ma colombe est dans ta maison. » *Cicéron* pourrait se promener sans *cicerone* dans certains cantons. Il y a aussi dans la langue populaire beaucoup de mots grecs, et un certain nombre de mots espagnols et carthaginois, dont le mélange, encore aggravé par les suppressions de la prononciation et les ellipses du discours familier, ne laisse point que de présenter de sérieuses difficultés aux partisans trop exclusifs du pur toscan.

Mais ce n'est pas seulement dans la langue que l'on retrouve ces vestiges du passé. L'habillement du peuple offre les rapprochements les plus curieux avec le costume ancien.

La pièce la plus bizarre de cet habillement est le COLLETTU, sorte de justaucorps sans manches, serré aux hanches, et qui, en se croisant par le bas, forme comme un tablier double, descendant jusqu'aux genoux. — Fait de cuir tanné et **ras**, le collettu se passe de la même façon que nos gilets; sa couleur varie entre le jaune clair et le jaune roux; une ceinture fixe les pans à la place qu'ils doivent occuper. Par-dessus le collettu, qui est très-probablement le *colobium* ou le *thorax* des Romains, les Sardes jettent une pelisse, qui n'est peut-être autre chose que la *mastruca* des anciens. Cette pelisse, que les habitants du pays appellent BESTIPEDDI (habit de peau), et que nous avons retrouvée sur le dos des pâtres de la campagne de Rome, du royaume de Naples, de la Dalmatie, de la Grèce et de l'Espagne, est faite de quatre peaux de mouton ou de chèvre auxquelles on laisse leurs poils. Le bestipeddi se porte poil en dedans ou poil en dehors, selon la saison; il est ouvert par devant, sans ceinture et à demi flottant. Ajoutons une espèce de sayon, appelé SACCU-DA-COPERRI, simple pièce d'étoffe en laine noire, sans fente ni ouverture, qui se place d'ordinaire sur les épaules, de manière à couvrir une partie du dos, puis se ramène sur le devant du corps, de manière à tomber jusqu'à mi-jambe. En voyage, le *saccu-da-coperri* sert de couverture et de tapis; — donnez-lui un peu plus de largeur, et vous aurez le *sagum* des soldats romains. — La coiffure n'est pas moins ancienne : c'est le bonnet phrygien, que les auteurs de l'antiquité désignaient sous le nom de *mitra*. — On le nomme en Sardaigne BERRITA; on le tisse en laine rouge ou noire, et on le porte avec la pointe recourbée et tombante, en avant ou sur le côté; — parfois aussi on fait rentrer le bout dans le bonnet au moyen de plis concentriques : la coiffure présente alors l'aspect d'une tour. Parfois les Sardes tressent leurs cheveux, qu'ils laissent pousser; d'autres fois ils les renferment dans des filets ou dans des bourses d'étoffe.

L'habillement des femmes varie d'un canton à l'autre; mais, quoiqu'il soit plus riche que celui des hommes, il a beaucoup moins de caractère.

Les Sardes ont conservé des anciens jours beaucoup d'usages qui leur sont aujourd'hui particuliers. Les plus curieux sont relatifs aux cérémonies funèbres. — Le corps du défunt est placé au milieu d'une chambre, le visage découvert et tourné vers la porte. Les parentes ou les amies de la famille, vêtues d'habits de deuil, et tenant à la main un mouchoir blanc, entrent silencieusement dans cette chambre. On dirait qu'elles ignorent le décès de celui qu'elles viennent pleurer. Tout à coup, elles feignent de l'apercevoir et se mettent à pousser des cris de surprise, mêlés de sanglots et de gémissements. Bientôt cependant le calme se fait, et une de ces femmes commence une sorte de lamentation en l'honneur du mort, pareille aux *Neniæ* et aux *Præficæ* des Romains. Chaque strophe finit par l'interjection trois fois répétée de :

Ahi! ahi!! ahi!!!

que les compagnes du coryphée reprennent en chœur.

Les Sardes portent, comme nous, le deuil en noir : dans quelques cantons les veuves s'enveloppent la tête d'un voile jaune, qui cache presque tout leur visage. Ajoutons que chez la plupart de ces femmes la douleur est sincère et qu'il est rare de les voir convoler à de nouveaux hymens. Qu'importe maintenant la poésie plus ou moins éloquente des lamentations officielles? Une larme des yeux qui nous aimèrent, voilà le seul éloge funèbre qui peut réjouir les morts dans leur bière glacée!

IX

LIVOURNE.

Une ville cosmopolite. — Où il est prouvé qu'il ne faut pas faire trop de commerce. — La cathédrale. — Église, temple et synagogue. — Un cimetière botanique.

Livourne est la moins italienne des villes d'Italie; nous ne sommes point ici dans la cité des souvenirs, de l'histoire et du passé; nous sommes dans un comptoir moderne, où l'on s'occupe d'affaires, et rien que d'affaires. C'est l'entrepôt de l'Italie occidentale et l'un des ports les plus florissants de la Méditerranée. Il n'est pas besoin de mettre pied à terre pour juger de son importance commerciale, et rien qu'à voir la fiévreuse activité qui règne sur ses quais, on peut deviner la présence d'une population cosmopolite débattant énergiquement ses intérêts dans une lutte sans trêve. — Née un jour des ruines de Pise, dont le port naturel (Porto-Pisano), ensablé par la mer, ne pouvait plus donner accès qu'aux felouques et aux barquettes, Livourne, que favorisaient les Médicis, prit un développement inattendu. La petite baie, flanquée de vieilles tours, que l'on regardait de loin sans y aborder jamais, devint un port excellent. Des Grecs, des Juifs, des Français, des Anglais, des Maltais, des Allemands, attirés par la franchise du port, y apportèrent leur intelligence, leur activité, leurs capitaux, et y fondirent une population mêlée, qui n'a d'analogie avec celle d'aucune ville italienne. La tolérance intelligente des grands-ducs favorisa ce mouvement dont leurs États devaient profiter.

Tous les cultes peuvent s'y faire représenter : à côté des églises catholiques on voit deux temples grecs, une chapelle maronite, une chapelle arménienne, une chapelle anglicane, une synagogue juive (une des plus belles et des plus riches de l'Europe), et un cimetière hollandais, qui est un vrai jardin botanique. Les bourgeois de Harlem conservent, par delà le tombeau, leur goût pour les tulipes, et ils brocantent sur les oignons dans l'autre monde.

Sans doute quelque Joseph Vernet pourrait trouver dans ce port pittoresque et animé le sujet de quelque joli tableau de marine ; mais Livourne n'est pas la ville des artistes : ils y passent et n'y restent point. Il faut cependant donner un coup d'œil à la cathédrale, qui n'est pas grande, mais où se trouvent d'assez bonnes peintures de Chementi, un élève d'André del Sarte. Il n'est pas non plus interdit d'aller jusqu'à la place d'armes, régulière et vaste, coupée à angle droit par la VIA FERDINANDA, qui va du port à la porte de Pise.

X

PISE.

La cité dolente. — Tristesse et beauté. — Souvenirs. — Un quatuor. — Le Dôme. — Le Baptistère. — La Tour penchée. — Le Campo-Santo. — Giotto. — Orcagna. — Simone Memmi. — La Tour de la Faim. — Dante en colère.

On ne va à Livourne que pour aller à Pise. Il y a environ dix milles d'une ville à l'autre. La route de terre était charmante, et traversait une forêt de chênes-liéges, dans laquelle on voyait par intervalles d'épais fourrés de myrtes, qui abritaient, non pas des amours, — mais des sangliers, — réservés aux chasses du grand-duc. — Aujourd'hui la route de fer rapproche singulièrement les deux villes : on arrive presque avant de partir.

Pise, une ville morte depuis quatre cents ans, morte, mais belle encore, comme cette jeune fille que chante la ballade d'Uhland, est une noble cité, dont le grand air vous frappe et dont la tristesse vous saisit. Ici le mot décadence semble écrit partout, et en effet cette décadence est complète : Pise n'est plus que l'ombre d'elle-même..

Eh! pourtant, quelle admirable position au milieu de cette plaine fertile, sur les rives de ce beau fleuve, l'Arno, aux ondes poétiques, à l'abri de ces monts Pisans, dont le beau groupe se détache des Apennins pour lui ménager et de frais étés et des hivers cléments!

Grecque d'origine, romaine par la conquête, gouvernée au nom des empereurs d'Allemagne par des comtes et des marquis, puis république indépendante, riche et célèbre, Pise tomba sous les coups de trois rivales jalouses qui s'allièrent contre elle : Gênes, Lucques et Florence. Mais la lutte fut longue et non sans gloire. Depuis les premières années du xvi⁰ siècle, où elle perdit pour toujours une indépendance qu'elle avait jusque-là tant de fois reconquise, ses destinées se confondirent avec celles du reste de la Toscane.

Pise fut aussi grande par l'art que par le commerce et par la guerre. — Ses longues relations avec l'Orient la familiarisèrent avec les chefs-d'œuvre de cette civilisation antique dont il avait été le berceau. Ses architectes allèrent puiser leurs inspirations à Byzance, dans la Sicile et dans la Grèce, et ses sculpteurs occupèrent une place importante dans la renaissance italienne.

La première visite de l'étranger le conduit tout d'abord à l'extrémité de la ville, sur la place du Dôme, — où il rencontre le groupe si curieux des quatre monuments : la Cathédrale, le Baptistère, le Campo-Santo et la Tour penchée. Ces quatre monuments, qui sont aujourd'hui encore l'orgueil de Pise, se tiennent à l'écart, solitaires et réunis, également heureux, comme on l'a dit, de leur solitude et de leur réunion.

Le Dôme est un monument considérable dans l'histoire de l'art, et l'un des plus anciens exemples de l'union du style byzantin et du style romain. On admire aujourd'hui encore la hardiesse d'une coupole sur pendentifs élevée à l'entre-croisement des quatre nefs. Commencé en 1063, par Buschetto, le Dôme fut consacré en 1118. Ses corniches, les bases et les chapiteaux de ses colonnes sont des fragments antiques pris en tous lieux, mais employés avec beaucoup d'habileté et un très-grand discernement artistique. Les assises extérieures sont en marbre, alternativement blanc et noir, selon le goût du temps. Le Dôme fut dédié par les Pisans à la Vierge mère, en souvenir de la victoire qu'ils avaient remportée en Sicile sur les Sarrasins. Le monument eut donc cette fortune d'être tout à la fois religieux et national. Cette très-vaste construction a souffert des injures du temps : les lignes ont perdu leur aplomb, et la façade s'incline sur sa base. Cette façade énorme est divisée en cinq ordres superposés; elle a cinquante-huit colonnes et quatre galeries ouvertes. Du reste, le Dôme, tant à l'intérieur qu'à l'extérieur, ne compte pas moins de quatre cent cinquante colonnes. L'église est divisée en cinq nefs. La voûte du milieu est soutenue par vingt-quatre colonnes d'ordre corinthien, reliées entre elles par des arcades, selon l'usage de la décadence romaine; sur ces arcades s'élève une galerie destinée aux femmes, et dont les colonnes sont tout à la fois plus nombreuses et plus petites. Les transepts ont également une nef et des bas-côtés avec colonnes isolées. On compte douze autels. Le principal, ainsi que la balustrade en marbre du chœur, est incrusté de lapis-lazuli. On remarque deux statues et un beau crucifix en bronze de Jean de Bologne.

La Tour penchée, tel est le nom que l'on donne au *campanile* ou clocher bâti tout à côté du Dôme, mais complétement séparé de lui, selon l'ancien usage italien. Elle doit aux caprices de ses deux architectes, Bonanno de Pise et Guillaume d'Innsbrück, cette inclinaison volontaire qui l'a rendue célèbre dans le monde entier. Il est facile de se convaincre d'une notable différence de longueur entre les colonnes du sud et celles du nord. La forme générale de la *Tour penchée* est cylindrique; elle a huit étages de colonnades superposées : en tout, cent sept colonnes, cinquante-quatre mètres de hauteur et seize de diamètre. C'est du sommet de cette tour, pour ainsi dire suspendue dans l'air, que Galilée surprit le secret du mouvement du monde. Peut-être sans cette inclinaison n'aurait-il pas songé à ces magnifiques expériences sur la gravitation ! Pour nous, à qui il importe peu de savoir si réellement la terre tourne, nous avons escaladé la plate-forme de la Tour penchée (330 degrés, pas un de moins!), pour jouir du magnifique panorama qui se déroule depuis les cimes ondoyantes et bleuâtres des Apennins jusqu'à la mer.

Le Baptistère, le troisième de nos monuments, est une vaste construction en marbre, comme la cathédrale et le campanile ; il a quatre entrées, et il est divisé à l'intérieur en deux ordres d'architecture. Les chapiteaux et les colonnes sont des fragments de l'antiquité, ornés de sujets mythologiques. Heureusement que les nouveau-nés que l'on vient présenter à l'eau du baptême ont encore une trop grande simplicité de cœur pour y trouver une occasion de scandale. Par une singularité digne de remarque, la voûte est conique en dedans, hémisphérique en dehors. Le bassin octogone, en marbre blanc, est orné de belles incrustations. La chaire est magnifique. Elle a été sculptée au XIIIe siècle par Nicolas de Pise, qui a su lui imprimer le cachet du grand style : la chaire est hexagone, et portée par sept colonnes sur des lions et d'autres figures, à l'imitation de ce que l'on voit souvent dans les monuments byzantins.

Le Campo-Santo, voilà la curiosité, disons mieux, voilà la merveille de Pise.

On sait que ce terme de *Campo-Santo* est le nom générique des cimetières en Italie. Chaque ville a son Campo-Santo, presque toujours monumental, et dans lequel on essaye d'associer les pompes de l'art et les splendeurs de la nature. Celui de Pise est le plus important de toute l'Italie, et par ses proportions et par le mérite et la renommée de ceux qui travaillèrent à l'édifier.

Pise reconnaissante l'avait consacré à ses grands hommes, et pour le rendre digne d'eux, alla chercher jusqu'à Jérusalem la terre bénie à laquelle ils mêleraient leurs cendres. Commencé en 1278, le Campo-Santo ne fut terminé qu'en 1464 ; — sa forme générale est celle d'un vaste rectangle, long de 450 pieds et large de 140. — Rien de plus simple que l'extérieur : ce sont de grands murs, sur lesquels on a appliqué quarante-trois arceaux reposant sur des pilastres, avec chapiteaux ornés de figures. La principale porte est surmontée d'une niche en marbre, dans laquelle trône la Vierge entourée de saints et des donateurs du Campo-Santo. L'intérieur est une vaste cour à ciel ouvert, environnée de portiques avec soixante-deux arcades à jour. En regard des arcades à jour donnant sur la cour, les murailles sont couvertes de ces fresques fameuses qui ont donné au Campo-Santo sa célébrité. Les principales sont dues au pinceau de Giotto, qui a représenté les infortunes de Job, ruiné, malade... et marié; à Ghirlanda, qui nous raconte l'histoire de Judith; à Benozzo Gozzoli, qui s'est inspiré des grandes scènes du monde naissant : la Création, la Mort d'Abel, le Déluge et l'Arche de Noé; à Orcagna, dont le Triomphe de la Mort, composition multiple qui semble animée par le génie de Dante, est un des plus remarquables morceaux de la renaissance italienne. Au centre de la composition, des malades et des infirmes invoquent la cruelle; mais elle, se détournant d'eux, dirige ses coups vers un groupe rayonnant de jeunesse et de beauté, et tue ceux qui ne demandaient qu'à vivre. L'impression est saisissante et profonde. La grande fresque du Jugement dernier n'est pas une création moins importante : on y remarquera surtout la figure du Christ vengeur, et la tête de la Vierge empreinte d'une pitié douce et tendre, et la figure de l'Ange gardien saisi d'épouvante en face de la damnation des âmes confiées à sa garde. Citons enfin de belles et grandioses conceptions, bien qu'elles n'atteignent point à cette hauteur, d'Antonio Veneziano et de Simone Memmi. Ces peintures ne sont pas toutes dans un état de conservation parfaite, et il en est qu'il faut longtemps regarder avant de les voir. Les morts n'ont pas moins souffert que les vivants dans les guerres civiles de l'Italie, et les partis qui ne respectent rien ont exercé leur vandalisme avec une cruauté sans égale sur ces nobles monuments.

Le Campo-Santo n'est pas moins riche en sculptures qu'en peintures : il renferme des statues du moyen âge, des bustes romains, des bas-reliefs grecs, des sarcophages de tous les siècles, des groupes de la Renaissance, des vases en marbre de Paros, avec des sujets bachiques, les trois Grâces auprès de la Madone avec l'Enfant, Hippolyte et Phèdre à côté d'un évêque, Diane et Endymion entre un pontife et un martyr.

Cet ensemble un peu composite, qui semble réunir les débris de toutes les civilisations, ne paraît point déplacé dans ce champ de l'éternel repos, et l'on comprend que les œuvres de l'homme mutilées et abolies par le temps y viennent chercher la paix avec les cendres de l'homme lui-même.

Quoi qu'il en soit, le Campo-Santo de Pise sera pour tous ceux qui le visiteront l'objet d'une admiration émue dont ils garderont longtemps le souvenir ; longtemps ils se rappelleront la simplicité de ce noble ensemble où, comme il convient à un monument religieux et funèbre, l'austérité s'allie si bien à la grandeur et la simplicité à l'élégance. Le Campo-Santo de Pise n'est pas seulement le plus beau cimetière élevé par le moyen âge chrétien, c'est en même temps le berceau de l'art toscan : dans la mort même la vie a germé.

Nous ne saurions quitter Pise sans au moins signaler les ruines d'un monument sinistre, la Tour de la Faim, célèbre par la mort d'Ugolino et de ses fils, et immortalisée par les imprécations de Dante. Nommé capitaine du peuple pour dix ans, Ugolino della Gherardisca chercha à se perpétuer au pouvoir et se conduisit comme un tyran. Assiégé par l'évêque Ruggieri, dont il avait assassiné le neveu, il fut pris et enfermé dans une tour, et condamné à mourir de faim avec ses deux enfants et ses deux petits-enfants. Ici l'histoire pâlit devant la poésie, et le tercet du Dante semble plus terrible encore que le supplice du misérable.

« Quand je fus réveillé avant l'aurore, j'entendis mes enfants, qui étaient avec moi, pleurer en dormant et demander du pain. Déjà ils étaient réveillés, et l'heure approchait où l'on nous apportait notre nourriture, quand j'entendis clouer la porte de l'horrible tour; alors je regardai mes enfants, sans prononcer un mot. Mon cœur était devenu de pierre : Je ne pleurais pas... Ils pleuraient, eux!... Le jour se leva de nouveau sur le monde; quand un faible rayon se fut glissé dans la prison douloureuse, et que j'eus reconnu mon propre aspect sur leur visage, je me mordis les deux mains de douleur, et mes enfants, croyant que c'était de faim, se levèrent tout à coup en disant : « O père, il « nous sera moins douloureux si tu manges de nous; tu nous as « vêtus de ces misérables chairs, tu peux nous en dépouiller!... » Tout ce jour et l'autre qui suivit nous restâmes tous muets... Ah! terre, dure terre, pourquoi ne t'ouvris-tu pas?

« Le quatrième jour, Gaddo se jeta étendu à mes pieds, en disant : « Tu ne m'aides pas, mon père! » Là il mourut. Je les vis tomber tous les trois, un à un, entre le cinquième et le sixième jour, et je me mis, déjà aveugle, à les chercher l'un après l'autre, à tâtons, et je les appelai pendant trois jours, alors qu'ils étaient déjà morts... Puis la faim l'emporta sur la douleur...

« Ah! Pise! opprobre de notre belle Italie! Puisque tes voisins sont trop lents à te punir, puissent les îles de Gorgone et de Caprée venir s'asseoir aux bouches de l'Arno, et refouler ses eaux dans tes murs pour y noyer tous tes enfants! Quand il serait vrai que le comte Ugolin eût livré tes forteresses, devais-tu attacher ses fils à la même croix que leur père? Nouvelle Thèbes, tu n'as pas épargné l'âge tendre de l'innocence! »

Les voisins entendirent..., ils se levèrent... Caprée et Gorgone restèrent à leur place... Mais Pise n'en fut pas moins écrasée.

XI

CIVITA-VECCHIA.
LA COMPAGNIE DES MESSAGERIES IMPÉRIALES.

L'éloquence des chiffres. — Une grande entreprise. — La poste et la mer. — Histoire d'une compagnie commerciale. — Le Lloyd français. — L'isthme de Suez. — Les Transatlantiques. — L'Inde à nos portes. — Nos colonies dans l'extrême Orient. — Chine et Cochinchine. — Comme quoi Civita-Vecchia est un nom d'amitié. — Centumcellæ. — Le port de l'empereur Trajan et la forteresse de Michel-Ange.

Nous aurons peu de choses à dire de Civita-Vecchia. Pour occuper le temps de la courte relâche pendant laquelle on débarque les voyageurs qui vont filer sur Rome, essayons de faire connaître à nos lecteurs la puissante Compagnie maritime avec laquelle nous avons commencé notre voyage, et qui nous fera visiter tour à tour toutes les escales de la Méditerranée.

Cette Compagnie, qui porte le nom de COMPAGNIE DES MESSAGERIES IMPÉRIALES DE FRANCE, et sans laquelle il nous serait à peu près impossible d'accomplir le voyage que nous entreprenons, ne compte encore que bien peu d'années d'existence.

Héritière et continuatrice des services de terre qui mettaient jadis en communication toutes les villes de France, à mesure que les moyens de locomotion nouveaux, succédant à l'ancien système, remplaçaient la grande route par le rail, la diligence par le waggon, et les chevaux par la vapeur, elle dut chercher un autre emploi de ses capitaux accumulés, de ses forces actives et d'une intelligence exercée à la pratique des grandes affaires.

Une convention passée le 28 février 1851 entre le Ministre des finances et la Société, chargeait celle-ci de l'exploitation postale dans la Méditerranée. Aux termes de cette convention, elle devait, pendant vingt ans, accomplir régulièrement chaque mois : trois voyages de Marseille à Malte; trois de Marseille à Constantinople; deux de Marseille à Alexandrie; un tous les vingt jours de Constantinople à Alexandrie, Smyrne, Rhodes, Mersina, Alexandrette, Lataquié, Tripoli, Beyrouth et Jaffa.

Ce contrat constituait, on le voit, un réseau de relations considérable embrassant l'Italie, le Levant et la Grèce, l'Égypte et la Syrie. Le parcours annuel était alors de cinq cent mille deux cent seize lieues marines, et la vitesse de sept nœuds et demi à l'heure. Dès l'année suivante, l'administration des Messageries impériales rattachait au réseau créé par la loi du 8 juillet 1851 les principaux ports de la Grèce et Salonique, qui entretenaient déjà des relations importantes avec Marseille. En 1853, elle préludait à l'établissement de ses rapports avec l'Espagne. En 1854, un traité intervenu entre elle et le ministère de la guerre lui confiait la correspondance postale et les transports militaires entre la France et l'Algérie.

Les nécessités aussi pressantes que soudaines créées par la guerre de Crimée la trouvèrent à la hauteur des circonstances; et, au moyen de sept grands navires consacrés par elle aux besoins nouveaux de la situation, elle put doubler le nombre de ses voyages sur Constantinople et assurer, par un système complet de navigation dans la mer Noire, les communications de l'armée avec sa base d'opérations. En 1855 elle a ouvert entre Marseille, Civita-Vecchia et Naples, une ligne hebdomadaire directe, principalement destinée à rendre plus fréquentes et plus sûres les relations entre la métropole et l'armée d'occupation de Rome. C'est assez dire que sa puissance a toujours été l'auxiliaire de son patriotisme. En 1857, elle a reconstitué le système général de ses services et ouvert des lignes postales dans la mer Noire, en même temps qu'elle créait les deux lignes transatlantiques du Brésil et de la Plata. Le 30 septembre 1858, elle inaugurait une troisième ligne hebdomadaire entre Marseille et l'Italie, et profitant, comme d'une occasion heureuse, de l'ouverture du chemin de fer de Madrid à Alicante, en intercalant la relâche de cette dernière ville dans la ligne de Marseille à Oran, elle rattachait l'Espagne tout entière au système général de sa navigation. C'est ainsi qu'en moins de six ans, au réseau primitif qui embrassait l'Italie, l'Égypte, la Syrie, la Grèce et Constantinople, elle ajoutait Trébizonde, la Thessalie, les provinces Danubiennes, l'Algérie, l'Espagne et le Brésil. Le nombre des voyages fut triplé, et en même temps leur durée s'abrégea, et la vitesse ordinaire de la marche, originairement de sept nœuds et demi à l'heure, s'accrut en moyenne de deux nœuds, et souvent de trois. Le trajet entre Marseille et Constantinople, qui exigeait onze jours sous l'empire des anciens itinéraires, s'est accompli parfois en six !

En même temps qu'elle augmentait le nombre de ses navires, la Compagnie, jalouse d'offrir au commerce une facilité nouvelle de développement, en accroissait l'échantillon. Ses premiers engagements avec l'État avaient pour base dix-sept navires d'une force moyenne de 182 chevaux et d'un déplacement de 800 tonneaux, qui suffisaient au trafic du moment. Au 1er janvier 1861, date de nos dernières statistiques, elle avait :

A flot : 48 navires, 12,850 chevaux de force, 65,211 tonneaux de déplacement ;

En chantier : 6 navires, 2,390 chevaux de force, 15,664 tonneaux de déplacement ;

Tant à flot qu'en chantier : 54 navires, 15,240 chevaux de force, 80,875 tonneaux de déplacement.

Et, disons-le à la louange de la Compagnie, qui n'a cessé, dans toutes les grandes occasions, de montrer le zèle le plus louable, l'activité la plus infatigable et un dévouement vraiment national, elle n'a jamais cherché à compenser, par des aggravations de tarifs, le surcroît de frais qu'entraînait nécessairement pour elle l'exécution d'un service plus compliqué avec des instruments plus dispendieux. Le succès a récompensé ses efforts intelligents, et elle a pu nouer des relations directes et fructueuses avec les expéditeurs de toute l'Europe et d'une partie de l'Asie, et détourner sur Marseille une portion des marchandises qui se dirigeaient alors par d'autres routes vers les ports où abordent ses navires. Faut-il s'étonner maintenant de l'accroissement si considérable survenu dans le transport des voyageurs et des marchandises qui font l'objet de son exploitation? On peut dire cependant que toutes les espérances ont été dépassées, et qu'elle est arrivée à un degré de prospérité rarement atteint par les entreprises industrielles ou commerciales.

L'organisation des divers services de la Compagnie est confiée à des agents distingués, qui réunissent aux connaissances pratiques de leur profession l'urbanité des gens du monde, et avec lesquels la vie du bord est une vie de salon. La flotte, composée en grande partie de navires neufs et excellents, répondant à tous les besoins d'une exploitation aussi variée qu'elle est étendue, est commandée par une élite d'officiers dont nous dirons pour tout éloge qu'ils appartiennent à notre marine impériale.

Les essais de lignes nouvelles entre la France et le Brésil se sont, grâce au succès, bientôt converties en opérations définitives, et, là encore, le service est désormais un fait accompli : les relations solidement nouées ne seront plus interrompues.

Mais la Compagnie des Messageries impériales est douée d'une activité dont rien ne semble devoir comprimer l'essor, et c'est le monde tout entier qu'elle veut enlacer dans le sillage mouvant de ses vaisseaux. Voilà qu'aujourd'hui, à la suite de nos escadres victorieuses, ses flottes pacifiques vont tenter l'extrême Orient et doter notre commerce de relations régulières et suivies avec l'Indo-Chine. Ne nous en étonnons point : le prodigieux développement de cette activité était peut-être une des conditions de sa nature. On le sait, les communications et les échanges entre les peuples croissent presque invariablement avec les facilités qu'on leur donne. Aussi les grandes entreprises de transports, appelées à desservir des besoins essentiellement élastiques, doivent être douées d'une faculté d'extension proportionnelle, sous peine de se voir bientôt au-dessous de leur tâche et remplacées par d'autres. Cette loi de tous les temps semble plus encore la loi du nôtre, où la liberté des transactions et les exigences de la concurrence implacable ne permettent à personne un seul moment de repos. Marchez, marchez toujours ! voilà le mot d'ordre des sociétés modernes. L'augmentation si rapide des voyages sur toutes les lignes, l'adjonction des services de l'Algérie et de la mer Noire, les succès obtenus au Brésil et à la Plata, tout conviait la florissante Compagnie à de plus vastes et à de plus audacieux desseins.

Ce n'est pas d'aujourd'hui que tous, tant que nous sommes, poëtes, artistes, voyageurs, négociants ou hommes politiques, l'Orient nous attire : il semble que, par un mouvement involontaire et naturel, notre âme retourne vers ces beaux lieux qui furent le premier berceau de la race humaine. A côté de ces raisons de sentiment qui, du reste, n'en sont pas moins pour nous des raisons, il y en avait d'autres plus positives. Depuis la création de cette malheureuse *Compagine française des Indes orientales*, qui commença si bien pour si mal finir, jusqu'aux désastres dus aux défaillances de Louis XV, la France a tenté des efforts constants, avec des chances diverses, pour faire prévaloir son influence dans l'extrême Orient. Repoussée plus d'une fois, elle est incessamment revenue à la charge ; c'est qu'elle regardait comme un devoir pour elle de faire fructifier, à l'abri du pavillon national, le germe de civilisation que nous avons déposé les premiers dans ces contrées lointaines. Grâce à Dieu, toute trace de ces efforts n'a pas encore complétement disparu, et si nos intérêts matériels ont cruellement souffert, pour tout ce qui regarde les intérêts moraux et religieux, notre prédominance existe encore tout entière : elle est intacte ! La flotte française à l'embouchure du Peï-ho, et nos soldats dans les murs de Pékin, n'auront pu que confirmer encore cette prédominance et l'accroître. Mais, dans la vie des nations comme des individus, il n'y a pas seulement des intérêts moraux, il y a encore des intérêts matériels, parfois considérables, et dont il faut savoir tenir compte. La France est tributaire de l'Inde pour 150 millions de matières premières, — de celles que l'on appelle dans l'industrie matières encombrantes ; — elle importe annuellement pour 150 autres millions de soie grége du *Céleste-Empire*. Les matières encombrantes nous viennent de l'Orient sous pavillon français et à la voile, parce qu'ici l'on ne se préoccupe point de la question de temps. Mais les matières riches et le numéraire, toujours pressés d'arriver, suivent les voies rapides, et comme ces voies rapides sont les voies anglaises, parce que l'Angleterre seule a un service postal au delà de Suez, parce que, seule, elle dispose des transports à vapeur dans l'Indo-Chine, elle englobe ainsi notre trafic le plus riche dans le sien, et prélève, outre le fret légitime, des droits de commission exorbitants. Cependant le commerce de l'Europe et de l'Amérique avec la Chine a quintuplé depuis cinquante ans, et, en laissant le numéraire en dehors de nos appréciations, on l'évalue aujourd'hui à près d'un milliard, dont 450 millions appartiennent à l'importation. Un seul moyen s'offrait de rappeler à nous au moins une partie des avantages de ce commerce : c'était de créer un service postal dans l'Indo-Chine. La Compagnie des Messageries impériales l'a compris, et le service est créé. Ainsi la Compagnie embrasse maintenant dans son réseau singulièrement agrandi : l'Inde anglaise, les îles Maurice et de la Réunion, les colonies espagnoles et hollandaises de l'Indo-Chine, et la Chine même, qui viennent s'ajouter aux communications transatlantiques avec le Brésil, et à la navigation méditerranéenne. On le voit, ce sont là de gigantesques entreprises : il faut une grande hardiesse pour les concevoir, une grande habileté pour les conduire, une grande fermeté pour leur faire suivre sans dévier la ligne que l'on s'est une fois tracée. Mais la Compagnie des Messageries impériales a mis à sa tête une des plus remarquables capacités administratives de notre époque, et M. Béhic, digne rival de M. de Bruck, l'heureux fondateur du Lloyd autrichien, par la promptitude de son coup d'œil, l'étendue de ses connaissances et son expérience consommée, semble être véritablement l'homme de la situation. Nous ne doutons point qu'il ne conduise jusqu'au dernier terme de la prospérité un établissement dont le succès se trouve si indissolublement lié à l'avenir de notre commerce maritime.

Le lecteur indulgent voudra bien nous pardonner cette petite digression qui n'est pas dans nos habitudes : mais en voyage, on se permet bien des choses ! Nous n'aimons point, d'ailleurs, à passer à côté d'un mérite sans lui tirer notre chapeau, et il nous eût été tout à fait impossible de parler si longtemps de la Méditerranée sans au moins citer le nom de ceux qui nous en ont fait tant de fois les honneurs ; nous n'en sommes pas encore arrivés à cette heureuse ingratitude qu'un écrivain d'infiniment d'esprit appelle l'indépendance du cœur.

Mais donnons, s'il vous plaît, la *buona mano* aux douaniers du pape, écartons les *facchini*, ces portefaix de l'Italie, et, tout en courant, voyons un peu Civita-Vecchia.

Presque tous les voyageurs qui se rendent dans le midi de l'Italie traversent Civita-Vecchia. Il est vrai qu'ils ne s'y arrêtent guère, et c'est de quoi nous n'avons pas le courage de les blâmer : les uns se hâtent vers Rome, les autres reprennent leur course vers Naples ; tous s'empressent de quitter la pauvre ville, non point peut-être sans maugréer quelque peu contre les facchini, la douane et la police, engeance tracassière, — là peut-être plus que partout ailleurs.

CIVITA-VECCHIA occupe l'emplacement d'une colonie romaine, appelée CENTUMCELLÆ. L'empereur Trajan y fit creuser un port, — auquel, bien des siècles plus tard, Clément XII accorda la franchise. Dans l'intervalle, les Sarrasins ayant détruit la ville (828), les habitants se réfugièrent dans l'intérieur ; mais quand leurs terribles ennemis se furent retirés, ils revinrent au rivage et occupèrent de nouveau l'ancien emplacement de *Centumcellæ* : c'est alors que la ville s'appela la Vieille-Ville — *Civita-Vecchia*, — nom d'amitié que ses habitants furent heureux de lui donner quand ils la retrouvèrent. — Le pape Jules II, de la puissante maison des Médicis, fit commencer, sur des dessins de Michel-Ange, une forteresse qui fut achevée par Paul III.

Grâce au chemin de fer, construit par des mains françaises, Civita-Vecchia n'est plus aujourd'hui qu'un faubourg de Rome. Mais Rome est pour nous la Terre promise... et interdite : il faut nous contenter de contempler sa grande silhouette à l'horizon, — et continuer notre route.

Ne nous plaignons pas trop cependant, car à notre prochaine station nous trouverons Naples.

XII

NAPLES.

Voir Naples et ne pas mourir! — Les dons de la nature. — Le ciel, la terre et la mer. — La ligne et la couleur. — La ville. — La rue de Tolède et la Chiaja. — Les habitants. — Un peuple gai. — Un souper pour trois centimes. — Les lazaroni. — Un saint complaisant. — Les musées. — Histoire de Naples.

Voir Naples et puis mourir! dit un proverbe fameux, inventé sans doute par un Napolitain, et, depuis, répété bien des fois par ses compatriotes. Pour notre compte, nous y voudrions une variante : Voir Naples et vivre encore, ne fût-ce que pour le voir plus longtemps. Naples, en effet, est un de ces admirables sites pour lesquels la nature semble avoir prodigué tous les charmes et toutes les séductions; l'effort ne peut aller plus loin : la Nature, cette grande enchanteresse, a épuisé là ses trésors et son pouvoir. Nulle part vous ne trouverez, réunies et combinées avec plus de bonheur, toutes les beautés du ciel, de la terre et de la mer. La ville est bâtie en étage sur des collines qui suivent la courbe même du rivage, une courbe molle, dessinée par les lignes les plus gracieuses, et qui semble caresser le regard. Ajoutez la transparence bleue des flots calmes et profonds, de belles îles dans la distance, et, tout autour, des horizons à souhait pour le plaisir des yeux, et tels que le peintre et le poëte osent à peine en rêver. A l'est, le Vésuve domine la ville de son cône de flammes et de fumée; cette colline couronnée de ruines, et ombragée d'arbres verts, c'est le Pausilippe, rendu éternellement célèbre par le tombeau de Virgile :

Mantua me genuit; Parthenope me tenet.

Un peu plus loin, au nord du lac d'Agnano, le couvent des Camaldules couronne les hauteurs de sa masse imposante; laissez-vous errer vos regards vers le sud? ils rencontreront ces féeriques décorations du paysage qui s'appellent Castellamare, Sorrente, dont le nom seul est une poésie, et le cap Campanella, qu'un bras de mer étroit sépare de Capri, l'île de Tibère.

La ville proprement dite n'est pas grande : elle n'a guère qu'une lieue de longueur, du nord au sud, et qu'une demi-lieue de large, de l'est à l'ouest. Mais si l'on voulait y joindre les faubourgs, qui se rattachent à elle par une ligne de maisons presque continue, elle n'aurait pas moins de six à sept lieues d'étendue.

Les hommes ont moins fait pour eux que le bon Dieu, et cette antique et noble cité, cette colonie des Italiens, des Grecs et des Carthaginois, cette capitale d'un royaume, n'a pas un seul de ces monuments qui font la gloire et l'orgueil d'une ville, et qui s'appellent, par exemple, à Rome, Saint-Pierre; à Venise, Saint-Marc; ou le Dôme, à Milan. Sous ce rapport la pauvreté de Naples est si grande qu'il n'a même pas de ruines. Il faut donc prendre ce que l'on a et se contenter d'une ville relativement moderne et qui ne pourra vous montrer que deux rues :

La rue de Tolède, qui partage la ville en deux dans le sens de sa longueur, qui lui sert de Corso à l'époque du carnaval, et où se manifestent presque toujours les premiers mouvements des agitations populaires;

La rue de Chiaja, qui est plus encore une promenade qu'une rue. Cette belle voie de grande communication, pour parler comme le *Génie* des ponts et chaussées, est toute plantée d'arbres et s'étend le long du rivage qu'elle domine; le golfe lui prête son admirable perspective et justifie ainsi la prédilection des Napolitains, qui en ont fait leur rendez-vous favori.

Les autres rues de la ville sont assez régulières, mais étroites et bordées de hautes maisons qui leur prennent l'air et la

lumière : ajoutez une propreté... napolitaine, et vous comprendrez que le voyageur, quand il les a une fois parcourues, réserve ses préférences pour Tolède et la Chiaja.

Les naturels du pays, qui n'ont point ces motifs d'exclusion, se répandent naturellement par toute la ville, y portant leur entrain, leur gaieté, leur animation, leurs cris, leurs rires, leur spirituelle bouffonnerie et ce rayon de bonne humeur que les révolutions, et les inquiétudes qu'elles entraînent, peuvent bien un moment assombrir, mais qui brille bientôt d'un nouvel éclat, parce que c'est le pur don d'une nature heureuse, et, pour ainsi parler, le fruit du sol, éclos sans culture et mûri sous un ciel propice. Il faut se faire à cette gaieté familière, et qui tout d'abord paraît d'assez mauvaise compagnie quand on revient de Florence, la ville sombre, et de Rome, la ville grave, où le peuple même semble emprunter au voisinage du Sacré-Collége et à l'auguste présence du pape une tenue si noble et si digne. On a peut-être le tort de se choquer, au moins dans les premiers jours, de cette familiarité turbulente que semble entretenir et augmenter encore une vie passée tout entière au grand jour et sur la place publique. Mais on a bien vite fait de leur pardonner ces défauts légers, et on arrive à aimer, presque autant qu'elle mérite de l'être, cette race vraiment méridionale, patiente, crédule, débonnaire, dont on a exploité les vices et les faiblesses, et que personne n'a encore songé à éclairer, à moraliser, à élever.

Mais ce ne sont point là, direz-vous, les affaires d'un voyageur pittoresque ; ne vous inquiétez point de ce que ces gens devraient être, contentez-vous de nous les montrer tels qu'ils sont. Soit! Prenez mon bras et faisons un tour dans la STRADA DEL PORTO ; elle est assez curieuse par elle-même, cette fourmilière d'hommes, surtout quand vient le soir : parcourez ces deux rangées de petites boutiques, illuminées avec des lanternes de papier et couvertes de véritables montagnes de victuailles ; glissez-vous, non sans quelques précautions, entre ces gargotiers qui envahissent sur la rue pour établir leurs fourneaux en plein vent : respirez l'âcre parfum des viandes qui cuisent sur des brasiers ardents, et des poissons frits dans l'huile. Regardez surtout cette population affamée qui attend son souper. Ceux qui n'ont pas la bourse assez bien garnie pour se payer la friture ou le rôti n'en sont pas plus tristes, et ils se rabattent avec une insouciance philosophique sur le marchand de pastèques, qui leur crie : « Pour trois centimes, bois, mange et lave-« toi la tête ! » et ce programme est une vérité : le Napolitain boit, mange et fait sa toilette... sommaire, pour les trois centimes demandés. Et, pour assaisonner ce modeste repas, il se dépense plus d'esprit et surtout plus de gaieté que dans les festins d'un congrès ordonnés par un Carême officiel.

Il est impossible de parler de la population napolitaine sans qu'aussitôt se présente à l'esprit la pensée du LAZZARONE, qui en est, pour ainsi dire, aux yeux de beaucoup de gens, le type le plus parfait. Nous sommes vraiment désolés d'enlever une illusion à nos lecteurs ; mais le lazzarone n'existe plus, et c'est de quoi nous félicitons très-sincèrement les Napolitains. Les lazzaroni, hideux produit de la domination espagnole dans le midi de l'Italie, formaient jadis une classe particulière et désagréable du peuple, ou plutôt de la plèbe de Naples. Ils étaient environ trente mille, n'ayant absolument aucun moyen honnête d'existence, vivant par conséquent de menues rapines ou de précaires charités, passant leurs jours dans la fainéantise, et leurs nuits à la belle étoile, nus comme des sauvages, flétris comme des parias. Les Espagnols leur avaient donné pour patron le pauvre de l'Évangile, Lazare, immortalisé dans la parabole du mauvais riche. Mais, en attendant qu'ils fussent, à son exemple, reçus dans le sein d'Abraham, séjour que je ne prendrais pas sur moi de leur garantir, ils vivaient dans la sentine impure de tous les vices. L'administration française, au commencement de ce siècle, tenta, et on peut dire qu'elle accomplit parmi ces hommes une réforme radicale. Elle en a fait en assez peu de temps une race active, laborieuse et, ce qui n'est pas une moins grande qualité peut-être dans les conditions économiques et sociales de la vie moderne, disposée à se contenter de peu.

Les places de Naples, que l'on nomme Larghi, ne valent pas beaucoup mieux que les rues : elles sont généralement irrégulières et sans belle décoration.

Les Napolitains sont depuis longtemps célèbres pour leurs sentiments religieux. On ne sera donc point étonné d'apprendre que Naples compte deux cent cinquante-sept églises, cent quatre-vingt-deux chapelles appartenant à des confréries ou à des corporations, et cinquante-sept autres chapelles d'une nature particulière et du joli nom de Seratines, de *sera*, soir, parce que chaque soir, en effet, on y réunit les ouvriers ; ajoutez vingt-quatre couvents de femmes et cinquante-deux couvents d'hommes. Hâtons-nous de dire que ces églises ne sont remarquables ni par les proportions et la beauté de leur architecture, ni par l'élégance et le goût de leurs décorations intérieures. Souvent elles ont des façades tellement insignifiantes que, si l'on n'est pas averti, on ne se doute même point que l'on passe devant une église.

De toutes ces églises la plus célèbre est incontestablement la Cathédrale, dédiée au patron de la ville, le bienheureux et très-illustre *saint Janvier*. Elle est bâtie sur l'emplacement de deux temples païens dédiés l'un à Apollon et l'autre à Neptune. Fondée par Charles Ier d'Anjou, et renversée par le tremblement de terre de 1466, elle fut reconstruite par Alphonse Ier d'Aragon. Mais depuis elle a été plus d'une fois restaurée, réparée, *modernisée*... et par conséquent enlaidie.

Aujourd'hui nous signalerons à l'attention de l'artiste des fonts baptismaux, formés d'un vase antique en basalte d'Égypte, supportés par un pied de porphyre orné des attributs de Bacchus, et quelques tombeaux d'un caractère assez monumental.

L'église de *Sainte-Restitue*, l'ancienne cathédrale de Naples, a été réunie à la cathédrale nouvelle, dont elle forme comme une annexe. La cusiosité de cette chapelle, grande comme une église, c'est le petit sanctuaire de Saint-Janvier, connu à Naples sous le nom de Trésor, *il Tesoro*. Véritable trésor, en effet, où l'art ne vaut pas la matière, mais où la matière, du moins, est très-précieuse. La chapelle de Saint-Janvier ne contient pas moins de sept autels et quarante-deux colonnes de ce marbre charmant où le jaune, le rouge et le violet se mêlent si harmonieusement. Dix-neuf statues colossales en bronze représentent les saints protecteurs de Naples. Ajoutez un nombre infini d'objets précieux d'or ou d'argent, ornés de diamants ou de pierreries.

C'est dans cette chapelle que s'accomplit, trois fois par an et à jour fixe, le miracle chimique connu sous le nom de *liquéfaction du sang de saint Janvier*, le premier samedi de mai, le 19 septembre et le 16 décembre. Le sang précieux du saint, figé en un caillot rougeâtre, et contenu dans un flacon de cristal déposé sur l'autel, à la vue du peuple, qui le suit d'un regard attentif et anxieux, isolé de tout contact suspect, reprend la couleur claire et, pour ainsi parler, la limpidité du sang vivant qui court dans nos veines. Il est assez peu probable que l'auteur des lois immuables de la nature ait accordé à la ville de Naples la perpétuité d'un miracle sans cesse renaissant, qui constituerait en sa faveur un privilége unique et véritablement exorbitant. Ce qui est certain pour nous, aussi éloignés de la crédulité aveugle que de l'incrédulité obstinée, c'est qu'il y a là un fait étrange, parfaitement constaté et, jusqu'ici du moins, parfaitement inexplicable. L'extrême dévotion du peuple à son patron n'empêche point du reste qu'il ne le traite, quand le miracle est en retard, avec le sans-façon d'un créancier de mauvaise humeur, qui sait ce qu'on lui doit, et qui est bien décidé à ne point accorder de délai au débiteur récalcitrant. Les parents du saint ont des places particulières — de véritables premières loges — ainsi qu'il convient à leur rang et à leur titre, pour assister de plus près à la liquéfaction merveilleuse, et ils profitent des droits du sang (je le dis sans jeu de mots) pour interpeller très-vivement leur vénérable cousin, s'il s'avise de faire trop attendre les fidèles, ce qui, disons-le tout de suite à sa louange, n'arrive que très-rarement.

N'oublions pas, avant de sortir de cette chapelle, de signaler quelques belles peintures de Ribera, de Lanfranc et du Dominiquin.

La grande attraction de Naples, sa vraie merveille, qui mériterait seule un voyage dans cette capitale des Deux-Siciles, c'est ce magnifique musée connu sous le nom de MUSEO BORBONICO, collection unique au monde, composée en grande partie des dépouilles de Pompéi et d'Herculanum, ainsi que de diverses autres villes du royaume de Naples ou de la Sicile, qui, incessamment fouillées, deviennent pour le musée royal une source en quelque sorte intarissable de richesses nouvelles. On peut hardiment assurer que quiconque n'a pas vu ce musée ne connaît vraiment pas l'antiquité.

On a divisé le *Borbonico* en quatorze sections, qu'il nous suffira d'indiquer :

Peintures murales et mosaïques antiques ;

Ouvrages antiques en marbre ;

Antiquités égyptiennes et osques ;

Statues en bronze, antiques ;

Inscriptions, Hercule et taureau Farnèse ;

Monuments de l'art au moyen âge, verreries antiques et terres cuites ;

A l'étage supérieur :

Papyrus, bibliothèque ;

Gemmes et bijoux ;

Monnaies et médailles ;

Petits bronzes;

Vases;

Cabinet réservé (ou musée secret);

Galerie de tableaux.

La première section, celle des PEINTURES ANTIQUES, est à nos yeux la plus intéressante; elle comprend environ seize cents sujets, exécutés dans un laps d'environ soixante ans par un assez petit nombre d'artistes et à une époque peu antérieure à notre ère. Ce ne sont que des peintures décoratives, exécutées en détrempe; mais traitées avec une grande liberté, d'une fière tournure et d'un dessin hardi, elles frappent par leur goût toujours sûr et leur haute élégance. Les arabesques, assez nombreuses, peuvent servir de modèles pour ce genre de décoration. On n'a jamais fait mieux.

Les MOSAÏQUES sont remarquables non moins par le fini de leur travail que par leur intacte conservation et le vif éclat de leurs couleurs.

On passera des heures agréables et trop courtes dans la collection des *bronzes*, qui forme deux subdivisions : l'une artistique, qui comprend les statues et les bustes; l'autre, plus industrielle et connue sous le nom de PETITS BRONZES. Il est inutile de dire que ces petits bronzes ne valent pas les grands, et nous n'avons besoin d'apprendre à personne qu'une marmite et un trépied supporteront difficilement la comparaison avec un Apollon ou une Vénus. Mais on a partout des Apollons et des Vénus, et rien n'est plus rare que de rencontrer en aussi grand nombre les instruments de la vie commune et familière; ce sera donc une curieuse étude que celle de ces menus objets, partout ailleurs insignifiants ou grossiers, qui ont reçu du sentiment, du goût, disons le mot, du génie artistique des anciens un si rare cachet d'élégance et de distinction. Sous ce rapport, aussi bien que sous celui des peintures à fresques, on peut vraiment dire que le musée de Naples est incomparable. La division des statues comprend de cent quinze à cent vingt sujets, qu'il faut ranger parmi les plus magnifiques restes de l'antiquité.

La collection de verres antiques est tout à la fois la plus nombreuse et la plus précieuse qui soit au monde; elle ne comprend pas moins de quatre mille objets, qui prouvent à quel degré d'habileté presque incroyable les anciens étaient parvenus dans l'art de travailler cette matière aussi remarquable par son éclat que par sa fragilité : ils savaient lui donner les formes les plus variées et les teintes les plus brillantes; ils le mariaient aux métaux, et s'en servaient pour imiter les pierres précieuses. On se rappelle peut-être l'histoire de ce lapidaire qui avait vendu des diamants et des rubis en verre à la femme de l'empereur Gallien, et que celui-ci, dans une heure de clémence, condamna à être dévoré par un lion. On l'amena tremblant dans l'arène; mais au lieu de voir sortir de la cage le roi terrible des déserts, il n'aperçut qu'un chapon ridicule. L'empereur se contentait de punir le trompeur par une tromperie.

Cinq mille objets en *terre cuite*, dont quelques-uns attestent une rare perfection de modelé, retiendront de longues journées le voyageur assez heureux pour ne pas compter avec le temps. Les vases *italo-grecs* remplissent de leurs trois mille trois cents spécimens plusieurs vastes salles, dont les murailles sont très-habilement décorées avec les fresques d'Herculanum et de Pompéi. Ces vases, qui pour la plupart sont fort beaux, ont aussi un très-grand intérêt comme histoire de l'art, dont on peut suivre les progrès depuis les plus anciens modèles imitant le style égyptien et n'offrant qu'un très-petit nombre de figures, jusqu'aux échantillons de la belle époque grecque, qui ne laissent plus rien à désirer ni pour la finesse du grain, ni pour la pureté de la forme, ni pour l'élégance des couleurs, ni pour la perfection des figures.

On comprend que nous ne puissions pas indiquer, encore moins étudier toutes les merveilles du musée de Naples; il ne nous est permis que d'effleurer en passant cette aimable et trop riche matière. Nous n'entrerons pas même dans la galerie des tableaux, où sont représentées les principales écoles italiennes. Nous nous contenterons de conduire le lecteur dans la salle des chefs-d'œuvre, où il retrouvera tous les maîtres familiers à son étude et chers à son admiration.

Les environs de Naples sont encore plus beaux que Naples même. Célèbres dans le monde entier, ils méritent leur gloire. Nul pays au monde n'offre une telle suite d'enchantements, et ne réunit dans des proportions aussi heureuses la singularité grandiose des phénomènes, la beauté des aspects, la curiosité des ruines et le charme profond des souvenirs. Le Vésuve, Herculanum, Pompéi, Castellamare, Sorrente, Amalfi, Pæstum, Capri et sa grotte d'azur présentent des attractions si heureusement combinées, qu'il est difficile de choisir entre elles. Nous cependant, qui ne pouvons tout voir, nous donnerons nos préférences au Vésuve et à Pompéi.

Mais avant de quitter Naples pour n'y plus revenir, jetons du moins un rapide coup d'œil sur son histoire.

La population du royaume de Naples, que le nouveau gouvernement de la Péninsule s'est efforcé de fondre dans la grande unité italienne, se compose des éléments les plus divers. On dirait que la nature du pays, divisé en petites contrées séparées les unes des autres par de grands obstacles, favorise la persistance de cette opposition à tout pouvoir centralisateur. Les races primitives de l'Italie méridionale appartiennent, on le sait, à la source pélasgique. De nombreuses colonies grecques vinrent, entre le VIII° et le IV° siècle avant Jésus-Christ, s'établir à l'extrémité de la Péninsule, qui prit bientôt le nom général de GRANDE-GRÈCE. Assez facilement conquises par les Romains, les républiques de la Grande-Grèce, quand l'empire tomba, passèrent aux mains des Barbares. Au v° siècle de notre ère, Justinien leur reprit ce beau pays, aussi bien que la Sicile; ses successeurs les gardèrent pendant près de quatre cents ans. Les Sarrasins la leur enlevèrent au ix° siècle, et deux siècles plus tard, furent contraints de la céder à leur tour aux chevaliers normands. Au commencement du xii° siècle, nous voyons sur le trône de Naples et de Sicile un descendant de Tancrède de Hauteville, originaire des environs de Coutances ; — mais, en 1194, cette race s'éteignit, et le royaume échut par droit de succession à Henri VI, empereur d'Allemagne. Nous n'avons pas à suivre ici les vicissitudes qui firent passer tour à tour cette couronne chancelante sur la tête de Charles d'Anjou et de Pierre d'Aragon ; nous n'avons pas à raconter l'histoire scabreuse des deux Jeanne, ni le mariage de la troisième, qui fit passer ce beau royaume dans la maison d'Autriche. Disons seulement que l'Espagne le conserva pendant deux cents ans, et l'accabla de tant d'impôts que le peuple se souleva et la renversa à la suite d'une révolte à laquelle Masaniello attacha le souvenir de son nom. Les dernières années de la domination espagnole ne furent qu'une série d'intrigues et de révoltes. A la mort de Charles II, la couronne d'Espagne passa, comme on le sait, à Philippe V, petit-fils de Louis XIV. Mais, s'il n'y eut plus de Pyrénées, il y eut toujours la mer. Naples, qui déjà n'aimait guère les étrangers, n'avait pour ses maîtres espagnols qu'une fidélité douteuse et une difficile obéissance. A la paix d'Utrecht (1713) ce beau royaume fut cédé à la maison d'Autriche et la Sicile à la maison de Savoie. Un peu plus tard (1736), don Carlos, fils de Philippe V, obtint la possession du royaume des Deux-Siciles ; mais lorsque ce prince monta sur le trône, il céda le royaume des Deux-Siciles à Ferdinand, son troisième fils, à cette condition expresse, qu'il n'y aurait jamais de réunion à l'Espagne.

Ferdinand, obéissant aux conseils de l'Autriche (il avait épousé une fille de Marie-Thérèse), entra dans la coalition formée contre la France, à la fin du dernier siècle. Une armée française envahit le royaume de Naples en 1799 et proclama la

République parthénopéenne. — La France, en ce temps-là, proclamait partout des républiques.

Ferdinand, rappelé de Sicile en 1801, garda son royaume jusqu'en 1806. — A cette époque, Napoléon le prit et le donna à son frère Joseph. Quand Joseph reçut l'Espagne, — don fatal qu'il n'avait pas sollicité, — et qui devait le perdre, Joachim Murat devint roi de Naples (1808). — Murat tomba avec les alliés de Napoléon, et le vieux Ferdinand remonta sur son trône. — Les derniers événements qui en ont précipité sa dynastie n'appartiennent pas encore à l'histoire : c'est de la politique contemporaine, et nous n'avons ni à la raconter ni à la juger.

XIII

LE VÉSUVE

Une montagne qui a fait parler d'elle. — Moins de feu que de fumée. — Les caprices du Vésuve. — Cinquante éruptions. — Des gens obstinés. — Intrépidité du gouvernement napolitain. — Une poudrière sur un volcan.

Le Vésuve est indissolublement lié au souvenir de Naples; on ne comprendrait plus maintenant l'antique Parthénope sans le panache de flamme et de fumée qui ondoie à son horizon. Bien que son cône isolé n'ait qu'une hauteur d'environ douze cents mètres, et qu'il soit par conséquent un de nos volcans les moins élevés, le Vésuve est cependant le plus célèbre de tous, celui que l'on a le mieux étudié. Ni l'Etna sicilien, ni l'Hécla, qui allume son incendie céleste au-dessus des neiges et des glaces de l'Islande, n'auront jamais la gloire de cet heureux rival. Cette médiocre éminence, qui fait plus de bruit qu'elle n'est grande, présente une incroyable variété de richesses minéralogiques : sous ce rapport, aucun point du globe ne saurait lui être comparé. Le mica, les pyroxènes, les épidotes, l'augite, l'amphibole, la breislakite, l'amphigène, la néphéline, l'idocrase, les grenats, la stilbite, le lapis-lazuli s'y disputent avidement le terrain.

Le cône de cendre forme à peu près le tiers de la montagne.

Tout le monde connaît les capricieuses intermittences du volcan napolitain. Les écrivains de l'antiquité nous le représentent comme un cratère éteint. Du temps de Strabon, dont celui qui sait l'histoire peut apprécier la merveilleuse exactitude, il n'offrait aux regards qu'un seul cône tronqué. On sait, au contraire, qu'il se divise aujourd'hui en deux parties bien distinctes : un cône volcanique, c'est le Vésuve actuel, et, au nord et à l'est de celui-ci, une ceinture semi-circulaire, la Somma. Entre la Somma et le Vésuve, divisés, on le suppose, lors de la terrible éruption de 79, on trouve une vallée, l'Atria del Cavallo, large de cinq cents mètres. La roche qui compose la Somma n'est point de la même nature que le cône vésuvien. C'est une lave porphyrique d'amphigène et de pyroxène à couches épaisses, placées les unes au-dessus des autres, et traversées par des filons de la même matière, mais ne suivant point la même direction.

Ce serait une curieuse histoire à écrire que celle des éruptions du Vésuve. L'Italie entière a gardé le souvenir de celle qui engloutit Pompéi, Herculanum et Stabia. Celle de 472, qui transporta les cendres du Vésuve depuis le golfe de Naples jusqu'aux rives du Bosphore, a été décrite par Procope et Ammien Marcellin. En 512, la lave coula abondamment ; il y eut encore deux terribles catastrophes en 1036 et en 1500. Mais en 1631, le Vésuve redoubla de fureur et fut vraiment terrible. La montagne avait alors environ sept mille mètres de circonférence ; ses flancs étaient couverts de broussailles qui servaient de refuge aux sangliers. Çà et là, dans les éclaircies, il y avait des prairies où paissaient les troupeaux. Le 16 décembre 1631, la lave commença de couler par sept torrents à la fois, et elle inonda plusieurs villages au pied de la montagne. Sur l'emplacement d'Herculanum s'élevait une ville nouvelle, Resina ; elle fut dévorée par ce feu liquide. Les inondations de boue ne furent pas moins terribles que celles de la lave enflammée. Des pluies diluviennes, se précipitant avec une violence inouïe sur les flancs de la montagne, en détachaient la poussière volcanique, se chargeaient de cendres incohérentes, et formaient ce que l'on a nommé des LAVES AQUEUSES, qui entraînaient, noyaient ou accablaient tout sur leur passage. Ce fut la dernière grande violence du Vésuve; cependant il a bien eu depuis lors une cinquantaine d'éruptions très-nettement caractérisées : plusieurs fois des villages ont été détruits en partie; plusieurs fois le ruisseau de lave a traversé la petite ville de *Torre del Greco* pour aller se perdre dans la mer. En vain, après chaque catastrophe, veut-on persuader aux habitants d'abandonner à jamais ce théâtre prédestiné aux plus tragiques événements. Séduits par l'enchanteresse beauté du lieu, peut-être aussi par l'incomparable richesse d'un sol qui, après chaque ébranlement nouveau, se couvre d'une végétation nouvelle, tranquilles parce qu'ils croient avoir fait la part du feu, ils relèvent leurs ruines fumantes, et continuent de vivre là où ils ont failli mourir.

Cette insouciance des habitants n'a été dépassée que par celle du gouvernement, qui a fait construire sur les flancs du Vésuve... une poudrière! Ici on ne se contente pas de danser sur les volcans.

Les éruptions du Vésuve causeraient des catastrophes plus terribles encore si elles n'étaient, en quelque sorte, annoncées et prédites par des signes certains : les sources et les puits tarissent presque subitement; les reptiles sortent de terre; les animaux errent dans les campagnes, en proie à de vagues terreurs; la fumée du volcan augmente; elle s'épaissit et se mêle de cendres, elle monte vers le ciel jusqu'à une hauteur de près de trois mille mètres, et prend cette forme de pin parasol décrite par Pline le Jeune, à propos des malheurs de Pompéi et de la mort de son oncle. On entend des bruits de tonnerre très-distincts, des grondements plus fréquents et sourds du volcan; des pluies de cendres et de petits cailloux tombent parfois pendant dix ou douze jours de suite. Parfois même des pierres mesurant un mètre cube sont lancées à plus d'un quart de lieue de distance. Enfin la lave, qui bouillonne et monte dans l'intérieur du cratère, déborde par-dessus et s'épanche en nappe brûlante sur les flancs de la montagne. Parfois aussi cet incendie intérieur qu'on ne peut ni étouffer ni contenir fait éclater le Vésuve : il se crevasse et la lave coule par des bouches placées bien au-dessous de son orifice naturel. Cette lave, recouverte de scories qui conduisent mal la chaleur, conserve pendant des années entières une haute température. La lave, à sa sortie du cratère, a une vitesse d'environ mille mètres à l'heure. Elle s'avance parfois sur une largeur de deux à trois cents mètres, renversant dans sa marche mesurée, lente, mais inflexible, tout ce qui s'oppose à son passage. On ne commande pas aux volcans : ils sont d'humeur indépendante et de difficile composition; on ne peut jamais conclure de ce qu'ils ont fait à ce qu'ils vont faire. Tantôt leurs éruptions se bornent à des phénomènes passagers; ils s'apaisent après une explosion ou deux; parfois, au contraire, les phénomènes persistent, et se reproduisent pendant des années entières. A la suite de ces éruptions durables et violentes, la forme même de la montagne est changée. C'est ainsi qu'en 1850 le sommet tout entier du Vésuve a été bouleversé; c'est ainsi qu'en 1858 le cratère supérieur s'est affaissé d'environ soixante mètres. On sait comment on quitte le Vésuve; on ne sait jamais comment on le retrouvera. C'est, à tout prendre, un voisin désagréable.

XIV

POMPÉI.

L'antiquité vraie. — La plus curieuse ville du monde. — Pompéi nous aide à comprendre la vie des anciens. — La catastrophe. — Un somme de dix-huit siècles. — Une ville de province sous les Romains. — Petits détails. — Une maison antique. — Profonde différence entre la vie des anciens et la nôtre. — Du spectacle chez les Romains. — Les théâtres de Pompéi. — Les temples. — Les tombeaux.

Pompéi est une des merveilles de l'Italie, et peut-être la plus grande curiosité du monde. — Un chemin de fer, — c'est-à-dire la dernière expression du génie moderne, vous prend au milieu du tumulte des rues de Naples et, en moins d'une heure, vous transporte au milieu de la plus authentique antiquité, non plus de cette antiquité littéraire et factice que l'on découvre à grande peine, falsifiée et menteuse, dans la poudre des bibliothèques, mais d'une antiquité présente, palpable, qui tombe sous nos sens, parle à nos yeux, et nous frappe, pour ainsi dire, par sa réalité matérielle. La ville est déserte; les passants ne vous y effleurent point du coude; mais tout a un caractère de conservation tel qu'on ne les croit pas morts : sans doute ils sont absents; celui-ci est à sa villa, cet autre se promène sur le rivage, un troisième est à Naples. Hâtez-vous de visiter la maison : ils reviendront tout à l'heure. Malgré l'histoire, malgré le Vésuve qui fume à l'horizon, comme pour vous empêcher d'oublier la plus terrible catastrophe de notre ère, on ne peut pas se croire chez les morts, — et l'on veut que les Pompéiens soient vivants comme leur ville. — C'est hier que les amoureux ont écrit sur les murailles ces inscriptions fraîches encore :

AH ! PEREAM, SINE TE SI DEUS ESSE VELIM !

« Que je meure si jamais, sans toi, je consens à devenir même un Dieu ! »

CANDIDA ME DOCUIT NIGRAS ODISSE PUELLAS.

« La blancheur de celle que j'aime me fait détester les brunes. »

Et au-dessous ces deux mots d'un sceptique :

ODERIS ET ITERAS !

« Tu les hais, mais tu y reviens ! »

Parmi ces inscriptions, littérature de muraille que l'on retrouve chez tous les peuples, il en est qui sont remplies de fautes grossières, et qui prouvent clairement que les anciens savaient moins le latin que les modernes; à vrai dire, je m'en étais toujours un peu douté : ils ne passaient pas comme nous leur jeunesse à l'apprendre ! La plus piquante de ces erreurs de syntaxe est à la charge d'un brave professeur (j'espère pour ses élèves qu'il ne leur enseignait pas la grammaire), lequel, dans une supplique qu'il adresse aux édiles, et qu'il avait fait peindre sur sa muraille, se permet quelques solécismes visibles à l'œil nu, et dont le vertueux Lhomond aurait frémi. Ce digne magister s'appelait Valentinus; la postérité a gardé son nom à cause de son ignorance, comme si c'était chose si rare chez un professeur. Que les cendres du Vésuve lui soient légères !

Pompéi est sorti de sa tombe silencieuse, brillant encore de couleurs qui n'avaient rien perdu de leur éclat, avec ses lambris dont les peintures toutes fraîches semblaient n'être que d'hier; pas une teinte n'est effacée sur ses pavés en mosaïque. Dans son forum, les colonnes inachevées, telles que la main de l'ouvrier les avait laissées; le trépied du sacrifice devant les arbres de ses jardins; le coffre du trésor dans ses salles; le strigile dans ses bains; le billet d'entrée dans ses théâtres; les meubles et les lampes dans ses salons; dans ses triclinia les restes du dernier festin; dans ses cubicula les parfums et le fard de ses beautés infortunées; mais aussi partout les ossements et les squelettes de ceux qui jadis faisaient mouvoir les ressorts de la vie sur ce théâtre en raccourci de la civilisation romaine.

Dans cette enceinte qui se découvre à nous peu à peu, cherchons ce que ne sauraient nous donner, malgré leur masse imposante, ni le Colisée ni le Panthéon, je veux dire la connaissance intime de la vie privée des Romains. Pompéi n'était qu'une ville de province; il ne faut pas s'attendre à y retrouver les monuments grandioses qui ne conviennent qu'aux capitales, mais comme l'a dit Bulwer dans un roman qui me paraît plus vrai que beaucoup d'histoires, Pompéi offrait le tableau en miniature de la civilisation du siècle, il renfermait dans l'étroite enceinte de ses murs un échantillon de chaque objet de luxe que la richesse et la puissance pouvaient se procurer. Dans ses boutiques petites mais brillantes, ses palais resserrés, ses bains, son forum, son cirque, dans l'énergie au sein de la corruption et dans la civilisation au sein du vice qui distiguaient ses habitants, on voyait un modèle de tout l'empire. C'était comme un jouet d'enfant, une optique dans laquelle les dieux semblaient prendre plaisir à conserver la représentation de la grande monarchie de la terre, et que plus tard ils dérobèrent aux yeux du temps pour la livrer à l'étonnement de la postérité, et servir d'appui à cette maxime : Rien de nouveau sous le soleil.

Pompéi est situé presque au fond de l'admirable golfe auquel Naples a donné son nom, à quatorze kilomètres de cette ville et à sept de la bouche même du cratère. La ville était posée non loin des bords du Sarnus, sur le sommet d'une petite éminence composée des produits du volcan qui devait plus tard l'engloutir. Ses remparts, dont la circonférence est d'environ quatre kilomètres, étaient baignés par la mer au sud et au sud-ouest; les habitations descendaient en amphithéâtre et par étages jusque dans l'écume des flots. Le regard, des hauteurs de la ville, embrasse un horizon enchanteur. C'est le paradis aux portes de l'enfer.

On attribue à Hercule la fondation de Pompéi : après de longues discussions étymologiques, on s'accorde à penser aujourd'hui que son nom veut dire *entrepôt*. Nous n'avons point à faire l'histoire d'une ville de marchands. Elle n'est d'ailleurs intéressante que par sa mort. On sait la fatale éruption du 23 novembre 79 de notre ère. Les habitants avaient reçu, seize ans auparavant, un premier avertissement dont ils n'avaient pas tenu compte ; leur ville avait été à peu près ruinée par un tremblement de terre qui dévasta la Campanie. Chassés par le fléau destructeur, ils relevèrent leurs ruines, et revinrent dans ces beaux lieux qu'ils ne pouvaient quitter. Mais en 79, Jupiter, selon la parole énergique de Stace, arrachant les entrailles de la montagne, les souleva jusqu'au ciel pour les lancer au loin sur la malheureuse ville.

A une heure après midi, le ciel fut obscurci par un nuage d'une grandeur et d'une forme extraordinaire : ce nuage sortait du Vésuve : il ressemblait à un pin, — à un pin d'Italie, bien entendu, celui qui a la forme d'un parasol, et qui en porte le nom, — il paraissait tantôt blanc, tantôt noirâtre, et tantôt de diverses couleurs. La cendre volait dans l'air, épaisse et chaude ; bientôt on vit tomber une pluie de pierres calcinées, de cailloux noirs, brûlés, pulvérisés par la violence du feu. Sur le rivage on voyait tomber des quartiers de montagnes. La terre tremblait ; le Vésuve tout entier chancelait sur sa base violemment secouée, et la mer se renversait sur elle-même, comme chassée du rivage par l'ébranlement de la terre. Une obscurité profonde enveloppa tous les objets, et au milieu du jour ce fut la nuit.

Cependant les feux souterrains firent sauter le sommet de la montagne, qui roula en lave brûlante jusqu'à la mer, ou fut dispersé soit en éclats, soit en cendres légères que les vents portèrent jusqu'en Égypte, jusqu'en Syrie. Herculanum, Retina et Oplonte furent ensevelis sous la lave et remplis du Vésuve en fusion. La lave, en se refroidissant, se durcit, et les trois villes se trouvèrent enveloppées d'une croûte solide de plus de soixante pieds d'épaisseur.

L'histoire n'a pas gardé de trace d'une plus épouvantable catastrophe. Pompéi, au contraire, ne fut couvert que d'une couche, haute de six à sept mètres, de cendres et de petites pierres ponces, qui tombèrent par ondées successives, assez lentement pour laisser aux habitants le temps de s'échapper. Aussi n'a-t-on trouvé que cinq cents squelettes dans les ruines d'une cité qui ne comptait pas moins de quarante mille âmes.

Pendant dix-huit siècles, Pompéi dormit sans rêve dans son linceul de cendres. Le hasard le rendit à la lumière. Des paysans travaillant sur ce sol fertile découvrirent des objets d'art. Le roi de Naples, Charles III, fit continuer les fouilles, et cet admirable vestige de l'antiquité reparut peu à peu. On se hâtait lentement. Du temps de l'ancienne dynastie, quand quelques grands personnages venaient à la cour de Naples, on activait les fouilles en son honneur. On faisait hommage d'un palais à un empereur, on mettait une villa dans la corbeille d'une princesse. On eût offert un temple au pape, s'il eût eu quelque goût d'antiquités. Sous Murat, la *furia francese*, comme disent les Italiens, s'attaqua vivement aux ruines et les fit sortir de terre. Les travaux languirent sous la Restauration. Le nouveau gouvernement les reprend, dit-on, avec une nouvelle ardeur. Bientôt, peut-être, nous aurons la ville tout entière. Nous n'en connaissons pas encore la moitié.

Par leur style général les édifices de Pompéi appartiennent à l'art grec; mais l'art grec accommodé aux nécessités de la civilisation romaine. Toutes ces constructions sont de petite dimension; mais on n'a rien oublié de ce qui pouvait les rendre utiles et commodes. Par leur distribution et leur plan toutes ces maisons se ressemblent : qui en voit une en voit mille. Il en est de même de la décoration artistique, tellement uniforme qu'on serait tenté de la croire l'œuvre de la même main. — Pompéi n'est pas une ville de marbre, comme la Rome d'Auguste. A Pompéi le marbre est réservé aux temples et aux théâtres. Les ornements des édifices particuliers consistent principalement en peintures murales, en arabesques de stuc et en mosaïques. La peinture est prodiguée: on en a mis partout; elle est appliquée à fresque sur toutes les murailles, de manière à former des panneaux à teinte plate noire, jaune, rouge, bleue ou verte; les arabesques et les sujets ont été peints, au contraire, après coup et sur le fond sec, et les couleurs fixées au moyen de la résine.

Les pavés sont presque toujours en mosaïques, les unes blanches, entourées de filets noirs, les autres composant d'ingénieuses fantaisies rehaussées de teintes diverses et encore vives, et encadrées dans des grecques du plus gracieux dessin.

La ville est bâtie en matériaux légers, sans aucune prétention à l'éternité, ce qui, comme on voit, ne l'a pas empêchée de durer. Le bois entre pour une part considérable dans sa construction, où l'on rencontre la lave et les écumes du Vésuve, la brique spongieuse et une certaine pierre calcaire, que l'on trouve dans les eaux du Sarnus, et qui contient dans sa concrétion des fragments d'arbustes, de roseaux et d'herbes pétrifiées.

Les rues de Pompéi sont fort étroites, les plus larges n'ont pas plus de sept mètres — et dans cette mesure nous comprenons les trottoirs — les *margines*, comme les appelaient les Romains. — Un grand nombre n'en a que quatre. — Ces rues sont tirées au cordeau, avec une régularité géométrique qui plairait fort à notre municipalité, si amie de la ligne droite. Elles sont pavées de gros blocs de laves, très-étroitement enchâssés les uns dans les autres et consolidés par des coins de fer ou des fragments de marbre ou de granit. La chaussée étroite, encaissée entre les trottoirs élevés, devenait, en temps de pluie, un véritable torrent : des pierres saillantes, placées à des intervalles convenables, permettaient cependant de passer à pied sec. On remarque dans les pierres qui bordent les trottoirs des trous ménagés pour recevoir des courroies destinées à attacher les chevaux. Dans presque toutes ces rues nous trouvons des fontaines, placées d'ordinaire aux angles des carrefours. Ces fontaines sont petites, assez simples, lançant l'eau par un mascaron formant tête fantastique, ou par un mufle de lion. — Du reste, rien de monumental.

Il suffit d'un coup d'œil jeté sur les maisons de Pompéi pour comprendre la différence de la civilisation antique et de la nôtre, et pour deviner qu'autant nous aimons le *confort* de la vie intime et retirée, autant les anciens aimaient la vie en public du forum, des portiques, des palestres, du gymnase et des bains.

Les habitations de Pompéi consistent presque toujours en deux cours intérieures, environnées de portiques et d'appartements. Voilà le plan principal indiqué d'un trait. L'une de ces cours s'appelle l'ATRIUM, c'est une espèce de *forum* domestique destiné à recevoir les visiteurs et les étrangers; l'autre se nomme PERISTYLUM, et il est plus spécialement approprié à l'usage de la famille.. — Le PROTHYRUM, ou vestibule, a une porte d'entrée sur la rue, et quelquefois, dans les maisons importantes, cette porte s'ouvre sur un portique où attendent les clients, et il a toujours une seconde porte s'ouvrant sur l'intérieur même de l'atrium. — Cet atrium, vrai salon de compagnie du Romain, était une salle carrée dont le plafond avait une ouverture pour recevoir la pluie, qui tombait dans un petit bassin situé au centre de l'atrium et nommé IMPLUVIUM ; le portique qui régnait autour de l'ATRIUM s'appelait CAVÆDIUM. Les CUBICULA, ou chambres à coucher, étaient distribuées autour de l'atrium ; le TABLINUM, ou salle d'audience, était placé au fond de l'atrium : c'était là que l'on conservait les images des ancêtres et les archives de la famille. Ce tablinum servait quelquefois de communication entre l'atrium et le peristylum. Le PERISTYLUM était une cour ouverte, entourée d'un portique à colonnes. Au centre on ménageait un petit parterre dont les fleurs brillantes égayaient la vue. Les appartements intérieurs s'ouvraient sur le péristyle. C'était là que se trouvait le TRICLINIUM, ou salle à manger. Chez les riches il y avait salle à manger d'hiver et salle à manger d'été ; celle-ci sous des berceaux de vigne et entourée d'arbustes. L'OECUS, petit salon élégant où se tenaient les femmes, était relégué au fond du péristyle et s'ouvrait sur le parterre. Dans les maisons complètes on trouvait encore l'EXEDRA, ou salle de conversation, avec des bancs en hémicycle ; la BIBLIOTHÈQUE ; la PINACOTHÈQUE, ou galerie de tableaux ; le LARARIUM, ou chapelle des dieux domestiques. Chaque maison romaine avait ainsi sa petite église. Enfin la SALLE DE BAINS. Derrière la maison il y avait un espace libre appelé XYSTUS, que l'on plantait d'arbres et de fleurs et où l'on disposait des treilles, des statues et des fontaines. La plupart de ces fontaines privées sont en rocailles et en coquillages. L'appartement des femmes était quelquefois aussi complétement séparé de celui des hommes que le harem d'un pacha. De petites loges, ou pour mieux dire, de petites niches, servaient d'habitation aux esclaves qui gardaient l'entrée des appartements. Sur la rue, le rez-de-chaussée n'avait jamais de fenêtres ; les fenêtres étaient réservées aux étages — ou plutôt à l'étage supérieur. La maison se terminait par une terrasse ombragée de treilles. Les maisons n'avaient point de numéro, mais une inscription en lettres rouges ou noires indiquait le nom du propriétaire. Presque toutes étaient entourées de boutiques qui se louaient cher, ou dans lesquelles les esclaves vendaient le produit des champs de leurs maîtres. Toutes ces boutiques sont fort petites : l'acheteur n'entrait point ; il faisait son marché de la rue. La nuit on les fermait avec des volets à coulisses. Au-dessus de la boutique on voit écrit en lettres rouges le nom du marchand. — Quelquefois les maisons *industrielles*, pour me servir de ce mot affreusement moderne, avaient des enseignes peintes et parlantes : c'est ainsi qu'à la porte d'un maître d'école on voit le farouche pédagogue fouettant à tours de bras un de ses jeunes élèves grimpé sur les épaules d'un autre, et qui montre aux verges vengeresses tout autre chose que son visage.

Ce côté de la vie privée des Romains nous a retenu longtemps, et parce qu'il est le moins connu, et parce qu'il est le plus intéressant. — Nous serons beaucoup plus brefs à propos des monuments publics. — Qu'il nous soit cependant permis, à propos des théâtres de Pompéi, de jeter un rapide coup d'œil sur la partie purement matérielle — c'est peut-être la moins connue — de l'art dramatique des anciens.

Le théâtre antique, qui donnait toujours ses représentations de jour et à ciel ouvert, se composait de deux parties principales : une partie rectangulaire, la scène, destinée aux acteurs, au jeu des machines, en un mot à tout ce qui constituait la représentation dramatique ; puis une partie semi-circulaire, un creux, le κοιλον des Grecs, la CAVEA des Romains.

La *cavea* était garnie de plusieurs rangs de galeries circulaires, en fuite les uns sur les autres, et plus élevés à mesure qu'ils s'éloignaient de la scène. Ainsi chacun pouvait voir sans être gêné par son voisin. — Les gradins étaient même séparés en plusieurs ordres ou étages, que l'on nommait PRÆCINCTIONES. Chez les Grecs, chaque classe de citoyens avait ses sièges distincts. Chez les Romains, au contraire, femmes, patriciens, plébéiens, furent longtemps confondus : on entrait pêle-mêle, et les premières places étaient aux premiers occupants, comme dans nos représentations gratuites. Mais, au vi⁵ siècle de Rome, les édiles, sur l'avis de Scipion l'Africain, séparèrent les sénateurs des plébéiens. Plus tard, la loi Roscia réserva les quatorze premiers gradins aux personnes élevées en dignité (685 de Rome). — Auguste compléta ces arrangements intérieurs : il réserva le premier rang de siéges aux sénateurs pour quelque spectacle que ce fût; il défendit que les ambassadeurs des nations alliées pussent s'asseoir à l'orchestre, de peur qu'il ne se trouvât parmi eux des fils d'affranchis (nous sommes plus polis à présent pour le corps diplomatique); il sépara le peuple des soldats; les plébéiens mariés eurent une place à part; il y en eut une autre pour les enfants et leurs précepteurs. — Les gens mal vêtus (nous dirions les blouses) ne purent se placer à l'amphithéâtre; les femmes ne purent voir les athlètes que des derniers gradins. — Il n'y eut d'exception que pour les vestales, qui eurent des siéges réservés vis-à-vis de la tribune du préteur. — Nos vestales à nous, celles qui entretiennent le feu sacré de l'amour divin, nos sœurs blanches, grises ou bleues, ne se permettent pas ces joies profanes, et elles n'ont jamais demandé de fauteuils au préteur. — Le dernier rang de gradins était surmonté d'un portique qui avait le double avantage de renvoyer la voix des acteurs, et, en cas de pluie, d'offrir un refuge au public. — Ajoutons qu'un VELARIUM, parfois en soie, parfois en étoffe pourprée et brodée d'or, avec sujets, se tendait à volonté et protégeait les spectateurs contre les rayons du soleil.

Les gradins des spectateurs étaient séparés de la scène par l'orchestre, dans lequel s'exécutaient les danses. Au milieu de l'orchestre s'élevait, chez les Grecs, un petit autel appelé THYMÈLE, sur lequel on sacrifiait à Bacchus au commencement du spectacle. Le chœur se plaçait d'ordinaire sur les degrés de la thymèle, et le coryphée sur la partie supérieure. Mais il n'y avait chez les Romains ni thymèle ni chœur.

Ce que les anciens appelaient du nom générique de scène se

subdivisait en *avant-scène*, *sous-scène*, *scène* proprement dite, et *arrière-scène*.

Au-devant de l'avant-scène, il y avait une plate-forme avançant sur l'orchestre, appelée PULPITUM, et sur laquelle se tenaient les acteurs.

La scène proprement dite correspondait à notre toile de fond, avec cette différence que c'était une construction solide pour laquelle l'architecture prodiguait ses plus nobles décorations. Elle était percée de trois portes : celle du milieu, qui s'appelait la *porte royale*, conduisait au palais du principal personnage; cette porte était ordinairement à plein cintre. Deux autres portes, plus petites et rectangulaires, servaient aux hôtes et aux étrangers ; les deux côtés de la scène, faisant retour (on les appelait *versuræ*), avaient aussi chacun une porte : l'une était censée conduire au port et l'autre dans la campagne.

L'arrière-scène occupait le derrière et les côtés extérieurs de la scène. C'était là que les acteurs revêtaient leurs costumes et que l'on préparait tout ce qui était nécessaire à la représentation. — Cette arrière-scène s'appuyait d'ordinaire à des portiques, à des jardins, à une place publique.

Les premières pièces de théâtre furent représentées à Rome l'an 391 de sa fondation, à la suite d'un vœu fait aux maîtres de l'Olympe pendant une peste qui ravagea la ville. Ce n'est point par de semblables promesses que les chrétiens essayent d'apaiser leur Dieu terrible. — Les Romains, comme les Grecs, n'eurent pendant longtemps que des théâtres de bois, accidentels et temporaires, comme nos baraques foraines, que l'on construisait rapidement, que l'on faisait disparaître plus rapidement encore, et où les spectateurs se tenaient debout. Pompée dota la ville éternelle de son premier théâtre de pierre (699). Ce théâtre fut une copie, singulièrement amplifiée, du théâtre de Mitylène : il pouvait contenir quarante mille spectateurs.

La passion des jeux scéniques se développa avec une singulière rapidité dans tout le monde romain. Pas une ville qui n'eût son théâtre. Pompéi en eut deux pour sa part : l'Odéon et le grand théâtre, que l'on appelait aussi théâtre tragique, sans compter l'amphithéâtre réservé aux gladiateurs et aux bêtes. — L'*Odéon* n'avait pas une très-grande importance : il ne pouvait contenir que quinze cents spectateurs. — Le grand théâtre en recevait cinq mille. Ce grand théâtre, adossé à une élévation naturelle de terrain, était une fort belle construction ; son diamètre ne mesurait pas moins de soixante-huit mètres ; il avait vingt-neuf degrés en marbre de Paros, partagés en trois étages, que parcouraient cinq escaliers. L'amphithéâtre, au lieu d'être rond, avait la forme d'un fer à cheval. Cet amphithéâtre faisait face à la mer, qui baignait alors le pied de la colline, et les spectateurs des gradins élevés jouissaient de la vue du golfe et de ses côtes aux harmonieux contours.

Dans la partie supérieure de l'édifice, et en dehors de l'hémicycle, on trouve une tour, haute de quatre mètres et large de plus de six, carrée au dehors, ronde au dedans : c'était un réservoir qui contenait l'eau parfumée dont la pluie fine, ingénieusement répandue, rafraîchissait de temps en temps les spectateurs.

Les représentations des théâtres romains étaient tantôt gratuites et tantôt payantes. Pour les représentations payantes, on avait de véritables billets de spectacle appelés TESSERES. On a retrouvé un certain nombre de ces *tesseres* à Pompéi. Ces tesseres n'étaient autre chose que des espèces de jetons en os, en bronze ou en terre cuite, taillés parfois en forme d'amande ou de colombe, portant tantôt le nom de l'auteur, tantôt le titre de la pièce, tantôt la désignation de la place, et quelquefois ces trois indications en même temps. A Pompéi les inscriptions des tesseres sont aussi souvent grecques que latines.

L'AMPHITHÉÂTRE de Pompéi, placé à l'angle sud-est de l'enceinte de la ville, pouvait contenir vingt mille spectateurs, c'est-à-dire la moitié de la ville. Il était bâti en pierre de lave, et son architecture extérieure était des plus simples. L'arène est assez profondément creusée dans le sol ; l'amphithéâtre est ovale; le grand diamètre est de cent trente, le petit de cent deux mètres. — L'arène était entourée d'un mur en pierre de deux mètres de hauteur, surmonté d'une grille en fer qui protégeait les spectateurs contre la férocité des acteurs arrivant du désert, et que les mœurs des coulisses n'avaient pas encore adoucis.

Le paganisme avait tant de dieux qu'il est tout naturel qu'il ait eu beaucoup de temples. On en a retrouvé huit à Pompéi. Quant aux simples autels et à ces petites chapelles connues sous le nom de LARARIA, il serait trop long de les énumérer.

Le plus ancien, le plus remarquable, le plus pur comme style architectural de tous les temples de Pompéi, porte le nom de TEMPLE GREC : il était conforme au type que ce nom rappelle à l'esprit. Il n'en reste plus que des débris.

Non loin du *Temple grec*, on rencontre un autre monument religieux, — le seul de son espèce qui soit parvenu jusqu'à nous, — on le nomme BIDENTAL. — C'est un petit temple circulaire, d'un diamètre de trois mètres soixante-dix centimètres, entouré de huit colonnes doriques, sans base, supportant une coupole. — On lit sur son entablement une inscription en langue osque.

Citons encore, si nous ne pouvons tout citer, un TEMPLE D'ISIS très-complet et fort curieux ; il est d'une belle architecture, en briques revêtues d'un stuc très-dur.

Les Romains déployaient une grande magnificence dans leurs sépultures. Leur immense empire était couvert de mausolées magnifiques ; il eût été difficile d'élever plus haut le témoignage de leur néant. Quoique Pompéi ne fût (nous croyons l'avoir déjà dit) qu'une ville de province, — et même une petite ville, — on pourrait y faire un cours complet d'archéologie funéraire. Toute une rue, celle qui traverse le faubourg Augusto-Felix, est bordée de constructions funèbres et plantée d'arbres de deuil. — Les anciens, qui conviaient à leurs festins des squelettes couronnés de roses, les anciens n'avaient pas cette horreur effrayée de la mort que l'on retrouve dans l'âme de nos races mélancoliques. Leurs nécropoles étaient leur but de promenade habituel; les enfants venaient jouer aux osselets sur la tombe de leurs parents. La rue des Tombeaux était une des plus fréquentées de Pompéi.

XV

LA SICILE

Les hommes et les dieux. — Sicaniens et Sicules. — Romains et Carthaginois. — Normands et Teutons. — Les Vêpres siciliennes. — Angevins et Aragonais. — La Sicile à vol d'oiseau.

La Sicile pourrait se passer d'histoire ; sa mythologie lui suffirait. La Sicile est la terre classique de la mythologie. Ses premiers habitants divinisés ont quitté la terre pour le ciel. Jupiter règne sur les sommets de l'Etna avant de régir l'Olympe ; Proserpine, Diane et Minerve passent leurs premières années dans ses vallons ; Vénus vient visiter les cimes de l'Éryx ; Alphée y contraint Aréthuse à se changer en fontaine ; Vulcain y forge avec les Cyclopes les foudres de son père, et Polyphême y devient amoureux de Galathée qui lui préfère Acis.

Les dieux s'en vont ; les dieux sont morts !... Ce ne sont point les hommes qui vont tout d'abord leur succéder. Les géants ménagent la transition entre la race divine et la race humaine. Ces géants ont pour demeure les nombreuses grottes dont l'île est percée, et ils alimentent pendant des siècles ces traditions mêlées de fables qui, dans la poétique antiquité, précèdent partout l'histoire. Mais les géants passent comme les dieux, et c'est enfin le tour des hommes.

Les Sicaniens sont les premiers que nous rencontrions sur le sol de l'île. — Premiers occupants ou possesseurs par droit de conquête, ils sont heureux. — Mais leur âge d'or ne dure pas longtemps. Déjà dans cette péninsule, dont c'est le destin d'être déchirée par ses fils, les guerres civiles préludent à ces bouleversements qui ne cesseront plus de la désoler. Les Sicules, race italienne, chassés de leur pays, passent le détroit, et soumettent les Sicaniens. Mais la plus belle île de la Méditerranée devait être une possession enviée, dans ces siècles où la raison du plus fort était toujours la meilleure, et où le droit des armes était un droit sacré. Les Phéniciens et les Grecs vinrent, au mépris des anciens possesseurs, fonder des colonies dans la Sicile. Les Carthaginois, ces écumeurs de la Méditerranée, jetèrent à leur tour, par leur présence, un nouvel élément de discorde au milieu de ces races ennemies. Les Sicules se virent refoulés comme eux-mêmes avaient refoulé les Sicaniens. Ils se réfugièrent au centre de leur île et dans la partie montagneuse, où ils conservèrent, comme un dépôt précieux, le caractère de leur race, leurs mœurs et leur langue. Mais une fois encore l'ascendant de la civilisation supérieure se fit sentir et s'imposa. Malgré la diversité des éléments qui se combattaient dans son sein, la Sicile prit le caractère général du génie grec : par les œuvres de l'art et par celles de l'intelligence, la noble colonie put rivaliser avec la métropole. Même après Homère, on lit Théocrite, et Phidias aurait signé les médailles de Syracuse.

Mais, comme la Grèce, la Sicile fut agitée de ces dissensions intestines, les plus cruelles de toutes : la démocratie et l'aristocratie, ces deux rivales éternelles, s'y disputèrent le pouvoir, bientôt usurpé par les tyrans. Il y eut des guerres atroces. Le courage d'Athènes et la fortune d'Alcibiade vinrent se briser contre le bouclier de Syracuse, la dominatrice de l'île presque tout entière. Mais les Romains paraissent à leur tour sur la scène. Dans la grande lutte entre Rome et Carthage, la Sicile fut soumise par ceux qui allaient bientôt devenir les maîtres du monde. Elle resta romaine jusqu'au jour où les Barbares se partagèrent les débris de l'empire. Les Carthaginois, aux plus florissantes époques de l'antiquité, l'avaient fatiguée de leurs continuelles invasions ; au début plein de troubles de l'ère moderne, les Sarrasins, maîtres de l'Égypte et d'une partie de l'Afrique septentrionale, ne se montrèrent pas moins terribles pour elle. Ils commencèrent par le pillage et finirent par la conquête. Ils en restèrent les seuls possesseurs jusqu'en 1091. A cette époque, la division, — tout royaume divisé contre lui-même périra, — la division toujours fatale aux princes comme aux peuples, éclata entre les chefs musulmans. Les Normands profitèrent de leurs dissensions, et avec l'audace qui caractérise leur race aventureuse, ils se jetèrent sur la Sicile comme sur une proie assurée. Chose à peine croyable, exploit renouvelé des enchantements des *Mille et une Nuits*, sept cents chevaliers défirent quinze mille Sarrasins. Une seule victoire leur donna un royaume. La dynastie normande introduisit dans la Sicile des institutions féodales ; le pays se couvrit de forts et de couvents ; la noblesse et le clergé formèrent une nation dans la nation, et le peuple se vit opprimé par le plus dur des servages.

Mais en Sicile, comme dans le royaume de Naples, la domination allemande succéda bientôt à la domination normande. Henri VI, qui avait épousé une fille du roi Roger, se fit couronner à Palerme (1194). Mais la rudesse du génie saxon fit bientôt regretter à la noblesse, — c'était elle alors qui réglait le destin des nations, — l'esprit modérateur et sagement conciliant des Normands. Les Allemands furent chassés et remplacés par le frère de saint Louis, Charles d'Anjou. Cette dynastie nouvelle trouva sa mort dans le massacre commencé à Palerme le 31 mars 1282, et dont l'histoire a conservé le souvenir sous le nom de Vêpres siciliennes.

La Sicile, échappée aux Angevins, se donna aux Aragonais, qui la possédèrent jusqu'en 1516, époque à laquelle Ferdinand le Catholique la réunit à l'Espagne. A partir de ce moment, elle a appartenu tantôt à la maison d'Autriche et tantôt aux Bourbons, soit d'Espagne, soit de Naples; mais elle ne s'est plus appartenu à elle-même. Plus d'une fois elle a tenté par d'énergiques efforts de recouvrer une indépendance qu'elle n'a jamais pu garder, mais dont le désir brûlera éternellement dans son âme.

Ces prémisses nécessaires rapidement posées, esquissons à grands traits la silhouette du pays, et promenons le lecteur dans ses principales villes, dans celles-là surtout que baigne la Méditerranée et que les escales des paquebots nous permettront de visiter sans peine.

La Sicile est la plus grande, la plus illustre et la plus belle des îles de la Méditerranée. — Séparée par le détroit de Messine des côtes de la Calabre, elle semble n'être qu'une prolongation de l'Italie, à laquelle, sans doute, elle fut arrachée par une convulsion du globe, relativement récente. Les analogies de toutes sortes que l'on peut noter sur les deux côtés du détroit prouvent assez l'antique union de ces terres aujourd'hui divisées. Tout le monde connaît la forme générale de la Sicile, qui dessine assez nettement un triangle, ayant pour sommet trois promontoires célèbres : le cap del Faro, l'ancien *Pélore*, du côté de l'Italie; le cap de Marsala, l'ancien *Lilybée*, du côté de l'Afrique; le cap Passaro, autrefois *Pachynum*, du côté de la Grèce. L'île entière a une circonférence de cinq cent cinquante milles de tour, qu'il faudrait porter à six cent quatre-vingt-cinq milles, si l'on voulait tenir compte des découpures de ses rivages brodés de golfes et dentelés de promontoires. — Les montagnes donnent au paysage son trait le plus significatif. Une vaste chaîne, connue sous le nom de montagne Neptunienne, et qui n'est autre chose que la continuation des Apennins, au delà du détroit, longe la côte septentrionale. Son point culminant, le Pizzo di Palermo, s'élève à deux mille mètres au-dessus de la mer. La montagne est percée de grottes très-profondes, et les chaleurs de l'été ne peuvent faire fondre la neige éternelle de ses sommets.

L'Etna, le seul volcan de l'île qui soit encore en activité, forme un groupe indépendant.

Le sol de la Sicile, composé de terrains granitiques dans le district de Messine, de terrains volcaniques au pied de l'Etna et de terrains calcaires dans le reste de l'île, est d'une incomparable fertilité. Palerme est le jardin du monde; les fleurs de tous les climats s'y parent de leurs plus brillantes couleurs; elles y exhalent leur plus doux parfum. Sous ce beau ciel aimé des dieux jamais la séve abondante ne se repose; elle suffit aux besoins de la plus active végétation, et réunit sur la même branche les produits de toutes les saisons : les fleurs de mai et les fruits de septembre. On parle de citronniers qui, dans une seule année, n'ont pas donné moins de quarante-cinq mille citrons; les figuiers, les amandiers, les pistachiers, les palmiers se marient au feuillage plus délicat des oliviers dans les plus admirables campagnes du monde, que partagent de larges haies de cactus et d'aloès, aux feuilles robustes, aux pétales éclatants. Le sous-sol ne rapporte pas moins que le sol lui-même, et la présence des volcans avait révélé, avant qu'on les eût découvertes, les mines de soufre les plus riches du monde. On n'en compte pas moins de cent cinquante, qui occupent près de vingt-cinq mille ouvriers. C'est la fortune d'un État.

XVI

TROIS JOURS A PALERME.

Une ville charmante. — Comme quoi Palerme est un coquillage. — Premier aspect. — Une promenade à vol d'oiseau. — La rue de Tolède. — Au bord de la mer. — Le Palais. — La Chapelle palatine. — Un monument bien conservé. — Le Dôme. — Une architecture de transition. — Archéologie normande et sarrasine. — Une lettre de la sainte Vierge. — Sainte Rosalie. — Un pèlerinage en train de plaisir. — Souvenirs d'Afrique : Ziza, Cuba, Favara.

Peu de capitales possèdent plus que Palerme tout ce qui plaît, tout ce qui charme, tout ce qui séduit. Beauté des lignes, harmonie des tons, grâce des rivages, poésie de la mer, splendeur du ciel, luxe éclatant de la végétation, douceur pénétrante du climat, tout se réunit pour faire une ville à part de celle que l'on a si bien nommée la conca d'oro. Pareille, en effet, à ces beaux coquillages aux teintes irisées, jouet de l'écume et des vagues, elle semble avoir été roulée par les flots au fond du golfe formé par la courbe mollement arrondie du rivage, entre le cap Zafarano et le mont Pellegrino. — Ajoutez que les palmiers et les cactus, qui se marient si bien au style mauresque de beaucoup de ses édifices, lui donnent un caractère d'étrangeté saisissant pour les yeux encore peu familiers avec les paysages grandioses et les sites de l'Orient.

La forme générale de la ville est celle d'un carré, ou plutôt d'un rectangle légèrement allongé, dont un des petits côtés est adossé à la mer; elle est du plus agréable aspect, bien bâtie, bien pavée, aérée, quoique les maisons soient hautes, bien décorée, peinte à fresque, au moins dans les plus beaux quartiers. Au delà des murailles, mais dans un voisinage immédiat, une forêt d'orangers, de citronniers et de caroubiers arrête un moment le regard. Va-t-il plus loin? il rencontre aussitôt la magnifique ceinture de montagnes qui sert de limite à l'horizon, et qui, s'échelonnant sur six rangs distincts, portent à quatre mille pieds dans les airs leurs cimes aux lignes fières et hardies.

Deux longues et larges rues, le CASSARO, ou rue de Tolède, et la STRADA NUOVA, qui se coupent à angle droit, partagent Palerme en quatre parties à peu près égales, et lui imprimeraient un caractère de monotonie fâcheux, si, dans chacune des quatre parties si régulièrement formées, il n'y avait assez de circuits et de détours pour lui ménager un cachet pittoresque suffisamment accentué. Le point d'intersection des deux grandes artères principales est une petite place octogone, PIAZZA OTTANGALOZA, que l'on appelle aussi le carrefour des Quatre-Cantons. C'est le rendez-vous général de toute la ville, le véritable observatoire de l'étranger, d'où il pourra examiner à son aise le défilé du luxe, des élégances et des célébrités de toutes les catégories sociales. — Ajoutez, au point de vue purement matériel, de belles perspectives ouvertes de toutes parts, les grandes rues se déroulant et se prolongeant devant vous avec leurs larges auvents garnis de festons qu'agite la brise de mer, et dont l'ombre palpite sur les dalles du pavé, leurs boutiques closes par des rideaux au lieu de portes, et qui, avec leurs silhouettes de femmes paraissant et disparaissant, vous ont je ne sais quel air d'alcôve mystérieuse; à une extrémité du Cassaro la vue s'arrête sur la PORTA NUOVA, remarquable pour sa belle architecture mauresque; venez-vous à retourner la tête, vos yeux, errant doucement sur la pente, arrivent jusqu'à la mer, dont la ligne flottante semble, tout en l'arrêtant, prolonger infiniment l'horizon. La place elle-même est un lieu agréable avec ses façades de palais, ses quatre grandes fontaines et tout un peuple de statues, au milieu desquelles on remarque tout d'abord celles de Charles-Quint et de Philippe II.

La rue de Tolède, dont le nom, à Palerme comme à Naples, est un souvenir de la domination espagnole, est la plus belle rue de la ville, bordée dans presque toute sa longueur (et elle n'a pas bien moins d'un mille de long) par les plus beaux palais de la noblesse sicilienne, par des églises et des couvents, dont les balcons arrondis laissent parfois apercevoir dans leurs cages dorées les jolis minois des nonnes : dans un pays vraiment catholique la clôture n'a pas besoin d'être aussi sévère qu'ailleurs; là, en effet, où le monde est religieux, la religion peut bien être un peu mondaine.

La rue de Tolède joue dans la vie de Palerme le rôle du boulevard et des Champs-Élysées chez nous. Son aspect change au moins trois fois par jour : le matin, c'est une foule inquiète et agitée, qui court à ses affaires; princes et gens du peuple, moines et ménagères se mêlent, se croisent, se poussent, se heurtent et se confondent. A deux heures la rue est muette, déserte et close; c'est l'heure de la sieste : Palerme dort. Il se réveille à six heures, vif, animé, brillant; les chevaux piaffent, les équipages s'alignent en longues files et s'en vont par la porte FELICE au bord de la mer, sur la promenade publique, où la musique militaire donne ses concerts en plein vent, devant le jardin botanique nommé la FLORA. C'est là, par quelque radieuse soirée d'été, qu'il faut voir les beautés palermitaines, tête et bras nus, l'éventail à la main, le sourire aux lèvres et l'éclair aux yeux. La lune se lève au-dessus du cap Zafarano, une lune splendide, comme n'en connaissent point nos pâles climats, illuminant et la scène et les personnages de ses molles et poétiques lueurs; l'air est d'une douceur sans pareille, chargé des parfums de l'oranger, pénétrants et suaves; on le respire avec une sorte d'ivresse; il apporte dans la poitrine gonflée des effluves qui charrient la santé; on éprouve dans toute sa pléni-

tude le sentiment du bien-être et de la paix; les flots murmurants, dont les rayons agitent la cime incessamment croulante et renaissante, viennent expirer à vos pieds. Nulle part, peut-être, on ne sent mieux le bonheur de vivre.

Je citais tout à l'heure le nom de la Porta nuova : ce glorieux souvenir du règne de Charles-Quint est aussi un curieux monument des styles oriental et italien heureusement mélangés; il a été dessiné par un artiste nommé Gaspard le Grec, et il y a une certaine grandeur dans les statues des quatre chefs mauresques symbolisant Alger, Tunis, Tripoli et le Maroc.

Tout près de cette porte, et à l'entrée du Cassaro, se trouve le Palais, si longtemps habité par les vice-rois ou les gouverneurs de Sicile, élevé par les Normands sur les ruines de l'ancien château fort des Sarrasins. C'est moins un palais qu'une réunion d'édifices de différentes architectures souvent disparates. Mais tout irrégulier qu'il soit, ce palais n'en aurait pas moins, par cet assemblage qui n'est point sans poésie, un intérêt historique sérieux et une assez fière tournure. Malheureusement les Siciliens, malgré leur éclatant soleil, n'ont pas le moins du monde le sentiment de la couleur, et, au lieu de laisser à cette masse énorme et diverse la sombre livrée des siècles, ils l'ont couverte d'un affreux badigeon jaunâtre qui la rend ridicule comme une maison moderne.

La chapelle du Palais Royal, que l'on nomme Chapelle palatine, bâtie en 1129 par le roi Roger, et dont le style ogival, d'une remarquable élégance, resplendit de l'éclat des marbres, des pierres dures, des mosaïques et de l'albâtre, est une des curiosités de l'Italie. Il est difficile de trouver plus d'art uni à plus de magnificence.

Une chose digne d'attention, digne aussi d'éloges, c'est que depuis l'époque de la fondation de cette chapelle jusqu'à nos jours, elle n'a pas subi la moindre altération; non-seulement elle a conservé dans leur intégrité tous les détails de sa construction, mais les moindres objets qui la décorent sont ceux qui furent choisis par les auteurs du monument, et ils occupent encore aujourd'hui la place même qu'ils leur avaient assignée. Sous ce rapport, il n'y a peut-être point dans le monde entier un monument qui soit comparable à la *Chapelle palatine*.

Essayons d'en donner au moins une idée.

Rien dans son architecture intérieure ne la distingue de la masse des bâtiments du palais; elle se trouve, pour ainsi dire, confondue avec eux. Seulement une grille dorée, s'élevant à hauteur d'appui, protége sa muraille couverte d'une mosaïque à fond d'or et ornée d'une tête symbolique. On entre par une porte gothique, et l'on se trouve au seuil d'une nef basse, étroite, obscure, formée par six doubles colonnes de granit, dont les chapiteaux lourds soutiennent des ogives très-ouvertes, revêtues d'une mosaïque au sombre éclat, sur laquelle se détachent des têtes de saints coiffées de leur auréole. Cette même mosaïque passe de l'ogive aux murs latéraux, que l'on aperçoit derrière leur ouverture, et donne ainsi à toute la nef une richesse de ton vraiment inouïe.

Quand vous faites quelques pas dans cette nef, vous êtes tout de suite attiré par une chaire carrée, dont les quatre parois sont incrustées de mosaïques. Devant cette chaire, un grand candélabre de marbre, destiné au cierge pascal, repose sur des têtes d'animaux; une estrade, également de marbre, occupe le fond de la nef et porte la tribune de la cour.

Cinq ou six degrés donnent accès dans le chœur. Ce chœur, qui semble petit, se termine par une demi-rotonde; il est éclairé par une coupole haute et hardie, de laquelle descendent, comme dans la plupart des églises d'Orient, une énorme quantité de lampes d'or et d'argent. Depuis le pavé jusqu'à la clef de voûte, les parois de cette coupole ne sont autre chose qu'une immense mosaïque imitant une draperie, où les ors et les couleurs s'assortissent de façon à former le plus éclatant et le plus harmonieux ensemble. Lorsque toutes ces lampes sont allumées, la coupole flamboie des mille feux qu'elle reflète, et qui donnent à toutes ses décorations un éclat singulier : les larges lettres des inscriptions grecques et latines resplendissent de toutes parts et frappent tout à la fois et les yeux et l'esprit ; les fines ciselures d'or et d'argent du maître-autel semblent d'une délicatesse plus merveilleuse encore ; les découpures des stalles prennent la valeur d'un travail aérien ; les marbres et les pierres dures des pavés font étinceler leurs arabesques élégantes. Rarement, dans ma vie de voyages, je me suis trouvé sous l'empire d'un tel prestige ; rarement j'ai été témoin d'une plus puissante évocation des siècles par les monuments : il me semblait voir passer tour à tour devant moi, et se mêler dans un pompeux désordre, trop fidèle image de l'époque où ils vécurent, les Normands et les Sarrasins, dont les traditions opposées et les civilisations ennemies semblent s'être un moment entendues et concertées pour doter la Sicile, leur conquête éphémère et charmante, d'incomparables monuments qui garderont à jamais leur mémoire.

La CATHÉDRALE, le *Dôme*, comme on l'appelle en Italie, c'est-à-dire la maison par excellence, la maison de Dieu, présente un aspect étrange. Vue le soir et de profil, de façon à ce qu'elle ne montre pas ses deux clochers aux lancettes aiguës, on la prendrait pour un palais arabe. Tout autour de l'édifice, qui n'offre d'ailleurs aucune régularité, règne un cordon de créneaux de formes alternativement rondes et aiguës ; une corniche très-travaillée porte dans toute son étendue des ciselures dont le goût mauresque révèle une délicatesse infinie, et sur lesquelles se détache une rangée de petites coupoles. Érigée en 1170 sur les ruines d'une ancienne église dont les Sarrasins avaient fait une mosquée, consacrée en 1185, et dédiée plus tard à sainte Rosalie, la patronne de Palerme, cette cathédrale vous frappe par je ne sais quel air de grandeur et de majesté. L'église est oblongue et rappelle tout d'abord cette admirable mosquée de

Cordoue, un des plus beaux monuments de l'Espagne. Sa façade principale, que deux robustes arceaux unissent, — malheureusement, selon nous, — au palais archiépiscopal, forme un vaste portail dont la triple rangée de colonnes soutient trois ogives d'une ornementation abondante et variée. Au-dessus de la porte un second rang d'ogives forme galerie ; plus haut encore, et couronnant une spirale en marbre blanc dont les souples évolutions rappellent les courbes fuyantes du serpent, une dernière fenêtre allonge ses étroites lancettes. Deux clochers aux flèches aiguës surmontent ce portail, et, à l'autre extrémité de l'église, deux autres clochers pareils accompagnent la grande coupole du chœur et font songer aux minarets orientaux de Constantinople et de Damas. Tout à l'entour de l'église, un long feston découpe sur le ciel sa dentelure aiguë. Ajoutez, sur les parois des murs, de larges arabesques de couleur ; songez enfin que, grâce au merveilleux climat de la Sicile, les pierres, au lieu de noircir, acquièrent avec les années une nuance chaude et riche, et que les monuments ainsi dorés par la nature semblent parés d'une jeunesse éternelle ; l'œil s'égaye à les contempler, tandis qu'il serait peut-être pris d'un vague effroi si, sous ce ciel lumineux, il rencontrait tout à coup la silhouette sombre de quelqu'une de nos églises septentrionales, si grandioses, si sévères, si mystérieuses.

Sans doute tout cela n'est pas de l'art pur, tout cela n'est qu'une transition entre une époque et une autre ; mais il n'en faut pas moins reconnaître que cette alliance de la force normande et de la délicatesse sarrasine a produit des merveilles.

Un autre portail, aussi beau peut-être que le premier, donne accès dans l'église par la nef latérale droite : celui-ci domine la place Maggiore et regarde le Cassaro. Il se compose de trois arceaux en ogive, dont chacun est formé par une spirale entourée d'une grosse guirlande. Ces arceaux s'appuient sur trois colonnes basses dont les chapiteaux massifs sont des corbeilles de fleurs. Un fronton triangulaire couronne ce portail percé de petites rosaces; il est accosté de tours carrées à triple étage, surmonté de statues et fermé de grilles. Tout cet ensemble que l'on voit de la place, ces aiguilles dentelées qui se perdent dans les airs, ces rangées de statues, ces files de créneaux, ce portail léger et fleuri sont d'un effet surprenant; et quand on ferme les yeux pour le mieux revoir en soi-même, il semble que l'on garde comme l'éblouissement d'une féerie.

Disons tout de suite que le dedans de la cathédrale ne vaut pas le dehors. On a *modernisé* l'église, ce qui est toujours un tort et un malheur. Le style général est corinthien... et badigeonné; il n'offre rien de remarquable que des marbres rares et une ornementation à outrance. Imaginez un grand vaisseau, orné de colonnes de granit, accouplées mais mesquines, trop courtes et trop minces. Le maître-autel est couvert de jaspes et d'agates. Dans le chœur, sur une grande estrade de mosaïques, vous lirez cette inscription qui date de la fondation de la monarchie des Normands :

PRIMA SEDES
REGNI CAPUT
ET CORONA REGIS.

A droite de cet autel, une chapelle, fermée par une grille dorée, est consacrée à sainte Rosalie, et dans une armoire dont les magistrats gardent la clef est renfermée la statue de la sainte en argent massif. C'est là que chaque année, aux fêtes des 12, 13 et 14 juillet, le peuple vient chercher, pour la promener à travers la ville, sa glorieuse patronne.

En face de cette chapelle, mais de l'autre côté du chœur, on remarque l'autel du Saint-Sacrement, dont l'énorme tabernacle est orné d'une multitude de petites colonnes de vingt pieds de hauteur.

N'oublions pas deux bénitiers, véritables monuments, en

marbre d'une éclatante blancheur : ce sont des espèces de clochetons recouvrant la statue de la Vierge; à ses pieds se trouve la coquille qui contient l'eau sainte. Ces deux bénitiers sont l'œuvre du sculpteur GAGINI, dont la main sut pétrir et animer le marbre : il fut le Carlo Dolci de la sculpture. On voit aussi, sur une table de marbre, au-dessous d'une tête de la Vierge Marie peinte sur fond d'or, le texte latin d'une lettre que la Mère de Dieu a bien voulu adresser aux habitants de Messine. Le jésuite Melchior Inchofer a prouvé, dans un volume in-folio, l'authenticité de cette lettre. Nous ne sortirons pas de l'église sans avoir signalé quelques tombeaux de rois rappelant à l'esprit ces idées de la mort qui s'associent tout naturellement à la pensée religieuse, et qui détachent nos âmes de la terre pour les reporter au ciel.

L'on dit parfois, en riant, et la chose est cependant assez vraie, que les Romains mettent la Vierge et le BAMBIN (pour parler leur langue plus tendre que respectueuse) bien au-dessus du Père éternel. On pourrait dire, avec non moins de vérité, que les Siciliens font à sainte Rosalie, leur patronne, absolument le même honneur. S'il n'y avait qu'un siége au Paradis, le bon Dieu courrait grand risque de rester debout toute l'éternité. Le culte si enthousiaste que les Siciliens ont voué à sainte Rosalie part d'un bon sentiment, et que l'on ne saurait trop encourager chez les peuples non plus que chez les individus : la reconnaissance. On savait bien qu'une jeune et belle princesse, du nom de Rosalie, qui vivait au temps du roi Roger, s'était enfuie la veille de son mariage, parti violent sans doute, mais que beaucoup de femmes se sont, dit-on, repenties plus tard de n'avoir pas osé prendre. On disait aussi qu'elle s'était retirée sur une montagne où elle vécut dans la contemplation et la prière. Son fiancé épousa une princesse moins mystique, et la vierge sage fut oubliée, ce que, sans aucun doute, elle avait désiré. Mais en 1642, alors qu'une terrible contagion venue d'Orient désolait la Sicile, un homme que la peur avait chassé de Palerme et qui s'était enfui sur les montagnes, pénétra dans une caverne du mont Pellegrino ; il y trouva un tombeau ; c'était le tombeau de Rosalie. Le peuple se souvint de ses vertus : ses ossements furent transportés en grande pompe dans la cathédrale au milieu d'un concours immense de population. A partir de ce moment la peste fut vaincue. Depuis lors, à l'époque de toutes les contagions, les reliques de sainte Rosalie sont promenées dans les rues et finissent toujours par expulser le fléau... tôt ou tard, a dit un sceptique.

Quoi qu'il en soit, l'aimable princesse est devenue la patronne officielle de son pays, et sa fête est célébrée comme une fête nationale. Cette fête attire à Palerme une quantité prodigieuse de Siciliens et d'étrangers. Il y a des trains, non pas de plaisir, mais de piété, de toutes les parties de l'Italie pour Palerme ; les bateaux à vapeur font à cette occasion un service extraordinaire. La procession de la statue d'argent est incontestablement la partie la plus curieuse du programme.

« Au milieu des arcs de verdure qui décorent les places et les rues de la ville, un char de soixante-dix pieds de long sur trente de large et plus de quatre-vingts de haut, parcourt Palerme pendant ces trois jours. La forme de sa partie inférieure ressemble à celle des galères romaines, mais elle se grossit en s'élevant, et le frontispice, qui est ovale, forme une espèce d'amphithéâtre où il y a des siéges ainsi que sur les théâtres : c'est la place du grand orchestre ; il est rempli d'une troupe très-nombreuse de musiciens placés en rang l'un au-dessus de l'autre. Derrière cet orchestre est un grand dôme soutenu par six belles colonnes d'ordre corinthien et orné de figures de saints et d'anges ; au sommet du dôme on voit la statue gigantesque, en argent, de sainte Rosalie. Toute la machine est ornée d'orangers, de pots à fleurs et de gros arbres de corail artificiel. Tous les cent pas le char s'arrête et l'orchestre joue un morceau de musique accompagné de chants en l'honneur de la sainte. Il ressemble à un grand château mouvant et remplit entièrement la rue d'un côté à l'autre. Cet édifice prodigieux est traîné par cinquante-six mules très-fortes, caparaçonnées d'une manière curieuse, rangées sur deux files et montées par vingt-huit postillons habillés d'étoffes d'or et d'argent, et portant des plumes d'autruche à leurs chapeaux. »

Pendant les trois ou quatre jours qui suivent la procession de cette énorme machine, les fêtes continuent avec un entrain plus qu'italien. Ce sont des courses de chevaux, des feux d'artifice, des danses et des festins, avec accompagnements de musique qui ne cessent jamais. — La musique ne fait-elle point en quelque sorte partie de la vie mélodieuse de la race sicilienne?

En étudiant les monuments de Palerme nous avons eu plus d'une fois l'occasion de parler de l'architecture sarrasine. — Cette forme de l'art, qui ne manque ni d'originalité, ni de grandeur, ni d'élégance, fut brillamment représentée dans la capitale de la Sicile. Malheureusement les adjonctions normandes ont plus d'une fois défiguré ses plus charmantes et ses plus délicates merveilles. — Il en reste encore cependant trois morceaux assez purs et vraiment dignes d'étude et d'intérêt : ce sont la Ziza, la Cuba, la Favara.

La Ziza, dont le nom signifie *fleur naissante*, est un grand édifice carré, bâti en énormes pierres de taille reliées entre elles par un mortier très-fin et offrant à l'œil une succession de grands panneaux percés de fenêtres à ogives. Le détail architectonique le plus curieux de ce palais, c'est une voûte mauresque formant gâteau de miel. On remarquera également une belle salle carrée dont les mosaïques représentent des personnages et des palmiers couverts de fruits. Une source jaillit au fond de cette salle, descend en murmurant sur des degrés de marbre blanc, coule dans de petits canaux ou s'attarde dans des bassins également de marbre.

De la terrasse entourée d'une balustrade élégante, sur laquelle on voit encore des inscriptions tracées en ces belles lettres orientales qui se prêtent si bien à la décoration, on découvre Palerme, et le splendide panorama de la mer et des montagnes.

La Cuba et la Favara ont un peu perdu de leur ancienne splendeur. Elles sont d'ailleurs à peu près dans le même style que la Ziza; qui connaît l'une peut sans trop d'effort imaginer les autres.

. On a eu l'heureuse idée de recueillir à Palerme, dans un musée spécial appelé Musée de sculpture et dépendant de l'Université, tous les fragments de l'art antique trouvés dans l'île, bas-reliefs précieux, statues grecques, médailles siciliennes ou carthaginoises, vases gréco-siciliens, groupes en bronze, en un mot, de nombreux et précieux échantillons que leur rapprochement fait valoir encore.

Les buts de promenade et d'excursion ne manquent point autour de la ville. Les environs de Palerme sont vraiment délicieux. Nous signalerons plus particulièrement deux promenades qu'il faut faire : celle du mont Pellegrino, où se trouve le tombeau de sainte Rosalie, et la petite ville de Monreale, que les Siciliens appellent par corruption Moreale, ou plutôt Murriali.

XVII

MONREALE.

La route. — La ville. — La cathédrale. — Où est le cœur de saint Louis? — La poésie du cloître.

C'est vraiment une belle route, celle qui conduit de Palerme à Monreale. L'antique sentier étroit, creusé dans le roc et par lequel deux mulets avaient peine à passer, a été remplacé par une large voie carrossable, aussi sûre que facile, et qui cependant a conservé son cachet pittoresque. Soutenue par de hautes substructions, garnie de bancs, ornée de fontaines, plantée de lauriers-roses, elle adoucit, par ses nombreux zigzags, la pente de la montagne qu'elle est obligée de gravir. D'un côté on aperçoit de grandes roches grisâtres qui donnent au tableau un fond vigoureux; du milieu de ces roches s'échappent à gros bouillons des sources fraîches, dont l'eau semble argentée, tant elle est claire; çà et là, les aloès dressent dans l'air leurs feuilles effilées, pointues comme des fers de lance, à côté des figuiers de l'Inde qui étalent avec orgueil leurs superbes couronnes de fruits rouges; de l'autre, l'œil plonge dans une vallée dont la verdure sombre et puissante est émaillée de points d'or, qui ne sont autre chose que les fruits opulents des palmiers, des orangers et des citronniers. Cette route de quatre milles semble trop courte, si pressé que l'on soit d'arriver.

Monreale n'est qu'une petite ville comptant seulement 12,000 ou 15,000 habitants, qui, dit-on, doivent leur origine aux Sarrasins, et qui conservent des mœurs différentes de celles de la Sicile.

Les gens de Palerme les appellent les CERRUTI, mot que l'on pourrait traduire par les *hommes à la mèche*, à cause de la mèche de cheveux que les musulmans, leurs pères supposés, laissaient pousser sur leur occiput.

Monreale a deux merveilles : la cathédrale et son cloître.

Cette cathédrale, dédiée à la Vierge, est un des édifices les plus remarquables de la Sicile, et peut-être du monde entier. C'est à coup sûr le plus splendide résultat de cette étrange combinaison de styles qui réunit dans un moment très-fugitif, mais par cela même très-curieux à étudier, les artistes grecs, italiens et sarrasins, unissant leurs efforts pour donner à l'œuvre commune le plus haut degré possible de perfection. L'église a la forme générale de la croix latine : elle est divisée en trois nefs, terminée par des absides. Seize colonnes rondes, dont quinze sont en granit oriental et une seule en marbre cipolin, séparent la grande nef des bas côtés. Chacune de ces colonnes s'appuie sur une base en marbre blanc, portées elles-mêmes sur un socle en marbre noir. Elles ont double chapiteau, le premier en marbre blanc, le second en mosaïque, qui supportent les retombées des ogives. Les fenêtres sont petites, ogivales, peu ornées. A l'intersection de la nef et des transepts s'ouvrent quatre arcs gigantesques de l'effet le plus magnifique. Un incendie a détruit en 1811 une partie des voûtes. Ce qui reste de la vieille charpente du chœur est orné de riches dessins en mosaïque rouge, bleu et or, dont six siècles n'ont pas encore altéré la fraîcheur éclatante. Le pavé mériterait à lui seul une longue description : il est formé de cercles de porphyre et de serpentin, d'arabesques en mosaïque et d'encadrements en marbre blanc, le tout combiné avec un très-grand bonheur. L'autel, en argent doré, est tout illustré de sujets empruntés à la Bible et sculptés en plein relief.

Le siége du roi, placé du côté de l'évangile, et celui de l'évêque, du côté de l'épître, sont aussi remarquables par la richesse de la matière que par le fini du travail. Ils s'élèvent sur des gradins de marbre et sont surmontés de mosaïques. Au-dessus du siége royal on voit le roi Guillaume II, fondateur de l'église, revêtu de la dalmatique sacerdotale, et recevant des mains de Jésus-Christ la couronne de Sicile. Tout l'intérieur de la cathédrale est ainsi couvert des mosaïques les plus précieuses. L'église entière n'est plus, pour ainsi dire, qu'un tableau de marbres et de pierres éblouissantes. Le caractère général de l'ornementation est grec. Grec aussi est le costume de presque tous les personnages. Saint Pierre porte le PALLIUM comme un Athénien. Sur le grand arc qui sépare la nef du chœur on remarque cette Sagesse de Dieu, Αγία Σόφια, patronne, comme on sait, de la plus belle église de Constantinople. Les archanges Michel et Gabriel s'inclinent devant elle et l'adorent. Au fond de l'église, dans la demi-coupole qui termine la grande nef, on aperçoit une figure de Christ colossale vraiment imposante. Les demi-coupoles des deux nefs latérales sont également ornées de mosaïques, représentant, l'une saint Pierre, et l'autre saint Paul. Deux belles inscriptions en lettres de pierre noire sur fond d'or complètent la décoration de cette église, où tout semble se réunir pour frapper vivement l'imagination.

Monreale a longtemps cru posséder une relique précieuse : le cœur de saint Louis. Des savants qui doutent de tout lui ont contesté cette gloire. Les Siciliens ont soutenu leur dire; on a échangé des mémoires. Depuis ce temps, la question est plus incertaine que jamais.

Nous ne décrirons point l'extérieur de la cathédrale de Monreale, moins remarquable d'ailleurs que son intérieur; mais nous entrerons dans son beau cloître.

Ce CLOÎTRE, qui appartient aux Bénédictins, nous montre une galerie carrée formée de portiques, liés entre eux par des ogives de la courbe la plus heureuse. Deux cent seize colonnes accouplées, et, de deux en deux, ornées de mosaïques, supportent un pareil nombre d'arceaux. Les formes de ces colonnes varient à l'infini. Les unes sont cannelées, les autres figurent des torsades, celles-ci portent des losanges, celles-là ont des rosaces; presque toutes sont rehaussées d'incrustations précieuses; les chapiteaux, dont le style, sans être toujours grec, est du moins toujours pittoresque, représentent des fleurs, des fruits, des feuillages, des animaux, parfois même de petites scènes historiques. Nulle part on ne trouvera ni plus de richesse dans les détails, ni plus de variété dans les motifs. Les colonnes d'angles sont sculptées du haut au bas.

Cette galerie, qui n'est point sans quelque analogie avec la fameuse cour des Lions de l'Alhambra, dont elle rappelle l'architecture déliée, fine et svelte, éveille dans l'esprit je ne sais quelles idées de pompe, de grâce et d'élégance infinie. Elle entoure un jardin rempli d'arbres et de fleurs, de verdures et de parfums, où de jolies fontaines laissent tomber leurs eaux doucement plaintives dans des vasques sculptées. Je ne connais point dans le monde entier de lieu plus propre à entretenir dans l'âme les mélancolies rêveuses. Dans ces lieux où tout charme on ne peut qu'aimer, prier, chanter.

XVIII

GIRGENTI.

Le taureau d'airain. — Une pauvre ville. — Quarante-cinq églises et pas une maison. — Un bénitier païen. — Splendeurs évanouies. — Grandes ruines. — Temples détruits. — Palais des Géants. — Un volcan de boue.

Girgenti a succédé à l'ancienne Agrigente; fondée 582 ans avant J.-C., fameuse dans l'antiquité par les querelles de ses factions et les cruautés de son tyran Phalaris, celui qui faisait enfermer ses ennemis dans les entrailles d'un taureau d'airain, pour que leurs cris, en s'exhalant, parussent produits par l'animal lui-même, à qui leur mort donnait ainsi l'apparence de la vie.

Girgenti n'occupe point tout à fait le même site qu'Agrigente. La ville antique était bâtie sur un terrain moins élevé et plus rapproché de la ville. Elle avait une enceinte de cinq cents pieds de haut qui comprenait cinq quartiers, entourés eux-mêmes de murailles particulières. La ville moderne est bien déchue; elle n'a plus à vrai dire qu'une seule rue. Les autres ne sont que des ruelles d'une saleté déplorable, bordées de misérables maisons. Nulle part peut-être le beau sexe n'est moins beau, ni surtout moins soigné. Femmes et filles coupent leurs cheveux à quelques pouces de la tête, et n'accordent plus la moindre attention à cet ornement naturel et charmant, qui devient bientôt une hideuse crinière. La ville est pauvre; ses habitants, au milieu de leur malheur, conservent du moins des mœurs douces et une sorte de résignation pieuse. On voit souvent sur les façades des maisons des inscriptions comme celle-ci : *Vive Dieu, Vive la Providence, Vivent le Roi et la Reine;* ces deux derniers mots sont quelque peu modifiés maintenant.

Girgenti possède quarante-cinq églises, dix-sept confréries et quinze monastères. Il est impossible d'être, comme on voit, plus dévot ni plus misérable. De ces quarante-cinq églises, une seule est digne d'attention, c'est la cathédrale, posée dans la partie haute de la ville et à laquelle on arrive par des escaliers. Cette cathédrale, construite, dit-on, par les Normands, avec les débris d'un temple de Minerve, ne possède que d'assez mauvais tableaux ; mais elle a pour baptistère un sarcophage antique d'une parfaite conservation, et dont les bas-reliefs, dignes du ciseau des artistes grecs, représentent l'histoire, plus passionnée qu'édifiante, des amours de Phèdre et d'Hippolyte. C'est la foi qui sauve, et l'eau bénite, qui n'est point gâtée par la petite-fille de Phasiphaé, n'en confère pas moins un excellent baptême.

Les ruines de l'ancienne Agrigente, éparses dans la campagne, attestent aujourd'hui encore ses splendeurs passées. Un bon chemin bordé d'oliviers et d'amandiers vous conduit à ces ruines.

Signalons d'abord le TEMPLE DE JUNON-LUCINE, d'ordre dorique, entouré jadis d'un portique de trente-quatre colonnes cannelées, recouvertes d'un stuc colorié : une rangée de ces colonnes subsiste encore ;

Le TEMPLE DE LA CONCORDE, le mieux conservé de tous les édifices antiques existant encore en Sicile. Il est impossible de ne pas admirer la simplicité, la noblesse et la beauté de son plan et de ses proportions. Il a cinquante-deux pieds de large sur cent vingt-deux de long, et cinquante-quatre colonnes cannelées. Le temps a donné à ces matériaux une couleur dorée d'un ton superbe; la solitude, qui va si bien aux ruines, y ajoute je ne sais quel caractère de sublime tristesse dont l'effet est très-communicatif. Je ne saurais peindre l'impression que produisent ces beaux vestiges de l'antiquité sur le voyageur qui les rencontre ainsi tout à coup au milieu des tristesses de la grève déserte.

Une seule colonne, debout au milieu des ruines amoncelées autour d'elle, indique la place où fut jadis le Temple d'Hercule, qui posséda une statue en bronze de ce demi-dieu, dont Cicéron parle comme de l'un des chefs-d'œuvre de l'art antique. On sait que Verrès voulut l'enlever. Mais les prêtres combattirent pour leur dieu, et, soutenus par le peuple, ils repoussèrent les soldats du spoliateur.

Un peu plus loin, le Temple de Jupiter Olympien, que l'on appelle vulgairement le Palais des Géants, est la plus grande ruine de toute la Sicile. Bien qu'il n'ait jamais été achevé, car la guerre empêcha de poser la toiture, il peut soutenir la comparaison avec les plus beaux restes de l'antiquité. Il ne mesure pas moins de trois cent soixante pieds de longueur; il n'avait pas de portique extérieur; les colonnes étaient engagées dans le mur d'enceinte. La partie externe de ces colonnes est arrondie; la partie interne est carrée et forme pilastre. Ces colonnes ont vingt pieds de circonférence, et leurs cannelures peuvent contenir le corps d'un homme. Sur la façade orientale on avait représenté le Combat des Géants, magnifique ouvrage, aussi remarquable par la grandeur des proportions que par la beauté de l'exécution. Sur la face occidentale on voyait les divers épisodes de la prise de Troie. Le temple devait son nom de Palais des Géants à de magnifiques cariatides, dont trois étaient encore debout au xive siècle. On ne voit plus aujourd'hui qu'un seul de ces colosses, et il est maintenant étendu sur le sol. Une partie de ce vaste édifice s'écroula dans la première année du xve siècle, et, deux cents ans plus tard, on employa ses débris, comme les plus vils matériaux, à la construction du môle. Les géants, debout, n'avaient pas moins de trente-six pieds de hauteur, et, pour le style, semblaient tenir le milieu entre les figures égyptiennes et les statues de l'école d'Égine : le caractère des têtes est plus nettement africain.

Un chemin meilleur que ne le sont d'ordinaire les chemins de Sicile conduit de Girgenti à ces ruines, et les relie toutes entre elles.

Le long même de ce chemin on peut retrouver des vestiges des murailles de l'ancienne Agrigente, qui jonchent la campagne de leurs grands débris. Parfois de vastes pans sont tombés tout entiers, et l'énorme chute n'a pu séparer leurs pierres indissolublement unies. On sait que les habitants d'Agrigente, embrasés de ce feu sacré du patriotisme, qui fut la gloire et la force des nations antiques, avaient décidé que les héros tombés pour la défense de la ville seraient inhumés dans les murailles mêmes. Ceci explique la quantité d'ouvertures en bouche de four, et formant ce que les Romains appelaient COLUMBARIA, que l'on retrouve dans les remparts d'Agrigente. Mais, hélas ! ces remparts n'ont pu protéger la ville ni garder leurs défenseurs !

A quatre milles de Girgenti, on peut voir un volcan d'une nature particulière : c'est le volcan de boue de MACA-LUBI. A l'époque des éruptions, la boue n'est pas lancée à moins de cent pieds de haut. Maca-Lubi est situé sur un plateau élevé. C'est un espace boueux de quelques hectares d'étendue, dont l'apparence générale est celle d'une argile grise, très-épaisse, séchée et gercée par la chaleur. On aperçoit sur cet espace une quantité de petits cônes variant de trois décimètres à un mètre de hauteur. Chacun de ces cônes est un petit cratère, duquel s'échappent des bulles d'air, qui, en crevant, donnent issue à de petites coulées, non pas de lave enflammée, mais d'argile très-froide, ayant un goût salin prononcé. Telle est cette terre de Sicile incessamment tourmentée, agitée de convulsions éternelles et condamnée à répandre incessamment ses entrailles, dont le feu peut s'éteindre, mais qui ne s'apaise jamais tout à fait.

XIX

SYRACUSE.

La ville des souvenirs. — Sept lieues de tour et pas de ruines. — Une Vénus et deux abbés. — Les carrières. — Les amours d'un fleuve. — La fontaine Aréthuse et les blanchisseuses de Syracuse.

Nous voici devant les restes d'une des plus célèbres villes dont l'histoire ait gardé le souvenir. Syracuse fut une des plus puissantes parmi les colonies grecques et la plus célèbre de toutes. Les uns font remonter sa fondation aux Étoliens, environ 2000 ans avant Jésus-Christ, d'autres la rapportent aux Sicules. Ce qui est certain, c'est qu'au viiie siècle avant notre ère, le Corinthien Archias chassa les habitants qui s'étaient établis dans l'île d'Ortygia (l'île des Cailles), qui fut unie à la terre ferme par un pont. Son heureuse position, la commodité de ses bords et la fertilité du sol la rendirent bientôt florissante et peuplée. Quand la population vint à s'augmenter, l'île empiéta sans façon sur le continent, et de nouveaux quartiers se formèrent, étroitement rattachés au premier : ce furent Arcadine, bâtie le long de la mer, Ticha au nord, dans la direction de Catane, enfin Néapolis au sud; du côté du grand port, vers le nord-ouest, était le quartier des Épipoles, comme qui dirait la ville supérieure, sur une hauteur séparée de l'enceinte de Syracuse et couronnée par des forts et des palais.

La ville entière couvrait un espace de sept lieues de tour. Le port, dont les collines qui l'environnent dessinaient la courbe gracieuse, avait cinq milles de circuit. Trois cent dix cales, creusées dans les rochers, offraient aux trirèmes et aux vaisseaux de la république un asile inviolable. Syracuse soumit une partie de la Sicile, brisa l'orgueil d'Athènes et tint longtemps en échec les Carthaginois; mais, entraînée par les intrigues d'Annibal, elle commit la lourde faute de se déclarer contre Rome. C'était un de ces crimes que Rome ne pardonnait point. Syracuse l'expia par sa ruine. Ni le courage de ses habitants, ni le génie d'Archimède ne purent la sauver des coups de Marcellus. Elle tomba l'an 212 avant notre ère, et suivit depuis la fortune de la ville éternelle. Dévolue à Diane, lorsque cette déesse se partagea l'île aux trois pointes avec Pallas et Proserpine, elle avait, en quelques siècles, atteint un glorieux renom et était devenue aussi célèbre par sa beauté que par ses richesses et ses grands hommes. Cicéron l'appelle la plus grande et la plus illustre des villes grecques; les poëtes et les historiens célèbrent à l'envi ses temples, ses palais, ses statues, et Pindare, le grand lyrique dont la muse conserve à jamais dans l'immortalité de sa poésie tous ceux qu'elle a nommés, lui adresse cette apostrophe éclatante :

« Vaste champ de Mars, Syracuse aux grandes cités, divine nourricière de coursiers et de héros amis des combats, c'est à toi que, de la féconde Thèbes, j'adresse le tribut de mes hymnes; j'annonce que Hiéron, vainqueur au bruyant conflit des chars attelés de quatre coursiers, vient de rehausser par l'éclat de ses nouvelles couronnes l'éclat d'Ortygie, trône de Diane! »

Aujourd'hui, hélas! l'antique rivale de Rome, l'alliée de Carthage, la cité victorieuse d'Athènes et d'Alcibiade, n'est plus qu'une ville de province de troisième ordre, une sous-intendance napolitaine ayant à peine 18,000 habitants. Ortygia, qui n'était qu'un de ses quartiers, est maintenant la ville entière!

Pourquoi faut-il ajouter que Syracuse, beaucoup moins heureuse qu'Agrigente, n'a pas même pour se consoler la majesté des ruines. Il ne lui reste presque plus rien de ses splendeurs passées. Quant à ses monuments nouveaux, ils méritent à peine l'attention du voyageur. Citons cependant le temple de Minerve, que les chrétiens ont accommodé aux exigences de leur culte et dont ils ont fait la CATHÉDRALE de la ville. Cicéron s'est complu à décrire ce superbe édifice que Verrès avait si outrageusement pillé. Il appartenait au style général des monuments doriens, comme les temples d'Agrigente, comme ceux de Pæstum. Un immense bouclier, le bouclier de Minerve, brillait au fronton du temple et rayonnait jusque sur la mer. Archimède, ce Newton des temps anciens, celui qui ne demandait qu'un point d'appui à son levier pour soulever le monde, avait tracé sur son pavé un gnomon où le soleil lui-même écrivait les heures. Quand le temple fut converti en église, on put sauver quelques colonnes de la construction antique qui furent engagées dans la muraille moderne. Les tremblements de terre ont incliné ces colonnes en diverses directions, comme pour rendre sensible à tous et présenter aux yeux la fragilité de ce vieux paganisme, dont les vestiges même tomberaient à terre s'ils n'étaient soutenus par les robustes constructions d'une religion plus jeune et plus forte.

Les habitants de Syracuse ont eu la louable idée de réunir dans un musée les débris de l'art antique qu'ils ont pu retrouver dans leur sol. C'est malheureusement fort peu de chose, et nous n'en parlerions point s'ils ne renfermaient un chef-d'œuvre ; il est vrai que ce chef-d'œuvre vaut à lui seul toute une collection. C'est une statue en marbre haute de six pieds et représentant une *Vénus* sortant de l'onde, dont, par malheur, la tête manque, ce qui, peut-être, fait reporter une attention trop fervente sur d'autres beautés, car deux savants abbés du pays ont voulu voir en elle le modèle de la CALLIPYGE, dont se vante avec plus de raison, selon nous, le musée *Borbonico* de Naples. Quoi qu'il en soit, la déesse est fort belle; les lignes les plus suaves et les plus pures dessinent ses contours; rien n'est plus charmant que son attitude; tout son corps semble frémir au contact de l'air; de sa main gauche elle essaye de relever la draperie tombée à ses pieds; de l'autre main elle tente de cacher sa poitrine. Jamais le marbre n'eut de frémissement plus palpitant, jamais la matière animée par l'artiste ne révéla une morbidesse plus vivante.

On ne saurait venir à Syracuse sans visiter les fameuses carrières appelées LATOMIES, où furent enfermés pendant huit mois les Athéniens vaincus sous la conduite de Nicias. En ce temps-là on n'était point clément pour ses ennemis. Les Athéniens s'en aperçurent : on les livra pendant huit mois à toutes les horreurs de la faim et de la soif, et à toutes les tortures d'une chaleur dévorante. C'est en sortant des Latomies qu'un philosophe dont la constance devait lasser les fureurs de son tyran, décidé à tout souffrir et à ne rien céder, prononça cette noble parole tant de fois répétée depuis : « Que l'on me ramène aux carrières ! »

C'est surtout en Sicile qu'il faut lire les beaux vers du poëte :

> Regrettez-vous le temps où le ciel, sur la terre,
> Marchait et respirait dans un peuple de dieux?
> Où Vénus Astarté, fille de l'Onde amère,
> Secouait, vierge encor, les larmes de sa mère
> Et fécondait le monde en tordant ses cheveux?
> Où les sources tremblaient des baisers de Narcisse
> Où, du nord au midi, sur la création,
> Hercule promenait l'éternelle justice
> Sous son manteau sanglant, taillé dans un lion?
> Où les Sylvains moqueurs, dans l'écorce des chênes,
> Avec les rameaux verts se balançaient au vent
> Et sifflaient dans l'écho la chanson du passant?
> Où tout était divin, jusqu'aux douleurs humaines,

> Où le monde adorait ce qu'il tue aujourd'hui,
> Où quatre mille dieux n'avaient pas un athée,
> Où tout était heureux, excepté Prométhée,
> Frère aîné de Satan, qui tomba comme lui?

Nulle part, en effet, le ciel et la terre ne se sont plus étroitement mêlés, plus intimement unis. A Syracuse, par exemple, on ne saurait faire un pas sans réveiller quelques souvenirs de la plus gracieuse antiquité. Le plus charmant, c'est peut-être celui que murmurent les ondes de la fontaine Aréthuse.

> Quand tout aimait dans la nature,

Aréthuse, une des nymphes de Diane, pudique comme sa maîtresse, éveilla l'amour d'un fleuve du Péloponèse, qui répondait au nom harmonieux d'Alphée. Aréthuse résista d'abord; mais Alphée pria si bien que la belle nymphe craignit d'être vaincue. Dans ce péril extrême elle s'adresse à la déesse et la prie de protéger sa vertu. Diane ne trouve d'autre moyen que de la changer en fontaine. Pour être extrême le moyen n'en fut pas meilleur. Alphée aima fontaine celle qu'il avait aimée femme, et, traversant après elle les tempêtes de la mer Ionienne, il vint mêler éternellement aux ondes de son amante ses ondes restées douces au milieu des flots amers.

Comme les poëtes, et non moins crédules qu'eux, les historiens, les philosophes et les naturalistes croyaient en effet à une communication sous-marine de cinq ou six cents milles entre une source de la Grèce et une source de Sicile. On rapporte qu'une coupe d'or jetée dans l'une avait été retrouvée dans l'autre, et qu'après les sacrifices d'Olympie les eaux d'Aréthuse grossissaient pendant plusieurs jours et paraissaient teintes du sang des victimes. Les anciens avaient entouré cette jolie fontaine-source, toute voisine de la mer, d'une muraille destinée à la préserver de l'invasion du flot marin; ils l'avaient peuplée de poissons sacrés et lui attribuaient toutes sortes de vertus médicinales. Aujourd'hui la fontaine Aréthuse a perdu beaucoup de ses charmes, et les lavandières de Syracuse qui viennent blanchir leur linge dans ses ondes jadis sacrées ne nous ont point paru capables de lui rendre sa poésie.

XX

CATANE.

La via Ferdinanda. — Deucalion et Pyrrha. — Récolte d'enfants. — Un voisin dangereux.
— Exportation de la neige.

Ceux qui aiment à faire de belles entrées dans les villes se réjouiront fort en approchant de CATANE, où ils pénétreront par une belle porte triomphale, élevée en souvenir du mariage de Ferdinand III, et dont les pierres de lave, alternativement blanches et noires, ne laissent point que de frapper par la singularité de leurs dispositions. A cette porte commence la VIA FERDINANDA, qui, vaste et régulière, devient, à mesure que l'on s'avance dans la ville, plus belle et mieux ornée ; elle déroule sa belle perspective entre des avenues de beaux édifices, bordées de fontaines et de statues, et vient aboutir à une cathédrale qui semble placée là tout exprès pour lui servir de point de vue. On sent vraiment que l'on est dans une grande ville, non plus au milieu des ruines et parmi les morts, mais dans une cité vivante. Catane est cependant une vieille ville; mais c'est en même temps une ville rajeunie.

Les légendes lui donnent pour fondateurs Deucalion et Pyrrha, ce couple échappé seul aux eaux du déluge païen, et qui, désespérant de pouvoir procréer rapidement une postérité assez nombreuse pour repeupler le monde, se mirent à semer des cailloux afin de récolter des enfants. L'histoire de Catane ne devient certaine qu'au moment où sa vie se mêle à celle des colonies grec-

ques. La noble ville a souffert des hommes et des éléments : les luttes dont la Sicile fut le théâtre aux premiers jours du monde antique ne l'ont point épargnée; les Grecs et les Syracusains se la disputèrent les armes à la main et lui firent toujours payer les frais de la guerre. Les Romains, qui la prirent à leur tour, se montrèrent bons princes et l'embellirent. Mais elle fut possédée par les Goths et les Sarrasins : c'est assez dire qu'elle fut complétement dévastée. Lorsque enfin les hommes lui firent trêve, la nature reprit l'œuvre de destruction et s'acharna contre la malheureuse ville. Elle dut subir tour à tour des tremblements de terre, la peste et l'Etna. Ce fut là le dernier et le plus terrible de ses malheurs. En 1669, la montagne se répandit en fleuve de feu : le fleuve était large d'une lieue, long de cinq, profond de cent pieds; il s'avançait d'un cours que rien ne pouvait ni arrêter ni détourner, dévorant tout sur son passage; ses flots ardents couvrirent Catane et ses faubourgs et allèrent s'éteindre dans la mer, où ils se solidifièrent en un double rempart de lave, qui, joint au môle nouvellement construit, forme aujourd'hui le petit port de Catane.

Mais la ville avait en elle un principe de vie; elle ne tarda point à renaître de ses cendres : jamais l'antique image ne fut plus littéralement exacte.

Aujourd'hui de belles maisons blanches, hautes d'étage, bien alignées, et je ne sais quel air d'aisance et de propreté, assez rare sous cette latitude, font de Catane une ville à part parmi toutes les villes de Sicile. Catane est un peu commerçant, mais son commerce est élégant : il vend surtout des bijoux d'ambre — un peu de contrefaçon bien entendu — et il a surtout le privilége d'approvisionner de neige le reste de la Sicile et surtout l'île de Malte, dont la garnison aime beaucoup les sorbets.

Les monuments antiques de Catane ne sont pas d'une grande importance, et nous aimons mieux conduire tout d'abord le lecteur dans les salles de la collection du prince Biscaris, où il trouvera une belle collection de médailles siciliennes. La cathédrale est assez importante pour l'histoire de l'art, en ce qu'elle annonce un retour marqué au style grec. Là on ne retrouvera plus les fines colonnettes tournées en spirales, les ogives courbées l'une vers l'autre comme des sœurs qui s'inclinent et s'unissent dans la prière ; mais partout une simplicité majestueuse et le plein cintre pur porté sur la belle colonne grecque.

XXI

L'ETNA.

Physionomie du volcan. — Constitution de la montagne. — Les trois régions. — Un monde de volcans. — Les éruptions. — La montagne improvisée.

L'Etna, qui domine l'horizon de Catane, est la plus grande curiosité naturelle que nous offre la Sicile. C'est aussi le volcan le plus élevé de l'Europe. Il est difficile de déterminer sa hauteur, parce qu'il faudrait tenir compte du cône qui le termine et qui se trouve modifié à chaque éruption. Sir J. Herschell a cependant établi barométriquement, en 1824, le chiffre de 3,313 mètres. Cette hauteur paraît relativement plus considérable qu'elle ne l'est en réalité, parce que les pentes roides commencent à la base même de la montagne. Ajoutez, comme élément de beauté pittoresque, que ce cône gigantesque, qui n'appartient à aucun autre système de montagne, est entouré d'eau presque de toutes parts : la mer baigne sa base orientale, et deux rivières, le Simeto et la Cantara, l'entourent de leurs replis. Le pourtour du volcan, dit M. de Quatrefages, forme un cercle irrégulier de trente-huit lieues d'étendue environ. Une falaise plus ou moins prononcée le sépare presque partout de la plaine environnante. Au-dessus de cette falaise, qui marque les limites propres du volcan, s'étend une sorte de plateau ou de terre-plein bombé qui s'élève de tous côtés vers la montagne par une pente insensible de 2 à 3 degrés. Cette espèce de socle porte un cône surbaissé qui forme les talus latéraux de l'Etna, et dont la pente, assez régulière, est de 7 à 8 degrés. Ces talus latéraux aboutissent à la gibbosité centrale, au mont Gibello des Siciliens, dont la partie la plus élevée se termine par un petit plateau incliné appelé le Piano del Lago, qui lui-même aboutit au cône terminal, dans lequel est creusé le cratère principal.

La grande masse se divise en trois parties bien distinctes : la région cultivée, la région boisée et la région déserte.

La région cultivée est d'une admirable fertilité ; ce n'est pas seulement un des plus beaux sites qui se puissent voir, c'est encore un des sols les plus favorisés de l'Europe : l'hiver n'y semble que le sommeil passager de la nature ; bientôt la séve féconde se réveille, s'agite et bouillonne dans les rameaux, couvrant tout de fleurs, de verdure et de fruits. Nulle part, dans notre Europe, la végétation n'a plus de vigueur ; aussi les villages se succèdent sans intervalles, les maisons se pressent les unes contre les autres, et le paysan se dispute pouce à pouce cet admirable terrain chaque jour engraissé par les détritus de la montagne. La région boisée est couverte de pins, de châtaigniers, de pruniers sauvages, de figuiers noirs, de bouleaux et de chênes ; les chênes de l'Etna sont extrêmement nombreux, mais la nature même du sol leur donne un caractère particulier : ils ne croissent guère qu'en grosseur, se nouent et s'arrêtent à quelques mètres, leurs pousses ne se projetant plus que dans une direction horizontale. En sortant de la région boisée, on trouve la région déserte, c'est-à-dire une gibbosité centrale, couverte de lave noire et de scories de toute espèce. Dans cette région vraiment désolée luttent les éléments ennemis, le feu et la neige ; la flamme sort d'un glacier. Chaque jour les muletiers viennent chercher la neige cachée sous la cendre.

A l'est du plateau incliné que l'on nomme le Piano del Lago, se détachent des crêtes aiguës qui embrassent une vallée, sorte de cirque elliptique de près de trois lieues de tour, connu sous le nom de Val del Bove, dont les parois extérieures présentent une inclinaison de 32 degrés environ, tandis que les parois intérieures sont presque toujours taillées à pic. C'est au milieu de cette partie septentrionale du Piano que s'élève le cône terminal que l'action volcanique détruit et reforme incessamment. Un fait digne de remarque, c'est que dans la composition géologique du volcan, au moins sur les flancs est et sud, on trouve des dépôts d'origine sous-marine, parmi lesquels on remarque un assez grand nombre de coquilles, et cela à sept ou huit cents pieds au-dessus du niveau de la Méditerranée !

L'Etna, en comparaison duquel le Vésuve n'est qu'une montagne pour rire, un feu d'artifice à l'usage des Napolitains, l'Etna n'est pas seulement un cratère, c'est un monde de volcans. Les cônes de ces petits cratères inférieurs se comptent par centaines, ou plutôt ne se comptent plus. On les rencontre surtout dans la région boisée.

Les Siciliens appellent l'Etna le Monte Gibello, c'est-à-dire la montagne par excellence, du mot sarrasin gibel, qui signifie montagne. Strabon veut que son nom primitif soit Innesa ; c'est ce qu'il nous serait impossible de nier ou d'affirmer sans une extrême témérité; d'autres savants recherchent son étymologie dans un mot hébreu qui voudrait dire fournaise. Le nom et la chose, on en conviendra, seraient assez d'accord, et beaucoup d'étymologies s'appuient sur des raisons qui ne sont point aussi plausibles. Moins fréquentes que celles du Vésuve, les éruptions de l'Etna atteignent parfois des proportions d'un grandiose terrible.

Telle fut, par exemple, celle de 1669.

Près de la petite ville de Nicolosi, qui fut soudainement détruite par un tremblement de terre, deux gouffres s'ouvrirent et il en sortit deux montagnes de sable et de scories, — existant encore aujourd'hui, — auxquelles leur couleur rouge a fait donner le nom de Monti Rossi. La lave s'avançait, pareille à une muraille marchante, et présentait à son front d'énormes blocs déjà solidifiés, mais encore rouges et brûlants. Cette lave, à laquelle rien ne résistait, fut un moment tenue en échec par les murailles de Catane; elle s'amoncela contre elles, en renversa une partie, se déversa par-dessus l'autre, et entra comme un ennemi victorieux dans la malheureuse ville, qui fut vraiment prise d'assaut.

Certaines éruptions n'ont pas duré moins de sept ou huit mois, et, pendant tout ce temps, la lave n'a cessé de couler; il est vrai qu'elle perdait peu à peu de sa vitesse initiale, et qu'à la fin elle n'avançait plus que d'un mètre à l'heure. Comme si toutes les surprises attendaient le géologue qui veut étudier la constitution de l'Etna et les phénomènes qu'il présente, on a plusieurs fois trouvé, en brisant des amas de lave, d'énormes blocs de glace conservés depuis des siècles sous cette enveloppe, brûlante d'abord, subitement refroidie, et qui, en isolant complétement cette glace, l'avait conservée.

XXII

TAORMINA.

Le théâtre. — L'horizon.

Nous n'eussions point songé à nous arrêter à Taormina, notre dernière station avant Messine, bien que ce nid d'aigles, sur la cime d'un rocher, ait un certain cachet de ville mauresque, — si nous ne trouvions à ses portes un monument justement célèbre : nous voulons parler de son théâtre antique, élevé par les Grecs, réparé et modifié par les Romains, dépouillé et dégradé par les Normands. Ce théâtre, élevé dans un site admirable, est aussi un des mieux conservés que nous connaissions.

Les Grecs, avec ce sentiment si profondément artiste qui ne les trompait jamais, avaient admirablement choisi leur emplacement. Au centre d'un immense rocher, profond et circulaire, ils avaient taillé leurs gradins, et, au-dessus, élevé un couronnement en briques dont les niches avaient reçu ces grands vases concaves, si favorables à l'acoustique, qui recevaient et répercutaient les sons. Derrière ce couronnement, une galerie circulaire double, revêtue d'une corniche et percée d'arcades, termine l'édifice. La scène, avec sa vaste décoration toute de marbre, est dans un état remarquable de conservation. Si la porte du milieu, la porte Royale, celle qui servait d'entrée au principal personnage, s'est écroulée, les deux autres, les PORTÆ HOSPITALES, existent encore, avec leurs colonnes de marbre d'Égypte aux couleurs variées, aux sculptures merveilleuses, et leurs niches contenant jadis les statues des dieux. Au bas de ces colonnes on remarque de petits gradins où s'asseyaient peut-être les acteurs qui n'étaient point en scène. Çà et là, au milieu des hautes herbes et des végétations puissantes dont la Sicile féconde, enveloppe et couvre toutes ces ruines, on aperçoit un nombre infini de tronçons de colonnes, de siéges encore entiers et de fragments d'architraves. Ces ruines éparses semblent faire mieux ressortir encore l'élégance et la pureté des lignes du monument, tandis que les murailles ébréchées, les colonnes debout, les arcs au cintre superbe, les grands portiques, la roche grise et les tons chauds des briques rouges forment un ensemble qu'il est impossible d'oublier.

Mais la nature est ici plus grande encore que l'art, et le paysage plus sublime que l'homme : en face du spectateur, la mer, la vaste mer, dont l'œil ne se lasse jamais, qui va se rétrécissant à l'orient dans le détroit de Messine, et s'élargissant à l'occident vers Syracuse et Catane; dans les vagues brumeuses et bleuâtres du lointain, les montagnes de la Calabre; de toutes parts les côtes découpent sur les flots leur gracieux contour; partout dans la plaine fertile on voit s'élever de riants villages ou s'arrondir la croupe des collines chargées de pampres; Giardini s'assied dans sa vallée, Taormina étage sur les flancs du Taurus ses restes d'aqueducs, ses murailles pendantes et ses grands tombeaux.... et, en face de ce panorama varié, écrasant tout par sa masse, dominant tout par sa hauteur, menaçant tout de ses colères, l'Etna, seul éternel au milieu de nos joies éphémères, jette sa fumée et sa flamme.

XXIII

MESSINE.

Le port. — Belles perspectives de la ville. — Les pavés de lave. — La cathédrale. — Les cheveux de la sainte Vierge. — Le couvent des Géorgiennes. — Le détroit de Messine. — Charybde et Scylla.

Messine, vue de la mer, donne tout de suite l'idée d'une grande ville, et rien ne vient démentir cette première impression; le port magnifique, dont l'entrée, assez étroite, est défendue par une citadelle et deux forts, est un des plus vastes et des plus sûrs de toute la Méditerranée. Son quai est bordé de grandes constructions d'un caractère architectural, entremêlées de statues. Tout y annonce l'aisance et le bien-être; la ville, en amphithéâtre, paraît toute neuve. Deux rues grandes et larges, parallèles aux quais, la divisent dans toute son étendue; d'autres rues, perpendiculaires à celles-là, viennent aboutir au port par des arceaux formant portique d'un très-grand caractère, et à travers lesquels on voit briller d'un éclat bleu les eaux de la mer Ionienne. Toutes ces rues sont pavées en lave brunâtre divisée en dalles énormes.

Messine, l'ancienne Zancla des Grecs (ce nom, qui veut dire faucille, lui fut sans doute donné à cause de la forme de son port), fut tour à tour occupée par les Sicules, les Chalcidiens et les Samiens. Ceux-ci, après la guerre du Péloponèse, furent chassés par les Messéniens, qui donnèrent à la ville son nouveau nom.

Peu de villes ont eu plus à souffrir que Messine de la peste, de la guerre et des tremblements de terre. Au commencement de ce siècle, elle comptait 100,000 habitants; en moins de cinquante années elle a été réduite à 40,000, parmi lesquels on ne comptait pas moins de dix mille prêtres, moines et religieuses.

Ni l'antiquaire ni l'artiste n'auront à s'arrêter bien longtemps à Messine, où toute trace des antiquités grecques ou romaines a presque complétement disparu ; il ne reste pas davantage des édifices élevés par les Normands. La cathédrale, consacrée à la Vierge, commencée par le roi Roger à la fin de son règne et terminée par son fils, est peut-être le seul édifice digne de quelque intérêt, et encore n'échappe-t-il point à de trop justes et de trop nombreuses critiques. Sa façade, malgré la richesse de ses marbres de diverses couleurs, ses mosaïques et ses bas-reliefs, est d'un style général incorrect et sans goût ; mais une de ses trois portes, celle du milieu, nous montre de belles sculptures. De déplorables restaurations ont complétement gâté l'intérieur ; ce qui ne nous empêchera point de reconnaître que le maître-autel est revêtu de belles incrustations en pierres dures, que la chaire de marbre est élégante, et enfin que les demi-coupoles des absides se recommandent par d'assez curieuses mosaïques du temps de Frédéric d'Aragon.

Nous avons dit que cette cathédrale est dédiée à la Vierge ; Messine tout entier porte une tendre dévotion à la mère de Dieu, dont il a reçu une lettre traduite de l'hébreu en grec par saint Paul, du grec en latin, et enfin du latin en italien. Chaque année, on célèbre ce précieux autographe dans une fête que l'on appelle la fête de la Lettre. La ville garde aussi parmi ses plus chères reliques une boucle de cheveux de la Vierge mère.

La chapelle du couvent des religieuses grégoriennes mérite l'attention du voyageur et l'étude de l'artiste, à cause de ses belles mosaïques, de ses marbres précieux, et de son perron, d'où l'on découvre le splendide panorama de la mer, du détroit et des montagnes de la Calabre. Ce détroit, que l'on appelle indifféremment le détroit de Messine ou le détroit du Phare, n'a parfois qu'une largeur de cinq cents mètres. L'Italie est si voisine qu'il semble, à travers l'atmosphère transparente, qu'on va la toucher. On sait que ce détroit célèbre est gardé par deux monstres auxquels Homère a donné l'immortalité : Charybde et Scylla. Charybde, que les anciens avaient personnifié, comme ils faisaient de toutes les puissances de la nature, sous les traits d'un monstre, est un gouffre creusé dans la côte sicilienne ; on peut facilement distinguer les courants contraires qui se rencontrent à sa surface et se choquent dans ses profondeurs. Là on voit les flots agités et bouillonnants se renverser les uns sur les autres avec fracas, tandis qu'à cent mètres plus loin la mer est unie et calme.

Scylla apparaît sur la rive opposée. A cette distance on dirait une énorme dent qui se détache des monts de la Calabre et projette sa grande ombre sur les flots, que son écueil domine d'environ cinq cents pieds. Homère lui donne douze griffes, six cols monstrueux, et autant de gueules armées de ces formidables machines qui brisaient les vaisseaux. Aujourd'hui, malgré Charybde et Scylla, les vaisseaux sillonnent le détroit à chaque instant et sans danger ; la réalité a vaincu la poésie, et une goutte d'eau chaude convertie en vapeur brave tous les monstres. — On fera plus encore. Un ingénieur audacieux se propose de bâtir la mer, de jeter sur les écueils les assises d'un pont gigantesque, et, réparant ainsi les torts de la nature, de rendre à l'Italie cette chère Sicile que lui ont arrachée les flots.

XXIV

MALTE.

Effet de matin. — Le canot maltais. — Pêle-mêle de nations. — La cité Valette. — Ciceroni. — Saint-Jean des Chevaliers. — Les huit langues et leurs chapelles. — Le trône de Victoria. — L'esplanade des Chevaliers. — Le gouverneur anglais dans le palais du grand maître. — Le corricolo. — Medina-Vecchia. — British Garden. — La campagne. — Cazal. — Portrait de la vierge Marie par saint Luc, apôtre évangéliste et artiste. — La cathédrale Saint-Pierre et Saint-Paul. — La grotte. — Un miracle. — Les femmes à la promenade. — Le génie anglais. — Les Maltais. — Le peuple et l'aristocratie. — Les jardins. — Physiologie du balcon.

J'avais quitté la Sicile dans la nuit. A la première aube, Malte sortit des flots, pâle comme une femme qui s'éveille, au milieu des blancheurs du matin. Le soleil, qui s'attardait dans les mers de la Grèce, n'avait pas encore embrasé le ciel de ses feux. La *cité Valette* découpait mollement sa silhouette estompée de vapeur sur un fond d'azur délicat, irisé des teintes changeantes de l'opale. Tout dormait : les vaisseaux sur leurs ancres immobiles, les flots assoupis dans le port, les maisons abaissant, comme des paupières sur leurs yeux, leurs longues jalousies vertes et leurs courtines de soie qu'aucun souffle n'agitait. Sans le pas monotone et lent d'une sentinelle rouge, on eût cru la ville plongée dans un sommeil enchanté.

Un coup de canon parti du fort rompit tout à coup le charme : le bruit succède au silence, l'animation au repos ; la vie renaît.

Vingt canots conduits par des rameurs aux bras nus se détachent du port, accostent le paquebot, et se disputent l'honneur de vous conduire au quai de débarquement. Vous en choisissez un : il a bien sa physionomie. Pour peu que vous soyez amateur de couleur locale, vous avez déjà remarqué son ornementation turque, ses larges bandes horizontales, alternativement rouges et vertes, et sa proue, relevée par une courbe qui cherche la grâce, comme on voit encore dans les galères et les trirèmes grecques des vieilles gravures ou des bas-reliefs antiques.

On aborde sans formalités. La terre anglaise est de libre pratique, et sa police partout tolérante pour l'étranger. C'est un bonheur, car tous les paquebots de la Méditerranée relâchent à Malte : quand on va, c'est une halte dans le voyage, quand on revient, c'est un *lazaret* de quarantaine.

Nous descendons sur le port. Là toutes les nations se coudoient, tous les types se mêlent, tous les idiomes se croisent : l'Anglais siffle ; l'Italien chante ; l'Africain avale ses consonnes gutturales ; l'Espagnol retrouve des voyelles sonores ; les Palicares scandent le grec moderne ; les Français de nos provinces du Midi gasconnent la langue d'Oc, tandis que les Maltais cosmopolites se font une grammaire universelle dont la syntaxe est indulgente, et un dictionnaire encyclopédique où tous les mots ont droit de bourgeoisie. Les matelots, les mousses surtout, sont polyglottes ; et d'ailleurs, la pantomime expressive explique la locution douteuse ; le geste éclaircit le mot, et l'on finit toujours par s'entendre sur le prix d'un melon ou d'une dorade. Cependant les moines en robe de bure passent pieds nus et la corde au flanc au milieu de la foule qui s'entr'ouvre, et recueillent pour leur couvent une dîme abondante et volontaire. Mais hâtons-nous ; l'escale est rapide, et deux jours sont vite passés.

Devant nous, sur une éminence, à la distance qui convient aux plus heureuses perspectives, assez loin pour que l'on puisse saisir l'ensemble, assez près pour que l'on puisse jouir des détails, s'élève la majestueuse cité Valette, création du grand maître qui lui donna son nom. Les murs blancs de sa vaste enceinte resplendissent au soleil avec des miroitements qui éblouissent. Ces murs s'étendent aussi loin que le regard peut les suivre, dentelés en créneaux, renflés en bastions, étagés en terrasses, élargis en esplanades. Çà et là au-dessus des murs, des roseaux gigantesques, poussés en une saison, balancent leurs feuilles aiguës et leur ombre élégante; des plantes grimpantes insinuent dans toutes les fentes leurs racines tenaces ou s'accrochent par leurs vrilles flexibles à toutes les aspérités et à tous les angles. On dirait un escadron de troupes légères lancées à l'assaut d'une citadelle.

On franchit le fossé sur un pont-levis et l'on se trouve, non pas dans une rue, mais au pied d'un sentier.

Cet escalier vous conduit sur une petite place où vous attend la bande affamée des *ciceroni*, qui se disputent votre personne en s'adressant réciproquement, pour déterminer votre choix, les objurgations les plus véhémentes. Quand vous vous êtes prononcé, on respecte votre préférence; chaque guide s'empare de sa proie et l'emmène; ceux qui n'ont pu attraper personne se recouchent à l'ombre avec une humeur de tigre affamé, en attendant l'heure propice et l'occasion heureuse. Ces lazzaroni aux jambes brunies ont souvent de fort belles têtes, les jeunes surtout. Ce peuple ne sait pas vieillir. L'expression est plus intelligente qu'honnête : c'est un mélange d'astuce et d'audace. Un sculpteur admirerait ces pieds de bronze, qu'aucune chaussure ne déforme, ces jambes sèches et nerveuses, et cette désinvolture facile de toute la personne qui annonce la souplesse et la force. On fait cette remarque en courant : les voyages vous apprennent à voir vite.

On enfile trois ou quatre *vicoli* tortueux, on grimpe deux rampes à pic, et l'on débouche tout à coup dans une rue longue et large, tenue avec la propreté rigide de *Regent's Circus* ou de *Trafalgar square*. Nous verrons tout cela tantôt : ce qu'il nous faut tout d'abord, c'est la cathédrale, *Saint-Jean des Chevaliers*, où se pressent pour nous tant de souvenirs d'héroïsme et de gloire. Nous nous hâtons toujours : les femmes curieuses soulèvent le coin de leur mantille noire pour nous regarder passer, pendant que les soldats anglais, impassibles, le fusil au bras ou la canne à la main, tournent à peine vers nous leur œil bleu indifférent.

Enfin nous arrivons en face du grand portail.

Le premier aspect n'est pas saisissant : l'extérieur, assez simple, accuse la fin du XVIᵉ siècle ; il n'a pour lui ni la majesté hautaine de l'architecture ogivale, ni l'ornementation abondante de la Renaissance, ni la grandeur de nos temples modernes. Un immense rideau de damas flottant sert de voile à la nef, la sépare du portail, intercepte le rayon et laisse passer la brise. La veille, on a fêté saint Louis, patron couronné des chevaliers : la myrrhe d'Éthiopie, le benjoin des Indes et l'encens d'Arabie ont laissé partout ces effluves odorants qui portent l'âme à l'adoration et à la prière.

C'est une grande et noble église, cette cathédrale de Saint-Jean des Chevaliers ! Je ne sais où il faudrait aller pour trouver plus de souvenirs, et de plus grands ! Sa décoration intérieure est splendide. Les mosaïques du pavé, revêtues de ces vives couleurs dont les maîtres italiens ont emporté le secret, représentent les chevaliers en grand costume ; la voûte, livrée à la brosse fougueuse du Calabrèse, raconte, en tableaux d'apothéose, la vie tout entière de saint Jean, patron de l'Ordre. De longues tapisseries, appendues entre les colonnes, illustrent divers épisodes de l'Évangile ; derrière l'autel, un groupe monumental, dû à je ne sais quel ciseau, nous montre le baptême de Jésus-Christ, tandis qu'un des plus beaux Caravages du monde a pris pour sujet la *Décollation de saint Jean-Baptiste* et la *Vengeance d'Hérodiade*. L'autel est fort élégant ; il est isolé au milieu du chœur, à la façon byzantine, et revêtu de cette pierre dure et précieuse, le lapis-lazuli, dont la plus riche palette n'a pas encore égalé la vive fraîcheur et le doux éclat.

Des deux côtés de la nef, des chapelles sont consacrées aux huit *langues* ou nations qui composaient l'Ordre : Provence, Auvergne, France, Italie, Aragon, Allemagne, Bavière et Castille. Les grands maîtres sont inhumés dans les chapelles de leur nation. Dans la chapelle de France, constellée de fleurs de lis d'or, on remarque le tombeau d'un Vignacour et d'un Rohan. Celui de l'Ile-Adam a été placé sous l'autel même. On montre, à côté de cet autel, les clefs de la ville de Rhodes, cette rose de l'archipel, si vite perdue, si longtemps regrettée; ils emportèrent avec eux les cloches de leur ancienne église, et chaque volée solennelle, chaque tintement mélancolique, leur rappelait une vieille injure, un nouveau devoir; la blessure saignait toujours parce qu'elle n'avait point été vengée; l'honneur ne se cicatrise jamais. Ce qui est d'un effet pittoresque et moral beaucoup moins heureux, à mon avis, c'est le trône imposant de la reine Victoria, qui étale sa souveraineté dans un temple catholique.

Autant la Malte populaire garde son type oriental, autant la Malte officielle affiche ses prétentions au caractère anglais *pur sang*. Sur la place du Palais, la première chose qui frappe l'étranger, c'est un monument que l'Angleterre elle-même a offert à sa propre gloire : *Magnæ et invictæ Britanniæ. Invictæ* est peut-être hasardé.... L'esplanade des Chevaliers, plantée de leurs arbres, ornée de leurs arcades, s'appelle le *Jardin de la Reine*, comme à Windsor ou à Balmoral.

Un gouverneur anglais tient le château du grand maître; ce palais, du reste, est toujours ouvert à l'étranger. On s'arrête dans ces superbes salles, on étudie à loisir les peintures des longues galeries; on monte à la tour de Rohan, devenue un observatoire; on est admis dans la salle du trône; on pénètre dans la salle du conseil, où nos Gobelins ont envoyé leurs plus belles tapisseries; dans la salle d'artillerie, riche en trophées, décorée d'armes superbes, et montrant encore, appendus à ses murailles, les cuirasses des chevaliers et leurs casques empanachés.

On voit à la bibliothèque plusieurs médailles phéniciennes; l'une, assez bien conservée, représente une femme voilée, avec un diadème; au revers, un trépied sans fin surmonté de trois couronnes. On conserve aussi quelques souvenirs de l'art grec : une statue en marbre, Hercule portant la couronne de peuplier et la massue, et couvert de la peau du lion de Némée. Un autel sculpté offre l'emblème de la Sicile : les trois jambes traditionnelles, symbole de ses trois caps, surmontées d'une tête de Méduse : la Sicile terrifie ses ennemis!

Un *corricolo* dégénéré, qui n'est plus aujourd'hui qu'une boîte carrée suspendue sur des essieux, vous fait toucher assez promptement à ces diverses stations. Bientôt le soleil des heures ardentes dépeuple les rues et vous enferme dans votre chambre pour goûter les délices de la sieste. Vous dormez, ou bien, accoudé à la fenêtre, derrière les stores abaissés, vous regardez à l'horizon quelques voiles blanches qui passent devant vous comme un vol de goëlands.

Deux ou trois heures séparent la cité Valette de la CITA VECCHIA, ancienne capitale de l'île, et aujourd'hui encore son chef-lieu ecclésiastique. Aller de l'une de ces villes à l'autre, c'est voir la plus grande et la meilleure partie de l'île de Malte. Un matin donc, une calèche attelée de deux chevaux bardes, aux croupes ardoisées, aux longues crinières douces comme la soie, blanches comme l'argent, me fit rapidement franchir les trois enceintes concentriques qui défendent la ville.

Nous fîmes une station à la dernière porte dans le British-Garden, où la patience anglaise a réuni et aligné en longues allées sans symétrie, et comme par échantillon, tous les arbres indigènes, depuis le poivrier et le cotonnier jusqu'au caroubier et au nopal. Çà et là quelques pâles fleurs du Nord rappellent la patrie et les chers absents. J'ai vu un convolvulus enlaçant ses lianes légères au tronc d'un palmier; ses clochettes bleues, dont le soleil mordait le tissu délicat, retombaient entre les palmes avec je ne sais quelles grâces languissantes.

Il ne faut pas juger un pays seulement par les degrés de sa longitude; et Malte, quand on étudie sa nature luxuriante, semble arrachée au continent africain dans une convulsion volcanique du globe, plutôt que séparée de la péninsule italienne. La végétation est orientale; sur les promenades étagées en terrasses, dans les fossés que la paix change en jardins, — jetant des touffes de roses dans la gueule des canons, et faisant courir entre les meurtrières la fleur étoilée des jasmins du Cap, — ce qui frappe tout d'abord l'Européen du Nord, c'est, au milieu des grenadiers aux pétales rouges et des orangers couverts à la fois de fleurs et de fruits, l'épanouissement touffu et l'efflorescence abondante des cactus épineux, des aloès centenaires et des figuiers de l'Inde inconnus à nos climats. Malte est une oasis de verdure ardente au milieu des flots bleus de la Méditerranée, une avant-garde et comme une sentinelle avancée de l'Afrique et de l'Asie.

A force d'art, de patience invincible et de culture assidue, on conserve assez longtemps cette végétation dans la ville : avec un peu de bonne volonté, on peut y garder l'illusion d'un printemps éternel. L'erreur n'est plus possible dès qu'on se trouve en pleine campagne. Rien ne peut donner à des yeux français une juste idée de cette sécheresse altérée; rien qu'à regarder cette terre fendillée et fumante, on sent qu'on a déjà soif. J'ai vu un pauvre saule pleureur oublié au bord d'un ruisseau tari, et dont les branches pendaient jusqu'à terre pour y trouver un peu d'eau. Il y a huit mois qu'il n'est tombé une goutte de pluie! Çà et là pourtant, même dans la campagne, on rencontre des échappées de végétation et des touffes de verdure, et alors cette végétation est opulente, et cette verdure a une vigueur et une séve qu'on ne retrouve pas sous notre soleil pâle. Voici ce que font les laboureurs : ils écrasent et mettent en poudre leur sol friable et léger, puis ils vont chercher la terre sulfureuse et chaude de la Sicile. On mélange, et cet humus cosmopolite devient d'une fertilité sans égale. Souvent, entre les deux villes, on aperçoit quelque vaste *cazal* ou château regardant par ses larges façades les quatre points cardinaux ; il est comme percé à jour ; on ferme au soleil et l'on ouvre à la brise ; parfois un troupeau de chèvres, aux poils fins comme les laines du Thibet, se suspendent affamées au gramen rare, oublié par le soleil entre deux rochers ; ou bien ce sont de grands et beaux ânes de Gozzo qui dorment à l'ombre des figuiers de Barbarie. Les villas, assez rares, se hasardent au bord de la route poudreuse ; toutes les fenêtres sont strictement closes : le balcon toujours fleuri annonce seul la présence et le goût des femmes.

Quand on a couru pendant une heure entre des champs de pastèques et des plants de cotonniers, le long des grands aqueducs en ruine ou des murs de clôture en pierres sèches superposées, sans mortier, on arrive à la *Medina Vecchia*, comme dit le paysan, qui parle autant arabe qu'italien. Les ciceroni du lieu vous mènent tout d'abord à la *cathédrale de Saint-Pierre et Saint-Paul*, où l'on s'efforce de vous faire admirer d'assez mauvais tableaux : on fait ce qu'on peut. Mais cette église a un trésor : c'est le portrait de la Vierge par l'évangéliste saint Luc. L'art chrétien n'a pas de plus ancien ni de plus vénérable monument. Ce tableau est si mal éclairé qu'il est bien difficile de saisir le détail des traits, et de comparer cette ressemblance vraie avec les idéalisations du xv° siècle et la Renaissance. Il serait curieux de mettre ce saint Luc à côté d'un Raphaël. Du reste, la cathédrale est riche en souvenirs de l'école byzantine, et, sans parler d'un saint Paul couvert de métaux précieux et de pierreries de toute nature, nous avons vu plusieurs saints en extase dans leur cadre à fond d'or, dignes du premier corridor des *Uffizj* de Florence ou de la vieille galerie de Sienne. Nous aurions cependant donné volontiers plusieurs de ces tableaux pour une petite Vierge de Sasso-Ferrato, placée sur un autel latéral, à demi cachée par l'ombre de son voile, mais dont la bouche rose a des sourires d'une béatitude infinie, et dont les belles mains jointes prient avec une ferveur de sainte : ce sont là les prières dont il a été dit qu'elles font violence au cœur de Dieu. Un Christ en ivoire apporté de Rhodes : torse maigre, bras décharnés, tête douloureuse et expressive couronnée d'épines, et se hérissant de rayons d'argent qui en sortent comme par effluves, montre assez ce que peut faire la foi qui s'essaye dans les arts et la piété qui n'a pas encore de goût. Cette cathédrale est vaste et paraît vide ; elle a peu d'ornements en effet. Nous avons cependant remarqué en plus d'un lieu des revêtements d'albâtre gris, richement veiné, des carrières de Gozzo, des lapis assez bleus, et une composition que les gens du pays appellent *smaldo*, et dont les teintes d'azur sont très-vivement nuancées. Cette composition orne le tombeau de l'évêque actuel de Malte, qui s'intitule encore archevêque de Rhodes. Qui donc oserait blâmer la piété des souvenirs?

Ce vénérable prélat a voulu lui-même préparer sa tombe de son vivant. C'est le plus sûr moyen de l'avoir à son goût. Il faut lui rendre justice ; il a bien fait les choses, et il doit être fort heureux chaque fois qu'il passe devant cette pierre élégante qui abritera un jour son dernier sommeil.

En sortant de la cathédrale, je suis entré dans une toute petite église ; j'y ai trouvé plus de tableaux que dans vingt cathédrales de France, et j'y ai admiré sur un tabernacle un jeune saint, beau comme une femme ; la peinture suave et comme attendrie avait la *morbidezza* et la suavité des pastels de Latour. Des flammes s'échappaient de ses paupières blondes : la prunelle éclairait le visage, et le visage éclairait le tableau ; les mains aristocratiquement fines m'ont révélé saint Louis de Gonzague, prince de la terre et prince du ciel.

Pendant que j'admirais ce tableau, un sacristain vêtu de noir s'est approché de moi, à une distance respectueuse toutefois, et me montrant un trousseau de clefs...

— *Eccellenza!* voulez-vous voir la grotte où se fait le miracle?

— Un vrai miracle?

— Si, *Eccellenza!*

— Allons!

Nous descendons une vingtaine de degrés par une pente assez roide, et nous nous trouvons au seuil d'une grotte taillée dans le vif des roches.

Cette grotte a servi d'asile à saint Paul, quand il fit naufrage sur les roches de Malte païenne : on y voit une statue en marbre d'un sculpteur maltais, qui a bien compris et habilement rendu la grande et haute expression de ce saint, qui fut aussi un homme de génie.

J'attendais toujours le miracle, et, ne le voyant pas venir, je le demandai.

— *Eccolo, signore!* répondit le sacristain.... Vous voyez cette grotte?

— Oui.

— Marchez!

— C'est fait.

— Combien de pas?

— Vingt-deux.

— *Va benè!* eh bien! si on taille un pied de plus, ça fait vingt-trois!

— J'en conviens, mais ce n'est pas un miracle, c'est une addition...

— *No, signor, è un miracolo...* car, au bout d'un mois, la pierre repoussera toute seule et la grotte n'aura plus que vingt-deux pieds!

Je fis un geste qui exprimait un doute poli.

— *E vero! signore*, fit un autre sacristain, que je n'avais pas vu entrer... *E vero!*

Dieu fera grâce à cette superstition naïve qui n'est que l'égarement de la foi.

Je me tus; alors le premier gardien, me présentant délicatement un petit morceau de cette pierre :

— Prenez! me dit-il, et quand vous aurez la colique, laissez tomber dans un verre d'eau, *ça ne fondra pas*, ensuite vous boirez l'eau, et vous serez guéri.

— Nous avons encore une grotte, poursuivit mon cicerone en suivant ma *buona mano*.

— De saint Paul?

— Non, fit-il en riant, de Calypso...

Il fallait prendre une barque pour aller dans l'île d'Ogygie, que les Italiens appellent aujourd'hui Gozzo. La mer était un peu grosse. Je retournai à la cité Valette.

La chaleur était accablante, mes chevaux ramenaient à chaque instant leurs longues crinières sur leurs yeux, et mon cocher suait autant qu'eux. Nous entrâmes, pour laisser passer les heures torrides du *mezzo-giorno*, chez le gouverneur civil, sir William Brid, ancien président de la *Grande Exhibition*, et dont la maison hospitalière s'ouvre à tous les étrangers. L'équipage se remisa sous un portique immense, et j'allai m'étendre à l'ombre d'un tilleul gigantesque dont les feuilles abritaient des millions de cigales chantant au soleil une hymne notée sur des gammes aiguës.

Je rentrai le soir à la ville, et j'allai goûter le frais sur la promenade de Castille; c'est à la fois les *Champs-Élysées* et le *boulevard de Gand* de la cité Valette, avec les proportions de notre *place Royale*. On est sûr d'y rencontrer ceux que l'on cherche, et même ceux que l'on ne cherche pas. On ne va pas ailleurs. Cette promenade est à la fois bâtie et plantée; on passe d'un berceau de verdure à un arceau de maçonnerie ; un jour on ratisse, et le lendemain on blanchit à la chaux. La pierre éclatante contraste fortement avec la verdure sombre, et les trois ports et les grands horizons de la Méditerranée vous offrent des perspectives incessamment variées.

Là toutes les races se croisent, tous les intérêts se rencontrent, tous les orgueils se mesurent, toutes les vanités se coudoient, toutes les passions se concentrent.

Inutile de dire que les femmes font le plus bel ornement de la promenade de Castille. Les Anglaises les plus blondes, les plus blanches, les plus roses des trois royaumes, y passent comme un rêve, vêtues de ces étoffes de l'Inde, au tissé qui caresse plutôt qu'il ne voile leurs formes délicates. A côté d'elles, à la fois languissantes et vives, souples et penchées, se cachent et se laissent voir les Maltaises onduleuses, glissant plus qu'elles ne marchent. Comme toutes les Orientales, les femmes de Malte ont une physionomie expressive, et dans le regard je ne sais quelle flamme d'éclair noir qui vous éblouit. Elles n'ont ni la correction des traits, ni l'harmonie des proportions qui font la beauté classique : ce ne sont pas des statues grecques, mais ce sont vraiment des femmes. La grâce et l'originalité de leurs toilettes, c'est la mantille. La mantille des Maltaises, qui s'appelle *faldetta*, n'a ni la richesse ni la fantaisie de la mantille espagnole ; c'est tout simplement un morceau de taffetas noir. J'ai remarqué que presque toutes les femmes la portent de travers ; les femmes du peuple en retiennent le coin flottant avec leurs dents, — blanches et aiguës, — les femmes du monde avec leur main droite. Toutes la disposent et l'arrangent de mille façons : la faisant subitement remonter jusqu'au front, ou l'abaissant tout à coup jusqu'au menton, cachant ainsi, ou laissant voir à leur gré l'éclat de leur regard et la grâce de leur sourire.

Il est curieux d'étudier les Anglais partout où on les rencontre. Sous toutes les latitudes, le génie anglo-saxon, qui s'est répandu sur toute la face du monde, entame bravement la lutte avec la nature. Il ne demanderait pas mieux que de bâtir l'univers sur le modèle de *Régent's Quadran*, et de façonner la campagne à l'instar d'une ferme modèle du Devonshire. Du reste, il faut bien en convenir, les Anglais apportent dans leurs efforts autant d'intelligence que d'énergie. Il suffit, pour s'en convaincre, de voir deux heures l'île de Malte et la cité Valette. Ils l'ont accommodée aux aisances et aux facilités de la vie européenne, tout en lui laissant l'originalité piquante de sa physionomie orientale. Les hautes maisons surplombent toujours les rues étroites pour verser un peu d'ombre sur le passant; mais l'incurie du musulman est remplacée par une activité qui brave tous les soleils; les immondices de Constantinople ou d'Alexandrie ne sont même plus soupçonnées sur ces larges dalles, qu'une propreté minutieuse essuie chaque matin comme un trottoir de Piccadilly. Le *bravo* a disparu avec le *ladrone :* vous pouvez perdre votre bourse le soir en rentrant chez vous; vous la retrouverez le lendemain à votre réveil. Le policeman, courtois et ferme, fait respecter la loi en vous entourant d'égards. Les maisons sont restées coquettes, tout en devenant commodes : elles ont gardé la grâce et reçu le confortable. Il faut le dire cependant, Malte jouit de ces bienfaits sans reconnaissance. Les Anglais sont bons dans une certaine mesure, personne ne le sait plus que moi; mais leur bonté manque de charme, et leur philanthropie, qui est très-vraie, n'a pas trouvé à Malte plus qu'ailleurs le secret pourtant si doux de se faire aimer. Je crois que c'est injuste, mais cela est. On n'accepte d'eux que leur or. Ils le répandent sans cesse d'une main toujours pleine et toujours ouverte. On assure que la flotte dépense à Malte près de trois millions chaque hiver. On paye les matelots chaque soir, ils passent la nuit dans les tavernes du port, en festins et en liesse; ils reviennent à bord les mains nettes : les shillings sont restés à terre.

Mais cela n'y fait rien; l'or n'achète pas les cœurs.

— Que préférez-vous, demandai-je à un insulaire, les Anglais ou les Français?

— Les Maltais, me répondit-il.

Les Maltais, en effet, comme toutes ces familles d'hommes qui ont dans leurs veines le sang de cette race arabe, fière et à demi sauvage, n'ont pu jamais se consoler de l'indépendance perdue. Malgré leur origine, ces arrière-cousins d'Ismaël sont des catholiques fervents. Ils ont conservé pour saint Paul un souvenir qui va jusqu'au culte. L'*apostolon messierna san Paolo* — l'apôtre *monsieur saint Paul* — a des chapelles, des statues, j'allais presque dire des autels, dans tous les coins de l'île, qui rappellent un épisode de son passage.

L'aristocratie, qui est pauvre, compte quelques barons, assez de comtes et plusieurs marquis. Elle vit fièrement chez elle, à part, loin du bruit et des Anglais, au fond de ses *cazals*, économe, résignée, mais hautaine, et gardant sans mésalliance sa noblese indigente. Elle fume rarement ses terres, comme disait superbement le xviiie siècle. Pour elle le monde n'a pas fait un pas depuis la bataille de Lépante.

Il faut bien le dire, Malte aujourd'hui ne vit que par les Anglais. Ce n'est pas tout à fait sa faute : cent mille hommes sur un rocher; ni culture ni commerce! Il y a quelques pêcheurs, quelques pilotes, et beaucoup de mendiants; leur troupe hâve, étendue sous les fenêtres des palais, se lève à votre approche, et vous poursuit de ses cris lamentables; mais très-musicalement notés : *La carita! la carita!*... Quelques-uns ont de fières tournures, et un instinct de geste qui les égale aux plus grands artistes. J'ai vu une vieille Arabe me demandant l'aumône, la main sur la tête aveugle de son fils, avec une pose digne des crayons de Raphaël... Du reste, les Maltais valides restent rarement chez eux. Leur île, placée entre trois mondes, peuple les côtés de l'Europe, de l'Afrique et de l'Asie : ils promènent partout leur activité infatigable et leur industrie parfois redoutée.

La vie à Malte se passe dans les promenades, aux balcons et aux jardins. J'ai déjà parlé des promenades. Les jardins sont charmants et d'une fraîcheur délicieuse. Le jardin de *San-Antonio* et le *Boschetto* sont les deux plus beaux. Celui-ci est planté autour d'une grotte de rochers digne d'une troupe de nymphes; une source abondante, qui tombe à gros bouillons, est reçue dans des bassins de marbre, et se répand sous les berceaux touffus des grenadiers, des cactus, des aloès et des orangers toujours en fleurs. L'autre, symétriquement divisé par de grandes allées droites *à la française*, encaisse entre ses larges dalles un rare et mince filet, qui vient mourir dans une vasque où s'épanouissent toutes les tribus de la Flore des eaux. Là bourdonnent et voltigent sur leurs ailes de gaze les libellules au fin corsage, les abeilles d'or et toutes ces mouches brillantes et inconnues, topazes ailées, émeraudes vivantes, saphirs et rubis, qui vous entourent de leur vol comme d'un tourbillon de pierreries et de feux.

Dans ces enclos réservés, où la culture exquise combine toutes les ressources d'un sol factice et d'une chaleur tropicale, la feuille arrive aux teintes les plus foncées du vert, tandis que les fleurs se revêtent d'un éclat inouï. J'ai vu des lauriers-roses gigantesques, larges et touffus comme des pommiers de Normandie et des fuchsias à couvrir un arpent. Quant aux fleurs, rien n'égale la variété de leurs tons, l'intensité de leurs couleurs ou la suavité harmonieuse de leurs nuances. Les étoffes deux fois teintes dans la pourpre de Tyr pâliraient auprès de ces cactus dont les épines défendent la fleur délicate.

Malheureusement chaque maison n'a pas son jardin : chaque maison a du moins son balcon.

Le balcon donne son cachet, sa physionomie et sa grâce à la cité Valette. Ce balcon n'est pas seulement une saillie de la corniche, un renflement de la façade : c'est un salon extérieur, tout aérien, détaché des réalités vulgaires et prosaïques de l'existence, et où il semble que l'on ne doive entrer que pour vivre d'une vie immatérielle et idéale. Son architecture réunit toutes les conditions d'élégance et de légèreté d'une construction de fantaisie. La pierre est toute fouillée de sculptures et d'arabesques. De fines colonnettes séparent les nombreuses fenêtres, sur lesquelles retombe la *jalousie*, doublée d'une tendine aux couleurs tranchées...

Ce balcon est la partie la plus habitée de la maison. La brise qui passe à travers les tendines et les jalousies y entretient pendant le jour une température supportable. La nuit, on y goûte une fraîcheur délicieuse. Dans les rues étroites, ces balcons se regardent et ces fenêtres causent et jasent entre elles, comme des voisines familières. Dans les maisons de la plage, le balcon sert d'observatoire et découvre à l'œil enchanté les perspectives sans bornes de cette belle Méditerranée, dont les flots changeants portent tour à tour le calme et la tempête.

Parfois la sérénade ajoute un charme de plus à toute cette poésie.

La sérénade n'est pas indigène à Malte, et les Anglais sont peu troubadours de leur nature.

« Mon fils, disait lord Chesterfield, il ne faut pas faire de musique... Quand on en veut, on en achète... elle est meilleure, et c'est plus convenable ! *more dicent*. »

De temps en temps une troupe d'Italiens ambulants, qui fait escale, avant la saison d'Alexandrie et de Smyrne, promène ses talents par la ville.

Un soir, dans le faubourg de la cité Valette, j'ai entendu un de ces concerts en plein vent. La *banda*, comme on dit, se composait de deux violons, d'une harpe, d'un cornet et d'une flûte douce. Après le morceau obligé de *Don Pasquale*,

« Nuit parfumée, »

qui fut médiocrement exécuté, on enleva prestement une

tarentelle écrite pour la danse, et des *siciliennes* au rhythme entraînant. Les jalousies discrètes ne se relevèrent pas, mais une tendine rose s'entr'ouvrit, et une petite main, une main jeune, laissa tomber aux pieds des artistes une pluie de *shillings* et de *six-pence*.

La main disparut, la troupe s'en alla, et je retournai moi-même à mon balcon en traversant une longue rue silencieuse, dont les hautes maisons, belles comme des palais, portent encore le blason historié, la croix étoilée et les fières devises des chevaliers.

XXV

VENISE.

L'Adriatique. — Venise et Trieste. — Arrivée à Venise. — La place Saint-Marc. — Promenade nocturne. — Sérénade. — Les barcarols. — La terre et l'eau. — Les rues de Venise. — Le Grand-Canal. — Silhouettes de palais. — Profils d'habitants. — Saint-Marc. — Les églises. — Les musées. — Le Ridotto. — La Fenice. — Les lagunes. — Le Lido. — Le cimetière des juifs. — Murano.

Avant de continuer notre course vers l'Orient, il faut quelque peu nous détourner vers le nord et pénétrer dans ce long golfe, grand comme une mer, et une mer en effet, l'ADRIATIQUE, qui a d'un côté pour rivage la côte presque unie de l'Italie orientale et de l'autre les bords de l'Illyrie, de l'Herzégovine et de la Dalmatie, tout constellés d'îles. Ici encore, nous serons forcés d'être brefs et rapides, d'effleurer beaucoup et de nous arrêter peu. Pénétrons tout d'abord jusqu'au fond du golfe; nous y trouverons en présence, face à face, se regardant comme deux rivales, comme deux ennemies, Venise, la gloire passée, et Trieste, la prospérité présente de l'Adriatique.

A ce seul nom de Venise, ne sentez-vous point renaître dans votre âme toutes les idées de grandeur, de beauté, de poésie, de richesses et de puissances mystérieuses qui firent jadis de cette ville des doges la reine des mers et la capitale de l'aristocratie et du commerce? Aujourd'hui, vous dira-t-on, cette aristocratie est morte ou exilée, ce commerce ruiné, cette puissance humiliée, cette splendeur évanouie. Ne craignez rien pourtant, vous pouvez aller toujours à Venise ; car, malgré le temps, malgré les hommes, plus cruels encore, Venise est toujours belle.

C'est par une belle nuit d'été que le voyageur qui sait ménager ses impressions devra voir Venise pour la première fois. Supposons qu'il arrive par l'Adriatique, et qu'il débarque sur la Piazzetta, ce vestibule de la place Saint-Marc, qui s'étend du grand canal jusqu'à la Basilique. Il mettra pied à terre sur des degrés de marbre, entre deux monolithes de granit africain, dont l'un porte au-dessus de son chapiteau le lion de saint Marc, les ailes éployées et la griffe allongée sur le livre des Évangiles ; l'autre, un saint Théodore superbe, coiffé d'un nimbe de métal, l'épée au côté, la lance au poing. Bientôt il s'avancera sur un étroit espace, laissant à sa gauche la robuste architecture de la Zecca, où se frappaient jadis ces beaux sequins de Venise, célèbres dans le monde entier, et les élégantes arcades de la bibliothèque de Sansovino, couronnées de statues mythologiques ; à sa droite, le palais des Doges, étalant sur sa façade vermeille mille losanges incrustées de marbre rose et blanc.

Il arrivera bientôt sur la place Saint-Marc.

Là commence l'enchantement.

Tout près de lui, à une hauteur prodigieuse, comme une fusée de pierre, jaillit le CAMPANILE au toit aigu, que surmonte et couronne un ange d'or. Plus loin, c'est la tour de l'Horloge, encaissée dans les VIEILLES-PROCURATIES, et dont les jaquemarts de bronze sonnent les heures à tour de bras sur un timbre retentissant. Dans l'ombre, la basilique estompe vaguement la coupole de ses cinq dômes, ses clochetons à jour, ses galeries de colonnettes et ses porches sombres, dont quelque rayon de lumière égaré fait tout à coup étinceler les mosaïques. Çà et là on entrevoit, plutôt qu'on ne distingue, tout ce peuple aérien de statues qui s'élèvent entre des piliers de porphyre et de marbres antiques, au faîte des pignons à lancette, dont l'ogive se découpe en mille feuillages capricieux. Venise est là, tout entière, entassée sur cette place. Sur les larges dalles du milieu, l'excellente musique de la garnison dresse ses pupîtres, et joue tour à tour les plus beaux airs des opéras en vogue, et quelques-unes de ces valses allemandes où, comme a dit un poëte, la Joie et la Douleur, voluptueusement embrassées, semblent tourner doucement et montrer tour à tour une face pâle baignée de larmes et un front rayonnant couronné de fleurs. En cercle, aussi près que possible, s'étouffe la petite bourgeoisie, maris, femmes et enfants. Chaque café attire sa clientèle spéciale. Les Grecs, en fustanelle blanche, en bonnet rouge, d'où la houppe de soie retombe sur leurs épaules comme une chevelure bleuâtre, boivent des flacons de vins des îles à *Constanza;* les officiers fument des cigares aux *Quadri;* les étrangers, avides de nouvelles, lisent à *Florian* les journaux que la police laisse entrer, tandis qu'à demi couchées sur deux chaises, près des patriciens indolents, les grandes dames dégustent lentement leur sorbet devant les arcades de *Sutil.*

Mais, une à une, du haut Campanile tombent les heures sonores; la foule s'éclaircit; les premiers arrivés partent aussi les premiers. Le négoce, qui se lève matin, se couche de bonne heure; la flânerie sans but fatigue vite le voyageur désœuvré; les femmes, qui ne sont venues ici qu'en *prima sera*, et qui veulent recevoir leurs amis chez elles, disparaissent quand l'*Adieu* de Schubert ou la valse de Weber ont soupiré leurs dernières notes. Il ne reste plus guère sur la place que quelques groupes de causeurs attardés çà et là : ce sont comme les intimes de la maison, qui se trouvent plus à l'air quand la cohue des invités s'est déjà dispersée. Ceux-là, mieux qu'aucuns, savent jouir de Venise, et pour eux Venise se fait belle. Dégagée des promeneurs trop nombreux qui l'encombraient, la place maintenant laisse plus facilement apprécier ses exquises proportions; le gaz, aux trop vives clartés, pâlit dans le globe moins rempli des candélabres; la lune, longtemps cachée derrière les hautes et sombres murailles des Procuraties, se dégage enfin, et, tout humide des flots de l'Adriatique, verse sur toutes choses ses molles et douces fleurs nacrées.

La musique se tait; mais je ne sais quelles mélodies flottent dans l'air ému. Venise a des heures plus brillantes; jamais elle ne déploie plus de séduction et plus de charme. Ils le savent bien, ces dilettanti de la vie dorée, ces fils dégénérés de la pâle aristocratie, qui se consolent de ce qu'ils ne sont plus en oubliant ce qu'ont été leurs pères; ils ne font rien le jour : Venise invite si bien à la paresse du *far niente!* Mais le soir les appelle, et la nuit les retient sous les arcades de cette enceinte magnifique, qui voyait jadis se dérouler, à travers mille péripéties, toute l'existence de leurs ancêtres. Pour ceux-là, les affaires étaient un plaisir; pour ceux-ci les plaisirs sont une affaire. Les bouquetières au fin corsage viennent discrètement fleurir leur boutonnière; on a gardé pour eux le dessus du panier; on sait le parfum que chacun aime: la rose à celui-ci, l'œillet à celui-là. Pour eux, les garçons bien stylés ont réservé la table accoutumée et la place familière, les cigares les plus secs et les sorbets les plus glacés. Et maintenant qu'ils sont seuls, laissons-les égrener la chronique légère et malicieuse de la ville; laissons-les échanger ces mille bruits du monde, ces menus propos, ces grosses médisances, ces petites calomnies, sans intérêt pour ceux qui ne connaissent point les personnages de la comédie, et poursuivons notre course nocturne. Aussi bien, là-bas, à l'extrémité de la place, sous ce pont de marbre blanc et d'une seule arche qui enjambe si hardiment le canal en face de la petite église San-Mosè, voici des gondoles qui nous attendent. Rien qu'en nous voyant venir, le barcarol en veste blanche, couché au fond de son embarcation, a bondi sur ses pieds. Un jeune drôle aux jambes nues, brunes et nerveuses, vient de jeter son crochet sur le bordage de la proue, et, cramponné à la rampe du pont, il offre à *Nos Excellences* l'appui de son bras, que nous récompensons avec une pincée de petites pièces, nommées *quarantani*, qui ne valent guère mieux que nos centimes.

Deux coups de cette rame unique, qui suffit aux Vénitiens pour diriger leurs gondoles, nous mettent vite au large, et bientôt l'embarcation glisse sur les eaux du Grand-Canal, légère et rapide.

Une sérénade passe dans la distance, cinq ou six instruments à cordes marient leurs notes aériennes. Une voix s'élève, si pure et si limpide qu'on dirait les vibrations du cristal : elle chante les premières strophes de ces litanies du plaisir, qui semblent faites pour la plus charmante et la plus amoureuse des villes, et que le poëte a rimées dans une langue dont chaque mot est une caresse :

> Coi pensieri malinconici
> No te star a tormentar?
> Vien con mi, montemo in gondola,
> Andremo in mezzo al mar.
> Ti xe bella, ti xe zovene,
> Ti xe fresca come un fior,
> Vien per tuti le so lagreme,
> Ridi adeso e fa l'amor.

« A quoi bon se tourmenter de pensées mélancoliques? *Viens-nous-en!* montons dans la gondole; allons jusqu'à la haute mer. Tu es belle, tu es jeune, tu es fraîche comme une fleur. Adieu les larmes; ris, et vive l'amour! »

Celui qui n'a pas entendu une sérénade à Venise ne connaît pas le charme infini et l'irrésistible puissance de la musique. Les notes qui vous arrivent, promenées sur les eaux, comme l'esprit de Dieu au commencement des choses, et apportées par la brise fraîche de la nuit, prennent tout à coup je ne sais quelle sonorité pénétrante qui ravit le silence et charme les échos marmoréens de tous ces vieux palais. Rien ne vous échappe : votre oreille saisit les nuances les plus fines. La mélodie, la divine mélodie s'empare de vous ; on dirait qu'un invisible archet passe sur vos nerfs qui vibrent, sur vos fibres qui frémissent. Tout ce que les poëtes ont rêvé de plus délicieux pour enivrer les sens et troubler les âmes trouve ici sa réalisation la plus enchanteresse.

Cependant le barcarol rame toujours ; à certains tressaillements de la gondole, vous sentez qu'elle vient de décrire une oblique ; la résistance visible des flots écumants sous votre proue vous indique assez que vous quittez le fil de l'eau pour entrer dans les détroits des petits canaux. Il faut s'engager résolûment dans le réseau inextricable de ces canaux enchevêtrés les uns dans les autres. Tantôt nous nous enfonçons dans l'ombre que projettent sur la vague des ponts larges et bas ; tantôt nous longeons les façades de quelques palais capricieusement éclairés par la lune, la lune blanche, — *bianca luna*, — comme disent les Vénitiens, et nous voyons tour à tour paraître et disparaître des architectures diversement belles : ici la Renaissance avec ses colonnes et ses ordres superposés ; là le gothique et l'arabe du moyen âge, avec leurs balcons évidés à jour, leurs délicates ogives, leurs trèfles et leurs acrotères dentelées ; çà et là, des mélanges et des confusions de tous les styles et de toutes les époques : le byzantin à côté du lombard, le grec avec le romain. Ajoutez l'indescriptible effet de cette espèce de pénombre vague dont la nuit, si lumineuse qu'elle soit, enveloppe toujours les objets, et vous aurez une idée à peu près juste des spectacles changeants qui se déroulent de chaque côté de la barque ; la barque vogue vers le point harmonieux, guidée par les instruments et les voix qui, devant elle, fuient toujours. Elle ne porte aucun fanal à sa proue ; le gondolier, qui ne veut rien perdre du concert flottant, effleure à peine les vagues de sa rame discrète, et elle passe comme un fantôme noir et silencieux.

Çà et là cependant, une maison s'éveille aux doux sons ; une fenêtre s'entr'ouvre, et quelque tête de jeune fille s'avance pour entendre, pâle et rêveuse. Parfois, entre les fleurs, sur l'appui du balcon, à côté des grands lions héraldiques qui protégent ses angles, une femme apparaît, et, sous ses longs voiles blancs, poétique et belle comme une sœur de Desdémona, elle se penche vers la barque.

Mais, tout à coup, au détour d'un canal sombre, la gondole se trouve en pleine lumière; nous sommes au pied d'un palais qui, cette nuit même, donne une fête : il jette du feu par toutes les fenêtres de sa magnifique façade. Son petit jardin, dont il est séparé par un canal et rapproché par un pont, a pris un aspect féerique. Les lanternes de couleur, qui sont par excellence les lanternes vénitiennes, suspendues dans les rameaux, semblent des fleurs brillantes que le feuillage voudrait en vain dérober. Le petit pont, d'une seule arche hardie, jeté à trente pieds au-dessus de l'eau, des fenêtres du premier étage à la rampe d'une terrasse, laisse retomber, parmi ses lianes, des pots à feu et des flammes du Bengale qui font resplendir sur la façade tout un Olympe de divinités mythologiques : des nymphes et des naïades épanchant leurs urnes, des titans écrasés sous la montagne de pierre des balcons, et foudroyés sous des entablements et des corniches; des monstres fabuleux, qu'aucune zoologie n'a classés ni décrits, s'enroulant autour des gargouilles, des chimères se tordant aux angles des puissantes assises; en un mot, tous les ordres et tous les règnes confondus dans une sorte de ménagerie de marbre, dont les étranges spécimens, qui n'ont jamais existé ailleurs que dans le cerveau de l'artiste visionnaire, grincent, luttent, mordent et déchirent avec une rage et une fureur que la vie même ne saurait égaler. Une étroite fenêtre à ogives, toute brodée de fleurs et de dentelles, qui s'ouvre sur un petit balcon arabe, percé à jour comme la plus fine guipure, fait ressortir, par sa svelte élégance, toute la grandeur de ces proportions imposantes.

Le canal, traversé comme un prisme par des rayons de mille

couleurs, ajoute sa poésie à la scène magique qu'il reflète; les lueurs mollement brisées des lanternes s'y plongent en frissonnant; le flot, richement teinté, baise les pieds de marbre du palais, tandis que, par un reflet naturel de perspective, les hauts étages s'enfoncent dans les profondeurs noires.

Derrière les vitres, on voit passer et repasser les groupes enlacés dans les valses tournantes, ou bien ce sont des silhouettes de femmes échappées au tourbillon de la fête, et qui se penchent languissamment au balcon.

Voilà, avec sa poésie étrange et sa saisissante beauté, la Venise des canaux, la Venise marine, si j'ose ainsi parler.

L'autre n'est pas moins curieuse. Renvoyons, s'il vous plaît, notre gondole, et gagnons par terre notre hôtel.

Ici le dédale des rues succède au dédale des canaux. Presque toutes ces rues sont des ruelles, et si étroites que l'on ne peut marcher au milieu sans coudoyer les maisons des deux côtés.

Mais, avec leurs toits surplombants, leurs balcons en saillie, leurs portes enfoncées sous les auvents, leurs fenêtres protégées par des grilles superbes en fer travaillé, leurs lampes fumeuses, brûlant en *ex-voto* devant quelque image de la Vierge ou des saints, ces maisons forment, à l'angle de chaque rue, au coin de chaque place, des tableaux dont l'ensemble est d'une fantaisie digne des pinceaux de Martinn et des crayons de Callot.

Cette promenade nocturne, par laquelle nous nous sommes souhaité à nous-même notre bienvenue à Venise, n'aura fait sans doute qu'exciter notre curiosité : il faudra la recommencer avec le jour et revoir encore le Grand-Canal.

Je ne sais rien de plus beau qu'une promenade en gondole découverte le long du Grand-Canal. Cette vaste rue liquide, qui traverse toute la ville en décrivant un S immense, est tout entière bordée de palais dont la vague baigne les pieds de marbre, et qui lui font une décoration sans rivale. Presque tous mériteraient une longue station et une étude à part, et nous ne pouvons que leur donner un coup d'œil en passant. Chacune de ces petites merveilles, pour lesquelles les patriciens de Venise donnaient à leurs architectes beaucoup d'or et assez de liberté, est un spécimen d'architecture assez originale, mariant avec un rare bonheur la fantaisie et la magnificence.

Sans doute Venise est bien déchue de ses antiques splendeurs, et ces nobles palais ont reçu plus d'une atteinte cruelle ; mais il leur reste à tous au moins quelques vestiges de leur grandeur passée. Je ne parle point seulement de l'extérieur, qui, grâce aux blessures du temps, a peut-être plus de poésie et de vraie beauté qu'aux jours où ils sortirent des mains de l'artiste, tous brillants de jeunesse. Les intérieurs mêmes ont toujours quelques pièces qui gardent encore le reflet de leur premier éclat. Je ne sais rien de plus curieux, par exemple, que ces grandes galeries, traversant le palais tout entier, aboutissant, par chacune de leurs extrémités, à quelque balcon richement sculpté, qui s'ouvre ici sur un jardin, et là sur un canal. Nulle part on ne retrouve une trace plus irrécusable de l'opulence des aïeux. Souvent on a dû se défaire d'une partie des meubles qui décoraient les autres pièces ; mais on n'a pas voulu toucher à ces murailles superbes, décorées d'une longue file d'ancêtres, dont parfois les portraits sont la seule richesse de leurs descendants ; à ces cheminées taillées dans le porphyre égyptien ou dans l'albâtre oriental, incrustées d'agate, d'onyx et de chalcédoine, et encadrant quelque glace gigantesque dans deux colonnes de jaspe. Les plafonds, qui s'appuient sur les frises, où s'enlacent des génies et des amours, se voûtent en coupoles profondes pour recevoir des apothéoses de dieux et de héros, peintes à fresque par des artistes immortels comme eux ; çà et là, suspendus par des chaînes d'or ouvragées, de grands lustres en descendent, dont les palmes bleues et les fleurs rouges piquent de leurs vives couleurs la blancheur opaline du verre de Murano. De chaque côté des hautes portes, dont les bossages sont taillés en pointe de diamant, pareils à des sentinelles, des nègres sculptés par Brastolone, vêtus de brocart, comme dans les tableaux de Titien et de Véronèse, et ceints d'écharpes zébrées, élèvent au-dessus de leurs têtes sombres des torchères à vingt bougies. Dans un coin, le ferral d'une galère équipée contre les Turcs par quelque capitaine de la famille, dresse son appareil de bronze et de verre; à droite et à gauche, sur des consoles, des coffrets indiens, des armes orientales; et, adossé à quelque tenture venue des fabriques de France, un fauteuil majestueux comme un trône, dont les croix grecques, incrustées en nacre et en écaille dans l'ivoire et l'ébène, révèlent l'origine byzantine, et attestent que les Vénitiens furent un jour maîtres de Constantinople. L'air circule librement dans ces vastes galeries, où les patriciennes de la Sérénissime République étalaient les riches étoffes tissées d'or et de soie de leurs robes de gala. Là, point de tapis vulgaire, coupé au mètre chez un marchand qui vendra la même nuance et le même dessin à toute une ville; mais, au contraire, un pavé étincelant où des pierres que, partout ailleurs, leur éclat et leur dureté rendraient précieuses, le jaspe, le lapis et le porphyre, par la savante combinaison de leurs couleurs, forment des mosaïques d'un dessin bizarre, des figures, des ornements, des arabesques d'une variété infinie.

Tout cela semble fait pour le déploiement de la vie élégante, facile et large des siècles opulents, et tout cela rappelle encore aux yeux de notre génération bourgeoise les splendeurs évanouies des anciens temps.

Le passé, le passé qui ne reviendra plus! voilà ce que nous crient toutes les pierres de Venise. Nulle part l'idée de ruine ne tombe avec plus de force sur l'esprit pour l'accabler.

Nous n'avons point à faire ici l'histoire de la décadence de Venise, qui tomba avec son aristocratie. Nulle part, on peut le dire, la chute de la noblesse ne fut plus soudaine ni plus funeste; — elle eut même un caractère particulier.

Quand la Sérénissime République, après quatorze cents ans d'existence, — et quel gouvernement eut jamais une pareille durée? — sombra tout à coup sous le choc violent de la Révolution française, son patriciat se vit privé de tout à la fois. Longtemps il avait trouvé dans le commerce qu'il pouvait faire sans déroger, et dans les expéditions maritimes auxquelles il se livrait si ardemment, une source de richesses qui devait lui sembler intarissable. Mais ses membres n'étaient point unis par le lien féodal; ils n'avaient pas cette possession assurée du sol, sur laquelle, comme sur une indestructible base, les grandes aristocraties du continent avaient assis leur puissance. Le patriciat vénitien pencha donc rapidement sur son déclin quand Venise eut perdu la mer. Il ne lui resta plus que les charges publiques, dont il s'était réservé le monopole; ce n'était pas assez pour entretenir son opulence et subvenir à son faste traditionnel. La fortune privée commença de décroître avec la fortune de l'État. Mais il n'y eut pas seulement une décadence dans la prospérité et la puissance, il y eut aussi une déchéance dans la race. C'est là peut-être une loi providentielle qui veut que les choses d'ici-bas aient leurs retours, et que l'empire ne s'immobilise point à jamais dans les mêmes mains. Comme un arbre épuisé par l'abondance de ses fleurs et de ses fruits, et qui n'a plus de séve pour ses rameaux élevés, Venise se décapitait elle-même. Aussi, lorsque la Révolution française éclata sur le monde, la république de Saint-Marc, jadis si grande et si redoutée, traînait sa vie dans une sorte de décrépitude, péniblement, ou plutôt elle achevait de mourir. L'aristocratie abdiqua au seul bruit de l'approche des Français, et remit le pouvoir entre les mains du peuple, qui n'était ni assez fort pour le défendre, ni assez habile pour l'exercer. On sait le reste. Un traité de paix donna Venise à l'Autriche, et l'absolutisme des Césars allemands se substitua à l'oligarchie vénitienne. Le peuple n'y gagna rien; la noblesse y perdit tout. Elle avait toujours compté parmi ses membres des riches et des pauvres : c'est ce qui ne manque jamais d'arriver dans une classe un peu nombreuse. Les riches occupaient les fonctions honorifiques, et cédaient aux pauvres les emplois lucratifs. Tout fut supprimé. Les riches furent épuisés par l'impôt sans cesse grossissant ; les pauvres, réduits à la misère par le retrait de leurs emplois. L'histoire d'une famille vénitienne, pendant les cinquante années qui viennent de s'écouler, serait vraiment une lamentable histoire. On verrait s'y succéder ou plutôt s'accumuler à la fois toutes les causes de ruine, et l'édifice lentement élevé par les siècles s'écrouler pierre à pierre. C'est un dur moment quand les anciennes familles voient entrer chez elles la pauvreté ! Elles ne connaissaient point cette terrible hôtesse ; elles ne savent point comment on la chasse, ni avec quelles armes on la combat. Au lieu de réparer les brèches, elles les agrandissent : accoutumées à ne guère compter avec les autres, elles comptent encore moins avec elles-mêmes. Quand on les voit penchées sur l'abîme qui semble les attirer, il ne manque pas de gens toujours prêts à hâter leur chute. Tant qu'il leur reste le moindre gage, il ne leur est que trop facile de recourir à la ressource trompeuse de l'emprunt ; Dieu sait avec quelle imprévoyance elles l'emploient. L'usure ressemble aux vaches maigres du songe de Pharaon, qui dévoraient les vaches grasses en un instant. Bientôt le désastre est consommé, et l'héritier d'un nom illustre demande un morceau de pain à quelque tâche mercenaire !

Telle est l'histoire d'un assez grand nombre de familles de l'aristocratie vénitienne. Le respect toujours honorable des ancêtres, qui est comme un signe de race, dispose mal à ces luttes de l'individualisme qui semblent désormais le caractère de la société moderne. Ce respect, par trop grand, désarme, dans une foule de cas, l'énergie personnelle : c'est là le malheur de l'aristocratie. L'aristocratie a fait de grandes choses : l'Europe lui a dû pendant longtemps son ordre politique et un ordre social qui fut peut-être l'expression la plus brillante de la civilisation. Mais ces grandes choses, il faut bien le dire, l'aristocratie, à Venise comme ailleurs, les a toujours faites en s'appuyant sur le privilége. Et quand ce privilége, qui la soutenait et l'élevait, est venu à lui manquer tout à coup, elle s'est trouvée inégale dans sa lutte avec des classes jeunes, nouvelles, et dont l'ardeur s'était accrue de tous les obstacles qu'on leur avait imposés pendant des siècles.

Dans les États où il s'est trouvé une bourgeoisie habile à succéder, c'est à peine si l'on a senti l'interrègne, tant la perturbation a secondé l'effort de l'ennemi, tant elle a facilité la conquête et amené la ruine.

Mais détournons nos regards de ces lugubres spectacles, et puisque nous sommes, hélas! si incapables de rappeler le passé, à jamais disparu, tâchons du moins de goûter les dernières joies que le présent nous laisse.

Venise ne comptait pas autrefois moins de cent églises ou chapelles ouvertes aux fidèles et desservies par le clergé. Il en existe encore aujourd'hui une soixantaine qui, toutes, sont dignes d'intérêt. C'est une de nos tristesses de ne les pouvoir visiter; il faut nous contenter de la plus belle, en regrettant de ne point pouvoir admirer longuement toutes les autres.

Nous ne connaissons point d'église qui nous ait plus séduit ou plus charmé que Saint-Marc. Le Vénitien a pour elle une sorte de culte, ou plutôt d'adoration passionnée. La basilique de Saint-Marc a été si intimement associée à son histoire et à sa vie, qu'elle lui est chère comme la patrie même. Dans toutes les émotions, dans toutes les crises populaires, Venise éprouve un impérieux besoin de s'agenouiller sous ces voûtes séculaires. C'est que nulle part le génie de l'homme n'a élevé à Dieu un temple mieux fait pour frapper l'imagination et saisir l'âme. Toutes les époques, toutes les civilisations, toutes les religions, tous les arts semblent à dessein s'être réunis et confondus pour former l'ensemble le plus grandiose et le plus imposant. L'œil incertain ne sait plus s'il contemple un monument de Karnak, où des processions d'hiéroglyphes coloriés tournent autour des pylônes massifs; une pagode indienne, aux colonnes étincelantes de jaspe et de lapis; le temple de Salomon, où les chérubins et les dominations se prosternent, la face voilée de leurs ailes, devant l'image de Jéhovah; une mosquée arabe, où les légendes calligraphiques circulent et s'enroulent autour des piliers; une église grecque, où la Panagia, couronnée d'un diadème d'impératrice, trône à côté d'un Christ barbare, avec son monogramme entrelacé. Tous les symboles se succèdent, tous les emblèmes se mêlent, et les dieux de l'Olympe païen coudoient les saints du Paradis. Là, depuis les coupoles dorées, soutenues par de longues files de piliers en marbre, en onyx, en albâtre oriental, jusqu'aux pavés de mosaïque, qui moutonnent sous vos pas comme des flots brillants, tout scintille, tout étincelle; mais cet éclat même a quelque chose de voilé, de mystérieux et de contenu. C'est dans l'ombre que jettent leurs feux cet or et ces pierreries!... Saint-Marc est le plus somptueux de tous les temples : il fait pâlir Cologne et Séville et Cordoue. Mais toutes ses beautés s'adressent moins encore au cœur qu'à l'esprit; l'église, que chaque génération est venue enrichir d'un trésor ou d'une merveille, a beau reluire tout entière comme un écrin, elle reste austère, malgré la recherche inouïe de ses matériaux; religieuse, malgré l'élégance et la richesse de son travail. On devine ici que l'opulence et la richesse même sont sacrées, et que les splendeurs du temple ne sont que le reflet de l'ardeur des croyances qui l'ont décoré; qu'importent d'apparentes incorrections, des détails bizarres, des associations inattendues, des contrastes qui partout ailleurs sembleraient choquants, si cet ensemble hybride, composite, disparate, si ce mélange de linéaments anguleux et de tons éclatants produit l'effet le plus soudain, le plus complétement dominateur, et s'empare de vous comme quelque chose de mystérieux et de profond, où s'abîment la pensée et le rêve?

La foule, en ces moments-là, où l'âme ébranlée semble vouloir se rapprocher de Dieu, se précipite, comme un torrent dans un gouffre, sous les cinq porches; elle entre avec le frémissement d'involontaire admiration mêlée d'éblouissement et de vertige que donnent toujours cet ensemble de colonnes et de chapiteaux, cet entassement de bas-reliefs et d'émaux, ces coupoles étamées d'or, ces voûtes couvertes de mosaïques, ces murs revêtus de marbre précieux, ces piliers damasquinés comme des armures, ces inscriptions et ces légendes en langues savantes et en écritures difficiles, ces milles figures d'apôtres, de prophètes, d'anges, de vierges, de martyrs ou d'animaux hiératiques se dessinant sous des dômes ou dans des niches, tantôt profilés avec une symétrie solennelle sur les parties claires de l'architecture, tantôt confondues avec un apparent désordre sous l'ombre portée des frises et des corniches.

Les hautes verrières dépolies ne laissent pénétrer dans la basilique qu'un jour rare et tamisé, qui vient glisser sur les surfaces brillantes ou mourir dans les angles les plus ternes; mais supposez quelque solennité : Saint-Marc va tout à coup déployer d'autres pompes. On allumera la grande lampe en forme de croix à quatre branches et à pointes fleurdelisées, qui descend de la voûte, suspendue à une boule d'or découpée en filigrane, et des feux dont nos dioramas essayent parfois d'imiter les surprenantes illusions, donneront les tons les plus chatoyants et les plus vifs aux colonnes d'albâtre et aux chapiteaux de bronze doré qui portent le dôme central. Des lampes sans nombre et de hauts candélabres chargés de cierges éclairent le chœur, séparé de la nef par une rangée de colonnes de porphyre et de serpentine, dont l'entablement de marbre est surmonté d'une grande croix d'argent, et font ruisseler de lumière, au-dessus de l'autel, le *Pala d'Oro*, ce Palladium de Venise, cette oriflamme sacrée de l'indépendance nationale, qui déploye aux regards de tous son éblouissant écrin de nielles, de métaux et de pierreries, ses découpures d'or et d'argent sertissant dans leurs lanières fulgurantes des milliers de perles, de grenats et de saphirs, et ses figurines naïves peintes en émail, et encadrées dans des niches de vermeil, d'où rayonnent des diamants, des améthystes, des topazes et des émeraudes.

Aperçue de l'extrémité de la place, l'église Saint-Marc paraîtra peut-être un peu basse à des yeux accoutumés aux magnifiques portails de nos cathédrales gothiques, et à ces flèches audacieuses qui vont arrêter les nuages au passage. Mais bientôt l'on ne peut plus qu'admirer cette habile et savante ordonnance, ces innombrables colonnes aussi précieuses par la matière que par le travail, ces figures de bronze et de marbre, cette grande porte centrale surmontée de son quadrige en bronze doré, ces deux ordres d'arcades superposées, enrichies de mosaïques, ces cinq coupoles inégales, entourées de pinacles et de clochetons, et surmontées de bouquets de plomb d'une légèreté tout aérienne. Une description exacte ne demanderait pas moins d'un volume... et serait incomplète. La coupole forme la base des combinaisons architecturales de Saint-Marc, dont les auteurs ont voulu produire une imitation lointaine et libre de la Sainte-Sophie de Constantinople. Ils y ont complétement réussi : Saint-Marc est une radieuse vision de l'Orient.

Venise est peut-être la ville du monde qui se passerait le mieux de musée : car elle est elle-même un vrai musée, dans lequel se rencontrent à chaque pas les objets d'art les plus précieux. Elle a cependant une ACADÉMIE DES BEAUX-ARTS, instituée par Napoléon. Cette académie contient un véritable musée vénitien dans lequel les grands maîtres qui ont illustré leur patrie sont en général très-heureusement représentés.

En parcourant ces nobles galeries, nous verrons se dérouler l'histoire tout entière de l'art vénitien depuis les deux Bellin jusqu'aux trois Cagliari ; nous y verrons le Titien dans sa gloire, Veronèse dans tout l'éclat de sa couleur, le Tintoret à l'expression si profondément pathétique, et le Giorgione au pinceau enflammé.

Quelques palais possèdent aussi des collections particulières d'un rare mérite, et dont les possesseurs n'ont pas le droit de se défaire. Une infraction à ces règlements, respectés aujourd'hui comme une loi d'État, entraîne la confiscation du prix et celle du tableau.

Les ARCHIVES rassemblées dans l'ancien couvent des FRARI, remontant jusqu'à l'année 883 et renfermant dans trois cents chambres des documents secrets formant quatorze millions de volumes ou de cahiers, sont une des plus grandes curiosités non pas seulement de Venise, mais du monde entier.

L'ARSENAL nous offrira un intérêt d'un autre ordre : lui aussi a sa beauté. De puissantes murailles, couronnées de tours, hérissées de bastions, défendent la noble enceinte qui abrita jadis la plus intrépide marine du monde. On y pénètre par un portique, qu'habite un peuple de statues, et surmonté de deux tourelles de briques rouges, crénelées et ourlées de pierres. Deux lions, deux colosses en marbre pentélique en défendent le seuil. Leur tournure archaïque ajoute je ne sais quelle majesté à leur mine fière et grandiose. Morosini les a pris au Pirée pour les donner à Venise ; mais ces trophées d'une victoire gardent jusque dans l'esclavage leur air hautain et superbe. La lionne, qu'il ne faut pas juger d'après les règles d'une esthétique vulgaire, ouvre une gueule sans langue. On dit qu'une belle Athénienne, l'amie d'Armodius et d'Aristogiton, ceux qui se couronnaient de violettes pour combattre, et qui cachaient leurs poignards dans des bouquets de myrte, mise à la torture par le tyran, qui soupçonnait le complot, au lieu de lui dire le nom des conjurés, lui cracha sa langue au visage. Elle s'appelait *Leœna* (la lionne). C'est en souvenir de sa fidélité, de sa violence héroïque, — et de son nom, — que sa patrie reconnaissante lui consacra ce témoignage où l'admiration semble encore mêlée de crainte.

Cet arsenal, dans lequel Venise déployait jadis une si énergique activité, qu'elle y pouvait, dit-on, équiper une galère en un jour, languit maintenant dans un morne abandon. Il faut cependant visiter l'intérieur; on y trouvera de belles armes, tous les anciens engins de guerre dont se servaient les Vénitiens, des instruments de tortures, dont quelques-uns accusent le génie même du mal, et le modèle de ce fameux BUCENTAURE, sur lequel montait le doge nouvellement élu pour aller jeter son anneau dans le sein de l'Adriatique, sa poétique fiancée.

Venise a un charme : les étrangers l'aiment; ses enfants l'adorent. Elle exerce sur tous ceux qui la voient une fascination irrésistible.

« Si vous revenez jamais à Venise, disait une femme à un voyageur qui prenait congé d'elle en même temps que de Saint-Marc et du Grand-Canal, vous ne pourrez plus la quitter! » Elle disait vrai.

« Il n'est qu'une Venise! on n'a pas deux patries! »

s'écriait un proscrit en mettant le pied sur la barque fatale, et c'est sans doute parce qu'aucune ville ne peut leur rendre ce qu'ils perdent en la perdant, que ses exilés se sentent pris d'une nostalgie mortelle. Jamais le regret de la patrie absente n'a été plus profond et plus amer. Nulle part l'homme ne s'est senti attaché aux lieux qui l'ont vu naître par des liens plus forts et plus doux! La beauté du ciel et de la mer, la saisissante originalité de ces palais qui sortent des flots, ces rues liquides, où l'on ne marche pas, mais qui coulent silencieusement devant les maisons, enfin ce merveilleux ensemble, que l'esprit n'analyse point, mais dont il subit l'impression, et qui font de Venise entière un tableau cent fois plus harmonieux, plus riche de tons et de nuances, que les plus magnifiques toiles de ses peintres, tout cela vous prend, vous saisit, vous domine; et, si loin que vous fuyiez maintenant, vous êtes condamné à un éternel souvenir, qui sera un éternel regret. Aussi ceux qu'on en a chassés veulent y revenir à tout prix — ce prix fût-il la mort! Il en était ainsi quand Venise était glorieuse et riche : il en est ainsi maintenant encore que Venise est opprimée et déchue.

Le carnaval de Venise est célèbre dans le monde entier : c'est une époque à part dans la vie de l'illustre cité. Qui n'a pas vu un carnaval à Venise, avant le deuil récent de cette noble veuve des doges, ne saura se faire une juste idée de la gaieté italienne et de cette fureur de plaisir qui emporte l'âme de tout un peuple. C'est un joyeux mardi-gras qui se prolonge tout une saison. Les personnages les plus graves, les hommes les plus haut placés, ne rougissent pas d'y prendre part. Il est vrai qu'ils sont masqués. Passé une certaine heure, sur les places publiques, au théâtre, à la Redoute, et même dans les salons du monde, vous ne rencontrez plus que des déguisements. Venise s'amuse! La Folie et la Gaieté se donnent la main et brandissent leur marotte, comme les bacchantes agitaient leur thyrse. Le concerto fantastique que Paganini appela le *Carnaval de Venise*, et qu'il écrivit avec la plume du diable, semble l'accompagnement naturel de ce délire d'une ville entière. Venise n'est plus qu'une immense salle de bal, où l'intrigue, sous toutes les formes, entre-croise les fils d'un imbroglio sans fin. Trois mois avant, on s'y prépare; trois mois après on s'en souvient. En aucun temps et en aucun lieu, une plus grande liberté n'a été prise par les hommes et usurpée par les femmes. Le masque accorde à tous des licences à nulle autre pareilles. Un inconnu qui sait porter son domino entre dans la loge d'une princesse, et la plus grande dame ne dédaigne pas de répondre aux lazzi qui la provoquent, pourvu qu'ils soient spirituels, ou de sourire à un compliment, même un peu vif, si toutefois il est bien tourné. La correspondance joue un grand rôle dans ces intrigues, qui se mènent à grandes guides et en partie double! L'amour s'enrôle parmi les facteurs de la poste, et Cupidon échange son carquois contre une boîte aux lettres. Le fisc, qui fait argent de tout, n'apporte nulle entrave à ce commerce galant; il le favorise, comme la loterie, pour augmenter d'autant son revenu. Dans le beau vestibule du palais Grimani, qui loge maintenant l'Administration impériale et royale des Postes, on établit vingt-cinq petits bureaux, et, matin et soir, ils distribuent à chacune des vingt-cinq lettres de l'alphabet les messages qui leur sont destinés; la patricienne, aussi bien que la bourgeoise, grâce à l'INCOGNITO que tous doivent respecter, car le violer serait un crime de lèse-galanterie inconnu à la Venise du carnaval, vient chercher elle-même une correspondance qui ne s'égare jamais dans des mains indiscrètes. Venise, en ce moment, vit donc pour le plaisir, et son plaisir c'est l'amour! Non pas l'amour-passion, celui qui est le père des larmes; mais l'amour-caprice, celui qui est enfant des ris, l'amour éphémère qui naît d'un regard et meurt dans un baiser; non pas celui qui grandit par la possession, à qui le présent ne fait pas oublier l'avenir, et qui dans sa soif d'infini voudrait prendre à l'éternité sa durée sans bornes; mais celui qui se contente de cueillir l'heure présente; celui qui échange deux fantaisies, et non celui qui confond deux âmes!

Venise possède un établissement d'un genre particulier, consacré au plaisir, et dont rien, en France, ne peut plus nous donner une juste idée depuis que les TITIS, les PIERROTS, les SAUVAGES et les DÉBARDEUSES ont envahi le bal, jadis aristocratique, de l'Opéra. On appelle cet établissement le RIDOTTO.

Pendant qu'à deux pas de là, sur la place Saint-Marc, scène à ciel ouvert du drame populaire, théâtre magnifique des grandeurs vénitiennes, où sont représentés tous les siècles de l'histoire, tous les styles de l'art et toutes les civilisations du monde, superbe théâtre encadré, en guise de loges, par trois rangées de palais et une basilique qui regorge de merveilles, pendant que sur la place Saint-Marc éclatent la gaieté et la folie charmante du peuple le plus aimable et le plus sociable de toute l'Europe ; l'aristocratie et les étrangers, abrités sous les plis discrets du domino, se renferment dans les quatre murs du Ridotto. Sur la place, c'est un pêle-mêle des masques les plus étranges, des costumes les plus bizarres, mariant à la représentation des diverses conditions sociales tous les caprices de la fantaisie la plus inattendue. Ici des devins et des charlatans narguant Hippocrate et la docte Faculté ; là, des procurateurs de la république et des arlequins de mardi-gras ; plus loin, Pierrot et sa Pierrette ; plus près, Pantalon et Colombine ; en un mot, tous ces types de la vieille comédie italienne, qui n'ont jamais vécu que dans le cerveau des poëtes ; et Léandre, le beau Léandre, et Lindor, l'éternel amoureux, et Scaramouche, et Brighella, avec l'essaim de princesses à la voix d'ange et au cœur de colombe : c'est la Venise du passé et du présent, celle du rêve et celle de la réalité ; toute l'histoire et toute la poésie qui défilent au bruit des grelots !

Le Ridotto, tout au contraire, ne reçoit guère que le classique domino enveloppant la taille et cachant la personne, et le loup de velours ou de satin aux barbes de dentelles, qui dérobe le visage et ne laisse voir que les yeux animés. Mais c'est au Ridotto que se concentre tout le carnaval mondain ; c'est sur son terrain neutre que se rencontrent et s'intriguent ceux qui peut-être ne font que s'apercevoir ailleurs.

Le théâtre que l'on appelle la Fénice, nous dirions le Phénix, où se joue l'opéra ainsi que le ballet, est une des plus élégantes salles de toute l'Italie. Sans être aussi grande que le San-Carlo de Naples ou la Scala de Milan, elle a peut-être plus de grâce et plus d'harmonie dans les proportions. Ses cinq étages de loges superposées, semblables de forme et de couleur, sans corbeille, sans balcon, sans galerie, profilent du sol jusqu'aux combles leur belle courbe ininterrompue.

La Fénice, les jours de gala ou de représentation solennelle, est comme le salon de Venise. Tout ce qui a un nom, un titre, une célébrité, une fortune, une valeur quelconque, s'y donne rendez-vous et s'y rencontre. Appuyées sur le rebord des loges que tapisse un velours éclatant, encadrées en quelque sorte dans leur bordure blanc et or, pareilles à leurs aïeules, fiers modèles des plus grands peintres du monde à qui elles révélèrent l'idéal de la femme dans toutes ses splendeurs, impassibles sous le feu des lustres et des regards, l'éclair aux yeux, le sourire aux lèvres, les Vénitiennes font de la salle entière une sorte de musée de beautés vivantes. Ces soirs-là, il faut tourner le dos à la rampe et regarder ailleurs que sur la scène.

Ces belles créatures n'accordent du reste qu'une attention médiocre à la musique. C'est à peine si elles écoutent la cavatine du soprano, la romance du ténor et du contralto; elles causent avec leurs attentifs, sourient à leurs victimes, s'admirent assez et critiquent trop leurs rivales.

Il n'est pas un poëte, pas un romancier, pas un voyageur, écrivant sur Venise, qui n'ait essayé de rendre le magique effet des lagunes, au milieu desquelles s'élève cette ville étrange.

La mer Adriatique, à son extrémité nord-est, n'est plus qu'un vaste bas-fond, d'inégale profondeur, où les deux éléments se combinent ensemble et se mêlent l'un à l'autre, la mer pénétrant la terre, la terre s'avançant dans la mer, les îlots se rejoignant au continent par des digues énormes, les palais s'élevant sur des fondations de pilotis qui font de la Venise qu'on ne voit pas quelque chose de beaucoup plus considérable que la Venise qu'on voit. — La grande et belle jetée du Lido termine à l'est, et défend contre les flots de la haute mer la lagune qui, du côté de l'ouest, commence à Venise même et s'enchevêtre dans ses canaux. Le Lido est peut-être la plus belle promenade de la ville : il est sous la protection du château de Saint-André, aux cinq façades percées d'embrasures à fleur d'eau, et dont les longues murailles rouges disparaissent par instants sous la verdure avec leurs ceintures de canons et leurs couronnes de créneaux. C'est un site charmant et un admirable horizon. A droite, le golfe endormi, dont les vagues viennent mourir à vos pieds doucement; à gauche, des végétations magnifiques, des pins maritimes, que la brise salée semble nourrir, des tamaris aux rameaux verts, et des larix à la feuille d'argent; puis, entre les rochers, des touffes de bruyères vivaces, roses comme l'aurore, blanches comme la neige, ou bleues comme le ciel à midi.

Là, au milieu de ces splendeurs de la terre et du ciel, se rencontre un petit coin, semé de pierres et de gazon, que l'on ne saurait fouler sans éprouver un sentiment de poignante tristesse, — c'est le cimetière des juifs. Nulle part l'impression du néant humain n'est plus profonde ou plus austère. A demi cachées sous l'herbe, de grandes tombes bizarres, couvertes de caractères plus bizarres encore, chantent les vertus de gens que l'on ne connaît pas dans une langue que l'on ne comprend point, et qui ajoute ainsi un mystère de plus au mystère de la mort.

Par un de ces beaux soirs aux teintes orientales, qui font de Venise une ville du Nil ou du Bosphore, allez au Lido, — c'était le pèlerinage favori de Child-Harold, — tournez le dos à la mer, et regardez la vaste lagune. — Assise en face de vous, sur l'autre bord, Venise vous offrira un aspect vraiment magique. Le soleil, avec une lenteur majestueuse, descend dans les nuages de l'occident, derrière les grandes lignes bleuâtres que profilent les monts Vicentins. La ville est tout enveloppée dans des voiles de pourpre et de feu ; les vitres de ses palais étincellent comme des topazes et des escarboucles; les coupoles et les campaniles de ses églises sont inondés de reflets roses : toute la lagune semble un lac de lumière. Mais l'admirable spectacle ne dure qu'un instant. Bientôt le céleste incendie du dôme, des flèches, des clochetons et des minarets s'éteint dans les airs; l'ombre baigne les temples et les palais. Encore un moment, effacée et vague, la grande silhouette se découpe sur le fond du ciel, à la fois ardent et sombre, — puis l'azur profond de la nuit ensevelit toute chose.

De toutes ces îles, semées sur la lagune, la plus curieuse, sans contredit, c'est Murano, jadis célèbre par des fabriques de verre dont le monde entier se disputait les produits. Rien n'égale l'élégance des formes, l'éclat des couleurs, l'harmonie des tons de ses admirables coupes, de ses lustres merveilleux... si ce n'est leur fragilité. La transparence de ces beaux verres est telle, que, placés en face du jour, c'est à peine si on les voit; et leur légèreté est si impalpable, que c'est à peine si on sent qu'on les touche. On ne s'aperçoit qu'ils existent qu'au moment où on les brise.

Parmi d'assez remarquables monuments de l'art vénitien que l'on trouve encore à Murano, il faut citer en première ligne l'Église de San-Donato, que les habitants appellent fièrement leur Dôme. Belle encore et majestueuse dans sa ruine même, l'église de San-Donato lutta, au jour de ses splendeurs, avec les magnificences de Saint-Marc : jamais le génie cosmopolite de ces artistes vénitiens qui unissaient dans leur œuvre la fantaisie arabe à la recherche byzantine, n'a enfanté une plus précieuse, une plus délicate merveille. Nulle part l'étrangeté de la forme n'a été plus habilement rehaussée par l'éclat de la couleur; jamais dans la pierre plus finement ciselée on n'a serti de plus chatoyantes incrustations. Aujourd'hui encore, devant cette gloire à demi éteinte, on s'arrête frappé d'étonnement.

Ici, vous retrouverez le catholicisme des vieux âges, avec sa pompe imposante, si bien faite pour dominer l'âme du monde. Son génie sévère semble habiter toujours ce Dôme de Murano, dont l'antique beauté, dégradée par les hommes et le temps, ne montre plus que des vestiges de ses premières magnificences. Le pied des fidèles a lentement usé les pavés étincelants; les colonnes de marbre grec qui soutiennent la nef, violemment déjetées de leurs bases, pendent sur vos têtes; çà et là, sur les murs qui s'effritent et s'en vont par écailles, on voit les restes de ces peintures effacées d'anges, de saints et de martyrs, dont les tournures fières et hautaines vous frappent d'étonnement.

Dans l'abside, en face de la grande porte d'entrée, on aperçoit une gigantesque image de la Vierge, dont la mosaïque colossale, aussi ancienne que l'église même, semble jaillir de la frise et percer au front la voûte trop petite pour la contenir. Jamais l'art n'a conçu et réalisé de type plus grandiose et plus effrayant. Ce n'est pas la madone des peintres amoureux, ce n'est pas la Vierge au *bambino*, comme disent les Italiens dans leur langue pieusement familière; ce n'est pas la mère de l'enfant Jésus, c'est la mère du Christ vengeur! la femme de la Bible et non celle de l'Évangile, une Débora, plus forte que les hommes forts; une Judith, dont on cherche le glaive; c'est la Vierge des terreurs! Maigre, ascétique, elle lève sa main pointue, sèche, inflexible comme la destinée; son œil, d'un noir sombre, plonge jusqu'au fond de votre âme et fouille vos pensées... l'ovale allongé de son visage presque noir, comme celui de la Vierge de saint Luc, semble tracé avec un clou sur l'or qui lui sert de fond; sa bouche, qui n'a jamais souri, va s'ouvrir pour appeler le châtiment sur ceux qui ont tué son Fils!

XXVI

TRIESTE.

Histoire et géographie. — Commerce et civilisation. — Le Lloyd.

Il ne faut pas s'attendre à trouver ici ces vestiges de beauté, ces restes de splendeur, cette poésie immortelle dont Venise est remplie, et qui semble s'exhaler de ses pierres mêmes. Non, Trieste n'est qu'une ville de marchands, et les marchands du XIXe siècle ne sont ni des poëtes ni des artistes. Ils sont riches, quand ils peuvent, et ils ne sont guère autre chose. Nous devons leur rendre du moins cette justice, qu'ils ont su faire de Trieste une ville florissante et le port le plus animé et le plus considérable de la monarchie autrichienne.

Trieste, l'ancien *Tergeste* des Romains, aujourd'hui capitale de l'Illyrie, est situé à la base du Karst, à l'extrémité orientale de la mer Adriatique. Le fond de sa population, qui ne s'élève pas à moins de quatre-vingt-dix mille âmes, est italien, mais singulièrement mélangé d'Anglais et d'Allemands, auxquels viennent se joindre, dans des proportions moindres, un assez grand nombre d'individus appartenant aux races orientales, des Grecs, des Juifs et des Arméniens. Ajoutez-y l'élément slave, qui domine dans la campagne, et auquel appartient le pays, et vous aurez une idée de la confusion des langues qui se parlent dans la plus cosmopolite des villes d'Europe. On se croirait parmi les maçons de la tour de Babel.

Un écrivain anonyme a résumé ainsi l'histoire de Trieste :

« Fondée 600 ans avant l'ère chrétienne par une tribu de Thraces, vers l'année 180 avant Jésus-Christ, elle est prise par les Romains, qui y placent une colonie trop faible pour la défendre. Elle est successivement saccagée par les Gépides, par les Goths, par les Lombards. Relevée une première fois de ses ruines par Octave-Auguste, une autre fois par les Byzantins, incorporée dans l'exarchat de Ravenne, conquise par Charlemagne, livrée au duc de Frioul, elle se voit enfin subjuguée par les Vénitiens. En même temps, les patriarches d'Aquilée, les margraves d'Istrie, les ducs de Carinthie se disputent sa possession. Attaquée tour à tour par ses ambitieux voisins, prise et reprise par l'un et par l'autre, et, chaque fois qu'elle succombe, condamnée à payer elle-même les frais de la guerre, la malheureuse ville, pour en finir avec ces rivalités, se résout à s'imposer elle-même un autre maître; elle invoque l'appui de l'empire germanique et se donne volontairement à Charles IV, lequel la remet galamment à son frère, patriarche d'Aquilée. Les Vénitiens l'envahissent de nouveau, et de nouveau elle en appelle à l'Autriche, qui veut bien enfin la compter dans ses domaines et lui assurer sa protection; mais quelle protection! Jusqu'au règne de Maximilien, Trieste reste tributaire de Venise, et, jusqu'en 1717, sa navigation est soumise aux exactions de l'impérieuse république. Charles VI l'affranchit de ce vasselage commercial. Marie-Thérèse lui donne d'utiles institutions. De ces deux règnes date son premier élément de progrès. Des événements du siècle dernier date sa prospérité... A son tour, Venise succombe sous l'épée de la France, et, par une de ces vicissitudes si fréquentes dans l'histoire des peuples, dans l'histoire des villes, Trieste recueille la fortune commerciale de la fière république dont elle avait longtemps, avec douleur, subi le joug. »

Trieste doit la plus grande partie de sa prospérité à la célèbre compagnie maritime connue sous le nom de LLOYD AUTRICHIEN, qui est certes la plus importante de toute l'Europe. Que l'on nous permette de donner ici quelques détails sur cette énorme machine, qui a une physionomie vraiment à part au milieu des autres établissements de ce genre. Le Lloyd autrichien, fondé en 1836 par M. de Bruck, longtemps son directeur, et depuis ministre de l'empereur d'Autriche, se divise en trois départements : le premier est consacré aux assurances maritimes, le second à la navigation proprement dite, le troisième entretient des agents dans les principales villes de l'Europe, et reçoit par eux les nouvelles politiques, industrielles ou commerciales qu'il communique au public. Le Lloyd a fondé une imprimerie et un atelier de gravure ; il publie deux journaux quotidiens, une feuille hebdomadaire et deux recueils mensuels, l'un en allemand et l'autre en italien. Son budget est énorme, ses employés innombrables, ses navires formeraient une petite flotte ; ils courent les mers du Levant, et si leur installation est loin de valoir, comme élégance ou confortabilité, celle de nos paquebots français, on n'en est pas moins heureux de les trouver à certaines escales auxquelles ils abordent seuls.

Quand on a vu les bureaux du Lloyd, qui ne valent guère la peine d'être vus, je ne sais pas trop pourquoi l'on resterait bien longtemps à Trieste. Cette ville est industrielle, positive et froide comme le grand-livre ; les poëtes, les artistes et les archéologues n'ont absolument rien à faire là, et je ne sais, en vérité, pourquoi je me suis témérairement hasardé à y conduire le lecteur, à moins, toutefois, que ce ne soit pour l'engager à pousser plus loin sa pointe, et lui faire visiter, dans un des contre-forts du Karst, les belles grottes d'Adelsberg.

Dans la langue du pays, ces grottes portent le nom de grottes de Gabreck. — Elles se trouvent dans un site assez curieux, et méritent vraiment une description à part. Je crois d'ailleurs être le premier voyageur français qui les ait étudiées.

XXVII

GABRECK.

La montagne du Karst. — Géologie. — Une rivière intermittente. — Les Dolinas. — La Pivka. — La grotte. — Le Dôme. — Le labyrinthe. — Stalactites et stalagmites. — La salle de danse. — La cuisine du docteur. — La chapelle. — Le Golgotha. — La roche musicale. — Le protée.

Quand on traverse l'Illyrie du sud au nord, on rencontre un vaste système de montagnes formant terrasses, et qui se prolonge depuis la vallée de l'Izonzo jusqu'à Fiume, depuis Trieste jusqu'à Laybach.

La montagne que, dans la langue du pays, l'on nomme Gabreck, n'est autre chose qu'une immense roche calcaire, à fissures irrégulières, crevée et trouée de telle sorte que je ne puis mieux la comparer qu'à une éponge sèche. La superficie est toute couverte de pierres détachées du sol et roulant sous le pied. On dirait, de loin, les vagues grisâtres d'une mer subitement pétrifiée. Aucune eau ne séjourne sur ce sol spongieux : elle s'écoule immédiatement dans les couches inférieures, et c'est en vain que l'on y chercherait une rivière, un ruisseau, une source, un filet quelconque : la pluie est absorbée en tombant.

Parfois, au milieu de la roche calcaire, un banc de grès se rencontre qui, presque toujours, contient et garde des eaux vives et courantes; quand leurs pentes les amènent sur la roche calcaire, elles s'infiltrent dans ses porosités, se frayent une route souterraine, disparaissent comme dans une caverne, et continuent leur course cachée dans l'intérieur de la montagne, jusqu'à ce qu'un nouveau banc de grès les reçoive, les contienne et les rende à la lumière.

Nous voyons d'ordinaire les fleuves naître d'une goutte d'eau, descendre en ruisseaux et se grossir lentement d'affluents nombreux qu'ils emportent jusqu'à la mer, où tous ensemble ils vont se perdre.

Ici, rien de semblable : tout entière la masse des eaux sort d'un rocher et rentre dans un autre, offrant ainsi le spectacle inattendu d'une rivière qui disparaît et reparaît tour à tour.

D'autres fois, vous suivez dans la montagne un chemin qui vous semble uni ; tout à coup un précipice se creuse sous vos pas. C'est un véritable entonnoir de vingt ou trente mètres de profondeur, parfois de cent cinquante à deux cents ! Le bord du gouffre est aride, mais une couche féconde d'humus tapisse le fond, et l'œil se repose doucement sur l'émeraude d'une prairie ou sur l'or d'une moisson de blés mûrs.

En Écosse, on appellerait cela *glen*, ici on le nomme DOLINA. Parfois la dolina est étroite et profonde comme un puits, et percée d'une infinité de petits trous où les pigeons sauvages viennent, par milliers, cacher leurs amours et chercher un refuge contre les vautours et les aigles, qui tournoient sans cesse au-dessus et pénètrent parfois jusque dans leurs profondeurs.

Mais la plus étrange merveille du Gabreck, c'est la grotte d'Adelsberg.

A une demi-lieue de la route impériale qui conduit de Trieste à Leybach, un ressaut de la montagne coupe brusquement une vallée riante et fraîche. La PIVKA, une jolie petite rivière qui s'attardait dans la prairie, en jasant sous les saules, fait un faux pas, et brusquement, avec un murmure rauque, s'engloutit dans une caverne. Vous vous approchez du bord, un autre gouffre se creuse à côté du premier. C'est l'entrée de la grotte d'Adelsberg, la plus grande grotte de notre Europe et la plus belle du monde connu.

Quand on traverse un long vestibule de rochers, large et bas, qui monte par une rampe douce et presque insensible, on arrive à un pont naturel, formé, comme le vestibule, par une voûte de rochers sous laquelle on entend les mugissements de la Pivka prisonnière. Ce pont franchi vous sépare de la lumière des vivants. Vous entrez dans le royaume ténébreux et vague du monde souterrain. Vous vous glissez, la lampe de mineur à la main, dans un couloir étroit, dont la montagne qui se resserre semble vouloir vous défendre l'entrée; puis tout à coup vous vous trouvez dans une vaste salle qu'on appelle le DÔME, large de cent cinquante pieds, haute de soixante, où de longues rangées de colonnes isolées ou accouplées, engagées dans les parois latérales ou s'en détachant, vous apparaissent comme la décoration splendide du plus magnifique temple que la nature se soit jamais élevé de ses propres mains.

Au milieu de la salle, les lettres d'or d'une inscription sur marbre noir semblent attirer la lueur des torches. On y lit cette épigraphe en quatre vers allemands :

« Maint grand seigneur, venu de loin, est déjà entré dans cette grotte merveilleuse où, de la chute des gouttes, se forment des colonnes puissantes. A leur tête Ferdinand, le noble fils de l'empereur. »

En sortant de ce Dôme, vous entrez dans un labyrinthe dont vos guides tiennent le fil, et où vous marchez d'étonnement en étonnement, à travers d'indescriptibles spectacles.

Toutes les formes que la fantaisie peut rêver, tous les caprices que peut enfanter le cerveau d'un poëte en délire se trouvent ici réalisés par le sourd et lent travail des siècles, avec une ampleur et une magnificence sans égale. Incessamment passant à travers les filtres secrets de la montagne, roulant avec les métaux dans ses veines profondes, pénétrées d'acides et de gaz inconnus, lentement et une à une, les gouttes arrivent et suintent à la voûte des grottes où elles s'arrangent en pendentifs grandioses, décrivant mille figures ingénieuses et compliquées. D'autres fois leur pesanteur les entraîne, et elles tombent jusqu'à terre, mais, tandis que la plus pure larme de la rosée, roulant du sein d'une rose, dès qu'elle a touché le sol devient boue, ici, au contraire, la goutte reçue par le rocher s'y purifie et s'y congèle, et, peu à peu, grossie d'autres larmes, perles comme elle, remonte en colonnes jusqu'à la voûte. Parfois ainsi, stalactites qui descendent, stalagmites qui remontent, s'allongent les unes vers les autres, comme les deux fûts d'une colonne brisée qui voudraient se rejoindre à travers l'espace. Souvent elles se rejoignent, en effet, et l'on retrouve la trace distincte de leur suture.

Ainsi, pendant plus de deux heures, on traverse une éblouissante succession d'Alhambras mauresques, de cathédrales gothiques, de temples et de palais où l'on croirait que la Renaissance s'est épuisée à jeter des pendentifs aux voûtes et à poser des moulures aux corniches.

Mille fantaisies capricieuses vous entourent. Ici vous diriez la chaire d'un prédicateur, fouillée de sculptures comme à Bruges ou à Malines; un double rideau de baldaquins dentelés descend de toutes parts, comme pour servir de porte-voix à l'orateur qui viendrait annoncer la bonne nouvelle de l'Évangile aux catéchumènes de ces nouvelles catacombes. En face de la chaire s'aligne une rangée de stalles surmontées de pinacles, de trèfles et de clochetons. Tout à côté, et comme pour compléter cet ensemble religieux, la roche congelée a pris la forme d'une gigantesque cuve baptismale, avec un couvercle percé à jour.

Mais nous marchons toujours, et bientôt nous rencontrons, comme jalons du chemin, un lion qui dort reposant sa tête sur ses deux pattes allongées, sa belle et noble crinière répandue sur ses épaules et sur son cou; une loge de théâtre, loge des premières à la Scala, avec balcon sculpté; une prison, avec grilles étroites laissant passer la lumière à regret; une vierge Marie tenant l'Enfant Jésus dans ses bras; une cataracte, dont la baguette d'un enchanteur a glacé les eaux qui s'arrêtent en tombant, et dont la chute, à jamais immobilisée, nous laisse admirer le mouvement moelleux et souple de sa nappe abondante. Tout à l'entour, le sol de la grotte ondule comme une mer, et l'on croirait marcher sur des flots solides. Mais bientôt la grotte s'élargit, et nous sommes au centre d'une vaste rotonde que l'on appelle la SALLE DE DANSE. Il n'y a au monde ni palais de roi ni casino d'entrepreneur qui puisse nous offrir une décoration plus splendide : de grands piliers forment, entre leurs arcades, un orchestre naturel pour les musiciens; les stalactites immenses descendent en pendentifs, comme des lustres de Venise, mêlés de fleurs et de lumières, sur la tête des danseurs; la draperie même ne manque pas à cette décoration fantastique, ni la soie, ni le velours de Lyon, ni les magnifiques tapis de nos Gobelins, ne supporteront jamais la comparaison avec ce rideau de trente pieds, tissé des larmes gelées de la montagne, et qui descend du plafond avec des plis puissants et froncés largement dans la plus superbe étoffe. Épais seulement de quelques millimètres, le rideau transparent s'éclaire de la lueur des lampes, qui donnent les tons chauds de l'ivoire à sa blancheur mate, rehaussée d'une double bordure rouge et orangée, comme si on l'eût trempé deux fois dans la teinture.

Une fois chaque année, le lundi de la Pentecôte, l'empereur donne un bal aux paysans de l'Illyrie. On ouvre les grilles de la grotte; mille lustres s'allument à ses voûtes, et les accents joyeux du plaisirs courent en longs échos dans ses profondeurs.

Quand on sort de cette salle de danse, on ne peut plus s'étonner de rien, et l'on se promène paisiblement, comme dans un musée, à travers des statues imitant la forme humaine, au milieu des colonnes rondes, carrées, octogones ou cannelées, et dans une ménagerie fantastique, où l'on distingue surtout un hibou endormi et une tortue qui sort une patte de sa carapace, comme pour tâter l'eau.

Un corridor assez étroit et un peu trop bas vous conduit bientôt à ce que l'on nomme la Chapelle, et où vous voyez en effet un autel fort orné et surmonté du tabernacle, qui n'a pas moins de sculptures que celui de la très-illustre chartreuse de Pavie, un jeu d'orgue avec ses mille tuyaux, et une grande cloche.

On défile ensuite devant un lustre, un étendard, une main ouverte et deux saules-pleureurs laissant tomber jusqu'à terre leurs longs rameaux mélancoliques.

Mais je ne puis vraiment analyser ni même citer tous ces caprices d'une fantaisie inépuisable et souveraine, — la fantaisie de la nature, qui enfante dès qu'elle a conçu!

Je passe donc rapidement devant une colonne isolée, haute de vingt pieds, qui s'élance du sol pour servir de borne milliaire à cette route semée de prodiges. Je ne m'arrête pas devant un bouquet, où la flore de pierre s'épanouit en mille végétations qui luttent de grâce et d'élégance avec les plantes et les arbustes de nos forêts et de nos prairies. Deux cyprès d'une égale grandeur, mais d'une forme parfaite, dressent leurs cônes funèbres à côté d'une des plus énormes formations de la grotte, le Tombeau, autour duquel une rangée de momies dorment dans leurs bandelettes blanches, à l'ombre d'une pyramide qui est, je crois, la plus grande stalagmite connue, car elle mesure à sa base plus de soixante pieds de périmètre. Pendant combien de siècles le rocher pleura-t-il pour former cette montagne de larmes?

Enfin, après avoir traversé un portique de colonnes, une dissection d'amphithéâtre, pleine d'horreurs chirurgicales, que l'on appelle la Cuisine du docteur, et un étalage de boucher, où l'on reconnaît des têtes, des pieds, des cœurs et des quartiers de bœuf, gardés par un renard, on arrive à la plus étrange de toutes ces merveilles, que l'on appelle, je ne sais trop pourquoi, la Procession du Golgotha, et qui me semble plutôt une sorte de vision du jugement dernier.

Ici la grotte s'élargit tout à coup, comme pour mieux contenir le troupeau des morts qui ressuscitent. Le sol est littéralement couvert de stalagmites, et c'est à peine si, avec précaution, le pied peut enfin se frayer un passage à travers cette multitude effarée de larves funèbres et de fantômes pâles. Les uns sont encore étendus sur le sol, où l'œil distingue mal leur forme vague; les autres se soulèvent et sortent à demi de leur tombe, emmaillotés dans les longs plis froids du linceul; les autres, déjà debout, attendent le juge souverain; quelques-uns dominent la foule de leur taille colossale : le peuple leur donne des noms de saints, et les croit montés sur un piédestal de vertus. Suspendues à la voûte, des stalactites légères figurent l'essaim des anges, et les chœurs des chérubins qui accompagneront Jéhovah, dont un gigantesque fragment de rocher, trône et autel tout à la fois, attend l'éternelle majesté.

Tel est le prodigieux ensemble des grottes d'Adelsberg. Je les ai étudiées et notées sur place, avec ce scrupule d'exactitude qui est la conscience et la vertu du voyageur. Je regrette d'en avoir aussi imparfaitement rendu l'effet. Je sens que j'en esquisse sèchement la ligne; mais quelle plume-pinceau pourrait rendre cette gamme chromatique de couleurs, où tous les tons se fondent dans la plus riche harmonie, où vous avez tour à tour l'éclat sombre du porphyre et l'éblouissement des neiges immaculées, les teintes douces et délicatement rosées du paros, et le grain brillant du pentélique, d'où jaillit l'étincelle?

Une illumination bien entendue fait ressortir encore davantage tout l'enchantement de ces beautés, projetant, ici des flots de lumière qui font saillir jusqu'au moindre relief de l'ornementation, en ménageant habilement le repoussoir des masses d'ombres, et, çà et là, semant l'espace infini de quelques lueurs perdues, comme pour rendre les ténèbres visibles. Parfois, un bout de torche jeté dans un abîme fait miroiter quelques secondes une eau qui dort immobile depuis des siècles.

Les stalactites d'Adelsberg jouissent de propriétés harmoniques très-singulières ; variant à l'infini de formes et de grandeurs, tantôt pleines et tantôt creuses, elles peuvent rendre toutes les tonalités et imiter tous les timbres, depuis la note cristalline et claire de l'harmonica jusqu'au tintement du bourdon de Notre-Dame. Les guides, armés de légers marteaux, carillonnent sur leurs parois des airs variés, dont le thème n'est pas moins original que l'instrument à l'aide duquel ils l'exécutent. Parfois, ils s'arrêtent pour écouter l'écho qui répète leurs dernières notes en les prolongeant. Si dans quelque autre partie de la grotte un autre concert se donne en même temps, les ondes sonores se rencontrent, se croisent, et, vibrant ensemble, emplissent les profondeurs de la montagne de je ne sais quel murmure éolien que l'oreille n'a point encore entendu, et qu'elle n'entendra plus.

La nature, toujours complète dans ses créations, a donné aux grottes du Gabreck des habitants qui ne sont pas moins singuliers qu'elles-mêmes.

Quand on jette le filet dans les petits étangs que la Pivka forme en plusieurs endroits sous les voûtes sombres, on en retire un animal moitié chair et moitié poisson, que les naturalistes appellent le protée.

Le PROTÉE d'Adelsberg n'a de commun que le nom avec le monstre changeant de la mer Tyrrhénienne, que les nymphes et les bergers de Virgile retenaient dans des entraves de goëmon et d'algues vertes, pour se faire dire par lui la bonne aventure de leurs amours.

Le protée de nos grottes est une sorte de lézard, de cinq à six pouces, moins ami de l'homme que ses confrères de terre ferme, car j'en ai tenu un sur ma table pendant deux jours, et son éducation n'a fait que peu de progrès. Je prenais cependant grand plaisir à le voir; son corps était excessivement fin, d'un rose délicat, et si transparent que l'on pouvait suivre à travers le passage tout ce qu'il avalait; sa tête était carrée, — un peu trop plate, — ce qui dénote de mauvais instincts, aussi je m'en défiais, et je m'en suis défait. — Les quatre pattes, tout à la fois crampons et nageoires, lui servaient également bien sur la terre et dans l'eau, et, grâce à elles, il pouvait ou nager ou grimper. Mais la véritable singularité d'organisation du protée, celle qui lui a valu son nom, c'est la conformation de son appareil respiratoire, qui est double. Il a les poumons des animaux terrestres et les ouïes des poissons. Ces ouïes, placées derrière la tête, extrêmement mobiles, se partagent en plusieurs branches, comme les cornes d'un cerf; leur rouge de corail vif tranche nettement sur la blancheur rosée du cou, et contribue à donner à l'animal cette physionomie bizarre que l'on ne peut comparer à rien de ce qu'on a vu, et qui se fait tout de suite une place à part dans nos souvenirs.

Après quatre heures d'une curiosité incessamment satisfaite et incessamment excitée, au milieu des merveilles inattendues de ce royaume glacé de la nuit, je ne saurais dire avec quel bonheur — le bonheur du retour et du doux revoir — j'ai senti une caresse de l'air tiède autour de mon front, et dans mes yeux le beau rayon d'or du soleil des vivants.

XXVIII

L'ALBANIE.

Les caprices du voyage. — Pourquoi l'Albanie est-elle si peu connue. — La terre et l'homme. — Frontières poétiques. — Ethnographie. — Race blanche et race jaune. — Scutari. — Une ville à la campagne. — Cathédrale en plein air. — Antivari. — Ruines de ruines. — Le mont Romija. — Mœurs et coutumes. — Comment on naît; comment on vit; comment on meurt. — Chrétiennes et musulmanes. — Albanais. — Des gens qui ne veulent pas se marier. — Ignorance des femmes. — Types de jeunes filles. — Religion et superstition. — Abus des parfums. — Les femmes peintes comme à Paris. — Les maisons. — Dîner albanais. — On mange avec ses doigts. — Jeux. — Danses. — Musique. — Cérémonies funèbres. — Échantillons de poésie albanaise.

Il y a dans notre Europe des pays qui sont moralement aussi éloignés de nous que Saïgon ou Tombouctou. On peut y aller en trois jours du boulevard de Gand, et cependant on les connaît moins que l'Inde ou la Chine. Que voulez-vous? ils ne sont pas à la mode; le caprice des touristes n'est pas tourné de leur côté, le romancier en vogue ne les a pas choisis comme théâtre de ses récits; on ne les trouve décrits dans aucune impression de voyage : on n'y va pas, parce qu'on n'y est point allé.

Telle est, par exemple, l'Albanie, sur la côte orientale de l'Adriatique, en face du royaume de Naples, — presque à nos portes, et beaucoup moins visitée que l'Égypte, l'Asie Mineure et la Turquie.

L'Albanie appartient aujourd'hui à ce vaste empire, réunion de cent races diverses, connu sous le nom d'empire ottoman, et qui comprend les plus belles régions de l'Europe et de l'Asie. La Turquie d'Europe, pour ne nous occuper que d'elle en ce moment, ne nous apparaît à aucune époque de l'histoire comme peuplée par une race unique et homogène; elle semble, au contraire, avoir été de tout temps comme le rendez-vous des nations. Les Pélasges, les Hellènes, les Illyriens, les Thraces, les Celtes, les Slaves, les Turcs en ont occupé successivement ou simultanément les diverses parties. La conformation du sol, très-morcelé, et dont les différentes contrées sont séparées par des limites précises, aussi faciles à distinguer que difficiles à franchir, n'a pas peu contribué à prévenir entre ces races diverses une fusion quelque peu intime. Le sceptre d'un maître unique peut bien produire entre elles une cohésion violente et passagère; mais jamais une affinité quelque peu durable et profonde. Sujets des Turcs, les Albanais n'ont donc pas perdu chez leurs maîtres le caractère distinctif de leur race.

Les ALBANAIS, beaucoup moins connus sous un autre nom qui pourtant leur appartient également, celui de SKIPETARS, occupent un territoire long et accidenté, compris entre le royaume de Grèce, le Pinde, la haute Macédoine, le Monténégro et l'Adriatique.

Il s'en faut de beaucoup que toutes les questions ethnographiques relatives aux Albanais aient été complétement résolues: sur beaucoup de points, nous en sommes encore réduits aux conjectures. Ce qui est aujourd'hui le plus clairement constaté, c'est qu'ils n'ont aucun rapport avec leurs voisins, les Grecs, les Slaves, les Roumains et les Turcs. On suppose qu'ils descendent de ces Illyriens qui, avec les Ibères, les Étrusques et les Thraces, furent les premiers peuples de race blanche établis en Europe. Mais les Illyriens, sortis de la branche Ariane, avaient déjà subi, avant d'arriver sur notre continent, quelque mélange de sang jaune. Ce mélange n'a point, du reste, été assez considérable pour rien enlever aux Albanais de leur énergie, de leur intelligence ou de leur activité.

Située sur la côte orientale de l'Adriatique, très-accidentée, comme chacun sait, la haute Albanie, — que l'on appelle aussi l'Albanie blanche et la Guégarie, — comprend une partie des pachaliks de Prisren et de Monastir, et celui de Scutari tout entier.

Scutari, que les Albanais appellent Scadra, et les Turcs Iskendrié, est la capitale de la haute Albanie, le siége du gouverneur turc et la résidence de l'évêque latin. On ne connaît point l'origine de Scutari : Tite-Live est le premier auteur qui le cite. Dans le iie siècle avant Jésus-Christ, les Romains le soumirent et lui imposèrent un tribut. Plus tard Appien et l'historien Polybe en parlent comme d'une colonie romaine. Lors de la division du monde antique en deux empires, Scadra appartint aux Byzantins, et au ixe siècle fit partie de la Prévalitaine. Trois cents ans plus tard, il fut cédé aux Serbes, qui le possédèrent jusqu'en 1368. A cette époque, les Balthes, princes de la Zenta et premiers chefs du Monténégro, en devinrent les maîtres. Leur règne fut de peu de durée : en 1401 la ville passa aux mains des Vénitiens ; ceux-ci n'eurent jamais qu'une possession précaire et troublée, et, après soixante-seize ans d'un empire orageux, ils virent tomber la bannière de Saint-Marc, qui fut remplacée par le croissant de l'Islam.

Situé aux bords de son grand lac, arrosé par deux rivières, le *Chiri* et la *Bojana*, assis au milieu des prairies, égayé par des jardins vastes et nombreux, ennobli par ses minarets superbes, qui jaillissent comme des pointes d'or au milieu de la verdure des arbres, Scutari offre un coup d'œil charmant. Il ne faut point toutefois lui demander la régularité, l'ordre et la rectitude d'une ville européenne : n'oublions pas que nous sommes en Turquie. Les maisons, d'ordinaire assez grandes, semées un peu au hasard par des architectes capricieux, sont entourées de hautes murailles garnies de créneaux, percées de meurtrières : on dirait autant de petites citadelles. Les rues sont larges ; mais trop abandonnées à l'initiative personnelle des habitants : c'est assez dire qu'elles sont mal tenues, irrégulièrement pavées, fangeuses en hiver, poudreuses en été. Un détail caractéristique de la ville turque et qui contribue à donner à Scutari un cachet assez rare en Europe, ce sont les nombreux cimetières, placés dans l'intérieur même de la ville; ces cimetières ne sont autre chose que des champs spacieux avec des tombes çà et là, les unes assez monumentales, les autres simples, presque toutes couvertes d'inscriptions.

Scutari compte environ quarante mille habitants, ainsi répartis entre les diverses religions : cinq cents grecs, douze mille catholiques, le reste turc.

Les mosquées, toujours si nombreuses dans les villes de l'Islam, sont peut-être plus nombreuses à Scutari que partout ailleurs. Chaque rue en compte deux ou trois. Avouons cependant que la qualité ne correspond point à la quantité. Une seule mérite quelque attention : elle est située dans l'ancien quartier aristocratique de Tabacki, habité jadis par les beys, et ses coupoles de diverses grandeurs, recouvertes de plomb, supportées par des colonnes de granit aux chapiteaux corinthiens, méritent l'attention des voyageurs.

On aura peine à croire qu'une population de douze mille catholiques n'ait pas trouvé le moyen de se bâtir un temple et que le siége d'un évêché n'ait pas même une église. Le fait n'est pourtant que trop vrai, et la capitale de la haute Albanie a pour cathédrale un champ qui n'a lui-même pour clôture qu'une haie d'épines; une planche posée sur quatre pieux sert d'autel; au-dessus, une toiture légère défend à peine l'officiant — l'évêque ! — contre les injures du temps : les fidèles assistent au divin mystère les genoux sur le sol humide et détrempé.

L'Albanais est un catholique fervent, et il supporte sans se plaindre le froid, la pluie, le vent, la neige, oubliant toutes les souffrances de cette vallée de larmes, attentif à sa prière qui monte au ciel, — oublieux de la terre qu'il foule aux pieds.

ANTIVARI, chef-lieu de district, résidence des autorités turques, siége de l'archevêché latin, doit son nom à sa position vis-à-vis de la ville de Bari, dans la Pouille : on a dit d'abord Anti-Bari; puis, par un changement fréquent entre les deux consonnes labiales, Anti-Vari; puis enfin, par une synalèphe naturelle, Antivari.

La ville fut placée jadis sur le bord de la mer ; mais, après les nombreuses dévastations des pirates qui écumaient l'archipel illyrien, on la transféra sur une montagne éloignée du rivage d'environ trois milles. Protégée du côté de l'orient par des montagnes à pic, elle était jadis entourée des trois autres côtés par des fossés et des murailles aujourd'hui en ruine : ces vieilles fortifications, que la tactique des guerres modernes rend à peu près inutiles à présent, sont remplacées par des faubourgs bien peuplés. Une plaine fertile, couverte de beaux arbres fruitiers, sert de parure à la ville, sa voisine, dont elle est en même temps la richesse; des aqueducs de pierre, souvenirs de la domination vénitienne, répandent partout la fraîcheur et la fécondité, et alimentent trois fontaines, dont l'une est située dans la ville et les deux autres dans les faubourgs. Un torrent au beau nom, le Clyrus, bondissant des montagnes prochaines, coule au milieu même d'Antivari et va se jeter dans la mer.

Antivari ne compte pas plus de trois cents maisons : elles sont presque toutes basses, et d'un aspect assez misérable, malgré les armes des patriciens de Venise sculptées sur les façades de quelques-unes d'elles; les rues sont aussi étroites que dans une ville d'Orient, inaccessibles aux voitures et parfois laissant passer à peine trois personnes de front.

L'ancienne cathédrale, autrefois consacrée à saint Georges, ce Mars chrétien, brillant patron de tant d'églises d'Orient, et dont on voit encore l'image sculptée dans le marbre du portail, a été convertie en mosquée. Le château, qui était grand et beau, n'a pu sauver de ses antiques constructions que quelques tours crénelées, aujourd'hui en ruine, quelques bastions, dans lesquels de magnifiques canons, sortis des arsenaux de la république de Venise, privés de leurs affûts, gisent sur le sol, inutiles et déshonorés. Dans les vastes souterrains du château, on a retrouvé des armures, des casques et des armes anciennes ; on les a jetés en tas dans un magasin humide, où la rouille les dévore.

Les environs d'Antivari sont pittoresques et vraiment beaux : il y a surtout, le long des pentes du mont Romija, des villages charmants, dans une admirable position, au milieu des bois, où se mêlent les essences si diverses de l'olivier et du laurier-rose.

Une route qui traverse les villages de DOBRAVODA et de MERCOVITCH longe la plaine d'Ana-Mali, jusqu'aux collines et au village de Saint-Théodore, habité par une colonie de Slaves émigrés du Monténégro, met en communication Antivari, le boulevard avancé de la haute Dalmatie vers l'ouest, avec Scutari, sa capitale.

Les géographes et les historiens n'avaient point fait mention d'Antivari avant le règne de Constantin Porphyrogénète. Nous savons cependant que c'était une ville fort ancienne, colonie romaine détruite par les Gallo-Grecs, et reconstruite par la reine Hélène, Franque d'origine et femme de Siméon Necmania, roi de la Mœsie et de l'Illyrie. Antivari, après avoir obéi aux empereurs grecs, rendu plus tard à l'indépendance, forma une république qui eut ses lois et ses magistrats : cette république tomba bientôt au pouvoir des Serbes, et resta sous leur domination jusqu'au commencement du XIIIe siècle : Antivari se soumit alors volontairement aux Vénitiens, et depuis cette époque jusqu'en 1717, où il fut abandonné aux Turcs, il ne cessa de passer d'un maître à l'autre : chaque conquête était pour lui une occasion d'affaiblissement et de misère. Ses nouveaux maîtres le relèveront-ils jamais de ses ruines ? Il est plus permis de le souhaiter que de l'espérer.

Les Albanais sont surtout remarquables par leur fidélité aux usages de leurs pères : leur immobilité dans la tradition les rendait dignes d'être Turcs ; ils sont les ennemis nés de tout progrès, par cela seul que le progrès est un changement. Quand ils ont répondu : C'est la coutume ! tous les raisonnements du monde viendront se briser contre une obstination qui a sa source dans le pieux respect des aïeux.

La plupart de ces coutumes ne manquent ni d'originalité ni de poésie. Essayons d'en esquisser quelques-unes ?

Un homme d'un talent charmant, un ingénieux et vif esprit, M. de Frarière, a écrit, sous un titre piquant, l'histoire des hommes avant qu'ils existent : il a étudié la mystérieuse influence des réactions de la mère sur l'enfant qu'elle porte dans son sein ; il a démontré que le germe précieux recevait, avant même d'éclore, des influences dont il se ressentait toujours, et qu'il ne fallait point attendre la naissance de l'enfant pour commencer son éducation.

Ces idées, vraies peut-être, ingénieuses à coup sûr, sont partagées par les Albanais. Chez eux, aussitôt qu'une femme est dans la position que les Anglais appellent par excellence intéressante, on l'entoure de tous les soins, on lui prodigue toutes les attentions, elle devient l'objet de toutes les prédilections de sa famille ; on ne présente à ses yeux que des objets aimables et beaux ; on veut qu'elle ne subisse que des impressions heureuses. A peine l'enfant est-il né, qu'on l'enveloppe de bandelettes, entrelacées et serrées de la façon que l'on croit la plus propre à lui donner de belles formes. Bientôt l'accouchée est placée sur un lit de parade, la tête couverte de la coiffure nationale, ornée de sequins d'or, parée de ses colliers et de ses bracelets, pour recevoir les félicitations de ses parents et de ses amies. Cependant l'auteur de cette joie, le vrai héros de cette fête, le mari, est contraint de se cacher : il n'entre point dans la chambre de sa femme, et ce n'est qu'après le huitième jour qu'on lui permet de voir son enfant. L'Albanaise allaite elle-même, et elle est ainsi deux fois mère. Son amour serait parfait, s'il n'était mêlé de quelques faiblesses : mais elle ne sait point corriger les écarts de ces jeunes créatures ; elle leur laisse faire toutes leurs volontés, quand même ces volontés sont mauvaises. Ne sachant ni lire ni écrire, ces pauvres femmes sont incapables de donner à leur fils les premières notions de l'éducation, et cette éducation à peine ébauchée dans les écoles, malgré la rare intelligence de l'Albanais, reste toujours imparfaite. Vers douze ou treize ans, les garçons, qui suivent invariablement la profession de leurs parents, sont envoyés dans les bazars ou placés dans les boutiques ; les musulmans riches apprennent à parler le turc et à manier les armes ; les habitants des campagnes travaillent aux champs, s'exercent au tir à la cible, et luttent entre eux de vitesse et de force. Dans les villes, ces jeux où le corps développe son énergie et sa grâce sont le partage presque exclusif des jeunes musulmans, qui se distinguent aisément des chrétiens par la mine fière et la tournure martiale que donne au corps une gymnastique savante et bien entendue. La même différence existe entre les jeunes filles, selon qu'elles sont chrétiennes ou musulmanes. Celles-ci apprennent à lire et à écrire jusqu'à douze ans dans les écoles publiques. Arrivées à cet âge, elles ne quittent plus la maison paternelle, où elles s'occupent des soins du ménage, cousant, brodant, tissant des étoffes d'argent, d'or et de soie. Les jeunes chrétiennes, au contraire, grandissent dans une triste ignorance, privées de toute éducation religieuse et morale : la coutume ne leur permet pas même d'aller à l'église ; leurs mères ignorantes leur apprennent à balbutier quelques prières mal comprises. Jadis elles étaient habiles aux broderies d'or. Mais des lois somptuaires leur ont enlevé cette dernière ressource. La condition des filles de la campagne est meilleure : elles ne sont pas voilées comme celles des villes ; elles vont à l'église et ne craignent point d'échanger d'aimables propos avec les hommes, dont elles se font toujours respecter : elles gardent les troupeaux, et filent de la laine, dont elles tissent un drap grossier. Le plus grand chagrin de leur vie est qu'on les marie sans leur consentement; leurs pères ou leurs frères touchent comme prix de leur beauté une somme qui varie de cent à deux cents francs.

Les Albanais se rasent la barbe, à l'exception de la moustache qu'ils portent épaisse et longue; ils se rasent aussi les cheveux, moins une mèche qu'ils laissent croître indéfiniment sur l'occiput. Les musulmans, dans leur vieillesse, laissent pousser leur barbe pour montrer leur repentir des erreurs passées. Disons aussi que depuis quelques années les jeunes chrétiens qui ont vécu à Venise et à Trieste ne se rasent plus la tête.

Le costume des Albanais est peut-être un peu lourd; mais il est riche et magnifique. Les musulmans portent la fustanelle plissée en coton blanc, descendant jusqu'aux genoux, plus large par le bas que par le haut. Ces fustanelles sont composées de petites bandes d'étoffe cousues ensemble, jusqu'au nombre, parfois, de sept à huit cents; sous la fustanelle se trouve le pantalon, également blanc, de coton ou de soie. Puis vient le DOLAMA en drap écarlate, aux manches fendues, doublées de soie et brodées en or, que l'on porte presque toujours pendantes; ce dolama est une sorte d'habit, ou plutôt de redingote, dont les basques et les coins portent des ornements de soie noire et de passementerie d'or. Par-dessus le dolama, on met la BRESS, ceinture de soie, longue de sept ou huit mètres, et faisant par conséquent un certain nombre de tours sur la taille. Contrairement à ce qui se pratique chez nous, c'est par-dessus l'habit que les Albanais portent le gilet : ils en portent même deux, le premier, qui a des manches, s'appelle CAÏMADAN, il est en drap écarlate brodé de soie noire par devant; par-dessus et comme dernier vêtement, se trouve le second gilet, nommé JELEK; celui-ci est sans manches, orné de boutons d'argent et de broderies de soie ou d'or. Ajoutez, pour compléter le costume, de longues guêtres, que l'on nomme DESLUK, et couvrant toute la jambe et une partie du pied.

Ces guêtres en drap écarlate sont aussi ornées de broderies. La chaussure est une babouche en cuir rouge, découverte au cou-de-pied, au bout rond. La coiffure est un fez droit. N'oubliez pas des armes superbes, passées dans le SILA, ou ceinture de cuir rouge. Ces armes splendides sont des pistolets, aux crosses d'or ou d'argent, des yatagans aux poignées constellées de pierreries, et un ARBI, ou baguette de fer servant à charger les armes. Le vêtement des chrétiens est à peu près le même que celui des musulmans. Seulement les chrétiens portent moins de broderies et moins d'or, moins d'armes aussi ; souvent même ils sortent sans en porter, quoiqu'ils en aient toujours chez eux : ils remplacent aussi les étoffes brillantes par les étoffes sombres.

Les Albanaises musulmanes sont généralement belles, grandes, fières et d'une blancheur éclatante.... il est vrai que l'art aide singulièrement la nature, et que les substances minérales qui leur donnent ce vif éclat amènent plus tard des teintes bistrées désagréables et des rides précoces. Leur costume est charmant : la chemise de soie ou de gaze rose, brodée d'or sur le devant et aux manches, qui sont larges ; le caleçon en soie blanche, le corsage de velours, étroit et gracieux, richement brodé, garni de galons d'or, — on n'en saurait trop prendre, — et s'attachant par deux gros boutons d'argent doré ; le large pantalon en mousseline blanche ou en percaline de couleur, tombant jusqu'à la cheville ; la ceinture de cachemire aux vives couleurs serrant la taille ; la jaquette aux larges manches, de soie, de drap ou de velours ; enfin, pour compléter ce bel ensemble, un JUBÉ, sorte de pardessus ouvert, sans manches, un peu large, couvert de broderies d'or et de soie noire. La coiffure n'est pas moins heureuse : les cheveux sont séparés en trois parties : l'une flotte sur les épaules ; les deux autres, tressées de chaque coté, s'enroulent autour de la tête, au sommet de laquelle on place un petit fez orné d'un gland d'or et de soie, dont le feutre rouge disparaît presque tout entier sous un lacis de paillettes et un semis de perles. La chaussure consiste en babouches de cuir jaune doublées de drap rouge. De même que les hommes préfèrent la couleur rouge, de même les femmes choisissent le vert. Les principaux bijoux des Albanaises sont les boucles d'oreilles composées d'un anneau, dans lequel est placée une plaque triangulaire percée à son extrémité inférieure et supportant des sequins de Venise; un PÉRISCIAN, sorte de diadème formé d'un réseau de perles fines, ceint leur front et laisse tomber sur leurs tempes d'autres sequins et d'autres perles; des sequins en colliers et des perles en fil, descendant jusqu'à la ceinture, ajoutent comme un dernier trait à ce tableau brillant. Quand elles sortent, les Albanaises musulmanes portent quelquefois le voile en mousseline blanche nommé YASCHMACK, dont elles s'enveloppent étroitement la tête et le cou, de manière à ne laisser voir que leurs yeux; parfois aussi elles se contentent du BINISC, manteau de drap fin richement brodé, avec lequel on peut cacher sa figure.... quand on veut, mais que les jeunes et les belles savent entr'ouvrir à propos.

Le costume des Albanaises chrétiennes est le même, à quelques nuances près; mais les chrétiennes, quand elles sortent, sont toujours couvertes d'un manteau rouge pâle, qui ne permet point de les confondre avec les musulmanes : il ne faut point que les Turcs puissent s'y tromper.

Comme presque toutes les femmes qui appartiennent aux races orientales, les Albanaises aiment les parfums, dont elles font un usage immodéré; les teintures jouent aussi, avec les cosmétiques, un très-grand rôle dans leur toilette. Les plus jeunes et les plus charmantes teignent tous les jours leurs cheveux en noir avec la poudre de noix de galle, délayée dans l'huile de palme à l'essence de rose; avec cette même pâte, elles allongent et complètent leurs sourcils, en leur donnant la forme de l'arc parfait; elles blanchissent leur visage, leur cou, leurs bras, leurs mains, avec un onguent composé de céruse et de mercure, délayé dans la graisse d'oie; la poudre d'iris florentin, et le carmin, qu'elles appellent le *rouge de France*, rehaussent d'un ton plus vif le corail de leurs lèvres; enfin le henné rougit les ongles de leurs pieds, la paume et les ongles de leurs mains. Ces beautés artificielles, qui sont loin de rehausser, aux yeux d'un véritable connaisseur, les beautés de la nature, abrègent singulièrement la durée de la jeunesse; elle en ternit la fleur aimable et amène avant l'heure la vieillesse laide et morose.

Les maisons albanaises ne sont pas belles : elles n'ont aucune apparence à l'extérieur; à l'intérieur, aucune symétrie. Un mauvais escalier de bois conduit d'ordinaire au premier, ou, pour mieux dire, à l'unique étage de la maison, où se trouve le divan-hané, sorte de galerie découverte faisant office d'antichambre, et sur laquelle s'ouvrent toutes les autres pièces. Le rez-de-chaussée est abandonné aux écuries et aux magasins. La maison musulmane est toujours divisée en deux logements nettement séparés : le selamlik, où l'on reçoit les hôtes, le harem, réservé aux femmes. Les fenêtres, basses et étroites, sont garnies de grilles de fer, et, comme si ces grilles ne suffisaient pas, les pièces qui donnent sur la rue et les chambres du harem sont munies, par surcroît de précaution, de persiennes aux lames rapprochées. Dans ces maisons, rien de plus rare que les meubles. Souvent, dans la salle de réception, on se contente de placer un divan en bois blanc, bourré, non de crin, mais de foin, recouvert de drap rouge ou de tapis d'Anatolie, avec coussins de nuances tranchées. Des nattes ou des tapis couvrent le plancher; sur une tablette qui fait le tour de la chambre, on place la modeste vaisselle de la famille, quelques plats de cuivre ou d'étain; au-dessus de cette tablette, de grands clous suspendent les armes.

Les Albanais musulmans sont d'une grande frugalité. Quand ils sont seuls chez eux, ils se contentent de pain et de laitage; mais quand ils ont des hôtes, leur hospitalité est généreuse et complète. Avant de se mettre à table, on fait circuler des plateaux chargés de friandises et de fruits, auxquels on mêle des langues fumées, le tout arrosé d'une sorte d'eau-de-vie nommée raki; après le raki, on se lave les mains et on dresse la table, c'est-à-dire que l'on pose sur un petit tabouret, incrusté de nacre et recouvert d'un tapis, un immense plateau de cuivre. Les convives s'assoient par terre tout autour, tenant sur leurs genoux une serviette brodée, la même pour tous, est assez longue pour couvrir à la fois tous les convives; une autre petite serviette est placée sur l'épaule droite. Le dîner, commencé par une espèce de potage, finit par un plat de riz bouilli, assaisonné au beurre fondu. Le nombre des plats varie suivant la considération de l'hôte que l'on traite. On ne connaît d'autres fourchettes que celles dont notre premier père se servait dans le paradis terrestre. Mais Adam, qui cueillait son dîner aux branches parfumées des arbres de l'Éden, ne courait pas le risque de tremper ses doigts dans la sauce, péril dont les Albanais ne sont pas toujours préservés. On ne mange, du reste, qu'avec la main droite; la gauche, considérée comme impure, ne doit pas même paraître sur la table!

Les jeunes filles albanaises vivant cachées et voilées, la charmante erreur connue sous le nom de mariage d'inclination n'a lieu que bien rarement en Albanie. Les mariages se préparent et s'arrangent par l'entremise des femmes, qui ne sont jamais plus heureuses que lorsqu'elles s'occupent de ces petites choses, soit pour leur compte, soit pour celui des autres. Quelques bijoux donnés par le futur ajoutent un intérêt nouveau à la solennité des fiançailles : le mariage a lieu un an après. Les filles se prennent sans dot, n'apportant avec elles que leur trousseau, leurs parures et quelque linge de ménage. On ne se marie que le lundi, jour d'heureux présage. Le jeudi qui précède, le fiancé envoie des présents à sa fiancée. Les présents, constituant ce que l'on appelle le DUNTI, sont renfermés dans une boîte élégante, assez grande toutefois pour contenir des objets de toilette tels que diadème, boucles d'oreilles, bottines et babouches, provision de café et pain de sucre. Le dunti est apporté par deux proches parents de l'épouse et déposé sur un coffre dans la salle de réception ; tous les assistants s'écrient : Que ce soit de bon augure !

Ceci est le commencement des fêtes.

On appelle un musicien ; la nuit se passe en festins et en chansons. Tous les actes de la cérémonie ont leurs chants particuliers récités par les femmes. Le dimanche soir, on fait la joyeuse veillée des noces : l'épouse est revêtue de ses plus beaux habits ; elle se jette aux pieds de son père et de ses frères, à qui, en pleurant, elle demande pardon des fautes qu'elle a commises contre eux depuis son enfance. On la relève, on l'embrasse, on lui pardonne : de toutes parts éclatent les cris et les sanglots : on veut prouver ainsi la douleur que l'on éprouve à se séparer d'une aimable enfant. Mais bientôt chacun essuie ses yeux, et les chants succèdent aux pleurs ; voici un de ces chants de mariage :

« Abaissez-vous, ô montagnes ! abaissez-vous, afin que la
« lune puisse sortir et éclairer ce beau soir. Notre épouse a été
« instruite par sa mère ; elle lui a dit : Sur ma foi, ô ma fille !
« aimez et respectez votre beau-père.

« Sur mon âme, ô ma mère ! soyez tranquille, je l'aimerai, je
« le respecterai, car c'est lui qui me donne pour mari un jeune
« et beau garçon. »

Nous l'avons dit, le lundi est le grand jour. Dès le matin, la jeune fille est parée de ses bijoux. Au lever du soleil, on la conduit à l'un des angles de la salle de réception, où elle restera debout, les yeux baissés, les mains sur sa poitrine, évitant tout mouvement, jusqu'au moment où on viendra la prendre pour la conduire à la maison de l'époux. A ses côtés se tiennent deux vénérables matrones, chargées de veiller à ce qu'il ne lui manque rien ; rangées sur des sophas autour de la chambre, les autres femmes la regardent comme une idole. Trois jours encore après son entrée dans la maison de l'époux, elle gardera son immobilité de statue.

Cependant les invités arrivent en apportant leurs présents à l'époux, du sucre, du café, des pièces de drap, des mouchoirs de soie, des sequins d'or, dont la femme se fera plus tard des colliers. On fait de la musique, on prend de l'eau-de-vie, du café, des liqueurs. Enfin on prélude aux grandes réjouissances qui vont suivre. Sur le coup de dix heures, un char vient prendre le trousseau de l'épouse, enfermé dans un coffre de bois orné de peintures qui représentent des fleurs : les femmes l'accompagnent jusqu'à la rue en récitant des prières et en faisant des aspersions d'eau bénite. Mais le cortége de l'époux est arrivé. Il amène un cheval blanc richement harnaché : c'est lui qui va porter l'épouse à sa demeure nouvelle. Elle descend du harem couverte d'un long manteau rouge qui la dérobe à tous les regards : c'est à peine si elle peut marcher ; on la soutient sous les bras. Quand le cortége se met en route, ce sont les invités du mari qui ouvrent la marche ; elle est fermée par ceux de l'épouse. L'épouse elle-même est entre les deux troupes. Les chanteurs viennent immédiatement après elle. A chaque coin de rue elle incline trois fois la tête, comme pour dire adieu à tous ces lieux témoins de son enfance — qu'elle va quitter, pour toujours peut-être.

Quand on arrive à la maison du mari, les femmes du logis reçoivent l'épouse à la porte, et la conduisent, malgré ses efforts apparents, car elle semble lutter contre elles, jusqu'à la chambre nuptiale. Là, on reprend le café, et les invités de l'épouse se retirent après que le plus ancien d'entre eux a dit à haute voix : « Jusqu'ici elle appartenait à Dieu et à nous ; dès ce moment, « et dans l'avenir, elle est à vous et à Dieu, qui veillera sur elle. » Toutes ces phases de la cérémonie nuptiale sont accompagnées de chants, les mêmes chez les musulmans et chez les chrétiens, et dont quelques-uns sont vraiment poétiques. Cette strophe, par exemple, qui se chante pendant la route :

« L'épouse est en route : c'est un œillet qui s'ouvre ; l'épouse est sur la porte : c'est un œillet qui embaume ; l'épouse est dans la cour : c'est une rose épanouie ; l'épouse est dans l'escalier : son front est blanc comme le jasmin ; elle est déjà dans la salle : son cou est incliné comme un lis. Ne répands pas de larmes, ô épouse !

« — Déjà j'ai bien pleuré, ô mon époux ! car il a fallu quitter mon père, et jamais plus je n'irai chez lui ! »

L'on ne procède à la bénédiction des époux, chez les Albanais chrétiens, qu'après le départ des parents de la jeune fille : cette bénédiction est donnée dans la chambre nuptiale, où un autel a été préparé. On lui retire son voile ; elle s'agenouille, et on introduit presque de force le fiancé, se débattant contre ceux qui l'entraînent : filles et garçons, tout le monde en ce pays semble se faire un point d'honneur de ne se marier que par force, — est-ce un présage des félicités qui les attendent dans le mariage ? — Le jeune homme se met à genoux à son tour ; deux hommes se tiennent à ses côtés, un cierge à la main. La messe finie, le prêtre demande trois fois à la jeune fille si elle consent à prendre pour époux l'homme agenouillé près d'elle. Aux deux premières questions elle ne répond rien ; mais, à la troisième, la femme qui se trouve près d'elle lui prend la tête et l'agite de haut en bas, ce qui veut dire *oui* dans la mimique de tous les peuples. Quant au mari, c'est à haute voix qu'il accepte cette femme qu'il vient de voir pour la première fois. Il sait qu'un refus serait puni de mort par la vendetta de la famille. Mais si l'épouse est marquée au *B*, c'est-à-dire si elle est borgne, boiteuse ou bossue, le malheureux — il y en a qui ne se plaignent pas — aura droit à une indemnité. — On compense les charmes absents par des espèces sonnantes.

Après la bénédiction, le mari sort de la chambre; les femmes y entrent aussitôt et chantent les beautés et les vertus que possède l'épouse... ou qu'elle devrait posséder. Enfin on se met à table, les hommes dans une pièce, les femmes dans l'autre. A onze heures l'épouse est conduite dans la chambre nuptiale : elle est déshabillée, couchée; on couvre son visage d'un voile, et les deux hommes qui remplissent près du mari les fonctions de garçons d'honneur l'amènent jusqu'à la porte de l'appartement, où, une fois encore, ils sont obligés d'user de violence pour le faire entrer.

Les Albanais sont plus poëtes que musiciens. Leurs chansons, qui ne manquent ni de mouvement ni de couleur, prennent ordinairement pour thèmes ou les beautés de leur patrie, ou les hauts faits de leurs aïeux. Mais leurs airs de musique sont assez pauvres, et ne se composent guère que de réminiscences parfois assez maladroitement défigurées. Je ne veux pas dire par là que l'on n'entende jamais de bonne musique en Albanie, au contraire! seulement elle n'est point exécutée par les Albanais, mais bien par les *zingari* ou *bohémiens*, répandus en si grand nombre dans l'est de l'Europe, et dont la nature, richement douée, a reçu l'instinct inné de la mélodie.

Les instruments de musique usités en Albanie sont le violon, qu'ils n'appuient point comme nous à l'épaule, mais sur la cuisse; la mandoline, allongée, très-amincie vers le haut, ayant la forme générale d'une poire; ces mandolines ont douze cordes de métal, dont on tire le son en les effleurant avec un tuyau de plume; le flageolet à deux embouchures; la flûte, le tambour de basque et les castagnettes de métal. Les danseuses, les Zingarie, s'accompagnent en dansant, tantôt du tambour de basque, et tantôt des castagnettes, dont elles savent tirer de piquants effets. Dans les montagnes, on trouve encore deux autres instruments : la longue flûte en sureau et la guzla serbe.

Les Albanais ne sont pas beaucoup plus danseurs que musiciens : leurs pantomimes sont plus naïves qu'ingénieuses, et ils se meuvent sur un rhythme lourd et sans grâce. Les femmes dansent entre elles, deux à deux, se tenant par une main, et de l'autre agitant un mouchoir autour de leur tête. Les Albanais chrétiens sont, du reste, les seuls qui se livrent à la danse. Chez les musulmans, quand on veut se donner ce plaisir, on fait venir les bohémiennes, qui jouent de véritables petites pièces pleines d'entrain et de vivacité. Une quête faite dans un tambour permet aux spectateurs de payer généreusement leur plaisir sans qu'il en coûte trop au maître de la maison.

Quoique soumis aux Turcs, les Albanais conservent une assez grande liberté dans le maniement de leurs affaires, qu'ils discutent très-librement vis-à-vis des pachas ; ils s'exercent de bonne heure à la parole, et ils ont beaucoup des qualités de l'orateur. Malheureusement, la différence des religions est cause de nombreuses querelles qui désolent l'Albanie, où trop souvent une vendetta digne des Corses ravage les familles.

Les Albanais sont superstitieux comme des enfants : ils croient aux revenants, voient des fantômes, et passent leurs nuits à se raconter des histoires effrayantes et impossibles, dont les âmes des morts, principalement des usuriers, des mauvais riches ou des calomniateurs, font les principaux frais. Ces âmes, revêtues de formes diverses, chat noir aux yeux verts étincelants comme l'émeraude, âne, porc ou corbeau, errent dans la campagne en poussant d'horribles cris. Les Albanais croient aussi aux vampires, qui, selon eux, sortent de leurs tombes aux jours de pleine lune pour venir sucer le sang de leurs malheureuses victimes, en leur ouvrant l'épine dorsale. Pour se délivrer du vampire, on déterre le cadavre soupçonné, on le décapite, puis on le fixe dans sa bière avec un pieu. Cette superstition est surtout répandue chez les chrétiens. Les superstitions des musulmans sont généralement plus poétiques et plus douces. Les musulmans admettent assez volontiers l'existence des djinns et des fées, sortes de génies familiers et complaisants, dont, généralement du moins, ils auraient plutôt à se louer qu'à se plaindre. Quoi qu'il en soit, les qualités ou les défauts, les services ou les méchants tours de ces fantastiques personnages sont l'aliment le plus abondant d'une poésie populaire assez féconde. La croyance à la *jettatura* et au mauvais œil est aussi commune chez les Albanais que chez les Napolitains, et, comme ceux-ci, ceux-là font tous leurs efforts pour y échapper. Mais si le but est le même, les moyens sont quelque peu différents. Les Albanais ne portent point la corne de corail, subitement montrée pour paralyser la dangereuse influence. Mais les chrétiens attachent aux bonnets de leurs enfants des croix et des reliquaires; souvent aussi les prêtres, pour protéger les enfants contre les démons qui viendraient les étrangler pendant la nuit, vendent à leurs mères de petits sachets pliés en triangles, sur lesquels ils ont mis des inscriptions mystérieuses.

Nous avons vu comment les Albanais entrent dans la vie, quelles réjouissances accueillent leur venue au jour, quels sont les jeux de leur enfance, les plaisirs de leur jeunesse, les fêtes de leur mariage, les occupations de leur virilité : il nous reste maintenant à les conduire au terme suprême vers lequel nous marchons tous, — un peu plus lentement ou un peu plus vite, — et à leur rendre les derniers devoirs.

Les Albanais ne gardent jamais bien longtemps leurs morts; les funérailles ont toujours lieu dans les vingt-quatre heures. A peine le dernier soupir est-il rendu, qu'un messager s'en va frapper d'un morceau de bois la porte des parents et des amis, pour les avertir de leur malheur, et leur indiquer le moment de la cérémonie. Cependant le mort est lavé, parfumé, revêtu d'une chemise de soie et de ses plus beaux habits. On l'étend sur un lit de parade, autour duquel se rangent les amis et les parents, qui passent toute la nuit en prière. Les hommes sont enveloppés d'un manteau noir, et ils ont la tête couverte d'un capuchon. Les femmes se tiennent dans une pièce à côté, cachées sous un épais voile bleu, récitant les louanges du mort et pleurant sa fin. Bientôt viennent les lamentations funèbres, souvenirs de l'antiquité, que nous retrouvons encore chez la plupart des peuples de l'Orient. Les cris et les sanglots redoublent au moment où il faut se séparer du défunt, sur le cadavre duquel les femmes se précipitent pour l'embrasser une dernière fois. Enfin on le dépose dans son cercueil, sur lequel on place ses armes; puis les parents et les amis, se relayant à tour de rôle, le portent jusqu'à sa suprême demeure; le prêtre récite les prières accoutumées sur sa tombe, et, parents et amis, tout le cortége revient à la maison mortuaire pour y prendre part au repas funèbre, qui a bien son importance dans la cérémonie. Le deuil se porte en couleurs sombres, et généralement pendant une année. Ajoutons, comme dernier trait, que des chants funèbres, parfois d'une grande poésie, accompagnent les funérailles, et prêtent ainsi des accents plus élevés, plus dignes et plus nobles à la douleur et aux regrets. Voici un de ces chants récité sur la tombe d'un jeune enfant, et dont nous devons la traduction à M. Hecquard, qui fut longtemps notre consul en Albanie :

« Tu dors du sommeil éternel; tes yeux sont clos, sans doute pour mieux penser à ta mère et à tes parents.

« Ton doux sourire, qui ne s'est pas envolé, me laisse une espérance. Tu es vivant, ô mon enfant chéri; ce n'est qu'un jeu, n'est-ce pas?

« Oui, car lorsque tu es à la fleur des ans, dans l'âge le plus beau, m'abandonner serait une cruauté sans pareille!

« Lorsque ton père, tes frères, ta sœur, voyant ton amabilité chaque jour croissante, sont heureux de t'admirer; si cher et si beau, tu ne voudrais pas les quitter?

« Écoute-moi, ô mon fils; aie pitié de ma douleur; ma voix qui arrive jusqu'au ciel doit parvenir aussi à ton cœur et l'émouvoir !

« Vois comme ta mère se débat, se désespère; vois ses larmes tombant comme un torrent; quoi! tu n'as pas encore pitié d'elle!

« Oh! la mort, la mort cruelle, sans cœur et sans entrailles, endurcit le cœur le plus tendre, et lui fait repousser jusqu'aux prières d'une mère désolée? »

Je ne sais si je me trompe, mais il me semble qu'il y a là comme un cri de l'âme, et l'écho même de la douleur!

XXIX

LES ÎLES IONIENNES.

Destinées orageuses. — Que les Ioniens sont des Grecs. — Pourquoi ils ont si souvent changé de maîtres. — Des protecteurs qui coûtent cher. — Politique anglaise. — Venise gouvernait mieux. — Les Ioniens voudraient bien s'en aller. — Circumnavigation. — La Fleur de l'Orient ; Zacynthus ; Zante. — Les femmes ioniennes. — Samos, Céphalonie. — Le Monte-Nero — Un curé qui n'aime pas les pommes de terre. — Argostoli. — Ithaque. — Souvenirs d'Ulysse. — Les amants de Pénélope. — Sainte-Maure. — Forêt d'oliviers. — Corfou. — La clef de l'Adriatique dans la poche des Anglais. — Les jardins d'Alcinoüs. — Un voyage à Cythère.

Peuplées par une race d'hommes que la communauté d'origine rattache à la portion du continent habitée par les Hellènes, les îles Ioniennes, après que Corinthe leur puissante voisine eût fondé une colonie à Corcyre, aujourd'hui Corfou, entrèrent bientôt dans la sphère d'action où s'agitait la Grèce, dont elles suivirent dès lors les orageuses et brillantes destinées. Libres avec elle, avec elle aussi elles passèrent tour à tour sous le joug des rois de Macédoine et sous celui des Romains.

Lorsque les fils de Théodose le Grand se furent partagé cet empire paternel, qui n'était autre chose que le monde alors connu, les îles Ioniennes furent attribuées à l'empire d'Orient, et elles en firent effectivement partie jusqu'en 1148. Mais à cette époque, le fameux Normand, Roger de Sicile, s'en empara et les réunit au royaume de Naples. En 1385, les îles, qui supportaient impatiemment le joug, changèrent de maître et se donnèrent volontairement aux Vénitiens dont l'œil et le bras étaient depuis longtemps déjà tendus vers l'Orient. Touchés de l'inclination naturelle qui avait amené les Ioniens vers eux, les Vénitiens se montrèrent de facile composition : ils laissèrent aux îles leur constitution et leurs mœurs, contents des relations de commerce qu'ils avaient avec elles et des facilités d'escale qu'elles apportaient à leurs expéditions dans le Levant. Ils leur envoyèrent seulement des provéditeurs, qui les gouvernèrent doucement.

La conquête fut à peu près accomplie au XIIIe siècle. Sans doute, l'invasion à main armée des Ottomans dans la Grèce leur enleva plusieurs de ces îles, mais les Turcs ne surent point garder ce qu'ils avaient su prendre, et les îles Ioniennes retombèrent entre les mains des Vénitiens qui les conservèrent jusqu'à la fin du XVIIIe siècle. En 1797, les triomphes de Bonaparte en Italie et le traité de Campo-Formio les donnèrent à la France, ainsi que quelques autres colonies de la Sérénissime République. Jamais, peut-être, les destinées des peuples ne furent plus troublées ni plus variables dans leurs limites qu'à cette époque encore récente de l'histoire : on peut dire que pendant trois ou quatre années, les îles Ioniennes, à force d'appartenir à tout le monde, n'appartinrent à personne. Mais au mois de mars 1801, un traité intervenu entre la Russie et la Porte leur donna une sorte de constitution, reconnut leur existence politique, à la seule condition d'un tribut payé au sultan, et les désigna sous le nom de République des Sept-Iles. Ces îles sont Corfou, Céphalonie, Zanthe, Sainte-Maure, Ithaque, Cérigo et Paxo. L'intégrité de la République des Sept-Iles fut solennellement stipulée par les diplomates de la France et de l'Angleterre lors de la paix d'Amiens. Cette petite république avait une population d'environ deux cent mille âmes que pouvait bien unir la communauté de l'origine, des habitudes et du langage, mais que les obstacles naturels divisaient trop profondément pour que le gouvernement central exerçât une action assez énergique sur toutes ses parties. Le siége de ce gouvernement fut placé à Corfou, et l'on mit à sa tête le prince Commuto, originaire de Zanthe, qui gouverna avec sagesse et habileté.

Mais le traité d'Amiens ne fut qu'une trêve : la guerre éclata de nouveau, et elle embrasa l'Europe. Les îles Ioniennes ne pouvaient échapper à sa terrible atteinte. La flotte russe parut dans leurs eaux sous le prétexte plus ou moins bien justifié d'une protection que l'on n'avait pas demandée au czar. Les choses durèrent ainsi jusqu'au traité de Tilsitt, qui les attribua à l'empire français. Nos troupes les occupèrent, et nos garnisons s'établirent dans les places fortes : mais on accorda assez de liberté à la nation ; les anciens usages grecs furent rétablis, entre autres celui, fort innocent d'ailleurs, de compter par olympiades. A chaque période de quatre années, on devait célébrer les jeux Olympiques. Tout cela n'eut guère qu'une existence fictive.... dans les colonnes du *Moniteur*.

Cependant, au commencement de l'année 1810, une petite expédition anglaise quitta les ports de Malte, sous le commandement du général Oswald, et fit voile vers les îles Ioniennes. Zanthe, Céphalonie, Ithaque, Cérigo furent prises aussitôt qu'abordées. La garnison fit plus de résistance à Sainte-Maure, mais elle n'en fut pas moins contrainte à se rendre, et il ne resta plus aux Français que Corfou, et Paxo sa petite voisine. Il en fut ainsi jusqu'à la paix générale. La France et l'Angleterre rendirent alors leurs conquêtes. Aujourd'hui, les sept îles forment une république indépendante sous le *protectorat* de l'Angleterre.

Le meilleur des protectorats serait, sans aucun doute, celui qui se ferait le moins sentir, et il n'en est pas positivement ainsi de celui des Anglais, qui se permet trop souvent des mesures acerbes et despotiques, accompagnées de ces façons hautaines et de cette morgue par trop.... britannique, qui aliènent à nos voisins, malgré tant de qualités sérieuses et réelles, le cœur de leurs sujets ou de leurs protégés. Il n'est donc pas étonnant que depuis ce grand réveil des nationalités qui semble le mot d'ordre et le trait distinctif de la seconde moitié du XIX siècle, les habitants des îles Ioniennes manifestent énergiquement le désir de rentrer dans la grande communauté de la patrie grecque à laquelle ils appartenaient jadis.

Malheureusement les Anglais, à qui le protectorat a été concédé par le traité de Paris (1815), mettent une sorte de point d'honneur à protéger les îles malgré elles, et comme la force armée est entre leurs mains tenaces, les pauvres Ioniens sont contraints de se voir indéfiniment.... protégés.

La seule force régulière des îles consiste dans la garnison anglaise, que le commandant en chef est libre d'augmenter ou de diminuer, selon les nécessités du service. Disons toutefois que la République n'est tenue de pourvoir qu'à l'entretien d'un corps de 3,000 hommes. Chacune des sept îles a sa milice particulière, commandée par des officiers indigènes, mais sous la direction d'inspecteurs et de sous-inspecteurs, nommés par le gouvernement anglais. Des chiffres, — et les chiffres sont toujours plus éloquents que les paroles, — montreront trop clairement ce que coûte aux Ioniens cette chère protection. Sur une somme de 157,089 livres sterling, à laquelle s'élevèrent récemment les revenus publics, 148,518 livres, — également sterling, — ont été absorbées par les frais d'entretien de la garnison et par les traitements des employés anglais.

Le pouvoir civil réside dans l'Assemblée législative et le Sénat. L'ASSEMBLÉE LÉGISLATIVE est composée de quarante membres, dont le président, qu'elle nomme elle-même, mais avec l'agrément du lord haut commissaire, cinq sénateurs sortant de fonctions et cinq éparques politiques, ou préfets des îles, sont les principaux personnages. Ceux-ci, réunis en conseil, dressent une liste de cinquante-huit noms parmi lesquels les électeurs choisissent les vingt-neuf députés. L'Assemblée législative choisit dans son sein le SÉNAT, composé de cinq membres, plus un président nommé par la Couronne, mais qui doit être d'origine ionienne et appartenir à la noblesse; il porte le titre d'*Altesse*, qui n'est pas fait pour les plébéiens! Mais, quoique le mandat des sénateurs soit de cinq années, le président n'exerce ses fonctions que pendant deux ans et demi : il y a donc deux présidents par session. C'est au Sénat qu'appartient le pouvoir exécutif ; c'est également lui qui prépare et lui qui propose les lois, auxquelles, du reste, le lord haut commissaire, représentant du gouvernement anglais, peut refuser sa sanction. Et ne croyez point que cette sanction une fois accordée, tout soit dit pour les îles, et qu'elles puissent compter sur une loi stable ; pas le moins du monde : le cabinet anglais s'accorde un an pour annuler la ratification accordée par son haut commissaire. Il peut même dissoudre à son gré le parlement élu par la nation.

Voilà ce que les Anglais appellent protéger !

Chacune des sept îles a de plus un administrateur ou éparque nommé par le Sénat et confirmé par le haut commissaire, sans lequel les pauvres Ioniens sont regardés comme absolument incapables de rien faire. Ajoutez qu'auprès de chaque éparque il y a un *résident* — lisez un *surveillant* — anglais, sorte d'espion officiel qui contrôle tous ses actes.

La hiérarchie judiciaire est complète, et elle couronne assez habilement l'édifice de ce despotisme déguisé. Tous les tribunaux, civils ou criminels, ressortissent en effet d'une cour d'appel siégeant à Corfou, près du gouvernement central, composée de quatre membres, dont deux sont nommés par l'Angleterre, et peuvent être Anglais. En cas de partage, la décision souveraine appartient au lord haut commissaire. Ainsi le pouvoir judiciaire, cette dernière garantie des peuples — qu'on laisse d'ordinaire même aux nations vaincues, quand on leur enlève toutes les autres — n'appartient plus aux protégés de l'Angleterre, et elle se confond dans la main du vainqueur avec le pouvoir exécutif.

La religion dominante des îles Ioniennes est la religion grecque. Son haut clergé se compose de quatre métropolitains, revêtus chacun à leur tour de la dignité d'éparque ou chef suprême, d'un archevêque, de trois évêques et deux protopapes. Tous les autres cultes sont, du reste, tolérés; nous devons reconnaître que la religion catholique, entre autres, est l'objet d'une protection particulière : elle a un archevêque et deux évêques, et elle possède trente et un couvent dotés, pour la plupart, de très-abondants revenus. Notons en passant qu'il est défendu aux prélats de correspondre, sous aucun prétexte, avec leur supérieur hiérarchique à l'étranger autrement que par l'intermédiaire du Sénat.

L'italien, si longtemps parlé dans les îles Ioniennes pendant la domination des Vénitiens, a été peu à peu remplacé par le grec moderne; mais il n'en est pas moins resté la langue officielle employée dans les actes du gouvernement; c'est une anomalie de plus dans une république qui nous en a déjà tant montré.

Les Anglais, malgré leur exemple, n'ont pas encore pu rendre les Ioniens industrieux, et c'est en vérité de quoi nous n'osons pas trop plaindre ces derniers, quand nous voyons les épouvantables crises auxquelles sont trop souvent exposées les nations qui cherchent leurs principales ressources dans les chances par trop aléatoires de la fabrique. En revanche, les Ioniens s'occupent avec succès de leur agriculture, qu'ils ont améliorée notablement depuis quelques années. Ils entendent également bien le commerce, et leur cabotage couvre les mers du Levant de ses hardis vaisseaux.

On ne saurait assez louer le climat sain, tempéré, clément des îles Ioniennes, où les désespérés de la phthisie viennent chercher la santé et retrouvent la vie. Peut-être faut-il compter pour quelque chose dans l'histoire de ces guérisons heureuses le séjour au milieu d'une population aimable, sympathique, aux mœurs douces et faciles.

Les îles Ioniennes s'étendent comme une ceinture, offrant çà et là quelque solution de continuité, sur les côtes de l'Albanie, de l'Acarnanie, de l'Étolie et de la Morée. Leur groupe emprunte son nom à la mer charmante qui les baigne, et qui doit elle-même sa gloire aux malheurs et à la beauté de la fille d'Inachus — Io, dont Eschyle a chanté si poétiquement les amours. Il se compose, nous l'avons déjà dit, de sept îles principales et d'un certain nombre d'îlots sans importance — le plus souvent des écueils déserts.

Depuis Corfou, leur limite au nord, jusqu'à Cérigo, leur limite au sud, elles sont contenues entre le 36° et le 46° de latitude nord. Leur superficie totale est de quarante-sept mille mètres carrés géographiques, et leur population d'un peu plus de deux cent mille âmes.

Presque tous d'origine grecque, les Ioniens sont peut-être un peu plus grands que leurs frères du continent; ils sont comme eux bien faits et robustes. Sans être d'une beauté régulière et sculpturale, leurs femmes, qui ont la peau blanche et beaucoup d'esprit, de beaux cheveux et l'humeur douce, ne laissent point que d'être de fort agréables compagnes. Ajoutez le dévouement et la tendresse, et vous n'aurez plus le courage de vous occuper de la question plastique, de savoir si leur nez suit la ligne droite ou se ploie à la courbe aquiline. Les hautes classes ont conservé les mœurs, les habitudes et même un peu le costume de ces Vénitiens, qui furent plutôt leurs patrons que leurs maîtres; mais les gens du peuple et les habitants des campagnes ont gardé dans toute leur pureté primitive les signes de la nationalité grecque.

Parcourons maintenant ces différentes îles un peu au hasard de la navigation capricieuse des barques de la pêche et du petit commerce, car il n'y a point encore de communications régulières de l'une à l'autre.

Zante, l'ancienne Zacynthus des Grecs, avait été surnommée la *Fleur de l'Orient*, et sa beauté justifie cette épithète, qu'un peintre eût pu trouver tout aussi bien qu'un poëte. Disons-le cependant, la beauté de la Fleur de l'Orient ne se révèle point tout d'abord au regard : il faut la chercher. Quand on l'aborde du côté de l'ouest, on ne voit rien qu'une rangée de hautes montagnes formant précipices sur la mer, et pyramidant jusque dans le sein des nuages; il faut contourner l'île quelque temps et arriver jusqu'au cap Skenari pour découvrir un admirable ensemble de côtes s'élevant par un mouvement doux et presque insensible, de plaines à la luxuriante opulence, de bois, de jardins et de villas. Devant vous, dans la distance, mais parfaitement visible, le rivage de la Grèce s'arrondit en hémicycle; nous apercevons la vaste embouchure du golfe de Corinthe, auquel les montagnes de l'Acarnanie et de l'Achaïe servent de limites naturelles. Vers le sud, c'est le Péloponèse et l'Arcadie; vers le nord, c'est l'Albanie aux montagnes capricieuses. Arrivez vers le soir, à l'heure où le couchant verse sur cette terre admirable ses teintes de pourpre et d'or en fusion, quand la brise fraîchissante vous apporte les parfums de la côte embaumée, et vous éprouverez une sensation étrange. Ce sera pour vous comme une première révélation de l'Orient, cette terre du soleil et des parfums. La ville, qui porte le même nom que l'île, s'étend en amphithéâtre au fond d'un petit golfe, descendant jusqu'au rivage d'un côté, et de l'autre remontant une colline assez âpre, de façon à ce que sa tête domine la mer, dans laquelle trempent ses pieds. Le château de Zante commande la ville tout entière. La circonférence de l'île est d'environ soixante milles; elle forme comme une vaste plaine, interrompue à l'ouest par une chaîne de collines, et à l'est par le mont Scopa. Céphalonie au nord et la Morée au sud la protégent contre la pleine mer. La grande plaine est très-fertile : ce n'est autre chose qu'une succession non interrompue de sillons, de prairies et de vignobles. La fertilité sous toutes les formes, l'abondance sous ses plus gracieuses images, des villages sans nombre, de belles maisons de campagne, que de beaux jardins et des bosquets d'orangers entourent d'une admirable végétation, égayent et diversifient le paysage. Il est impossible vraiment de réunir plus de beautés dans un aussi petit cadre.

La ville est digne de la campagne. Si les rues, qui veulent à tout prix s'abriter du soleil, semblent d'abord un peu trop étroites, les maisons, très-élevées, n'en sont pas moins fort bien bâties, dans un genre d'architecture qui rappelle les palais italiens, et parfois avec une véritable magnificence. Souvent aux divers étages de ces maisons, un moucharabi, comme ceux que l'on voit en si grand nombre au Caire et à Damas, se penche curieusement sur la rue. Si vous levez rapidement vos yeux, et qu'ils sachent voir, vous apercevrez entre les barreaux quelques têtes de femmes aux joues pâles et à l'œil ardent. Comme la plupart des villes ioniennes, Zante est longue et étroite, disposition assez habile, et que les habitants ont adoptée pour mieux jouir de la vue de leur admirable mer. Vers le nord-est de la ville, le paysage est exquis : les rochers, naturellement escarpés, comme l'indiquent assez leurs noms d'Acrotéria, se déchirent brusquement par places, et à travers leurs interstices boisés, dans lesquels des villas italiennes et des cottages anglais semblent placés tout exprès pour former point de vue, on découvre les plus heureuses échappées sur la mer.

Mais pour que les Ioniens ne s'endorment point d'un dangereux sommeil en respirant les parfums énervants de la Fleur d'Orient, parfois des tremblements de terre les secouent, et ils sont obligés d'abandonner pour quelque temps leurs maisons ébranlées.

Zante est la seule ville de l'île qui, à part sa capitale, n'a que de grands villages ; mais, dans un pays comme celui-là, les villages valent mieux que les villes, parce qu'ils sont à la campagne !

En face de Zante, mais au nord, et séparée d'elle par un détroit de quelques milles, se trouve Céphalonie, la Samos des anciens, et la plus grande des îles Ioniennes. Céphalonie, en effet, n'a pas moins de cent milles de circonférence. Le trait le plus accentué et le plus pittoresque de son paysage, c'est le Monte-Nero, ou Montagne noire, dont les sommets ne s'élèvent pas à moins de quatre mille pieds au-dessus du niveau de la mer. Ce nom de montagne noire, parfaitement juste autrefois, quand la montagne était recouverte de sa sombre forêt, n'est plus qu'une antiphrase, aujourd'hui que l'on a coupé ces grands arbres, et que l'on n'aperçoit plus que ses pierres crayeuses et blanchâtres. Le Monte-Nero a du reste un aspect sauvage et des escarpements âpres, que l'on rencontre assez rarement dans ces îles plus gracieuses que sévères. Les anciens avaient dressé sur sa dernière cime un autel consacré à Jupiter, et dont on voit encore les ruines entourés des ossements blanchis des hécatombes offertes au roi des dieux. Sur un autre sommet, on aperçoit un château fort, bâti par les Vénitiens, dans le système de fortifications en faveur au moyen âge, et consacré à saint Georges, le glorieux patron des guerriers. Céphalonie ne compte pas moins de 60,000 habitants, aimables, industrieux et hospitaliers, agglomérés pour la plupart autour de leur capitale, sur les bords du golfe qui porte, comme la ville, le nom d'Argostoli, au sud de l'île et au pied de la Montagne noire. Il y a aussi un groupe serré de population vers le nord-est, vis-à-vis d'Ithaque, et sur l'emplacement qu'occupait jadis la ville de Samos. La terre végétale, semée par couches très-minces sur le roc calcaire, n'a pas la même fertilité qu'à Zante; elle est aussi extrêmement divisée : petites propriétés, petites fortunes. Les Anglais, à qui, de temps en temps, il faut bien rendre justice, se sont occupés avec succès d'améliorer les communications, jadis très-difficiles, d'un point de l'île à l'autre.

La nécessité rend industrieux, et les Céphaloniens, qui

sentent de bonne heure le poids de la pauvreté, s'ingénient pour arriver le plus tôt possible à une existence modeste, mais indépendante et assurée. Presque tous les jeunes gens vont étudier la médecine dans les villes d'Italie, et, munis de leur diplôme, ils se répandent dans les différentes villes de l'Orient pour y chercher une fortune qu'ils rapporteront le plus tôt possible dans leur chère patrie. Des médecins et des avocats en très-grand nombre, c'est à peu près tout ce que produit Céphalonie. J'aimerais mieux pour elle des figues et des olives. — Malgré tous ces diplômes, l'île reste plus inaccessible que ses sœurs au progrès moderne : la faute en est, dit-on, au clergé grec, ennemi, comme tous les ignorants, de ce qu'il ne connaît point, et disposé à voir un danger dans tout changement. Que l'on nous permette de citer un seul exemple de cette obstination aussi fatale qu'elle est stupide. Quand les Anglais voulurent introduire dans l'île la pomme de terre, ce pain qui vient tout fait, et qui est pour eux comme la nourriture nationale, les prêtres leur firent une opposition violente, et s'efforcèrent de persuader aux paysans trop crédules que cette innocente *potato* était la même pomme offerte jadis à Ève par le serpent, par Ève à notre premier père, et qui avait perdu le genre humain. La lutte a duré dix ans; et dans certains districts, le légume farineux passe encore pour le fruit diabolique, mais évidemment peu séduisant auquel nos malheureux parents durent les trompeuses délices du péché et les maux trop réels qui le suivirent.

La capitale de l'île, Argostoli, est une ville de quatre mille âmes, assez insignifiante d'ailleurs, malgré sa jolie situation sur le rivage de la mer, au fond du golfe et au pied de la montagne. Dans l'antiquité, Samos comptait quatre villes principales, Kranie, Cronospoli, Pronos et Samos. Samos était de beaucoup la plus célèbre; elle dépendit un moment du royaume d'Ulysse, et Homère y fait plus d'une allusion dans ses poétiques récits.

Je suis allé de Céphalonie à ITHAQUE dans un bateau du pays, sorte de large barque pontée sur l'avant, marchant à la voile et à la rame. Le soir venait, mais la mer était bonne, et nous comptions faire rapidement le court trajet qui sépare les deux îles. Tout à coup la brise fraîchit, et un vent, qui nous arrivait de Lépante et de Missolonghi, nous rejetait à chaque instant sur la côte que nous voulions quitter. Au lieu d'arriver à Ithaque à sept heures du soir, nous ne pûmes atteindre qu'à minuit la patrie du sage Ulysse.

C'était une des plus belles nuits que j'aie vues, même en Orient : il n'y avait pas un nuage au ciel, et le regard pénétrait dans la profondeur bleue et infinie. La brise capricieuse tomba comme elle s'était levée, et quand nous entrâmes dans la petite baie de VATHI, pas un souffle ne ridait la face étincelante de la Méditerranée, ou ne faisait badiner la voile détendue; nous n'entendions d'autre bruit que le bruit des rames frappant les vagues en cadence; une lune large et brillante comme nos soleils d'Occident versait sa lumière nacrée sur les pentes adoucies des collines et sur les crêtes dentelées des promontoires.

Je ne saurais dire quelles émotions heureuses s'emparèrent de moi quand j'entrai dans le petit port de cette capitale de deux mille âmes, situé au fond de son petit golfe, tout entouré de ses montagnes et séparé en quelque sorte du reste du monde. Les deux ou trois hôtels assez médiocres, et dont je ne connaissais pas le chemin, devaient être fermés depuis longtemps : je fis jeter une botte de paille au pied du grand mât, et je m'étendis sous le regard ami des étoiles, moins disposé à dormir qu'à rêver tout éveillé d'Ulysse, de Télémaque et même un peu de la sage Pénélope, si elle voulait bien me le permettre. Puissance souveraine du génie! Cette petite île, qui n'a pas plus de dix-sept milles de long, pas plus de quatre de large, cet amas de rochers dans lequel vous ne trouverez pas cent mètres carrés de surface plane, ce groupe de montagnes qui ne nourrit pas le quart de ses habitants, ont acquis, grâce aux vers d'Homère, une célébrité poétique à laquelle n'atteindront jamais les plus grands empires. Je ne pouvais détacher mes yeux ni de cette terre ni de cette mer, si étroitement mêlés qu'on ne sait jamais où l'une commence ni où finit l'autre ; dans la transparence de l'atmosphère qui rapproche si étrangement tous les objets, je distinguais jusqu'aux moindres accidents de ces pics élancés, de ces crêtes amincies, de ces caps surplombant l'abîme ; je m'enfonçais par la pensée dans ces vallons étroits, venant aboutir à la mer, et où je voyais des bois d'oliviers, d'amandiers et d'orangers, dont le rayon argentait les cimes. C'est ici, me disais-je, que le vieux Laërte cultivait la terre de ses mains royales ; Pénélope, après avoir travaillé à ce voile qui lassait la patience des prétendants, venait s'asseoir sur ces rochers et regarder la mer en lui redemandant son héros. Télémaque, beau comme un jeune dieu, est parti de ce port pour aller chercher son père à travers le monde. Ulysse l'aima, ce cher petit royaume, dix fois moins grand que notre dernière sous-préfecture, non parce qu'il était beau, mais parce qu'il était sien ; et au milieu de ses exploits et de sa gloire, il rêvait de revoir bientôt ce petit nid au milieu de ces petits rochers : *in saxulis quasi nidulus*, comme l'appelait un jour Cicéron. « Je demeure, dit quelque part le « prudent héros à un de ses hôtes, dans l'île d'Ithaque, dont « l'air est fort tempéré, et qui est célèbre par le mont Néritos, « tout couvert de bois. Elle est environnée d'îles ; elle a près « d'elle Dulichium, Samé et plus bas Zacynthe. — Elle est la « plus voisine du continent et la plus au nord. C'est une île « escarpée. »

Ithaque était jadis le nom de l'île et de sa capitale. Les Ioniens l'appellent aujourd'hui l'île Théaki, un nom qui n'est guère que l'anagramme du nom ancien, et la capitale Vathi. Tous les négociants et presque tous les propriétaires aisés de l'île habitent Vathi, très-jolie petite ville, et dont le port, que l'on appelle

Skinosa, est sûr et profond. La ville ne contient qu'une seule rue, qui s'étend le long du rivage.

Çà et là autour de Vathi, sur la pente des collines, on aperçoit de jolies villas, s'élevant au milieu des grands arbres, dans des sites charmants. On montre tout près de là une ruine qui porte encore le nom de château d'Ulysse, et près de laquelle on a trouvé près de deux cents tombeaux, remontant à une respectable antiquité. Le nom du glorieux compagnon d'Achille, de Nestor et d'Ajax est encore populaire dans son île, où plus d'un père est heureux de le donner à son fils ; mais, dans la langue moderne du pays, on l'écrit Odyssephs ; nos recherches ne nous ont fait trouver qu'un seul Télémaque, dont nous nous sommes servi en qualité de guide. Ce Télémaque fut donc notre Mentor.

Quant à Pénélope, qui a bien le droit d'être la patronne et le modèle de toutes les épouses, nous ne mettons pas en doute que toutes les femmes d'Ithaque ne l'égalent en dévouement et en fidélité, mais chez aucune d'elles nous n'avons retrouvé son beau nom.

Je parlais tout à l'heure du château d'Ulysse ; on croira sans peine qu'il n'est pas aujourd'hui dans un parfait état de conservation ; il aurait besoin de quelques réparations pour recevoir son hôte illustre. On l'appelle Aïto, et ce n'est plus qu'une ruine située sur l'isthme étroit qui sépare le port Skinosa du canal de Céphalonie. A l'extrémité méridionale de cet isthme, le terrain s'élève par une pente assez douce et à peu près égale, depuis le rivage des deux mers jusqu'à une hauteur d'environ deux cents pieds. Vers le nord, les sommets sont au contraire escarpés et brusques, et peuvent atteindre environ quatre cents pieds. Ulysse avait choisi l'un d'eux pour y placer son château, où nous avons retrouvé des restes de murailles formant diverses lignes de retranchement, et par la nature de leur construction aussi bien que par l'énormité de leurs blocs attestant la plus haute antiquité. On distingue encore très-nettement l'emplacement de deux ou trois portes, et l'on peut très-facilement observer la différente nature des murailles, dont quelques-unes servaient de remparts au château, et dont les autres étaient destinées à soutenir les terrassements rendus nécessaires par l'inégalité des niveaux. Sur le sommet que le château couronna jadis, on voit une aire parfaitement aplanie et assez vaste dans laquelle on aperçoit les restes de deux citernes souterraines et d'une ancienne tour. Du sommet de cette tour, Ulysse découvrait un admirable panorama. Il dominait en effet les deux mers : d'un côté, il apercevait le canal de Céphalonie et sa côte montagneuse et pittoresque; vers le nord, le promontoire de Leucade et son immortel rocher; vers l'est, les montagnes de l'Épire et de l'Acarnanie; vers le sud, la baie et la ville de Samos, qui envoya vingt-quatre prétendants à Pénélope.... ce qui dut flatter singulièrement son mari.

La caverne dans laquelle Ulysse se cacha lorsque les Phéaciens voulurent débarquer; la fontaine ARÉTHUSE, où les femmes du palais venaient puiser de l'eau, le rocher KORAX, auquel l'Odyssée fait de si fréquentes allusions, le site reculé, caché dans les bois où Ulysse se découvrit au fidèle Eumée, se trouvent dans une si exacte conformité de détails avec les descriptions du poëte, qu'il est impossible de ne pas admettre qu'Homère ait visité l'île d'Ithaque comme les champs où fut Troie, et que ses tableaux furent peints d'après nature.

Trente milles à peine séparent Ithaque de SAINTE-MAURE, et quand vous quittez le port de Skinosa, vous croyez naviguer dans un grand lac semé d'îles, et qui aurait pour rives les bords mêmes d'Ithaque, les rivages de l'Acarnanie et de Sainte-Maure. La première chose qui se découvre à l'œil du voyageur arrivant du sud, c'est le célèbre rocher de Leucade, à l'extrémité même de l'île. On sait que c'est de la cime ardue de ce rocher que Sapho fit ce terrible saut qui la précipita dans les vagues profondes de la mer Ionienne, où elle noya sa vie sans éteindre les feux de son cœur ni ceux de son génie. Le rocher de Leucade n'est pas très-haut : mais qu'importe, si la mer est profonde?

Sainte-Maure n'est autre chose qu'une chaîne de montagnes ayant pour base fondamentale des rochers calcaires de la même nature que ceux de l'Acarnanie, auxquels sans doute ils furent unis jadis, et dont ils sont séparés maintenant par un étroit bras de mer. Ce bras de mer est couvert de récifs et d'écueils qui abritèrent longtemps ces pirates de l'Archipel, les plus hardis écumeurs de mer dont les forfaits aient épouvanté la Méditerranée. La partie de la côte qui fait face à l'Acarnanie est la plus peuplée, et dans le creux des vallées qui descendent de ses montagnes et vont déboucher sur le rivage, on trouve une foule de jolis villages où l'on voudrait vivre. Peu à peu le canal devient si étroit que les barques ordinaires ne peuvent plus passer et que l'on est obligé, pour aborder, de prendre des espèces de pirogues faites d'une seule pièce de bois, et que pour cette raison les Grecs appellent Monoxylon, qui ne tirent que quelques pouces d'eau.

La ville de Sainte-Maure doit sa principale beauté à une véritable — et vénérable — forêt de vieux oliviers qui s'étend depuis ses faubourgs jusqu'aux pieds de la montagne, et à travers laquelle on a percé de belles avenues venant aboutir aux diverses rues de la ville dont elles semblent le prolongement, et auxquelles leurs lointaines perspectives offrent ainsi les points de vue les plus aimables. La ville, dont la population n'excède pas dix-huit mille âmes, présente le singulier mélange de trois types bien distincts : les Ioniens, qui forment la base même de la population; les Vénitiens, venus avec la conquête et qui semblent s'y attarder encore avec bonheur, même après la défaite; enfin les Albanais, qui sont attirés par les facilités du voisinage, car leur patrie est en face, et ils peuvent la regagner au premier accès de nostalgie.

Corfou n'est certes ni la plus grande, ni la plus belle, ni la plus fertile des sept îles qui composent le groupe ionien. Elle n'a que quinze lieues de long sur cinq de large, et sa superficie totale n'atteint point quarante lieues carrées. Elle est montagneuse, mal arrosée, n'a que de très-petites plaines, ne peut nourrir que le quart de ses habitants, et ne produit que la moitié du vin qui lui est nécessaire; faute de pâturages, elle ne peut élever que ces chèvres sobres qui se contentent de peu, et que l'on réduit parfois à rien; elle est obligée de faire venir sa viande du continent, et l'on sait si la viande est nécessaire aux Anglais... Et cependant c'est elle qu'ils ont préférée pour en faire le siége de leur gouvernement, la résidence du lord haut commissaire, et le point le plus fortifié de leur domination.

Corfou doit toutes ces préférences aux avantages de sa position. Corfou est la clef de l'Adriatique, et ceux qui se regardent partout comme les rois de la mer ont, en s'établissant là, donné une fois de plus la preuve de cette intelligence qui leur a fait choisir Gibraltar, Périm, et tant d'autres points stratégiques capables d'assurer la longue durée à leur domination.

La capitale, qui, comme l'île même, porte le nom de Corfou, est située sur la côte orientale qui regarde l'Albanie. Elle est assez bien bâtie, et forme un bel amphithéâtre sur le versant septentrional d'un promontoire, à l'extrémité duquel se trouve le port, déclaré franc depuis 1825.

La citadelle, à laquelle les maîtres des îles ont accordé tous les soins qu'elle méritait, est séparée de la ville par une longue esplanade, un fort et trois faubourgs. La ville, quand les Anglais l'ont prise, était en assez mauvais état, ses rues étroites, sales et tortueuses. La netteté, la propreté anglaises ont fait des miracles ici comme partout. Les rues sont aujourd'hui larges, droites et balayées. Une belle promenade serpente autour de la ville; l'esplanade, bordée d'une rangée de maisons régulières, avec arcades, est digne d'une capitale; le palais du lord haut commissaire est une demeure princière, presque royale. Malgré les Anglais, la ville est restée italienne de mœurs, de manières et de langage; c'est de quoi je suis loin de lui faire un reproche.

Corfou remonte à une très-haute antiquité. Les anciens la connurent sous le nom de Drépané, de Mœris, de Chéria, de Corcyra; mais c'est principalement sous le nom de Phéacia qu'elle est célèbre. On sait les beaux récits qu'Homère nous a laissés sur les Phéaciens; l'aimable épisode de la princesse Nausicaa vit dans toutes les mémoires comme une des inspirations les plus gracieuses de la muse antique.

Un peu au sud de la ville, on montre l'emplacement de l'ancienne CHRYSOPOLIS, la ville d'or, près de laquelle se trouvaient ces fameux JARDINS D'ALCINOUS, dont Fénelon, en des pages qui respirent le plus pur parfum du génie grec, nous a tracé une si délicieuse peinture.

C'est là qu'il devait être doux de vivre, en contemplant le spectacle de cette nature enchantée, et en écoutant les entretiens des sages.

Je ne sais si les Anglais auraient aimé les jardins de Chrysopolis, mais ils ont établi en face, dans la petite île de VIDO, un triple rang de batteries formidables... sans doute pour protéger la mémoire d'Alcinoüs.

Nous n'aurions rien à dire de CÉRIGO, la plus septentrionale des îles Ioniennes, rocheuse et stérile, et dont les habitants n'ont pas le degré de civilisation auquel arrivent si facilement ceux des autres îles; on cite un inspecteur des écoles publiques qui ne savait ni lire ni écrire. Mais Cérigo fut la patrie d'Hélène, cette éclatante personnification de la beauté antique, celle qui sut plaire et qui ne sut pas aimer, celle pour qui tant d'hommes moururent sans se plaindre, et qui passa de main en main, insensible et sereine, pareille à ces médailles d'or qui ne perdent point de leur prix pour avoir été possédées, et qui gardent intact, à travers l'admiration des hommes, le trésor de leur matière comme de leur forme! Puis, aussi, Cérigo fut l'ancienne Cythère, le séjour de Vénus et le berceau de l'Amour, et, à son nom seul, nous voyons passer devant nous les plus belles et les plus riantes images de la mythologie antique. Aphrodite sort de l'écume des flots,

« Et féconde le monde en tordant ses cheveux, »

Son attelage de colombes l'entraîne à travers l'espace; elle va dans tous les coins du monde, et jusque dans le palais des dieux, porter le trouble et l'enivrement de ses joies mêlées de douleur, et quand elle est fatiguée de ses victoires cruelles, c'est à Cythère qu'elle vient chercher de nouvelles forces pour de nouveaux exploits. C'est dans les bosquets de rosiers et de myrtes de cette île heureuse que le jeune Amour, cet éternel enfant, prit ses premiers ébats; c'est là qu'il trempa dans l'absinthe et le miel ses flèches aux blessures cruelles et chères. C'est à Cythère que les amants venaient en pèlerinage remercier le dieu qui fait aimer, apaiser le dieu qui fait souffrir!

XXX

ATHÈNES.

Arrivée en Grèce. — Le cap Sunium. — L'horizon. — Le Pyrée. — Du Pyrée à Athènes. — Le Céphise et l'Eurotas. — La rue d'Hermès. — Le palais du roi. — Costumes modernes. — Patissia. — Mouvement littéraire. — L'ancienne ville. — L'Acropole. — Les Propylées. — Le temple de la Victoire sans ailes. — La Pinacothèque. — Le Parthénon. — Périclès, Ictenus et Phidias. — Les Métopes et les Frontons. — Intérieur du temple. — La statue de la déesse. — Le temple de Thésée. — Le Jupiter Panhellénien. — Les théâtres. — Le vrai conservateur des antiquités d'Athènes. — Excursions et promenades. — Un paysage classique. — Le ciel de la Grèce.

Le soleil paraît : une étroite langue de terre s'élève au-dessus des eaux comme la proue d'un navire; une ligne de colonnes se détache en relief sur les flancs de la montagne : c'est le promontoire de Sunium, où plus d'une fois Platon vint s'asseoir et méditer ses pures et sublimes théories, qui semblent, aujourd'hui encore, comme un écho du Christ... un écho qui aurait parlé avant la Voix. Sunium a changé de nom : il s'appelle maintenant le cap Colonne, en souvenir de ce fameux temple de Minerve, jeté comme un phare sur la pointe extrême de l'Attique, pour signaler de plus loin aux voyageurs la patrie de Phidias et de Praxitèle. Il était impossible de mieux choisir l'emplacement d'un temple : le pays est désert, mais le paysage est admirable, sévère et grandiose comme l'horizon même d'Athènes. Le temple de la déesse domine la vaste mer : de belles îles semées çà et là sur les flots bleus, Thermio, Serpho, Syphante, Andros, les unes plus rapprochées et accusant leurs contours, les autres à demi perdues dans la distance, lui offrent des

points de vue aimables et variés; mais quelques heures de bordées nous amènent du cap Colonne au cap *Alcine*, et le cap Alcine, c'est déjà le Pyrée. Ne laissons point parler nos souvenirs, ils auraient la voix trop haute; oublions le passé, qui nous ôterait peut-être le courage de voir le présent; il ne s'agit plus de Miltiade ou de Thémistocle, mais de la douane du roi Othon, qui fait semblant d'examiner nos bagages. Le Pyrée est aujourd'hui un gros bourg de quatre ou cinq mille habitants. Port de mer et faubourg d'une capitale, il a un double caractère : il ne se compose que de magasins servant à l'entrepôt des colis, et de cabarets où les Grecs et les matelots vont se rafraîchir. Cabarets ou magasins ont presque tous des volets verts ou jaunes. Relevons cette première note de couleur locale.

Tout près du débarcadère, stationnent des équipages de tous les siècles et de tous les pays, et provenant des réformes sagement opérées dans la carrosserie européenne. Ces indescriptibles véhicules sont attelés de petits chevaux sans tournure, mais non point sans vigueur, et conduits par des cochers qui se disputent le voyageur avec une opiniâtreté du meilleur augure. Avant même que vous ayez ouvertement déclaré vos préférences, vous êtes emballé dans une chaise de poste, une berline ou un landau : l'automédon rend la main, et l'équipage vous emporte au galop sur un chemin de la longueur de nos routes royales, à travers une plaine couverte de beaux oliviers, entrecoupée de vignes et de sillons. Parfois elle longe un bois de ces oliviers aux rameaux pâles; parfois elle est ombragée de beaux trembles, dont la feuille agitée nous montre sa doublure d'argent. A un quart de lieue du Pyrée, on a traversé un ruisseau qui s'appelle le *Céphise*; deux ou trois fois on a rencontré des troupes de jeunes Grecs aux beaux vêtements blancs, aux longs cheveux épars. Bientôt on aperçoit le panorama de la ville tout entière : le Parthénon, tout d'abord, et l'Acropole qu'il domine, et le temple de Thésée, situé sur un coteau aride et nu, le premier monument qui se présente au voyageur. On entre dans Athènes par une longue rue qui traverse la ville tout entière, et au milieu de laquelle s'élève un grand palmier respecté par les édiles ; c'est de quoi, pour mon compte, je leur sais un gré infini. Ce beau palmier fait la joie de la rue tout entière, et il me donna tout d'abord la plus heureuse idée du caractère et des mœurs clémentes des enfants de ces vieux Athéniens qui avaient élevé un autel à la Pitié, et qui ne voulaient point qu'on tuât les animaux domestiques, serviteurs et compagnons de l'homme, alors que l'âge les avait rendus inutiles.

Si l'on suit cette grande route jusqu'au bout, après un léger détour pour franchir une église byzantine qui la coupe tout droit et brise assez malheureusement la perspective, on arrive devant le PALAIS DU ROI, immense bâtiment carré que quelques écrivains irrévérencieux ont comparé à une caserne, mais qui ressemble plutôt à une filature. Les murs de ce palais sont droits, polis, sans ornements, percés de fenêtres basses et étroites ; le seul sacrifice que l'on ait fait à l'art consiste en un péristyle orné de colonnes en marbre pentélique ; ajoutons une façade décorée d'un balcon aux lourdes sculptures. Devant ce palais s'étend un jardin sans arbres.

La ville, qui ne contient pas encore trente mille habitants, est coupée à angles droits par deux grandes rues, la rue d'Éole et la rue d'Hermès ; le reste s'en va de droite et de gauche, un peu à l'aventure.

La RUE D'HERMÈS est le rendez-vous favori des Athéniens. C'est là qu'on les voit, en groupes nombreux et animés, discuter les plus hautes questions de la politique en échangeant entre eux les nouvelles du jour. Ils portent fièrement un très-beau costume qu'ils appellent national, sans doute parce qu'ils l'ont emprunté aux Albanais. Ce qui frappe tout d'abord, et à première vue, dans ce costume, comme la pièce la plus différente du nôtre, c'est la fustanelle, ou jupe très-ample, formant des milliers de petits plis, et serrée très-étroitement à la taille. Voici, du reste, le costume complet d'un Grec à la mode d'Athènes : chemise en percale, avec grand col rabattu et sans cravate — ce qu'il faut approuver complétement, le cou de l'homme devant toujours rester libre ; — un caleçon court en coton blanc ; les bas sont facultatifs ; ce qui ne l'est pas, c'est la guêtre, souvent de couleur brillante, et agrafée jusqu'aux genoux, qui, avec la babouche rouge, doit mériter encore aux Grecs d'aujourd'hui cette épithète de *bien chaussés* qu'Homère donna jadis à leurs aïeux ; sous le gilet sans manche et sous la veste à manches ouvertes on aperçoit la ceinture en soie de couleur, serrée si étroitement autour de la taille, que la plupart des jeunes hommes semblent avoir un corset de guêpe ; pour coiffure, le tarbouche rouge, mais beaucoup plus haut que celui des Turcs, avec un énorme gland bleu retombant sur les épaules et mariant ses houppes à des grappes de cheveux noirs ; ils portent, suspendus à la ceinture, le mouchoir brodé et une bourse de cuir oblongue, le sac à tabac, l'écritoire et les armes. Il entre dans ce vêtement beaucoup de soie et d'or : les Grecs de toutes les conditions aiment à rehausser leur beauté par la parure, et l'on a vu plus d'une fois tel costume d'employé qui lui avait coûté son traitement de toute l'année. On se rattrape sur la nourriture. Un pardessus achève cette toilette. Dans la mauvaise saison, ce pardessus en laine est disposé de façon à imiter la toison même de la brebis ; parfois c'est tout simplement un manteau en feutre assez grossier, mais qui ne manque point de caractère. Il serait assez difficile de décrire le costume des femmes, parce qu'il est varié à l'infini, et cela non-seulement d'une ville à l'autre et de famille à famille, mais chaque personne le modifie au gré de sa coquetterie et de son goût. Les Athéniennes, ici nous nous occupons d'elles seules, portent habituellement la jupe de soie ou d'indienne, suivant leur condition, c'est-à-dire suivant leur fortune ; la veste, le plus souvent de velours, coquettement ouverte sur la poitrine, et le bonnet rouge retombant un peu sur l'oreille.

Les belles femmes sont une exception dans Athènes : il faut aller les chercher dans les replis des montagnes, et surtout dans les îles où la race antique s'est conservée pure. Quant aux Grecs, on peut dire qu'ils sont beaux partout : leur taille est généralement élevée, presque toujours mince ; le visage maigre, avec un front proéminent, un nez un peu long, légèrement arqué — ce qui n'est plus la ligne grecque idéale — et une épaisse et longue moustache, qu'ils portent très-martialement, et qui leur donne un assez grand air.

L'Athènes moderne ne possède aucun des éléments qui constituent une capitale : tout y sent le provisoire ; la ville n'a aucune couleur orientale, et les monuments admirables qu'elle possède et que l'antiquité lui a légués ne semblent point en faire partie.

Sa population semble un peu désœuvrée : comme elle ne s'occupe ni d'art, ni de commerce, ni d'industrie, elle ne sait vraiment que faire ; aussi les hommes, sobres, économes et curieux, campent presque continuellement dans les rues, flânant, inventant des nouvelles et les débitant pour ce qu'elles leur coûtent. Le dimanche, ils s'en vont par couple, et se tenant par la main, à la promenade de Patissia, où on leur fait un peu de musique. Les femmes les suivent à quelques pas en arrière, sans se mêler de leur conversation. Quand la musique est finie, les Grecs reviennent, non pas chez eux, mais dans la rue, où ils dorment le plus souvent lorsque les nuits sont chaudes.

Le mouvement littéraire seul est extrêmement vif dans la capitale de la Grèce moderne. Athènes ne compte pas moins de quatre sociétés savantes, vingt-quatre imprimeries, cinquante presses, et quarante journaux politiques ; ce qui nous paraît bien suffisant pour une ville de trente mille âmes.

Mais c'est assez nous occuper de l'Athènes moderne. —

L'Athènes antique nous attend, et il nous faut maintenant monter sur ce noble rocher de l'Acropole, dont Périclès et Phidias avaient fait le piédestal de la plus belle œuvre d'art qui soit jamais éclose sous les mains du génie.

Une pente assez roide, qui passe entre deux tours, franchit la porte de l'Acropole, et, par un petit escalier de sept marches, de marbres différents, véritable superfétation des siècles grossiers dont il ne faut pas tenir compte, vous mène jusqu'au palier où commence l'escalier des Propylées. C'est de là qu'il faut saisir le magnifique ensemble de l'Acropole et de ses monuments. L'ouverture des Propylées est de soixante-dix pieds de large, et leur développement en longueur de plus de cent. L'escalier était encadré à droite et à gauche par des murs de rampes revêtus de marbre blanc. Malheureusement cet escalier est en assez mauvais état, et l'on s'avance péniblement à travers une véritable cascade de marbres mutilés.

Le plan de l'entrée de l'Acropole est tout à la fois plein de grandeur et de simplicité. Il a pour motif principal un mur sur la hauteur, percé de cinq portes. Un vestibule et un portique de la même largeur le précèdent; deux murs parallèles forment les côtés du vestibule. La construction tout entière est en marbre pentélique; le rocher en est revêtu. Six grandes colonnes doriques formaient la façade des Propylées; d'autres colonnes d'ordre ionique s'élevaient de chaque côté de l'escalier : il ne reste plus aujourd'hui de ces colonnes que les bases et quelques tambours mutilés.

Au sommet des Propylées, et tout de suite à gauche, on trouve une salle rectangulaire, connue sous le nom de Pinacothèque, dont la porte est flanquée de deux fenêtres doriques avec pilastres. Cette salle est aujourd'hui détruite, à partir de la corniche. L'aile opposée ne présente qu'un simple portique, semblable à celui de gauche, mais auquel aucune salle n'est annexée. La Pinacothèque renfermait une galerie de tableaux. Les parois sont d'une blancheur parfaite et ne présentent aucune trace de trous, de clous ou de crochets ayant servi à la suspension des tableaux : probablement ils étaient supportés par des échafaudages et des chevalets mobiles, disposés de façon à recevoir le jour favorable. A droite de celui qui vient de franchir les Propylées, sur une terrasse haute de vingt-quatre pieds, se trouve le temple de la Victoire sans ailes : il a son entrée à l'orient, entre deux piliers qui soutiennent l'architrave. Il est précédé d'un petit portique, composé de quatre colonnes ioniques; un portique pareil est placé à l'arrière du temple. Ces deux portiques seuls ont encore leurs plafonds décorés de caissons : partout ailleurs, ni les frontons ni le toit n'existent plus. Autour du temple règne une frise haute de quarante-quatre centimètres et décorée de sculptures. Le temple est petit, mais d'une grâce parfaite et d'une souveraine élégance. Le temps qui l'a mutilé semble avoir rendu sa beauté plus touchante encore : les cannelures de ses colonnes sont inégalement découpées, et ressemblent moins, s'il faut en croire Vitruve, qui s'y connaissait, à des lignes architecturales qu'aux plis d'une étoffe, ondoyants et légers. Dans l'intérieur de ce temple, ce que l'on appelle la Cella, on avait placé la statue de la Victoire sans ailes, tenant un casque de sa main gauche, une grenade dans sa main droite. C'était une statue très-ancienne, en bois : ce mot de *Victoire* n'était qu'un surnom, bien plus qu'un nom, et le véritable personnage représenté, c'était Minerve victorieuse. Sur la frise extérieure on avait figuré les combats où la déesse avait assuré le triomphe de son peuple, et sur la balustrade de marbre qui entourait le temple, on voyait des groupes de victoires personnifiées, qui venaient apporter dans Athènes les joyeuses nouvelles du succès de ses armes. Les charmantes sculptures des frises ont été cruellement mutilées : il est difficile aujourd'hui de reconnaître les personnages, et plus encore de deviner les sujets de ces compositions; mais on peut toutefois reconnaître encore l'élégance des attitudes, la noblesse des poses, le rare bonheur des ajustements, en un mot tous les indices d'un art accompli.

Un autre temple, que l'on ne saurait trop étudier ni trop admirer, c'est l'Érechthéion, un peu plus élevé que la Pinacothèque, mais sur le même côté.

L'Érechthéion est un rectangle long de vingt mètres trois décimètres, large de vingt mètres vingt et un décimètres; il est précédé, du côté de l'Orient, d'un portique ionique de même largeur, composé de six colonnes : deux autres portiques s'appuient sur ses longs côtés; l'un regarde le nord, et se compose de quatre colonnes ioniques de face, et de deux en retour. L'autre, qui regarde le midi, est un peu plus petit, sa disposition est la même, avec cette différence, que les colonnes sont remplacées par six jeunes filles qui portent l'entablement sur leurs têtes. Ces jeunes filles sont posées sur un stylobate continu et assez haut pour mettre les proportions humaines en harmonie avec celles du monument. Tout l'Érechthéion est construit en marbre blanc du Pentélique, à l'exception de la frise qui est en marbre noir d'Éleusis; sur cette frise, des crampons de métal attachaient des bas-reliefs en marbre de Paros. L'Érechthéion est un édifice double, comprenant, contigus l'un à l'autre, le temple de Pandrose et celui de Minerve. Érechthée, qui a donné son nom au monument tout entier, n'y possédait qu'un autel, et encore le partageait-il avec Neptune. Hérodote nous apprend que l'Érechthéion renfermait l'olivier et le flot que Minerve et Neptune firent jaillir du sol lorsqu'ils se disputèrent l'Attique devant les dieux; une lampe brûlait jour et nuit dans le sanctuaire de Minerve, où se trouvait une statue de la déesse, en bois d'olivier, d'un travail grossier et couverte d'un magnifique péplus que lui brodaient les vierges athéniennes : on la croyait tombée du ciel, et cette patronne de la ville était l'objet du culte le plus pieux. La décoration générale du temple appartient à l'ordre ionique, qui, par sa légèreté, son élégance et sa délicatesse, semble mieux approprié à de petits édifices, auxquels la grâce convient plus que la grandeur ; grâce un peu molle, qui le faisait comparer par les critiques anciens à la parure et aux ajustements de quelques femmes coquettes. L'Érechthéion aura toujours pour lui et la richesse éclatante de sa décoration et le charme de ses proportions ; et il restera pour nous comme l'idéal de cet ordre d'architecture qui emprunte à l'Asie et son opulence et sa mollesse. L'intérieur du temple est si complétement dévasté, que c'est à peine si l'on en retrouve le plan, et encore faut-il faire une large part à l'hypothèse. L'extérieur est d'une conservation presque parfaite et suffit à nous montrer avec quelle souveraine liberté, enchaînée seulement par le goût, les Grecs savaient traiter l'ensemble d'un édifice composé de plusieurs corps de bâtiment : variété dans les mouvements, abondance dans les motifs, voilà ce qui distingue les œuvres de ce peuple souverainement artiste, original et créateur, des froides et monotones productions de ceux qui se sont asservis à le copier sans l'avoir compris. Les accidents de perspective et de construction ne les effrayaient point, et, au lieu de les fuir, ils les recherchaient, sans toutefois que cette variété dans les dispositions nuisît jamais à l'unité du style. Là était la difficulté ; mais là aussi était le mérite.

Le portique méridional de l'Érechthéion excitera surtout l'admiration de l'homme de goût et captivera l'attention de l'artiste ; c'est, on peut le dire, une des plus magnifiques créations du génie antique, et nulle part les Grecs n'ont mieux prouvé a quel point ils comprenaient et savaient pratiquer l'union de la sculpture et de l'architecture. « La femme, dit Vitruve, a été le premier type de la colonne ionique, sa taille fine et délicate donna l'idée d'un fût élancé ; les bases imitèrent sa chaussure ; les cannelures, les plis de sa robe flottante ; les volutes, sa chevelure bouclée. » On mit bientôt la femme elle-même à la place de la colonne, et l'on eut la CARYATIDE.

Carye, ville du Péloponèse, s'unit aux Perses contre la Grèce. Délivrés de la guerre par une glorieuse victoire, les Grecs, d'un commun accord, prirent les armes contre les Caryates. La ville fut détruite, les hommes massacrés, les femmes emmenées en esclavage; mais l'on ne souffrit pas qu'elles déposassent leur robe et leur parure de femmes libres. Qu'était-ce qu'un triomphe de quelques heures? On voulait que l'éternité de leur servitude et de leur humiliation rappelât sans cesse qu'elles payaient pour un peuple entier. C'est pour cela que les architectes du temps les représentèrent sur les monuments publics et chargèrent leurs images de pesants fardeaux. La postérité elle-même devait apprendre ainsi le crime et le châtiment des Caryates.

L'Érechthéion nous offre le plus beau modèle connu de caryatides.

Ces nobles productions d'un art idéal ne sont pas seulement admirables comme sculpture, — et l'on s'accorde cependant à dire que ce sont des statues accomplies; — mais ce que vraiment l'on ne saurait trop louer, c'est le caractère monumental qui les met dans un accord si harmonieux avec tout l'édifice : le sculpteur et l'architecte se sont si merveilleusement entendus, que chacun d'eux semble avoir voulu rehausser le travail de l'autre, et il en résulte dans l'œuvre commune un caractère d'inimitable perfection; ni l'art ni la science n'iront jamais plus loin. Les proportions sont peut-être un peu plus grandes que nature, sans toutefois arriver jusqu'aux colossal; leur pose, qui révèle en même temps leur force et leur élégance, nous montre qu'elles portent le poids du marbre aussi légèrement qu'une couronne de fleurs; leurs bras retombent le long du corps par un mouvement souple et naturel; la poitrine bien dégagée se porte en avant, et les épaules ont cette magnifique ampleur que l'on retrouve chez la femme seulement à l'époque heureuse où sa beauté vient d'acquérir son entier développement, où déjà elle a tout acquis, sans avoir perdu rien encore. Un ingénieux détail a corrigé la roideur naturelle de l'attitude droite : les statues infléchissent légèrement leurs jambes, et, quand on se place en face du portique, on peut remarquer que les trois caryatides de gauche fléchissent la jambe gauche, et celles de droite la jambe droite, c'est-à-dire précisément celle qui pour chacune d'elles se trouve la plus rapprochée du centre, de telle sorte que le corps penche légèrement vers l'intérieur, comme le font les colonnes mêmes. Tout l'ajustement des statues a été traité avec une rare intelligence : on les a vêtues de façon à dissimuler autant que possible la rupture des lignes verticales à la ceinture; on a donné aux vêtements une disposition qui permet qu'entre les bras et le corps, et par derrière, les plis tombent sur le sol comme les cannelures d'une colonne. La chevelure, à laquelle les femmes grecques accordent un soin si particulier, a été arrangée avec le plus ingénieux artifice. De grosses tresses, enroulées autour de la tête, forment comme un épais coussin; de petites boucles, librement relevées, frissonnent sur les tempes, et, au milieu du front, une double boucle forme par son nœud le beau fleuron que l'on admire, mais qui étonne, sur le front déjà viril du jeune Apollon, conducteur des Muses; la masse de la chevelure tombe dénouée derrière le dos, et donne ainsi plus de force au col qui ne doit point ployer sous son faix de marbre.

Il nous reste maintenant à faire connaître le temple de Minerve, — le monument virginal, — ce Parthénon, le chef-d'œuvre de l'art grec, de l'art antique, de l'art humain.

Le Parthénon, construit sous les ordres de Périclès, par les architectes Ictinus et Callicrate, est un grand rectangle divisé en deux salles inégales. La plus grande, qui s'ouvre à l'orient, est le temple proprement dit; la plus petite, que l'on nommait Opisthodome, renfermait le trésor public. Le monument avait gardé dans son plan cette simplicité un peu sévère qui est le propre du génie grec, et plus particulièrement encore des temples doriques. Deux portiques, de six colonnes chacun, précédaient le Naos et l'Opisthodome. Un péristyle, qui comptait huit colonnes sur les façades et dix-sept sur les côtés, régnait autour du temple. L'édifice s'élevait sur un soubassement de trois degrés, et deux degrés nouveaux, un peu plus petits, exhaussaient encore le temple. Il y a longtemps que l'admiration a épuisé tout le trésor des épithètes pour louer le Parthénon : ni la beauté de la matière, ni la justesse des proportions, ni la perfection du travail, ni la régularité de l'ensemble, ni la richesse des détails, ni la splendeur des tons n'ont été oubliés par l'exactitude des architectes ou par l'enthousiasme des poëtes.

Les frontons avaient reçu une décoration regardée jusqu'ici comme l'expression la plus complète et la plus admirable du génie sculptural. Le fronton antérieur représentait la naissance de Minerve, et l'autre la querelle de cette déesse et de Neptune se disputant l'Attique. Malheureusement, ces parties, les plus belles de l'édifice, sont aussi celles qui ont le plus souffert : il ne reste plus du fronton oriental que quelques personnages assez éloignés du centre de l'action, et qui ne permettent pas d'en comprendre le sens. A l'angle du fronton qui regarde le mont Hymette, on voit sortir de l'onde les chevaux du Soleil. Le titan Hypérion, qui lui sert de cocher, apparaît un peu en arrière, étendant ses bras qui tiennent les rênes d'or. A l'angle opposé, les chevaux de la Nuit montent du sein de la mer, aspirant l'air humide du soir de leurs naseaux largement ouverts; les grands dieux de l'Olympe remplissaient l'intervalle. Après le char du Soleil venait un dieu assis et à demi renversé: il est aujourd'hui à Londres, où il grelotte dans les brouillards de la Tamise, avec tant d'exilés du Parthénon — c'était Hercule, — non point dans le développement musculaire exagéré que lui donnèrent plus tard les sculpteurs de la décadence, mais Hercule avec des formes pures et idéales, revêtu d'une éternelle jeunesse, et tel que le grand siècle en avait arrêté le type immuable. Cet Hercule du Parthénon, si noble dans sa pose, si large dans son ensemble, si complet dans ses détails, restera comme l'inimitable modèle de la beauté virile. Après l'Hercule, venait le groupe de Cérès et de Proserpine, assises sur des siéges sans appui, et recouverts par des tapis repliés. Ce groupe était charmant, et la jeune Proserpine appuyait son bras sur l'épaule de sa mère dans une attitude pleine de noblesse. Leur expression était à la fois calme et majestueuse. Après la Cérès, venait une figure de femme emportée dans un mouvement rapide, les vêtements soulevés et pour ainsi dire volants, les jambes écartées avec une certaine violence et une énergie qui se rencontre rarement dans l'art grec : c'était une Iris, messagère des dieux. Le centre même du fronton était occupé par un groupe de sept ou huit figures, l'œuvre capitale, peut-être, de toute cette décoration grandiose, et qui, malheureusement, ne sont pas arrivées jusqu'à nous.

De l'autre côté de cette lacune regrettable, Phidias avait posé ses trois Parques, qui sont, au jugement de tous les critiques, le dernier mot de l'art dans la sculpture du nu, et la limite même du génie humain. C'est à Londres que nous avons eu le bonheur de voir, de contempler pendant de longues heures cet admirable fragment, dont le souvenir, qui ne nous quittera plus, est si présent à notre pensée que, par instants, nous croyons le voir encore. Les trois déesses sont assises. Sur le visage et dans la pose de celle qui occupe le centre du groupe, on devine l'immuable et inflexible fermeté du Destin, dont les trois sœurs sont les incorruptibles ministres. La seconde, assise un peu plus bas, se penche en avant avec un abandon et un charme infinis ; ses mains, aujourd'hui brisées, mêlaient sans doute la soie et l'or dans la trame de nos jours. La plus jeune des trois sœurs s'accoude sur les genoux de celle-ci, avec l'indolence superbe d'une beauté sûre d'elle-même. Sa tête charmante, un des produits les plus parfaits et les plus accomplis de l'art antique, était tournée vers le char de la Nuit, sa mère, et sa main insouciante tranchait le fil de la vie humaine, sans prendre garde à son œuvre fatale. Jamais la Mort ne s'est présentée au regard troublé des humains sous une image à la fois plus séduisante et plus terrible. Parfaites chez les trois déesses, les draperies ont été variées pour chacune d'elles avec un soin extrême : il est impossible de mettre plus de diversité dans la richesse ; l'ajustement de la première est grave, celui de la seconde est gracieux, celui de la troisième, qui épuise toutes les délicatesses de l'art, arrive presque à la coquetterie ; un pareil vêtement n'est plus que la caresse du corps. Après les Parques, venait la statue de la Nuit, leur mère. Elle a été complétement détruite.

Si le fronton oriental du Parthénon nous a conservé d'admirables groupes, le fronton occidental, presque intact il y a deux cents ans, n'a plus aujourd'hui que des fragments incomplets et tristement mutilés. Nous savons qu'il représentait la Querelle de Neptune et de Minerve ; mais, quant aux détails, il est impossible de les retrouver, et nous en serions réduits aux conjectures sans une esquisse de Carrier, élève de Lebrun, peu capable sans doute de comprendre la pureté, l'élégance et le grand caractère de l'art grec, mais dont l'œuvre, si imparfaite qu'elle soit, nous sauve de la témérité des conjectures. Il ne reste du Neptune qu'un morceau de torse d'une véritable perfection ; de la Minerve qu'une portion de la poitrine couverte de l'égide. Le dieu et la déesse avaient environ onze pieds de hauteur. Derrière chacune des deux divinités rivales, l'artiste avait placé ses partisans et ses favoris : du côté de Neptune les dieux de la mer, et du côté de Minerve les héros de l'Attique. Cette Minerve a complétement disparu.

Le fond même des frontons, formé de grandes plaques de marbre verticales, avait été peint en bleu, ce qui donnait aux statues placées en avant plus de relief et tout à la fois plus de légèreté : la grande image des dieux semblait ainsi se détacher sur l'image même des cieux.

A qui faut-il reporter la gloire de ces frontons du Parthénon, dont l'inimitable perfection fera l'éternelle admiration et l'éternel désespoir du monde? Phidias, qui dirigeait les travaux commandés par Périclès, et qui avait sous ses ordres tout un peuple d'artistes, donna sans doute le plan général de l'ouvrage ; peut-être même ses mains habiles ont-elles exécuté les portions idéales et parfaites du grand œuvre ; le reste est dû à ses élèves.

Quarante-six colonnes formaient le péristyle du Parthénon. Chaque entre-colonnement était surmonté de deux métopes. sorte de cadre sur lequel se détachaient des sculptures en bas-relief; cette partie de la décoration du Parthénon est peut-être celle qui a le plus souffert, et sur la plupart des métopes on ne saurait plus rien distinguer de net et de précis. On sait seulement que les exploits de Minerve et le combat des Centaures et des Lapithes en faisaient les principaux frais.

La CELLA du temple n'avait pas été plus négligée que sa partie extérieure : elle avait été ornée d'une frise, offrant une composition vaste et unique, qui tournait autour du monument, couvrait ses quatre faces, et représentait la fête des PANATHÉNÉES, c'est-à-dire les diverses cérémonies du culte de Minerve ; on voit, par tous ces détails, de quel caractère puissant d'unité les anciens savaient frapper une œuvre. Le Parthénon en est une preuve sublime. Consacré à la céleste vierge que la nation la plus intelligente et la plus brillante du monde antique s'était donnée pour patronne, c'était elle, rien qu'elle, toujours elle et elle encore que le Parthénon, dans son unité constante et sa variété infinie, présentait aux regards comme à la pensée des hommes. Disons tout de suite que la grande composition qui couvre la Cella du Parthénon ne se bornait point à retracer, comme on l'a dit trop souvent, la procession des Panathénées; elle comprenait le vaste ensemble de ces fêtes solennelles, depuis les cérémonies secrètes qui s'accomplissaient devant les seuls initiés, dans l'intérieur du temple de MINERVE POLIADE, jusqu'aux courses de chars et de chevaux dont les rives de l'Ilissus étaient le théâtre, et tous les Athéniens, les spectateurs. Ajoutons que dans cette représentation, véritablement artistique, le génie grec a su conserver l'indépendance de son imagination et la liberté de son allure : il interprète toujours, il ne copie jamais.

Maintenant que nous connaissons l'extérieur du Parthénon, nous pouvons franchir le seuil et pénétrer dans le temple même. On sait que les temples anciens n'étaient pas destinés au public; ils étaient réservés aux dieux et à leurs prêtres : de là leurs proportions vraiment petites, si on les compare à nos basiliques et à nos cathédrales.

Le Parthénon semble n'avoir été bâti que pour recevoir la statue de la déesse.

La STATUE DE MINERVE, célèbre dans toute l'antiquité, avait vingt-six coudées de hauteur, ce qui, ajouté à la base, donne un total d'environ quarante-cinq pieds. Elle était toute couverte d'or et d'ivoire. Phidias avait représenté la déesse debout, revêtue de la tunique, qui tombait jusqu'à ses pieds; sa poitrine étoit protégée par l'égide en or, au milieu de laquelle était la tête de Méduse en ivoire : une de ses mains, étendue, soutenait une Victoire, haute de six pieds, en ivoire comme la Méduse, mais avec une draperie et des ailes d'or; l'autre main tenait la lance, près de laquelle on voyait le serpent, forme symbolique d'Érechthée. Le bouclier reposait aux pieds de la déesse. Elle était coiffée de son casque, surmonté d'un sphinx accosté de deux griffons. Les pieds, les mains et le visage étaient en ivoire. La prunelle des yeux était faite de deux pierres précieuses, non pas bleues, comme on l'a vu dans plusieurs images de la même divinité : Phidias aurait craint que le bleu n'eût tranché trop vivement sur la douceur blonde de l'ivoire; il choisit deux pierres qui se rapprochaient de sa couleur, peut-être deux topazes; il obtint ainsi la transparence et la lumière du regard humain, tout en évitant la brusquerie d'une opposition trop violente.

La statue de Minerve fut placée dans le Parthénon la troisième année de la quatre-vingt-cinquième Olympiade, sous l'archontat de Théodore; elle en fut enlevée par les chrétiens, sous le règne de Justinien, et elle alla, de compagnie avec le Jupiter Olympien, orner l'hippodrome de Constantinople et présider aux querelles des *Bleus* et des *Verts*. Qu'elle dut regretter le sanctuaire paisible du Parthénon et l'atmosphère sereine de l'Attique!

Un mot encore avant de quitter la colline sacrée du Parthénon.

Athènes est le musée de la Grèce; Athènes est le musée du monde. Ce musée a un conservateur qui mérite toute la reconnaissance du voyageur, du savant et de l'artiste.

J'ai nommé le Roi.

Issu d'une race qui donne, comme par un privilége de la naissance, le sentiment du beau à tous ses enfants, Othon Ier a épuré son goût par l'étude. Personne n'a plus que lui le culte intelligent des arts. Il sait le prix des merveilles confiées à ses soins par la Providence; il comprend sa mission; il veille sur ses trésors; mais il en partage noblement la jouissance avec tous ceux qui sont vraiment dignes de ce noble commerce, et chaque nouvelle année lui conquiert de nouveaux titres à la gratitude de ceux qui ont, comme lui, dévoué leur vie aux grands souvenirs.

Nous nous sommes attardé longtemps, trop longtemps peut-être, autour du Parthénon et de ses ruines immortelles : qu'on nous le pardonne; nulle part, en effet, l'antiquité ne se révèle à nous par de plus magnifiques témoignages, et c'est avec une indicible émotion que, par la pensée, nous errons encore quelquefois au milieu de ces colonnes renversées et de ces bas-reliefs mutilés; notre œil curieux se promène sur tous les édifices de l'Acropole; il en recompose les parties détruites; il en relève les murs écroulés; il revoit, tel qu'il sortit des mains d'Ictinus, ce monument achevé, si simple et si pur de forme, si véritablement idéal dans sa beauté divine : ses teintes dorées éblouissent; la splendeur du ciel au-dessus de lui, la forme des montagnes à l'horizon, l'éclat de la lumière qui les entoure, tout renaît pour nous avec une puissance d'illusion si grande, que c'est la réalité même, la réalité tout entière qui nous est rendue.

On peut quitter Athènes quand on a vu l'Acropole; on est certain d'emporter un souvenir ineffaçable; mais on laissera derrière soi bien des monuments dignes d'attention et dignes de regrets.

Tel est, par exemple, le TEMPLE DE THÉSÉE, un des plus anciens édifices de la ville de Minerve, et cependant le mieux conservé. Il appartient à l'ordre dorien, et les anciens l'admiraient presque autant que le Parthénon, auquel peut-être il servit de type. Le temple de Thésée est situé sur un plateau légèrement renflé, entre Athènes et la mer, et c'est lui que l'on aperçoit tout d'abord lorsqu'on approche de la ville. Petit quand on le mesure, il paraît grand quand on le regarde, tant ses proportions sont heureusement trouvées. Le temple de Thésée était ce que l'on appelait un HIÉRON, ou temple funéraire. Il fut bâti environ trente ans avant le Parthénon par l'architecte Micon, pour recevoir les cendres de Thésée, que Cimon, fils de Miltiade, avait retrouvées dans l'île de Scyros. Sa longueur totale est de trente-deux mètres vingt-huit centimètres; sa largeur, de treize mètres soixante et onze centimètres; sa hauteur, de dix mètres trente-huit centimètres. Les sculptures de ses frises, qui représentaient les exploits d'Hercule et de Thésée et les combats des Centaures et des Lapithes, ont beaucoup souffert. L'intérieur, après avoir été, à un moment donné, converti en église, est aujourd'hui un musée dans lequel on rassemble tous les spécimens de l'art grec que l'on trouve dans Athènes ou ses environs.

Pisistrate, au vi⁰ siècle avant notre ère, avait commencé un temple qu'il voulait consacrer à JUPITER OLYMPIEN : ses fils le continuèrent ; mais, après leur expulsion d'Athènes, les travaux restèrent interrompus pendant près de quatre cents ans ; ils furent repris par Persée, roi de Macédoine, et, après lui, par Antiochus Épiphane ; le temple ne fut terminé que par l'empereur Adrien, cent trente-huit ans après Jésus-Christ, quand Jupiter chancelait déjà sur le trône de l'Olympe, — ses vicissitudes n'avaient pas duré beaucoup moins de sept cents ans. L'édifice avait cent huit mètres de long sur cinquante-deux de large, il comprenait en tout cent vingt colonnes qui avaient près de dix-neuf mètres de haut. Il n'en reste plus aujourd'hui que seize : mais leurs proportions colossales, la richesse de leur ornementation, leur isolement dans une plaine nue et dévastée, tout contribue à leur donner, malgré l'infériorité de l'art romain comparé à l'art grec, un aspect de grandeur saisissant. Il est inutile de les regarder longtemps, mais il faut les avoir vues.

L'ARÉOPAGE, ou colline de Mars, est un rocher escarpé qui s'élève entre l'Acropole et la colline des Nymphes ; c'est là que s'assemblait le premier tribunal d'Athènes, qui ne siégeait que la nuit, et qui recrutait ses membres, nommés à vie, dans les principales familles de la république. On sait que ce fut devant l'Aréopage que saint Paul, qui parlait toutes les langues depuis la fête de la Pentecôte, prononça en grec son fameux discours sur le Dieu inconnu.

Les Athéniens tenaient leurs assemblées populaires sur la colline qui fait suite, vers le sud-ouest, à celle de l'Aréopage ; cet emplacement, à jamais célèbre, portait le nom de PNYX ; l'enceinte figure un hémicycle, légèrement irrégulier, dont la partie arrondie tourne sa convexité vers la plaine, en s'inclinant doucement vers le bas de la colline. De ce côté, le sol est soutenu par une muraille formée de gros blocs de marbre carrés qui rappellent, du moins par leurs dimensions, les murs cyclopéens. Sur les côtés, le sol arrive jusqu'à la hauteur de la tribune. La tribune a été taillée largement dans le marbre même de la colline; on y monte des deux côtés par six petits degrés. Les pieds de l'orateur se trouvaient au-dessus de la tête du peuple, qu'il dominait ainsi de toute sa hauteur. Il semble que la grande voix de Démosthènes fait vibrer encore l'atmosphère élastique et sonore dans la noble enceinte où elle retentit tant de fois.

Quand on contourne l'Acropole, on remarque sur son flanc méridional des gradins taillés dans la pierre vive, montant et descendant avec le roc lui-même, qui porte leurs étages comme un amphithéâtre naturel. Ces gradins — presque tous détruits, et dont les décombres s'amoncellent depuis des siècles comme une montagne de ruines, — la base du mur de la scène, composée de grandes assises de tuf usées et disjointes, voilà tout ce qui reste aujourd'hui du théâtre de Bacchus, une des gloires d'Athènes. Il a sombré sous les barbares, comme l'Odéon de Périclès.

Ce fut un théâtre de bois qui succéda tout d'abord aux tréteaux roulants de Thespis. Ce théâtre s'étant abîmé sous le poids des spectateurs pendant la représentation d'un drame de Pratinas, le rival d'Eschyle, Thémistocle chargea l'architecte Philon d'en construire un en pierre; il l'appuya au rocher dont l'inclinaison naturelle s'appropriait merveilleusement à son plan[1]. Ce fut le théâtre de Bacchus, immortalisé par les drames d'Eschyle, de Sophocle et d'Euripide, par les comédies d'Aristophane et de Ménandre. Ce théâtre, dont le diamètre était d'environ

---

[1]. On sait qu'il en est de même pour la plupart des théâtres antiques : qu'il nous suffise de citer ceux d'Argos, dans le Péloponèse; de Telmissus, en Lycie; ceux de Pompéi et de Tusculum, en Italie; ceux de Syracuse, de Catane et de Taormina, en Sicile; d'Orange et de Lillebonne, en France; et celui de Murviédro, l'antique Sagonte, en Espagne.

trois cents coudées, pouvait contenir trente mille spectateurs...
« Votre gloire, dit Socrate à l'un des convives du *Banquet*, Agathon, auteur dramatique, votre gloire apparut au grand jour devant trente mille spectateurs. » — Trente mille spectateurs! les Athéniens trouvaient cela tout simple, et nous faisons grand bruit de nos salles modernes, qui n'en peuvent recevoir la dixième partie...

Disons tout de suite qu'il faut bien se garder de juger les représentations dramatiques des anciens d'après les nôtres. Ces représentations étaient rares, les mises en scène ruineuses, et coûtant plus cher que des siéges et des guerres.

Les spectateurs ne se ressemblent pas non plus dans les deux civilisations. Le théâtre athénien ne s'ouvrait pas pour une réunion d'élite, aux loisirs blasés, à qui la satiété eût appris à être difficile, dont la sensibilité endormie eût besoin d'être éveillée par l'attrait piquant de l'étrange et du nouveau, venant là à jour fixe, un peu par ton, après avoir payé à la porte le droit d'étouffer dans une loge étroite, et de s'ennuyer deux ou trois heures en bonne compagnie. Non, c'était tout un peuple, tout un grand peuple que la patrie invitait à une fête religieuse, presque à une fête de famille, — car la religion était alors nationale; c'était toute la Grèce que l'hospitalité athénienne conviait dans ses murs, et là, en présence de cette population intelligente et sympathique, sur une scène à ciel ouvert, toute baignée de cette lumière éclatante dont le ciel de l'Orient a revêtu l'Attique, comme les champs Élyséens,

« *Lumine vestit*
Purpureo....., »

au milieu de cette noble architecture des grands théâtres, en face de cette décoration vivante des plus sublimes paysages, entre toutes les séductions des sens ravis, le drame antique, joué par des acteurs à qui l'arrangement scénique donnait une taille surhumaine, se déroulait dans toute sa majestueuse simplicité.

Cependant la musique, cette partie essentielle de la vie harmonieuse des anciens, réglait le mouvement des chœurs et leurs savantes évolutions; elle associait sa lente et flexible mélodie à la mélodie des vers. La flûte douce réglait les intonations du dialogue, comme elle tempéra plus tard les éclats de la colère et de la voix de Tibérius Gracchus.

Le récitatif se modulait comme le plain-chant de nos églises, et les chœurs se chantaient.

Ils se chantaient! et l'oreille délicate des Grecs avait trouvé ces quarts de ton dont nos sens moins subtils ne peuvent plus noter aujourd'hui l'exacte différence.

Cependant les arts chorégraphiques et mimiques, si négligés maintenant, si cultivés autrefois, faisaient de chaque scène un groupe qui rappelait les attitudes immortalisées par la sculpture.

La danse, pour les anciens, était une pantomime intelligente, qui unissait la grâce à la passion; c'était le poëme des sens déroulant devant les yeux ravis ses strophes vivantes et fugitives.

Eschyle, qui eut peut-être l'honneur d'inaugurer le théâtre de Bacchus, trouva le drame à son enfance, et la tragédie ornée encore de sa robe flottante, souvenir de son origine sacerdotale et du sanctuaire où elle était née; montée sur son cothurne et agrandie par son masque, nécessité du mode de représentation antique; mais, si Eschyle ne lui donna ni la robe, ni le masque, ni le cothurne qu'elle avait, il lui donna ce que lui seul pouvait lui donner, ce souffle vivant du génie qui anime les œuvres humaines et leur assure la durée immortelle.

On peut, dans une certaine mesure, comparer l'influence d'Eschyle dans l'art grec à celle de Corneille dans l'art français, avec cette notable différence, cependant, que Corneille acheva de former sa langue aussi bien que son drame, tandis qu'Eschyle trouva la sienne toute formée, et illustrée déjà par les plus nobles génies, par Hésiode, Homère, Tyrtée, Archiloque, Sapho et Pindare, dont Eschyle, plus heureux que Corneille, recueillait le brillant héritage : Corneille précédait les grands poëtes de sa patrie ; Eschyle venait après eux dans la sienne.

Il y eut un peuple, privilégié entre tous, dont l'âme sensible et harmonieuse était prédisposée aux émotions de la poésie, dont l'oreille délicate s'irritait d'une faute d'accent dans la bouche d'un orateur, peuple exigeant et capricieux, craignant la mort bien moins que l'ennui, et toujours prêt à s'ennuyer ; toujours prêt aussi à retirer sa mobile faveur, punissant ses grands hommes pour être trop parfaits, ne permettant pas que l'on cherchât trop à lui plaire, et à qui cependant tout le monde voulait plaire, parce que son approbation et sa louange étaient acceptées comme la juste mesure du mérite : « Que vont penser de moi les Athéniens ? » disait Alexandre, le soir de la bataille d'Arbelles. Favorisé, du reste, de ces grâces du ciel, de ces miracles de position, si j'ose dire, qui influent si puissamment sur l'organisation impressionnable des artistes, ce peuple vivait au milieu d'un paysage plein de calme et de grâce, où la courbe onduleuse des montagnes nouait une ceinture bleuâtre au flanc de l'horizon ; où les plans se reculaient et se rapprochaient à souhait pour former une perspective enchanteresse ; où l'on entendait sans cesse, où l'on voyait toujours la mer aux flots sonores et brillants, où la terre tout entière semblait n'être qu'un rivage.

Tels étaient les Athéniens au milieu des Grecs.

Et les Grecs, qui reconnaissaient Athènes pour l'expression la plus complète de leur civilisation, seuls entre tous les Européens, avaient trouvé en eux-mêmes, et réalisé dans une forme parfaite, l'inspiration poétique qui n'est chez les autres qu'un souvenir et un écho.

Ils ont été *eux-mêmes* dès qu'ils ont été.

Jamais théâtre ne s'ouvrit dans des circonstances plus favorables. L'âge historique d'Athènes commençait, aussi grand que son âge héroïque ; la réalité s'égalait aux fictions. Le son d'une âme de poëte devait trouver un écho dans ces âmes de soldats. La Grèce, à cette époque privilégiée d'une civilisation parfaite, était aussi propre à faire les grandes actions qu'à comprendre les belles choses ; le patriotisme et la liberté accomplissaient leurs prodiges : c'était le temps de Salamine et de Marathon ; c'était l'heure où l'on mourait en chantant, parce que l'on mourait dans l'enthousiasme du devoir. Une grande œuvre poétique est toujours enfantée dans l'âme du poëte par son siècle ; une grande œuvre naît d'une nation et d'un homme. Aussi, quand on veut apprécier un auteur, et surtout un auteur dramatique, il faut se débarrasser des préoccupations du temps présent, et se placer par la pensée dans le milieu même où il s'est produit. C'est qu'en effet tout est relatif dans l'art comme dans la vie ; les arrêts absolus sont presque toujours cassés : aussi, rien n'est étrange comme l'anachronisme de nos jugements, quand une époque en juge une autre ; les horizons de la civilisation s'agrandissent incessamment, la morale s'épure, les idées se modifient, et la littérature, qui les exprime, change avec elles. Il en est ainsi surtout aux époques où la civilisation encore jeune a la bonne foi de vouloir se retrouver dans sa littérature, au lieu de lui demander des portraits de fantaisie.

Et cependant, malgré tant de circonstances favorables, l'art dramatique ne s'est manifesté que tard chez les Grecs ; — longtemps il sommeilla dans son germe obscur avant d'éclore à la grande lumière de la publicité. Il avait été précédé par la poésie lyrique, qui chante les premiers ravissements et le premier enthousiasme des jeunes nations ; par la poésie didactique, qui recueille et formule en préceptes l'expérience des premiers essais pour l'usage des civilisations naissantes ; enfin, par la poésie épique racontant les exploits mêlés de fables qui illustrent le berceau des peuples. — Mais il éclata tout à coup après ce grand repos, et, en moins d'un siècle, il enfanta des chefs-d'œuvre que le reste du monde et toute la durée des âges n'ont pas encore égalés, — et que rien ne surpassera jamais.

Telles sont les réflexions qui se présentent à l'esprit du voyageur, quand il parcourt les débris du temple de Bacchus, où le guide patriote, pour lui prouver la sonore élasticité de l'atmosphère qui l'entoure, répète quelques tirades d'Eschyle ou d'Aristophane, dont les moindres syllabes, et, si j'ose dire, les nuances les plus délicates, lui arrivent, malgré la distance, sensibles et distinctes, dans leur délicatesse infinie.

Les Athéniens d'aujourd'hui sont presque aussi fiers de leur langue que de celle de leurs pères. — Il y a des puristes dans l'Athènes du roi Othon comme il y en avait dans l'Athènes de Périclès.

Sans doute cette langue ne sera jamais la langue ancienne; elle a subi depuis des siècles des modifications trop profondes dans les mots, dans la prononciation et dans la syntaxe pour revenir à l'ancien type; quelques formes de sa conjugaison et de sa déclinaison ont été supprimées; des mots parasites se sont introduits çà et là et mêlés à l'or pur du vrai langage classique : mais un travail incessant, auquel tout le monde s'honore de prendre part, amènera sans nul doute un retour à peu près complet à l'idiome paternel. Mais quand ce travail critique d'épuration sera accompli avec beaucoup de soin, beaucoup de zèle et beaucoup de peine, il ne faudra pas oublier pour cela la langue populaire qui s'est conservée pendant des siècles chez les laboureurs de la plaine et chez les Klephtes de la montagne; on y retrouve une inspiration vivace, les élans de l'ode ou les soupirs de l'élégie, vrais chants d'amour et de guerre, dans lesquels on sent palpiter le cœur même de la nation; que l'on me permette d'en choisir, ou plutôt d'en citer deux presque au hasard, et que l'on dise s'ils ne sont pas dignes des littératures les plus parfaites.

> Rigi pleure, Rigi pleure ainsi que la tourterelle;
> Rigi se lamente comme la perdrix.
> Yachas lui dit : « Fille blanche comme la nuit,
> Douce comme la pastèque, dis-moi ta peine?
> — Je cherche, Yachas, et je ne trouve pas
> La plante qui rend immortel. »
> Yachas va à la montagne et il revient.
> « Rigi, je te baise les yeux, voici la plante. »
> Rigi porte la plante à ses lèvres;
> Mais Rigi pleure ainsi que la tourterelle;
> Rigi se lamente comme la perdrix.
> « Ce n'est pas la plante qui rend immortel,
> Yachas ! c'est la plante d'amour que tu m'as donnée.
> — Pourquoi pleurer, Rigi? La plante d'amour
> N'est-elle pas celle qui rend immortel? »
> Rigi sèche ses larmes, et ils vont ensemble à l'église.

Et cet autre :

« Toutes les fois qu'il passait devant sa fenêtre, il s'arrêtait. Elle voulait se retirer, mais elle ne pouvait. Son regard la rivait à la croisée; et lorsque son cheval avait disparu, lorsque la poussière qu'il avait soulevée était tombée, lorsque la nuit avait recouvert la terre, elle le voyait encore.

« Un jour, il lui demanda: « M'aimes-tu? — Je ne sais si je
« t'aime; mais quand je baisse les yeux, je te vois; quand je
« les lève, je te vois; quand je les ferme, je te vois encore. »

« Un autre jour il lui dit : « Donne-moi un baiser. Quel est
« le champ ensemencé qui ne donne pas de récolte? Quelle est
« la fille dans le cœur de laquelle on a semé l'amour, dont les
« lèvres ne rendent pas un baiser? »

« Mais ses frères la virent, et quand il fut parti, ils la tuèrent.

« Le lendemain il revint joyeux, il avait revêtu son tataganis le plus fin, il avait ses plus belles armes, et aussi le kandjar à la lame d'or pris aux Turcs.

« En approchant de la maison, il entendit un chant de mort, et son cheval hérissa sa crinière.

« Pour qui est cette croix? pour qui ce chant de mort?

« — Pour celle qui t'aimait, et que ton amour a tuée.

« Il porta la main à son kandjar et se l'enfonça dans la poitrine.

« Dans la même fosse on mit les deux cadavres; sur cette fosse poussèrent un chaume et un cyprès; le chaume s'éleva, le cyprès se pencha; aujourd'hui les branches du cyprès couvrent le chaume. »

Autour d'Athènes, comme dans toute la Grèce, le paysage a un caractère particulier, et que l'on ne retrouve point ailleurs. Au premier abord, la ligne semble un peu sèche; elle est sévère, et parfois même elle semble dure, mais aussi elle est d'une netteté et d'une pureté merveilleuses. Regardez, par exemple, les montagnes qui ferment l'horizon de la ville de Minerve : elles n'ont point, comme les Alpes de l'Occident, des robes de brume, des coiffures de nuages et des ceintures de forêts. Mais, au sein de cette atmosphère sereine, claire et profonde, elles livrent leur nudité sans voile, et l'on ne peut se lasser d'admirer, aussitôt qu'on les a comprises et que l'on s'est peu à peu familiarisé avec elles, cette sobre élégance et cette simplicité parfaite que varient, selon les heures du jour, l'ombre et la lumière inégalement distribuées.

Quelques promenades au mont Hymette, ou mieux encore au Pentélique, cette carrière de marbre d'où le Parthénon est sorti avec tous les temples d'Athènes, suffiront à rendre cette impression sensible. Aussitôt que l'on a traversé la zone de culture qui avoisine la ville, on arrive à des plateaux incultes, couverts d'arbres nains et de genévriers, de lentisques et de lauriers-roses, non pas abondants et touffus comme dans certains paysages de l'Afrique ou de l'Asie Mineure, mais clairsemés et rares, et n'enlevant rien de leur valeur à ces belles lignes qui font tout le charme de la campagne d'Athènes ; le long de la montagne serpente un chemin d'une blancheur éclatante, où l'on suit la trace du marbre en débris ; çà et là, sur les cimes, quelques pins parasols se groupent avec un bonheur de pose et d'attitude que le pinceau n'a plus qu'à copier. Tout cela est d'une précision de contours et d'une justesse de ton qui satisfont également et les yeux et l'intelligence, et l'on se surprend à penser que tel doit être le type de la beauté vraie. Un tel paysage fait mieux comprendre les qualités de l'art grec. Si maintenant la brise fraîche vous arrive, chargée de parfums, si les abeilles harmonieuses passent en essaims bourdonnants dans l'air sonore autour de vous, si le soleil fait étinceler tous ces détails sous les rayons de sa lumière dorée, si le soir ou le matin entourent — ou plutôt revêtent — les objets de leurs teintes de pourpre et de violette, vous comprendrez quelle séduction et quel charme le magique attrait de la vie peut ajouter encore à cette beauté plastique des formes, — et involontairement les belles paroles du poëte reviendront à votre esprit.

« O bien heureux enfants ! vous qui marchez dans un air pur, plein de mollesse et de clarté ! »

Au milieu du jour, et sous l'ardent soleil, ce paysage prend parfois un caractère de calme qui semble arriver jusqu'à la stupeur. Le mouvement est enlevé à cette nature endormie ; rien ne bouge, tout est pétrifié ; la silhouette du berger se détache immobile sur le ciel ; la terre dort, et les aigles qui planent là-haut semblent cloués à la voûte d'azur.

XXXI

LES SPORADES.

Variété d'aspects. — Rhodes, la rose. — Le colosse. — Les Chevaliers. — La ville. — Les faubourgs. — Zembouli-Déré. — Premiers habitants. — Rhodon. — Villaret. — Villiers de l'Isle-Adam. — Soliman le Magnifique. — Cnide. — Vénus et Praxitèle. — Cos et Apelles. — Pathmos et saint Jean. — Grotte de l'Apocalypse. — Samos. — Chora, ruines grecques. — Chio et ses femmes. — Lesbos, la république des îles Fortunées. — Sapho et la pléïade. — Mitylène. — Ténédos. — Les Dardanelles. — Gallipoli. — Le beau Léandre.

C'est une navigation vraiment enchanteresse, celle que l'on fait à travers l'ARCHIPEL DES SPORADES. Les belles îles semées, ainsi que leur nom l'indique, sans nombre, un peu irrégulièrement sur l'azur brillant de la mer, comme la constellation dont elles empruntent le nom, dans l'azur sombre et profond de la nuit, vous apparaissent tantôt rangées en beaux groupes, et tantôt isolées; tantôt tout près de vous : votre bateau les effleure; tantôt dans la distance, et vous les apercevez, vagues, indistinctes et baignées dans des vapeurs lumineuses. Leurs formes diverses, mais toujours belles, donnent à l'horizon une variété infinie : les aspects inattendus se succèdent au gré des aubes rapides, et le spectacle dont la monotonie, tant il est beau, ne vous lasserait jamais, se renouvelle à chaque instant. Parfois ce sont de grandes et vastes terres avec des cultures variées; parfois un amas de rochers aux lignes brusques et hautaines; parfois de belles vallées qui se creusent et se relèvent avec le mouvement onduleux et souple des vagues qui les entourent; souvent c'est une série de petites roches coniques, ne montrant au-dessus des flots que leurs têtes grisâtres portant un arbre en guise de panache; souvent aussi l'on n'aperçoit ni terre ni rochers, mais seulement des feuillages et des verdures : on dirait alors des corbeilles flottantes abandonnées à la mer par quelque déesse quittant pour l'Olympe les grottes d'Amphitrite. Jadis, quand le navire obéissait aux vents, ces écueils étaient la terreur des pilotes; mais aujourd'hui que la vapeur donne à sa course une rectitude inflexible, aujourd'hui qu'il va où il veut et comme il veut, ces îlots ont gardé leur poésie en perdant leurs dangers, et ils ne sont plus que l'élégante et charmante décoration du paysage ; paysage trop rapidement entrevu et trop longtemps regretté, décoration trop changeante, car à la vue de ces beaux rivages, de ces golfes brillants, de ces villages aux blanches maisons, on voudrait s'arrêter partout, et, où que l'on se trouve, sans aller plus loin, vivre là.

RHODES est la reine des Sporades : son nom veut dire *la rose*, et elle le porte noblement. L'antiquité l'aima et l'admira; tous ses poëtes la louèrent à l'envi; le colosse qui gardait son port passait pour une des sept merveilles du monde. Ce port, étroit, mais assez bien fortifié, est défendu aujourd'hui par deux tours crénelées, hérissées de canons turcs. L'île, longue de dix lieues et large de cinq, a la forme générale d'une barque à la proue effilée. Célèbre en tout temps par son climat et la pureté de son ciel, elle vous frappe de loin par les lignes sévères de ses montagnes, que domine la masse superbe du Taïros, couvert de neige étincelante; de près, elle vous charme par la végétation puissante de ses vallées, par ses mille ravins où l'on entend courir et murmurer les ruisseaux sous le voile épais et odorant des lauriers-roses.

Vue de la mer, la ville présente un bel ensemble de fortifications. Elle s'élève en amphithéâtre, dominée çà et là par les flèches dorées des minarets. Sur toutes ses faces, la muraille présente des bastions terribles : on comprend bien qu'à un moment donné ce fut là le boulevard de la chrétienté. Nous avons été un des derniers voyageurs européens auxquels il ait été permis de visiter cette belle RUE DES CHEVALIERS, qui conserva si longtemps son originalité primitive, et les grands écussons de ses premiers maîtres fièrement sculptés sur les portes. Bordée de trottoirs, pavée de petits cailloux aigus noirs et blancs, formant mosaïque, elle était presque toujours déserte depuis la domination turque, et l'on pouvait s'attendre à voir sortir à chaque instant quelque preux, le bouclier au bras, le casque en tête et la lance à la main. Cette rue conduisait à l'ancien palais du grand maître et à la célèbre église SAINT-JEAN DES CHEVALIERS, convertie en mosquée par les Turcs, mais qui n'en avait pas moins gardé un très-beau et très-grand caractère. Quelque temps après notre passage, l'explosion de la poudrière a fait sauter l'église Saint-Jean et une partie de la rue des Chevaliers. On ne voit plus donc aujourd'hui que les ruines des ruines. Les faubourgs, qui n'ont point souffert, sont d'un aspect charmant; ils ont de très-jolies maisons à l'italienne, s'élevant au milieu de beaux jardins plantés de palmiers. Mille excursions appellent le voyageur dans l'intérieur de l'île. Il trouvera la plus facile, et peut-être la plus charmante, aux portes mêmes de la ville : j'ai nommé ZEMBOULI-DÉRÉ, ou la vallée des Jacinthes, dont les versants sont couverts de figuiers, de lauriers-roses et de buissons de myrtes, au-dessus desquels s'élèvent de grands pins parasols, des térébinthes à l'épais feuillage, et des platanes aux longs bras, comme on n'en voit qu'en Orient. Parfois de belles jeunes filles, qu'à la noblesse de leurs traits et à la fierté de leur démarche on reconnaît pour les sœurs de ces déesses qui sortirent, marbres vivants, des mains de Phidias et de Praxitèle, longent le ruisseau ou remontent la colline, et, par l'élégance de leur tournure et le grand caractère de leur beauté, vous rendent un instant l'illusion du passé.

L'histoire de Rhodes remonte jusqu'aux jours brillants de la mythologie grecque : elle fut, dit-on, habitée par une fille de Neptune et d'Halia, la belle Rose — Rhodon, — qui lui donna son nom ; placée sur la route de l'Afrique, de l'Europe et de l'Asie, elle offrit un asile à Danaüs et à ses filles, quand ils furent chassés de l'Égypte, à Cadmus et à ses Phéniciens, enfin aux colonies errantes des Pélasges, des Crétois et des Argiens. Elle resta pendant des siècles riche et indépendante, puissante entre toutes les îles grecques, et envoyant au loin le trop-plein de sa population, qui lui faisait des colonies, toujours liées d'affection et d'affaires avec la métropole, sur la côte d'Asie, en Sicile, en Italie, et jusqu'en Espagne. Elle ressentit les contre-coups des grandes révolutions qui désolèrent la Grèce, prit part aux guerres médiques, et fut enfin soumise par les Romains. Ses artistes, ses philosophes et ses poëtes prouvent qu'elle était faite pour toutes les gloires.

Le christianisme et les chevaliers de Saint-Jean de Jérusalem lui en donnèrent une nouvelle plus éclatante. Foulques de Villaret, grand maître de l'ordre, s'en empara, comme on sait, en 1309, et y installa les chevaliers, qui, jusqu'en 1523, s'y maintinrent contre tous les efforts de l'islamisme, et, par des prodiges de valeur et d'héroïsme, ennoblirent la défaite et rendirent leur vainqueur jaloux de ses vaincus. Quand Villiers de l'Isle-Adam, abandonné par tous les princes chrétiens, indifférents ou ingrats, tomba sous les coups de Soliman le Magnifique, le sultan trouva du moins de nobles paroles pour rendre honneur au courage malheureux, et il regretta de se voir obligé de renvoyer le vieillard chrétien de sa maison. Mais les chevaliers emportaient du moins leur honneur, et Rhodes gardera toujours leur mémoire.

En remontant vers le nord, nous trouverons bientôt CNIDE, dont la capitale, qui porte le même nom, fut fondée par les

Lacédémoniens. Elle était célèbre par son culte pour Vénus, à qui elle avait élevé un temple où l'on venait voir de tous les coins du monde la statue de la déesse, œuvre de Praxitèle.

Un peu plus loin, c'est Cos, qui vit naître Apelles, le plus fameux de tous les peintres de l'antiquité, et Hippocrate, le plus illustre des médecins passés, présents et futurs.

On ne s'arrêterait pas à PATHMOS, si cet îlot stérile n'avait gardé sur ses rochers et dans ses grottes le grand souvenir de saint Jean, le disciple que Jésus aimait, et qui, avec la Vierge et la Madeleine, est certainement la plus touchante figure du Nouveau Testament. Mais le doux jeune homme qui, lors du repas suprême, avait posé sa tête sur le sein du Christ, se présente à nous, vers la fin de sa vie, sous un tout autre aspect. L'apôtre de la tendresse et de l'amour, celui qui nous a laissé dans l'Évangile qui porte son nom les plus émouvantes peintures de la vie et de la mort du Christ, retrouve tout à coup la plume d'Ézéchiel, et nous raconte ces visions de l'Apocalypse qui font, selon la parole de Job, hérisser le poil de l'homme sur sa chair. Tâchons de retrouver ses traces parmi ces rochers arides.

Une chaussée, longue d'un quart de lieue, et, disons-le en passant, assez mal pavée (quoique la pierre ne manque pas), conduit à la grotte que l'on appelle encore la GROTTE DE L'APOCALYPSE. Elle est longue de treize pas sur quatre de largeur, haute d'environ douze pieds, et divisée en trois compartiments par des piliers grossiers. Les moines qui desservent le monastère de Saint-Jean montrent dans la voûte la fente triangulaire par laquelle passaient les voix des esprits, célestes et invisibles collaborateurs de l'écrivain sacré.

D'horribles pentes, des précipices immenses qui vous font croire à un chaos prodigieux de roches entassées; des ravins profonds, tantôt privés de verdure et ressemblant à des canaux taillés à pic entre des parois de rochers, tantôt bordés d'arbres qui s'entrelacent et pareils à de fraîches oasis qui vous invitent et vous retiennent, voilà SAMOS! Ajoutez des montagnes couvertes de pins, de cyprès, de chênes et de thuyas, et, dans la zone cultivée, des oliviers, des figuiers, des mûriers, des myrtes, des lentisques et des vignes, et vous avez l'idée d'une île aux lignes sévères, mais d'une île tout à la fois pittoresque et fertile. Montez jusqu'au monastère de ZOODAKI-PIGHI, et vous embrasserez le panorama splendide du beau golfe d'Éphèse, une des plus belles vues de toute l'Asie Mineure. On débarque d'ordinaire au petit village de VATHY, et la route de six kilomètres qui vous mène à Chora, la capitale de l'île, est une véritable route d'Orient, c'est-à-dire une mauvaise route. CHORA ne vaudrait pas le voyage, si l'on ne trouvait dans son voisinage les ruines de l'ancienne SAMOS, et les ruines d'une ville grecque sont toujours intéressantes à visiter. La grande enceinte, qui mesure huit kilomètres de circuit, est flanquée de tours carrées de distance en distance, et l'Acropole est un beau spécimen de l'architecture militaire telle que la comprenaient les Grecs.

Une masse nue et bien accusée de montagnes, se détachant en vigueur sur les horizons calmes et bleus de la côte d'Asie, vous révèle l'approche de CHIO, une grande île longue, assez aride, mais de formes élégantes, malgré la sévérité de ses lignes, et qui passe pour une des reines de l'Archipel. Ses femmes ont été de tout temps et sont aujourd'hui encore renommées pour leur grâce et leur beauté; ses hommes, pour leur esprit hardi, aventureux et mobile. « Un Chiote sage, dit un certain proverbe de l'archipel, est aussi rare qu'un cheval vert! »

Les Sporades, qui commencent à Rhodes, ne finissent point à Chio, il faut, pour trouver la dernière, aller assez loin de l'autre côté du golfe de Smyrne, où nous rencontrons Lesbos, qui semble la sentinelle avancée vers le nord de sa vaste rade abritée.

Lesbos, grecque par sa population, mais que sa position géographique semble avoir condamnée de tout temps à suivre les destinées de l'Asie Mineure, Lesbos, après le déluge de Deucalion, fut conquise par *Macare*, dont le nom veut dire heureux, et qui fit d'elle, en y joignant Chio, Samos, Cos et Rhodes, un État florissant et prospère, connu dans l'antiquité sous le nom d'iles Fortunées. Désolée pendant de longs siècles par les guerres, dont la plus belle partie du monde fut si longtemps le sanglant théâtre, Lesbos eut la gloire d'être le berceau des poëtes Terpandre, Arion, Leschès, Alcée, et d'une femme qui fut plus grande qu'eux tous, Sapho, moins célèbre pour avoir inventé le vers qui porte son nom, que pour avoir su concentrer dans quelques strophes immortelles toutes les ardeurs de son âme et tous les feux de son génie. Les philosophes sont bien pâles auprès des poëtes : puis-je citer Pittacus après avoir nommé Sapho ? Cependant Théophraste vivra rajeuni par la Bruyère.

Métélin, la capitale de l'île, est la Mitylène des anciens. Les habitants l'appellent aujourd'hui Castro, c'est-à-dire le château, la ville forte : elle peut avoir 15,000 habitants. Les maisons, construites en bois selon l'usage à peu près général des villes turques, ont un cachet d'élégance assez remarquable. La citadelle, qui est en pierre, renferme un assez grand nombre de fragments de sculptures grecques, romaines, byzantines, vénitiennes ; bas-reliefs, architraves, chapiteaux, tout se trouve encastré tant bien que mal dans le gros œuvre de la maçonnerie. La ville entière est du reste remplie de débris de toutes sortes, de vestiges de toutes les époques que l'on a réunis dans un petit musée intéressant à visiter, mais où l'admiration ne peut pas se passer d'un peu de critique, car il s'en faut que tous les échantillons d'art que l'on y rencontre aient la même valeur.

On pourrait inscrire sur la porte d'entrée, en le traduisant en grec, le vers de Martial :

Sunt bona, sunt mala, sunt mediocria plura!

Après l'escale de Lesbos, on longe pendant deux ou trois heures la côte d'Asie, et on se trouve bientôt en face de la petite île de TÉNÉDOS, qui commande l'entrée des DARDANELLES. La ville, entourée d'une forte muraille, flanquée de tours, et adossée à un côteau que domine une forteresse triangulaire, a une population de 3,000 habitants, moitié grecque, moitié chrétienne. Le reste de l'île est à peu près désert, il ne faut s'y arrêter que juste le temps de goûter son vin muscat, et entrer hardiment dans le détroit des Dardanelles, qui fait communiquer la Méditerranée avec la mer de Marmara. Des châteaux, bâtis sur les rivages ennemis de l'Europe et de l'Asie, croisent leurs feux et rendent le passage difficile à l'ennemi. On sait que Xerxès, quand il arriva sur la rive d'Asie, fit jeter un pont sur les Dardanelles pour faciliter le passage de son immense armée. Le pont de Xerxès fut établi à peu près à la hauteur de SESTOS et d'ABYDOS, c'est-à-dire à l'endroit même où Léandre, soutenu et guidé par l'amour, franchissait chaque nuit le détroit pour aller rejoindre l'amante fidèle qui l'attendait sur l'autre rive. Le détroit, à cette hauteur, n'a pas tout à fait une demi-lieue de large. Après avoir laissé sur sa gauche GALLIPOLI, la première ville d'Europe qui soit tombée aux mains des Turcs, environ cent ans avant la prise de Constantinople par Mahomet II, on entre dans l'ancienne *Propontide*, aujourd'hui la mer de MARMARA, qui baigne les murs de Constantinople.

XXXII

CONSTANTINOPLE.

Panorama. — Les Mosquées. — Sainte-Sophie. — Les bazars. — Le vieux Séraï. — La Corne d'or. — Le harem. — Le palais du sultan. — Stamboul. — Péra. — Galata. — Le Phanar. — Les cimetières. — Les eaux douces. — Europe et Asie. — Promenade sur le Bosphore.

C'est la nuit que les paquebots font d'ordinaire la petite traversée de la mer de Marmara. Ils entrent à Constantinople avec le jour. Au moment où l'ancre qui dérâpe mord le sable de la Corne d'or, un éblouissant panorama se déroule autour de vous; vous êtes le centre d'un cercle de merveilles. La première vue de Constantinople égale vos rêves et surpasse vos espérances. Ne vous hâtez point de descendre, restez longtemps sur le pont du navire; recueillez-vous, admirez et contemplez. La pointe d'or des minarets étincelle, les coupoles s'enflamment, les palais découpent sur le bleu du ciel leur silhouette élégante; des massifs d'arbres qui réunissent toutes les nuances du vert, depuis le cyprès au feuillage sombre jusqu'aux tons fins et clairs du platane, coupent d'oppositions brusques les lignes ondoyantes et bariolées que dessinent les toits de mille couleurs. Le golfe de Nicomédie, vaste comme une mer, s'arrondit au pied de l'Olympe de Bithynie, dont les cimes neigeuses, à demi noyées dans des vapeurs roses, miroitent de ce reflet métallique qui est comme le signe particulier de la lumière orientale. Le faubourg de Péra s'échelonne avec des amphithéâtres de maisons; la tour de Galata porte dans les nuages sa couronne de créneaux ; dans Stamboul la Turque, vous apercevez, pêle-mêle étrange, les vieilles maisons, les jeunes palais, les mosquées de marbre, les murailles flanquées de tours, les kiosques baignés par la mer, les jardins suspendus, d'où s'élancent, entre des massifs de rosiers et de jasmins, les sycomores, les térébinthes et les pins d'Italie : partout les grandes lignes du terrain se courbent, s'infléchissent et se relèvent avec cette grâce souple et cette mollesse onduleuse qui donnent tant de charme au paysage. Des môles gigantesques, chargés de maisons, de casernes, de tours, de mosquées et de palais, s'avancent dans la mer, et plus loin s'en retirent, de manière à projeter ici les grands caps qui séparent les trois villes, et à creuser là des bassins arrondis et profonds.

Il est juste que la maison de Dieu soit plus belle que celles des hommes. A Rome, ce sont les églises ; à Constantinople, ce sont les mosquées qui tout d'abord attirent le voyageur.

Pendant longtemps l'intolérance des maîtres de Stamboul ferma impitoyablement les mosquées devant l'infidèle, — c'est le chrétien que je veux dire. — Aujourd'hui ce n'est plus qu'une affaire de chancellerie et de finances. Moyennant un firman et un millier de piastres, — c'est-à-dire environ 250 francs, et l'on peut se réunir à plusieurs pour payer la somme, — on obtient la permission de visiter les plus beaux temples de l'islam : Sainte-Sophie, Sultan-Achmet, la Suleymanieh, l'Osmanieh, les mosquées de Mahomet II, de Sélim Ier et de Bajazet II. Il en est d'autres dont la jouissance est exclusivement réservée aux vrais croyants, et le giaour qui les souillerait de sa présence serait puni de mort. Telle est, par exemple, la mosquée d'Eyoub, dans laquelle le sultan, trois jours après son avénement, vient ceindre le glaive du prophète, cérémonie équivalente au sacre des monarques chrétiens.

Ne pouvant conduire le voyageur dans chacune de ces mosquées, nous nous contenterons de décrire la plus célèbre, qui est aussi la plus belle. Chacun avant nous a nommé SAINTE-SOPHIE, l'*Agia Sophia* des Grecs, c'est-à-dire la Sainte-Sagesse, dont chacun connaît l'histoire, car sa renommée remplit le monde, et qui est un des plus nobles temples que la piété de l'homme ait jamais élevés à la Divinité.

Le premier aspect n'a rien qui séduise. La place trop étroite ne permet pas de se placer au point de vue juste de la perspective. On est tout d'abord désagréablement frappé par un ensemble lourd de constructions hétérogènes et parasites qui surchargent et déshonorent l'édifice. Des colléges, des bains, des hôpitaux, sombre végétation de pierres, ont poussé à l'ombre du monument, et le couvrent de leur inextricable fouillis.

Quant au temple lui-même, je ne saurais mieux le comparer qu'à une montagne de granit, se rétrécissant de la base au sommet ; progressivement les grandes assises se retirent à mesure qu'elles montent, et présentent à l'œil une suite de coupures à angles droits, qui figurent les degrés d'un escalier gigantesque. Les quatre minarets n'ont pas la grâce ordinaire de ces fines aiguilles arabes dont la pointe déchire le ciel. Le vaste dôme de plomb doré appuie sa calotte sur des consoles renversées, aux assises alternativement blanches et roses, entre lesquelles des fenêtres en plein cintre croisent en tous sens leurs châssis légers. Les contre-forts d'Amurath III, qui soutiennent l'édifice, semblent l'écraser. Point de portique largement ouvert ; point de ces propylées grandioses, conduisant à l'édifice comme une avenue de marbre. On entre de côté, subrepticement, après avoir suivi une sorte de ruelle bordée de sycomores et de tombeaux. Une porte de bronze, qui garde encore l'empreinte de la croix grecque, s'ouvre latéralement sur un vestibule haut et large, percé de huit autres portes.

On pénètre enfin.

La première vue intérieure est saisissante. La grande coupole attire vos yeux tout d'abord : elle s'évase et s'arrondit comme la sphère des cieux.

Cette coupole est au centre de la nef, éclairée par quarante-quatre fenêtres. Quand on l'examine plus attentivement, on la trouve peut-être un peu écrasée, sa hauteur n'ayant que le tiers de son diamètre. Cette coupole est précédée et suivie de deux grandes voûtes hémisphériques, chacune d'elles, à son tour, est acompagnée de deux demi-dômes supportés par des colonnes. Il ne faut pas s'attendre à retrouver l'ombre mystique de nos cathédrales du Nord; c'est, au contraire, un jour tranquille et doux, descendant du ciel serein, et, sans obstacle, glissant sur les parois polies, et tombant à plomb sur les mosaïques du parvis et sur les nattes de la nef.

Près de la grande entrée, non loin des urnes de Pergame, qui contiennent l'eau des ablutions, deux immenses piliers de marbre jaillissent du sol. On a remarqué que l'un de ces piliers était toujours humide. Sainte-Sophie est la mosquée des colonnes, son tout-puissant architecte dépouilla, pour l'orner, tous les temples antiques; on retrouve, accouplés pour supporter la coupole, les piliers de la Diane d'Éphèse et de l'Hélios de Palmyre. La nef, dirigée vers l'Orient, comme l'exige la pure symbolique du catholicisme, se termine par une abside, surmontée d'une demi-coupole. Du reste, pas de mobilier dans le lieu saint; le génie inococlaste des musulmans n'a rien respecté : ni statues, ni tableaux, ni reliques; profanateurs par dévotion, ils ont brisé tout ce qui pouvait matérialiser à leurs yeux la grande idée de Dieu; pas d'intermédiaires entre Allah, silencieux et morne dans le ciel solitaire, et l'humble créature qui l'adore, le front dans la poussière. C'est philosophique et froid; mais j'estime que l'Église catholique compatit mieux à la faiblesse humaine.

L'ancien autel, une merveille de l'art byzantin, métal étrange et composite, formé de la fusion de l'or, de l'argent, du fer et des pierres précieuses, est remplacé par une lame de marbre rouge. C'est le Mirab qui indique aux croyants la direction de la Mecque. Au-dessus du Mirab, pend un morceau de vieux tapis, Palladium sacré de l'Islam, car c'est un des quatre tapis sur lesquels Mahomet s'agenouillait pour faire sa prière. Des nattes de jonc l'été, des tapis l'hiver, recouvrent les éclatantes mosaïques du pavé, dont les couleurs, harmonieusement assorties, représentaient les quatre fleuves saints de l'ancienne civilisation orientale, qui roulaient leurs flots brillants sous les pieds des fidèles.

L'Islam, ennemi des arts plastiques, a enlevé toutes les statues de la basilique et fait disparaître sous un badigeon d'or les fresques byzantines. Cependant les pendentifs des quatre grands arcs de la coupole laissent voir encore des figures de chérubins gigantesques, à demi voilées de leurs ailes, tandis qu'au fond du sanctuaire, confusément et comme à travers un nuage, on aperçoit les lignes d'une figure colossale, qui percent la couche de chaux et brillent malgré l'obstacle. C'est l'image symbolique de la sublime patronne de l'Église, la sainte Sagesse, l'Ἅγια Σοφία, de la Trinité catholique, « qui sous ce voile à demi transparent, assiste impassible, aux cérémonies d'un culte étranger. »

L'ornementation musulmane est des plus simples : elle se compose de larges disques verts, donnés par les sultans, appendus aux murailles et couverts de surates calligraphiques, empruntées au koran. Une plaque de porphyre offre aux yeux, en caractères arabes, les noms d'Allah, de Mahomet, et des quatre grands khalifes : Abou-Bekr, Omar, Osman et Ali. Des cordons de soie, chargés de grosses houppe, descendent de tous les points du plafond, et suspendent, au-dessus des fidèles, des lampes ciselées, des globes de cristal, des œufs d'autruche et des cassolettes d'or et d'argent.

On remarque, à droite du chœur, et à la hauteur des fenêtres de l'abside, les treillages dorés qui ferment la tribune des sultans. En face est le Nimbar, où l'iman récite la prière du vendredi : c'est une niche étroite, recouverte d'un toit conique, et appuyée à l'un des vastes piliers qui supportent l'arche et l'abside. L'escalier, roide, grimpe entre deux balustrades, découpées à jour et ouvragées avec l'exquise délicatesse des plus fines guipures.

Une rampe douce, voûtée, et se contournant en spirale, conduit aux galeries supérieures, jadis réservées aux femmes. Une large tribune, qui s'étend au-dessus du vestibule de l'entrée, réunit les deux tribunes latérales et domine tout l'édifice. Les tremblements de terre ont déjeté le monument sur la droite : il penche comme la tour de Pise ; les piliers s'inclinent, les murs se crevassent, les balustrades se courbent. Cependant, autour de vous, des colonnes sans nombre s'élancent de toutes parts comme une forêt de porphyre et de marbre ; les arcs chargés de rinceaux font comme une cime épaisse et emmêlée, où leur fût s'engage dans un entrelacement de feuillages et de fleurs de pierre.

Si l'on abaisse ses regards vers le sol, on remarque tout d'abord que les nattes de la prière ne sont pas parallèles à l'axe de l'église ; le Mirab n'occupe pas non plus la place exacte de l'autel. L'orientation de la Mecque n'est pas celle de l'église, et comme la prière tourne sa face vers la ville sacrée, les nattes suivent un biais assez violent. Il a fallu choisir entre la religion et la symétrie. Les Turcs n'ont pas hésité.

La nef principale est seule consacrée au culte. Les anciennes chapelles de la basilique chrétienne, qui s'ouvrent derrière des galeries à trois rangs de colonnes, sont employées à divers usages : ici le trésor, et plus loin la bibliothèque. Quelques-unes de ces chapelles servent de dépôt aux musulmans, comme l'Opisthodome du Parthénon aux Athéniens. D'autres sont habitées par des idiots, *res sacra miser!* et par des malades qui espèrent la guérison ou qui attendent la mort à l'ombre de Dieu. Il y a loin, sans doute, de la mosquée à l'église ; les splendeurs de Justinien sont éteintes; les peintures murales ont disparu sous une couche uniforme; les corniches et les chapiteaux ont perdu la fine sculpture de leurs ornements; on a fondu l'or des six mille candélabres massifs; on a brisé les calices incrustés de perles fines; le pied des janissaires a renversé les siéges de vermeil des prêtres chrétiens, et les robes de pourpre n'ondulent plus devant le sanctuaire; on ne retrouve plus comme revêtement des colonnes le marbre blanc de Paros, le marbre rose de Synnada, le marbre-saphir de Béotie et le marbre bleu de Lydie. On cherche en vain les mosaïques de cristaux étincelants, qui représentaient les évangélistes, les apôtres, et la Vierge toute sainte, cette Panagia des Grecs; et cependant, telle qu'elle est, Sainte-Sophie est encore un des plus beaux temples du monde; sa grandeur impressionne la foule, la justesse de ses proportions charme l'artiste; pour tous, c'est un des plus nobles monuments de respect, d'adoration et d'amour que la terre ait élevés au ciel : elle est toute remplie de Dieu.

L'Orient a toujours eu des fontaines à côté de ses temples. Au sein de ce tiède climat, qui invite aux ablutions fréquentes, les Grecs n'entraient jamais dans les églises avant d'avoir lavé, à la fontaine, leurs mains et leur visage. La fontaine de Sainte-Sophie appartient à la belle époque de l'architecture musulmane, elle peut avoir vingt-cinq pieds de long, quinze de large, et dix-huit de haut; ses vêtements sont en marbre; ses angles décorés de sculptures exquises; çà et là, sur un fond d'azur, courent les arabesques d'or, au-dessus de la corniche, dont la mosaïque est tout à la fois élégante et bizarre, de grands auvents dentelés et surmontés d'aiguilles dominent et couronnent le coquet édifice; l'eau invisible grésille et murmure dans un bassin creusé profondément sous la voussure du milieu. Le passant qui a soif n'a qu'à se baisser pour boire.

Une résignation profonde et une inaltérable confiance en Dieu semblent adoucir pour l'Orient cette pensée de la mort, si pleine d'épouvante chez les nations chrétiennes, dont les œuvres sont peu d'accord avec leurs croyances. L'Orient vit avec la mort dans une sorte de familiarité intime. Le cimetière est la promenade favorite des femmes, et l'on rencontre des tombeaux partout; ils sont mal entretenus, mais très-fréquentés : une larme vaut bien une pierre. — Souvent, sur la terre fraîchement remuée, on voit deux ou trois femmes assises, l'œil humide et parlant tout bas, tandis que de beaux enfants, — la douleur n'ose pas encore les toucher, — se jouent à leurs pieds; le passant s'écarte avec respect, pour ne pas troubler leur recueillement pieux et doux.

Les trois principaux cimetières de Constantinople sont le Grand Champ des Morts, Scutari et le faubourg d'Eyoub. La moitié de Constantinople appartient aux morts. Le Grand Champ s'étend au-dessous du quartier européen de Péra, sur un terrain incliné, entre le Bosphore et la Corne d'Or. Le cimetière n'est autre chose qu'un petit bois de cyprès. On creuse la fosse au pied d'un arbre, on la décore d'un cippe en marbre de Marmara, couronné d'un turban, dont la forme indique le rang du défunt. On y ajoute une inscription courte, souvent en lettres d'or. La stèle funèbre est bientôt renversée : Dieu l'a voulu! on ne la relève pas; mais la tombe sans ornement ne sera pas moins honorée. Ni luxe, ni rivalité dans la mort; presque toutes ces tombes se ressemblent. Çà et là, pourtant, un petit mur ou une grille modeste enferme quelques mètres de terrain et réserve la sépulture privée d'une famille. Des massifs de cyprès, d'une beauté exquise et d'une grandeur prodigieuse, donnent au paysage je ne sais quel caractère de mélancolie souverainement calme. Les tourterelles nichent et roucoulent dans leurs cimes noires. Quelques-unes de ces tombes ont une ornementation singulière : une fresque primitive y représente un lacet ou un cimeterre, et l'inscription naïve ajoute, avec la date de la mort, que le défunt a été étranglé ou décapité. Le fils passe, non sans douleur, mais du moins sans honte, devant ce monument qui, chez nous, semblerait éterniser le déshonneur de la famille. La peine, en Turquie, n'est qu'un accident, et n'emporte jamais avec elle une idée d'infamie.

Malgré la beauté d'un site incomparable et d'un horizon à souhait pour le plaisir des yeux, charmes auxquels les morts sont assez insensibles, mais que nous recherchons instinctivement pour eux, le Champ des Morts n'est pas le cimetière à la mode. Les vieux Turcs lui préfèrent Scutari et l'Asie maternelle, tandis que les musulmans pieux ne veulent reposer que dans la terre bénie du cimetière d'Eyoub.

Le cimetière de Scutari est un véritable bois de cyprès, qui escalade une colline aux escarpements irréguliers; on l'a percé de vastes allées qui se coupent à angles droits, comme dans les forêts réservées aux plaisirs des chasses royales. Au pied de chaque tombe, on plante un cyprès. Il y a beaucoup de cyprès et beaucoup de tombes. On ne réveille jamais ces pauvres défunts pour leur prendre leur dernière couche, aussi le cimetière et le bois de Scutari s'étendent lentement, mais incessamment, le long du Bosphore et sur le rivage de la mer de Marmara: la mort empiète sur la vie. Qu'importe? l'Asie déroule ses plaines infinies, et les inépuisables carrières de la Propontide fourniraient des dalles funèbres à la moitié du monde. Scutari, l'ancienne Chrysopolis, la ville d'or, s'élève sur la rive asiatique du Bosphore. C'est pour cela que les vieux Turcs l'honorent de leur préférence. Malgré l'éclatante rapidité de leurs conquêtes et les fortes assises d'un empire longtemps inébranlé, il est toujours resté une sorte de défiance au fond de la nation turque; c'est elle-même qui se dit campée en Europe. M. de Maistre lui a pris ce mot-là. Quoi qu'il en soit, ceux qui veulent dormir en paix et sans qu'aucune crainte trouble leur dernier sommeil, repassent une dernière fois le Bosphore dans le caïki bleu des défunts, et confient leur dépouille à la poussière sacrée de l'Asie.

La grande allée, toute plantée de cyprès, monte avec la colline; les rangées de tombes s'allongent de chaque côté du chemin, mieux entretenues qu'au Champ des Morts de Constantinople; parfois, quand l'espace est moins envahi et la foule moins pressée, un petit jardinet entoure et fleurit la tombe. Quand on s'éloigne des allées que visite ordinairement le promeneur, et qu'on arrive aux parties solitaires et abandonnées, on se sent comme glacé par un oubli funèbre. Les tombes sont à fleur de terre, les stèles renversées, les fleurs arrachées; et comme on ne recouvre les cadavres que de quelques pouces de terre, il arrive souvent que l'on marche à travers les ossements mis à nu.

Le troisième cimetière de Constantinople est dans le faubourg d'Eyoub.

On sait qu'après la conquête une mosquée fut élevée par Mahomet II, à la place même où jadis était tombé le lieutenant du Prophète. Des maisons se groupèrent bientôt autour de la mosquée, solitaire d'abord. Le faubourg d'Eyoub devint un des plus peuplés de Constantinople, mais il fut surtout adopté par les vrais dévots. Aujourd'hui ce faubourg est une véritable nécropole. Ici les vivants cèdent pieusement le pas aux morts. Les rues sont bordées de tombes; les maisons ne viennent qu'après et sur l'arrière-plan. On marche sur une dalle funèbre avant de toucher le seuil d'un ami. Ces tombes sont toutes bâties; plusieurs sont monumentales; elles sont situées au milieu de la cour d'entrée et parallèlement à la façade des maisons, qu'elles cachent en grande partie. Elles sont entourées d'arbustes et de fleurs, et précédées d'un mur à hauteur d'appui surmonté d'une grille qui s'étend sur toute la longueur de la rue. Ces tombes n'ont que de rares ornements : un turban, une tige de lotus, et, sur la blancheur du marbre, une inscription courte, tout éclatante de l'or de sa calligraphie. Les dévots vont et viennent autour de la mosquée, d'où les enfants, trop zélés pour la gloire du Prophète, repoussent à coups de pierres les giaours qui veulent en approcher. On dirait le reste du faubourg inhabité. Un silence de mort règne dans les rues solitaires, les bourgeois vertueux vivent en extase au fond de leurs maisons, en face de leur tombe future, dont quelques pas à peine les séparent. Seulement, à l'heure de la prière, on voit autour de la mosquée sainte des ombres coiffées du turban, qui semblent passer à travers les grilles et glisser sans bruit sur les dalles blanches.

Il est difficile de se défendre, en entrant dans le Séraï, d'une involontaire émotion; on sent revenir en sa mémoire toutes ces tragédies de l'histoire violente, que la fiction même ose à peine égaler : toute cette trame brillante et sinistre de voluptés et de crimes se déroule sous vos yeux ; ces murailles ont vu plus de larmes que de sourires, et dans l'atmosphère, où flottent des parfums, il semble qu'on respire aussi comme une vague odeur de sang.

Le Séraï, à Constantinople, est comme une ville dans une ville. C'est un triangle assez régulier qui escalade une colline toute couverte de ses kiosques et de ses jardins. Les murailles blanches, crénelées et flanquées de tours, sont baignées par les flots de la mer de Marmara, rapide comme un torrent, et par les eaux plus calmes de la Corne d'Or. Le Séraï mesure trois milles de circonférence. On y pénètre par une porte magnifique qui s'ouvre sur la place de Sainte-Sophie. Cette porte est surmontée d'une haute arcade mauresque, soutenue par quatre colonnes. Un cartouche de marbre présente une inscription en lettres d'or; de chaque côté une niche, également en marbre, semble éternellement attendre la tête des grands coupables, pour l'exposer aux yeux du peuple.

Le drogman qui vous accompagne déploie avec une lenteur solennelle le firman revêtu du toughra du Grand Seigneur; les soldats de garde contemplent silencieusement la signature auguste, portent la main à leur poitrine et à leur front, et s'inclinent. On passe.

Le Séraï est un ensemble irrégulier et vaste de parcs, de jardins, de fontaines, de pavillons, de coupoles et de palais. Dès qu'on a franchi le seuil de la Sublime Porte, on se trouve tout d'abord dans une vaste cour plantée d'arbres. Ici des platanes gigantesques semés en bouquets sur le vert gazon; plus loin des allées de cyprès enlacés de vignes dont les grappes blondes et les pampres rouges retombent en festons; çà et là, des touffes de jasmin, étoiles d'argent parfumées, qui étincellent dans le feuillage sombre; partout des roses. La rose est la fleur des sultanes.

Çà et là, dispersées sous les arbres, des carrés de cultures maraîchères arrosées par un petit ruisseau; au-dessus d'elles, des cannes de maïs balancent leurs têtes chargées d'épis pourpres ou couleur de safran; un peu plus loin, verdoient d'épais gazons, où de longues allées serpentent en mille détours. De ce côté, la vue s'arrête sur un massif irrégulier de chênes, de mélèzes et de pins.

Au milieu de ces idylles de la nature souriante, on remarque un énorme mortier de marbre. On pile dans ses larges flancs le *Cheikh-ul-Islam* (le chef du clergé) qui manque à ses devoirs, et dont la loi défend de répandre le sang.

Les constructions du Séraï se développent sur une ligne immense; mais l'architecte a trouvé le secret d'éviter l'ennui en évitant l'uniformité. Ses longues façades s'entremêlent de pavillons; des saillies inattendues rompent tout à coup la perspective, au moment où elle allait devenir fatigante; les kiosques persans, sveltes, légers, aériens, vaporeux, se relient les uns aux autres par des galeries qui supportent des gerbes de colonnes s'épanouissant en trèfles et en ogives. A côté d'un bâtiment carré, un peu roide, et dont les pans se coupent en angles droits, une rotonde pousse en avant son ventre obèse. Rien n'est monotone : tout est varié à l'infini. Les toits, cette chose si plate dans notre architecture utilitaire, sont ici de la plus aimable extravagance.

A l'auvent des pagodes succèdent les coupoles d'étain qui renvoient les rayons du soleil avec des reflets d'argent ; les kiosques se coiffent de chapeaux chinois ; les terrasses à balustrades s'étendent sur les galeries ; le dôme qui, tour à tour, se renfle et s'amincit, surmonte les pavillons, et dresse au-dessus du Séraï la double pointe du croissant d'or.

Cependant les peintures aux nuances délicates, aux teintes fondues, relèvent la sculpture des fines boiseries ; les arabesques se poursuivent, en passant du vert au bleu ; les fenêtres arrondies surbaissent leur vaste cintre ; les balcons découpent leur feuillage de fer ; les grillages à mailles étroites captivent les fenêtres où chantait l'oiseau du harem.

L'intérieur du Séraï ne répond pas toujours aux espérances que fait naître ce premier coup d'œil. Aussi, quand on pénètre dans l'édifice, on éprouve tout d'abord une déception. Ce sont de grands appartements sans caractère, de vastes salles à demi nues ; la décoration du plafond est maigre et d'assez mauvais goût.

Les tentures des fenêtres et des meubles sont en mousseline française ou en étoffe de Perse fort communes. Aucune trace de luxe asiatique ou de magnificence orientale. Enfin, après avoir erré quelque temps à travers ces solitudes meublées, après avoir admiré, si l'on veut, des velours et des soieries de Lyon, et une pendule à tableau mécanique, qui représente la pointe du Séraï, avec des vaisseaux et des caïks, balancés au roulis de la vague, on arrive devant une modeste armoire d'acajou, dont les rideaux s'écartent et laissent resplendir l'écrin guerrier des padischahs. On peut affirmer hardiment que ce sont là les plus belles armes du monde. On sait que chaque sultan, à sa mort, doit laisser au

Séraï un objet qui lui ait servi pendant sa vie. Ils ont tous donné des armes, à l'exception de Mahmoud, qui a donné son écritoire, un morceau d'or, et un tas de pierreries, — d'où sont sorties les réformes qui régénèrent la Turquie. — Cette armoire vous éblouit : elle rayonne comme un soleil, elle a des lueurs phosphorescentes. Les turquoises de Perse et les rubis de Pégu étincellent sur les poignées d'or; les topazes du Brésil, les perles de Bahréïn et les saphirs de Ceylan constellent les fourreaux de vermeil; les opales de Hongrie, les diamants d'Hyderabad scintillent sur les crosses de corail. Je ne dirai rien de la finesse de ces lames dont l'acier, qui lance des éclairs bleus, a été trempé deux fois dans les eaux vives de Damas. Le bras vaillant peut également, avec ces cimeterres, abattre d'un coup la tête d'un chameau, ou partager au vol un coussin de plumes.

Un peu plus loin, une galerie éclairée par en haut, et parée de mosaïque, sert à la promenade et aux jeux des cadines, quand le froid ou la pluie leur ferment les jardins.

Ces jardins sans nombre isolent et séparent chaque corps de logis : ils sont fort simples et presque tous dessinés *à la française;* ce sont pour la plupart de petits bosquets de jasmins, de chèvrefeuilles, d'ébéniers, et surtout de rosiers, qui bordent des allées droites, semées de sable jaune et de coquilles nacrées.

Trois ou quatre salles groupées dans un kiosque sont consacrées aux bains des sultans. Ces diverses salles sont en marbre blanc; leur architecture mauresque est d'une exquise élégance; c'est ce que j'ai vu de plus gracieux à Constantinople. La pierre délicate, ciselée comme un bijou, s'épanouit en fleurs et en feuillages, et brode de festons et d'arabesques les chapiteaux des colonnes et le linteau des portes. Le plafond de la salle du milieu est une merveille : des verres lenticulaires, si richement colorés qu'à première vue on les prendrait pour des tranches légères d'onyx et d'agates transparentes, l'enchâssent dans les mailles détendues d'un réseau de lapis, d'or et d'argent, laissant retomber des lampes de cristal, et décomposant le rayon qui se joue en lueurs molles et vagues sur l'épaule nue des baigneuses. On ne comprend pas un autre jour pour éclairer ce petit palais de dentelle. Des divans moelleux s'étendent le long des murs; çà et là de belles urnes décorent des étagères de porphyre.

Cependant le flot de la mer de Marmara, qui gémit doucement autour des murailles de marbre de cette salle sous-marine, endort et berce vos rêves. Bientôt un gardien vous secoue, et vous rappelle que vous n'êtes point ici pour rêver.

Au milieu d'une cour carrée, autour de laquelle circule un portique, un kiosque mauresque sert de bibliothèque au Séraï. Je n'affirmerai pas que les odalisques lisent beaucoup. On s'arrête devant une porte d'airain, d'un travail indescriptible et d'une perfection inimitable, dont la matière un peu sombre peut-être, se relève çà et là par des applications brillantes de jaspe et de lapis. Puis on ouvre, et l'on est dans le sanctuaire de la science. Des casiers de cèdre incorruptible renferment un assez grand nombre de manuscrits arabes, turcs et persans, qui tournent leur tranche vers le visiteur. Comme ornement de cette bibliothèque, très-soigneusement tenue, on remarque une grande pancarte de parchemin, qui contient les portraits authentiques, à ce qu'on assure, de tous les sultans osmanlis, depuis Osman lui-même jusqu'à Mahmoud. Quoi qu'il en soit, et à juger d'après la ressemblance, la filiation est incontestable. Ces portraits, en miniature gouachée, encadrés dans de petits médaillons ovales, représentent des têtes pâles coiffées du turban, œil noir, barbe noire, nez aquilin, lèvre carminée.

Tout ce que nous avons vu jusqu'ici appartient au nouveau Séraï, bâti sur le rivage, longtemps après la conquête. Le vieux Séraï de Sélim et de Mahomet II est posé sur le sommet de la colline. Les fils des vainqueurs descendirent pour respirer la fraîcheur et le parfum de la brise marine. On gravit quelque temps, à travers des parcs, des cultures, des jardins en fleurs, des futaies de vieux chênes, des gazons coupés de petits ruisseaux, et des parterres tracés dans le goût décoratif de l'Orient, encadrés de balustrades de marbre, et enfin on arrive au vieux Séraï.

Ici nous entrons dans un autre monde. Aux idées de luxe et de magnificence, succèdent des idées de guerre et de grandeur barbare. On est dans un camp, plutôt que dans un palais. Toutes les constructions sont longues, assez basses, et peintes de larges raies, alternativement blanches et noires. Les angles rentrants et sortants des divers corps de logis se juxtaposent assez durement. L'auvent des toits a des courbes roides.

Les bâtiments du vieux Séraï sont en assez mauvais état, et il ne reste guère à visiter qu'un seul pavillon. Les guides le désignent sous le nom de SALLE DU TRÔNE DES SULTANS. Cette salle est petite et carrée, assez obscure; elle ne reçoit le jour que d'une fenêtre étroite et basse, grillée d'épais barreaux en fer doré. On marche sur un tapis de Téhéran, qui éteint le bruit déjà sourd des pieds chaussés de sandales. Les murailles sont revêtues de plaques de faïence verte, avec des dessins d'or qui avivent et relèvent leur teinte un peu pâle. Le plafond, qui donne une assez juste idée du LACUNAR des maisons romaines, est sillonné de tringles de vermeil, avec incrustations de pierres précieuses, qui dessinent des entrelacs éblouissants. La porte basse contraint toutes les têtes à se courber sous son linteau de marbre vert, profondément entaillé d'une inscription arabe. Un cône à sept pans, en cuivre ciselé, troué à jour, comme un gâteau d'abeille, et supporté par deux piliers, reçoit un BRASERO. Le trône fait face à la porte. C'est une sorte de divan surmonté d'un dais, soutenu par quatre colonnes hexagones, dorées et semées de turquoises, de grenats, d'émeraudes et de rubis, polis, mais non taillés. Le cabochon est encore de mode dans cet Orient à demi barbare, qui préfère le poids à la forme.

Dans les jours de leur toute-puissance, les sultans n'admettaient point en leur présence les ambassadeurs chrétiens : il leur était seulement permis de venir derrière les grilles de la fenêtre dorée, et de contempler de loin le padischah rayonnant dans sa gloire.

Les clefs des villes d'Europe et d'Asie conquises autrefois par les sultans sont l'unique décoration de ce que l'on a si justement appelé « l'antre impérial. »

La dernière curiosité du Séraï, c'est l'arsenal; on l'a placé dans l'ancienne église de Saint-Irénée. On traverse pour y aller un vestibule où gisent pêle-mêle les marmites renversées des janissaires. Les murailles sont tapissées de brassards, de cuirasses et de sabres : c'est la décoration ordinaire de pareils lieux. On passe au milieu des faisceaux de carabines, de lances et de fusils, à travers lesquels les couleuvrines d'airain allongent leur col étroit, damasquiné d'argent, et on arrive à une petite rotonde bâtie au-dessus de l'ancienne abside, qui est, si j'ose dire, le véritable sanctuaire de l'arsenal. C'est là que se conservent les armes historiques. La plus précieuse est sans contredit le sabre de Mahomet II : c'est une lame droite, mince et longue, large à sa base, étroite à la pointe; elle est en *traban* de Damas. Une longue inscription court en lettres d'or sur l'acier bleuâtre. On montre encore l'épée de fer de Scanderbeg, avec sa poignée en croix et sa pointe ébréchée, et le brassard de Tamerlan, niellé d'or, avec une rosace de rubis et une autre d'améthystes.

Mahmoud ne rentra plus dans le Séraï après l'extermination des janissaires; Abdul-Medjid lui-même n'y allait que pour les cérémonies officielles. Le nouveau sultan ne semble pas avoir pour lui une préférence plus marquée; l'antique palais reste inhabité, vide et froid, dans l'isolement mélancolique de ses grands souvenirs.

Aujourd'hui les sultans habitent le palais du Bosphore.

Le PALAIS DU BOSPHORE est une profession de foi européenne écrite avec du marbre.

Le sultan abandonne pour toujours l'architecture sarrasine du campement asiatique et de la conquête nomade. C'est la pierre d'attente d'une autre architecture, c'est le premier palais d'une ville nouvelle. Je ne veux pourtant pas louer outre mesure. Le XIXe siècle n'a point trouvé encore sa forme architecturale. Je me résignerai difficilement à la voir dans les gares des chemins de fer ou dans le palais des Exhibitions universelles. Je n'accepterai pas davantage celle que m'offre le Bosphore. Le nouveau palais, bâti par un architecte arménien, est essentiellement composite, comme tout ce que nous faisons maintenant. Tous les systèmes du passé peuvent en revendiquer une part et y réclamer quelque chose. Tout s'y rencontre et s'y confond avec un luxe compliqué et dans un pêle-mêle magnifique.

Le palais s'élève, en face de la côte d'Asie, sur un terrain baigné par le Bosphore, et bordé de piliers monumentaux, que relient des grilles de fer doré formant balustrade, d'une richesse capricieuse, où l'arabesque s'épanouit dans les mille végétations de la flore orientale. La disposition générale de l'édifice est assez simple; on peut l'embrasser d'un coup d'œil. De chaque côté d'un corps de logis principal se développent et s'étendent sur deux longues lignes des ailes basses, à colonnes tantôt ioniennes et tantôt doriques, reliées entre elles par des terrasses, des galeries et des colonnades;... des fleurs, des rameaux, des rosaces, vrais bijoux de pierre, sont jetés sur toute cette façade par des mains prodigues qui n'ont jamais compté. Mais tout cela se suit et ne se tient pas : ce qui manque, c'est le plan primitif, c'est l'idée première et génératrice. Tout ce palais est bâti en marbre tiré de *l'archipel des Princes*, dans la mer de Marmara, blanc, avec une teinte bleuâtre : le blanc et le bleu d'une goutte de lait.

L'intérieur étale toutes les splendeurs décoratives du luxe

européen. Les pièces se suivent en enfilade, mais sans se *commander*, chaque appartement s'ouvrant sur un vaste corridor. Pour les grands appartements qui dominent le Bosphore, on a épuisé les plus subtiles recherches de l'art pittoresque renfermé dans la représentation des natures mortes. L'artiste, à force d'imagination, supplée par d'ingénieuses inventions à la liberté qu'on lui refuse.

Il faut, en effet, une grande souplesse de talent pour éviter la monotonie, avec un nombre de sujets assez restreint, que l'on peut diversifier, mais non changer. Il reste toujours la nouveauté des combinaisons, l'inattendu des détails, la grâce du pinceau et l'opulence de la palette. Le décorateur du palais impérial en a largement usé.

Il y a dans les appartements particuliers du sultan comme un reflet de Versailles. Presque tous les meubles viennent de France et sont dans le style de Louis XIV. Le tapissier de notre Opéra a été chargé de disposer et de meubler complétement une des salles de ce palais. Il s'en est acquitté de façon à donner aux Ottomans une haute idée des magnificences de l'art français.

On parle beaucoup à Constantinople, parmi les singularités du palais, de certaine salle recouverte par un dôme de verre rouge, dans laquelle le rayon tombant d'aplomb projette des lueurs d'incendie pourpre, comme on voit dans les enfers d'un cinquième acte de féerie. A cette curiosité d'un goût douteux, je préfère, pour mon compte, la salle de bain du sultan. C'est une grotte taillée dans l'albâtre rubanné d'Égypte; elle appartient à l'époque fleurie du style mauresque; elle en a les fines colonnettes, les chapiteaux qui s'évasent comme un calice, les arcades en cœurs et les voûtes constellées de fantaisies éclatantes.

Les Turcs ont un profond respect pour les reliques. Les reliques turques sont à la fois religieuses et guerrières. Telles sont, par exemple, les sabres d'Abou-Bekr, d'Omar et d'Osman, le sabre et l'arc du Prophète, conservés dans le Séraï.

Mais la plus grande vénération des Osmanlis est pour la robe de Mahomet.

Elle est en *camelot* noir.

Beaucoup de gens préféreraient son enveloppe, car on la conserve sous quarante couvertures en cachemire ou en soie.

On la découvre une fois chaque année, le 15 du mois de *Ramazan*, qui est, comme on sait, le carême turc. Le sultan et les grands dignitaires viennent la baiser avec respect. Puis on la trempe légèrement dans un grand bassin rempli d'eau. Cette eau s'appelle l'*eau de la noble robe.* L'agha des filles met cette eau en bouteille. On scelle les petites fioles du sceau de l'empire, et on les distribue aux personnes à qui on veut faire honneur. C'est de l'homœopathie religieuse! Un attaché d'ambassade a bien voulu se priver pour nous d'un précieux flacon du dernier Ramazan, que nous gardons maintenant entre deux bouteilles d'eau du Jourdain et de la mer Morte.

Il ne faut pas oublier non plus parmi les reliques le SAND-JACK-CHÉRIF, ou étendard illustre, qui est comme l'oriflamme de l'empire. On le cache sous treize enveloppes, dans le trésor de la mosquée d'Achmet, où le sultan le déploie de sa propre main, quand la guerre sainte est déclarée.

Jadis, alors que les Turcs n'étaient pas tout à fait nos amis, quand on promenait le Sandjack-Chérif par les rues, les Européens étaient obligés de se renfermer dans leurs maisons et de clore hermétiquement leurs volets. On a vu depuis les mains jointes de la France et de l'Angleterre soutenir le Sandjack-Chérif, et il a flotté dans le ciel bleu, entre le drapeau de Saint-George, écartelé de la croix d'Irlande, et nos trois couleurs nationales.

Non loin du Séraï, sur la pente de la même colline, mais du

côté qui regarde la Corne-d'Or, s'élève le palais de la Sublime Porte.

A l'exception des ministères de la marine, de la guerre et de la police, ce palais renferme toutes les grandes administrations de l'empire. Son nom résume toutes les forces vives de la Turquie, et, pour l'étranger, désigne le gouvernement lui-même. C'est là que le padischah réunit le *divan* dans les circonstances importantes. C'est là aussi que trois fois par semaine le grand vizir préside le conseil des ministres ; c'est encore dans ce palais que toutes les affaires diplomatiques sont débattues avec les représentants des puissances.

Une foule immense assiége incessamment les abords de ce palais ; c'est un pêle-mêle bizarre de soldats, de courriers, de marchands, de diplomates, de dervischs, de mendiants et de curieux. L'Asiatique paresseux, couché sur une natte et fumant le chibouk, regarde passer l'Europe affairée ; des saïs noirs, à demi-nus, tiennent la bride des beaux chevaux persans, caparaçonnés de soie et d'or, ou des chevaux kurdes, à la selle de velours, pendant que des grooms, habillés à l'anglaise, attendent leurs maîtres à la portière des coupés venus de Paris ou des calèches de Vienne. Cette foule bruyante s'agite, vocifère et discute dans un patois composé de vingt langues. Autour du palais, dans le palais même, courent de vastes galeries pleines de rumeurs. Sur ces galeries s'ouvrent les salles d'attente et les antichambres des cabinets ministériels, dont une double haie de soldats et d'huissiers garde toujours la porte. Des marchands de plumes, de canifs et de papier s'efforcent de toucher l'âme des visiteurs et des employés ; des paysans affamés mangent dans un coin en attendant leur tour d'audience ; parfois un santon pénitent ou un dervisch enthousiaste, pris d'un soudain accès de dévotion, se livre à quelque mortification trop exemplaire et qui ameute la foule autour de lui.

Le cabinet des ministres est d'une magnificence orientale. Les bureaux des employés sont d'une coquette élégance. Ce sont de petits salons, dont le parquet est recouvert de nattes aux couleurs artistement assorties, ou de tapis de Perse qui nuancent la laine avec un vif sentiment de l'harmonie des tons. Ces petits salons, où se tiennent ordinairement trois ou quatre employés, sont garnis de divans bas. Les employés, qui travaillent le moins qu'ils peuvent, — comme tous les employés, — écrivent à la turque, sur leur genou, en se servant d'un long roseau taillé carrément, et de bandes de papier étroites et longues.

Rien n'est plus facile que d'obtenir une audience d'un ministre; on s'y présente à peu près comme on veut et quand on veut. Un chamelier entre chez le grand vizir avec un sentiment de l'égalité des hommes devant Dieu qui lui permet, tout en gardant la déférence due au pouvoir, de traiter avec lui sans morgue et sans bassesse, dignement, et d'égal à égal.

L'AT-MEÏDAN, ou Hippodrome, que l'on trouve à droite du palais de la Sublime Porte, en face du Séraï, résume les grands souvenirs de la double histoire de Constantinople, de la Constantinople des empereurs et de la Constantinople des sultans. C'est là que les *verts* et les *bleus* lançaient leurs quadriges sur l'arène unie, toute semée de poudre d'azur et de vermillon ; c'est là que plus tard les jeux guerriers du *djérid* soulevaient des nuages de poussière blonde, sous les escadrons des sipahis.

Rien de plus magnifique que l'Hippodrome sous les empereurs. Il mesurait deux mille pieds de long et sept cent cinquante de large, s'appuyait d'un côté à la basilique de Sainte-Sophie et de l'autre au palais impérial. César s'avançait vers le balcon de sa terrasse, saluait son peuple, et donnait le signal des applaudissements. Ce musée à ciel ouvert avait recueilli pieusement toutes les épaves du naufrage de l'art antique. Partout c'était le bronze animé et le marbre vivant, un Olympe descendu sur la terre, maintenant une ruine.... Où donc est allé tout cela?

L'Augustéon, le Sigma serpentant, l'Octogone aux pans droits, les Thermes de Xeuxippe et d'Honorius, les Portiques couronnés de statues, et le Milliaire d'or resplendissant sous le soleil? De toute cette magnificence antique, il ne reste plus aujourd'hui que trois souvenirs, qui se trouvent tous trois dans l'axe de la place : l'obélisque de Théodose, la colonne Serpentine et la pyramide murée.

L'OBÉLISQUE DE THÉODOSE est un monolithe de granit rose de soixante pieds de long sur six de large à sa base, et s'amoindrissant vers sa cime, mais dans une proportion à peu près insensible. Une ligne perpendiculaire d'hiéroglyphes sillonne profondément chacune de ses quatre faces. Quatre dés de bronze isolent l'obélisque de son socle de marbre, couvert de bas-reliefs frustes, dont on devine difficilement le sujet; on voit seulement qu'il appartient à un mauvais artiste d'une mauvaise époque. D'autres bas-reliefs, à demi-cachés sous le sol exhaussé par les ruines, — marée qui monte toujours, — figurent les manœuvres employées pour dresser l'obélisque sur sa base.

La COLONNE SERPENTINE est faite de trois serpents, debout sur leur queue, qui montent en entrelaçant la triple spirale de leurs trois corps verdâtres. On dit que leurs trois têtes aux crêtes d'argent avaient porté jadis le trépied prophétique d'Apollon Delphien. Mahomet II, passant auprès de la colonne, la décapita d'un coup de sa masse d'armes. Ainsi parle la tradition, que l'histoire n'a ni démentie, ni confirmée.

La PYRAMIDE MURÉE de Constantin Porphyrogénète n'est qu'une armature de maçonnerie n'offrant aucun intérêt artistique. Autrefois elle était revêtue de plaques dorées, bosselées de reliefs; ce monceau d'or dut éblouir bien des convoitises. Chacun en a pris sa part comme il a pu; il ne reste plus aujourd'hui qu'un amas de pierres noircies de vingt-cinq ou trente mètres de hauteur.

Aujourd'hui l'Hippodrome, à l'aire inégale, se rétrécit misérablement entre des constructions parasites qui l'entament de tous côtés.

C'est à l'extrémité de l'Hippodrome que s'accomplit le dernier acte de la sanglante tragédie de Mahmoud, le *massacre des janissaires*. Une mosquée en ruine, des murs crevassés de boulets et noircis par le feu, semblent la décoration naturelle de la scène sinistre qui vit passer les vengeances du sultan.

A quelques centaines de pas de l'Hippodrome, sur le revers d'une colline toute semée de décombres et de ruines, s'ouvre l'entrée de la citerne byzantine de BEN-BIR-DERECH, ou citerne aux mille et une colonnes. Ce nombre est cher à l'Orient, mais une addition en chiffres exacts donnerait le total plus modeste de deux cent vingt-quatre, ce qui est encore suffisant pour une citerne. On y descend par un escalier en bois au haut duquel s'arrondit une porte basse; la superficie de cette citerne mesure vingt mille pieds carrés. Les deux cent vingt-quatre colonnes portent une voûte en briques élevée à cinquante pieds du sol; elles sont en marbre blanc et se relient entre elles par des arcades en plein cintre qui reposent sur leurs chapiteaux corinthiens; ces chapiteaux sont fouillés d'hiéroglyphes byzantins dont le sens nous échappe. On remarque aussi sur un assez grand nombre de colonnes ces deux caractères grecs : E Φ, lettres initiales d'un salut hospitalier (Εὖγε, Φιλόξενα) adressé à l'étranger, pour qui la citerne avait été creusée.

Le monogramme de Constantin est empreint sur les grandes briques romaines de la voûte, dont il atteste ainsi la noble origine.

La citerne sèche et vide n'est plus aujourd'hui qu'un immense caveau. L'industrie s'en est emparée ; des Juifs, des Arméniens et des Grecs ont établi là des métiers et des filatures, où de pauvres diables affamés consentent, pour quelques piastres, à passer leur vie dans une ombre glaciale, toute chargée de rhumatismes.

Un chemin de quelques minutes, à travers des quartiers maussades, nous mène, derrière Sainte-Sophie, au Palais de Dessous-Terre (*Yeri-Batan-Seraï*). C'est encore une citerne, mais celle-ci est remplie d'eau. On n'en peut guère apprécier la grandeur, car la nappe miroitante monte jusqu'au chapiteau des colonnes, et s'étend à travers l'ombre jusqu'à d'insondables profondeurs. Autrefois des caïks hardis naviguaient entre ces colonnes, où l'eau verdâtre clapote et murmure. C'était un voyage dans l'autre monde, au milieu des djinns, des goules et des afrites, dont l'imagination turque a peuplé cette humidité malsaine. Les derniers voyageurs ne sont pas revenus. Des courants secrets les ont emportés vers quelque gouffre mystérieux, et le sultan a défendu qu'à l'avenir on affrontât ces tempêtes cachées. On regarde seulement du bord; et à la vue de cette eau verdâtre, où la lumière du demi-jour court en frissons sur de petites vagues indécises, on éprouve je ne sais quelle répulsion mêlée d'horreur et d'effroi.

Le Harem du sultan est un des sujets sur lesquels la fantaisie occidentale s'est le plus exercée; où trouver un meilleur thème pour les broderies poétiques des conteurs? Quelles exagérations ne seraient point permises, et, pour ainsi dire justifiées à l'avance, quand on parle de ce *jardin de la beauté*, comme disent les Ottomans, où l'on réunit pour l'*ombre de Dieu*, les fleurs de tous les cieux et de tous les climats? Par cela même que le contrôle est assez difficile, on se croit permis de beaucoup oser, — de tout oser — en des récits magnifiques.

Voici pourtant ce que l'on sait, ou ce que l'on croit savoir.

Le harem du sultan, objet d'une vénération toute religieuse pour les Ottomans, est compris dans l'enceinte de son palais;

on y pénètre par deux portes en bronze doré. Des esclaves noirs en gardent éternellement le seuil.

C'est une maxime d'État, que le sultan ne peut contracter de mariage légitime. Il est exclu de ce que les Romains appellent *les justes noces;* il a des concubines et non pas des épouses, et son peuple l'appelle lui-même le *fils de l'esclave.* Cette coutume, aujourd'hui sacrée comme une loi, remonte à Ibrahim Ier. Avant lui, les sultans se mariaient comme tous leurs sujets. Plusieurs même ont épousé des chrétiennes.

Les esclaves du harem se divisent en cinq classes : les premières en dignité sont appelées CADINES, ou dames, ce sont les maîtresses en titre du sultan; elles ont toutes les prérogatives officielles des anciennes sultanes. On a fixé leur nombre légal à sept. Une pour chaque jour, ou plutôt pour chaque nuit de la semaine. Les cadines perdent leur nom à l'entrée du harem; elles ne répondent plus qu'à un numéro; ce ne sont plus des femmes, ce sont des chiffres. On pourrait aussi les désigner par le nom de *leur* jour; au lieu de dire madame première, on dirait madame Dimanche, etc.; ce serait plus poétique, les jours ayant en turc des noms charmants.

Quoi qu'il en soit, voici quelques détails rapportés par un voyageur sur les sept étoiles de première grandeur qui brillaient tout récemment encore pour le sultan « dans le ciel bleu du plaisir, » comme dirait le poëte Hafiz.

Madame première est, dit-on, une femme de vingt-huit ans, d'une taille élevée, dont les traits sont assez vulgaires; elle a donné au padischah sa première progéniture, et, d'après la loi, elle tient le rang d'impératrice. *Madame deuxième* était, vers 1840, lors de la naissance du fils aîné d'Abdul-Medjid, une petite blonde d'un appétissant embonpoint, vive, joyeuse, sémillante. *Madame troisième* est une belle Circassienne qui n'a su donner le jour qu'à une princesse. *Madame quatrième* est une beauté accomplie, mais inféconde. *Madame cinquième* est une brune aux yeux bleus. *Ma-*

dame sixième est une blonde ravissante, achetée à Salonique. *Madame septième* est une beauté circassienne, un peu épaisse, mais dont le visage est éclatant comme la lune, et les yeux pareils à ceux des houris.

On assure qu'il y a aussi une Française dans le harem. On ne sait si elle est rangée parmi les odalisques ou parmi les cadines.

Immédiatement au-dessous des cadines se trouvent les ODA-LISQUES, ou filles de la chambre impériale. Elles sont au nombre de cinquante, et destinées au service particulier du sultan, qui n'est jamais entouré que d'une domesticité féminine. Il est servi, baigné, botté, habillé par ces mains délicates; c'est le privilége de son rang suprême de ne jamais sentir le contact grossier de l'homme. Les odalisques *remarquées* par le sultan prennent le nom d'IKBAL, ou favorite, mais rien ne les distingue de leurs compagnes, dont elles partagent toujours les travaux, jusqu'à ce qu'une heureuse grossesse les fasse passer au rang des cadines.

Au-dessous des odalisques, il y a les OUSTAS, qui servent la sultane mère, les cadines et les enfants des cadines; puis les *novices*, et enfin les simples esclaves, chargées de tous les travaux de la domesticité vulgaire.

Il y a environ cinq cents femmes dans le harem du sultan. Depuis *madame première* jusqu'à la dernière esclave, toutes attendent les regards du maître. Ce petit monde est placé sous la direction souveraine d'*une grande maîtresse*, chargée de contenir et d'apaiser les révoltes que soulèvent tant de rivalités jalouses. Un léger bâton garni de lames d'argent est à tous les yeux le signe *sensible* de son pouvoir.

Le harem se déplace avec le sultan; il habite toujours le même palais que lui. Du reste, les cadines ne voient presque jamais de femmes étrangères au harem, si ce n'est d'anciennes esclaves du Séraï, affranchies et mariées en ville; ou bien encore quelques vieilles femmes qui s'y présentent en qualité de marchandes de broderies ou d'empiriques, avec la recommandation d'une sultane ou de quelque dame de distinction [1].

Les bazars de Constantinople n'ont pas la physionomie purement orientale de ceux du Caire ou de Damas. C'est quelque chose de plus composite. Constantinople, par sa situation unique, semble être vraiment l'entrepôt du monde. On le voit à ses bazars.

Au premier aspect, les bazars de Constantinople ne répondent pas aux idées de grandeur et de magnificence que leur nom réveille dans l'esprit du voyageur.

Cependant le bazar ne vous offre plus le spectacle de ces humbles échoppes et de ces misérables baraques qui déshonorent les autres quartiers de Stamboul. De belles galeries de pierres blanches développent leurs lointaines perspectives; les arceaux vont se succédant par longues séries, puis leurs lignes se courbent, se fuient, se cherchent, s'évitent, se retrouvent et s'entre-croisent en d'inextricables réseaux; rien de régulier, rien de pareil; on descend des pentes, on gravit des montées : ici, dans une galerie vaste, aérée, éclairée; là, dans un corridor humide et bas; tantôt le rayon qui tombe d'aplomb chatoie sur les étoffes lustrées, ou se répercute en réverbérations ardentes sur l'acier et l'or des bijoux; tantôt le demi-jour sombre s'éteint sur des tissus de laine ou des *machlahs* de poil de chameau.

Par une arcade sans aucun caractère architectural, on pénètre dans une ruelle étroite et sombre : des toiles tendues d'une rue à l'autre interceptent l'air et la lumière; des aromes infiniment mélangés saisissent vos nerfs olfactifs; vous êtes dans le bazar égyptien où se vendent les parfums, les eaux, les huiles, les essences, les pâtes, les pommades, les pastilles odorantes, les sachets talismaniques, les peignes, les miroirs, en un mot tout

---

[1]. Tous ces détails étaient parfaitement vrais quand nous les recueillîmes dans un récent voyage à Constantinople. Aujourd'hui que le sultan Abdul-Aziz fait marcher de front la réforme morale et la réforme politique, ils n'ont plus qu'une valeur de *curiosité anecdotique*.

l'attirail et tout l'arsenal de la coquetterie. Les boîtes sont historiées d'inscriptions en écriture fleurie ; les flacons de cristal sont taillés à riches facettes ; les étuis de velours sont pailletés d'or et semés de perles ; le jade, l'ambre, l'ivoire, le coco, le bois de rose et de santal pyramident en riches monceaux et sollicitent le regard de l'acheteur. Ceci pourtant n'est que la marchandise vulgaire et banale. Les curiosités et les trésors se trouvent dans l'arrière-boutique, où l'on n'admet que les fins connaisseurs. C'est là que s'entassent, dans le plus riche désordre et le plus harmonieux pêle-mêle, tous les trésors du bric-à-brac oriental ; les armes et les étoffes, les bijoux et les habits, le fer et le cristal, l'or et l'acier, tout cela travaillé avec un caprice et une recherche de la perfection qui centuple le prix de la matière. Toutes les ressources de l'ornementation se réunissent et s'épuisent pour lutter de fantaisie, de richesse et d'éclat : le pailleté et la broderie, la nielle et le damasquinage, la teinture et l'incrustation, la ciselure et le repoussé, en un mot toutes les délicatesses de la forme, toutes les splendeurs de la couleur.

Chaque rue du bazar a sa spécialité. On a ainsi pour chaque objet une variété et un choix presque infinis. Le bazar aux babouches vient après le bazar aux parfums. On y trouve tous les spécimens de la chaussure orientale, depuis la grande botte en maroquin dans laquelle on fait entrer le pied, la pantoufle, la jambe et le pantalon, jusqu'au terlik de velours, sans talons et couvrant à peine l'orteil, tout chamarré de cannetilles d'or, tout brodé de perles fines. La plupart des chaussures de femmes sont d'une petitesse chinoise, et les femmes qui les portent auraient vraiment le droit de les perdre comme la princesse Cendrillon.

Les bijoutiers se tiennent dans une vaste cour dont les longues galeries se découpent en arcades blanches et noires. Il n'y a pas d'étalage. Les diamants sans taille sont jetés dans de petits coffres de bois où on peut les remuer à poignées.

Vissapour et Golgonde, Ormus, Ophyr et Hydérubad ont vidé leurs trésors dans ces sébilles grossières qui payeraient la rançon d'un monde.

Le bazar par excellence, qui porte le nom de *Bezzazistân* (nous en avons fait Bezestein), est consacré à la vente des armes et des objets précieux. Il est défendu d'y fumer. C'est le dernier sanctuaire du pur *Islam*. Là, au fond des échoppes, accroupi sur des châles de cachemire, on retrouve le vieux parti turc, que la réforme n'a pas encore entamé. La redingote du nizam et le fez rouge au gland bleu n'ont pas franchi le seuil de sa porte ogivale; comme dans les bazars de Damas, vous retrouvez encore les châles roulés en turbans, les robes bordées d'astrakan, les larges ceintures et les pantalons à mille plis. La plupart de ces marchands sont des millionnaires artistes — rare espèce — ils tiennent beaucoup plus à leurs merveilles qu'à votre or. On dirait qu'il leur en coûte de vendre. Quand vous leur demandez le prix d'un article, ils ont l'air de ne pas le savoir ou de ne pas vous comprendre; ils lèvent au ciel un regard indolent, laissent tomber d'une bouche qui s'entr'ouvre à peine un certain chiffre, et attendent, impassibles et calmes, qu'il vous plaise de payer ou de vous en aller. Il y a des objets qu'un Turc ne veut pas vendre à un chrétien, par exemple un exemplaire complet du Koran, une pierre gravée qui porte un verset sacré. Souvent, si vous leur paraissez poli et grave, — notez ce dernier point! — ils vous offrent la pipe et le café, qu'ils savourent à côté de vous sans mot dire. Même quand ils devinent que vous n'achèterez pas beaucoup, ils vous laissent complaisamment tout voir, les cassolettes à parfum et les écritoires de Tiflis, les yatagans aux oreillettes d'ivoire, rehaussés d'améthystes, les turbans et les tapis, les colliers d'émeraudes et les selles de velours aux brides de maroquin plaqué d'or, aux étriers d'argent, et les pistolets albanais, et les fusils d'Alep, et les poignards de Damas.

Les portes de fer du Bezestein se ferment à midi.

Tous ces bazars particuliers aboutissent au bazar central ou grand bazar, qui est comme le marché de Constantinople. C'est là qu'on vient chercher les objets d'un usage commun et journalier : les mousselines, les soieries, les draperies et les toiles; c'est là qu'on rencontre surtout les femmes turques; elles passent une partie de la journée devant ces boutiques, dépliant, mesurant, louant, blâmant, achetant ou n'achetant pas, en un mot mettant à l'épreuve de toutes les façons l'inaltérable patience des marchands. Le feredjé dérobe leurs formes sous de vastes plis, et par-dessus le masque de satin les yeux noirs lancent *aux giaours* des éclairs que saisissent au passage les eunuques attentifs et jaloux — pour le compte de leurs maîtres, — pour leur compte peut-être..... ce qui force bien de croire un peu à l'amour platonique.

Constantinople est moins une ville que cinq ou six villes agglomérées dans la même enceinte : voici d'abord Stamboul, l'ancienne Byzance, où se sont établis les vainqueurs; voici Galata et Péra, où vous ne retrouverez que la société franque; enfin voici le Phanar réservé aux Grecs, et Balata, où sont relégués les juifs.

Parcourons rapidement ces différents quartiers.

STAMBOUL s'élève entre Péra et Scutari, sur une colline, descendant par une rampe douce jusqu'à la mer : les musulmans seuls ont droit de l'habiter. A l'exception de quelques monuments splendides, comme *Sainte-Sophie* et le *Château des Sept-Tours*, ce n'est plus qu'un amas de maisons en bois peint, capricieusement bâties, bordant des rues tortueuses, étroites et mal pavées. Ces maisons qui semblent toujours prêtes à tomber, se composent d'un rez-de-chaussée surmonté d'un seul étage : l'étage surplombe, fait saillie, et s'appuie sur des contre-forts et des arcs-boutants, dont l'architecte n'a jamais songé à tirer un parti décoratif, et qui rétrécissent encore la rue misérable. Le toit, lui-même, recouvert de tuiles rouges, se penche au-dessus de l'étage. Si les maisons étaient plus hautes, elles se toucheraient par le sommet. A ces maisons, habitations de la bourgeoisie, se mêlent dans un désordre pittoresque, et avec un sans façon familier, les ateliers des petits fabricants et les échoppes des marchands au détail. La plupart de ces maisons ont, par derrière, cour et jardin. Quand la saison est belle, les femmes vivent sous les arbres; elles passent les mauvais jours à la fenêtre de leur balcon grillé, l'âme dans les yeux, se cachant et regardant, voyant sans être vues.

Le PHANAR, centre de la société grecque, est sans contredit un des quartiers les plus intéressants de Constantinople. C'est là que vous rencontrez, fiers et faibles, les descendants des Paléologue, des Comnène, des Cantacuzène et des Ducas, qui vivent dans le silence de l'attente, se souvenant toujours, espérant parfois. Leurs maisons sont belles, en pierres de taille, et elles ont parfois ce grand air de palais qui plaît tant à toutes les aristocraties, même aux aristocraties tombées. Presque toutes ces maisons ont des balcons, où l'on voit se pavaner parfois une taille svelte, à la cambrure élégante, une longue main effilée et blanche retomber mollement sur la pierre grise de la balustrade, et un œil sombre et profond se lever lentement vers le ciel, tout chargé de mélancolie : d'épais bandeaux de cheveux ondés qui se soulèvent autour des tempes fines, et coulent sur la joue, la ligne droite, délicate et pure du profil, tout rappelle une race idéale, adoration des artistes et des poëtes; tout fait rêver à ces jours évanouis où la Grèce, splendeur du monde, avait pour elle le triple prestige du génie, de la puissance et de la beauté. Dès le matin, les femmes sont sous les armes de la coquetterie; elles semblent oublier que la sereine beauté est à elle seule sa plus belle parure ; elles s'enchâssent dans le luxe des joyaux d'or et des pierreries ; l'impalpable duvet des cygnes caresse leurs épaules de statues, le feu des rubis rayonne en diadème sur leurs fronts, les perles de Cléopâtre, transparentes et nacrées dans leur pâleur chaude, allongent les fines oreilles, et les sequins mêlent leurs reflets fauves au lustre des cheveux noirs.

Autant il y a d'éclat et de beauté dans le Phanar, autant il y a de dégradation, de turpitude et de laideur dans BALATA, le repaire des juifs. Nulle part la misère humaine ne vous apparaît sous des traits plus hideusement abjects. Les rues effondrées sont pleines d'une boue noire et fétide ; les maisons tombent en ruines, les murailles lépreuses s'en vont par écailles, et s'il est vrai, comme on le dit, que ces masures misérables cachent des millionnaires, le fisc lui-même recule d'horreur et n'ose pas avancer sa main crochue pour palper leur denier qui a la peste.

Parfois on voit sortir de ces maisons des espèces de larves infectes, arrangées dans des accoutrements sans nom et montrant des visages hâves et des yeux enfiévrés. Quand on sort de cette *cité dolente*, on éprouve un sentiment de bien-être infini : il semble que l'on ait déchargé votre poitrine d'un poids accablant, et vous aspirez l'air libre à pleins poumons.

PÉRA, que les Turcs appellent *Bey-Oghlou*, c'est-à-dire *le fils du Prince*, est la ville de l'étranger par excellence. Son aspect est exclusivement européen : c'est la France, l'Angleterre et l'Italie, avec leurs produits et leur civilisation. On pourrait se croire en plein Occident, si parfois on ne voyait passer dans les rues une petite troupe de femmes voilées, suivies de beaux enfants en vestes pailletées d'or, aux passementeries de soie, gardées par un grand eunuque abyssinien au teint d'ébène mat, aux yeux blancs, au cou bronzé ; ces femmes, qui viennent chercher des parfums ou des rubans, n'entrent presque jamais dans les maisons, et on vient leur présenter les marchandises sur le seuil. Toutes les ambassades se trouvent à Péra, où l'on chante l'opéra italien et où l'on joue le vaudeville français : — ce vaudeville qui a fait le tour du monde. — Le mot magique « A L'INSTAR DE PARIS » se lit sur presque toutes les boutiques, et, là comme ailleurs, notre cosmopolitisme fait assez agréablement son chemin dans le monde. Disons bien haut que le gouvernement du sultan accorde aux Européens l'hospitalité la plus libérale. Ils jouissent sur ses domaines d'une franchise qu'ils n'auraient pas toujours dans leur patrie; leur foi y trouve une protection incessante et leur culte un respect inaltérable.

Si Péra est la boutique de l'Europe à Constantinople, on peut dire que GALATA en est le comptoir. Galata fut, au moyen âge, la ville des Génois et des Vénitiens, et l'on y retrouve à chaque pas le caractère de l'Italie du xve siècle. Une muraille épaisse, aux fortes assises, entoure Galata, qui ne livre pas son entrée à tout venant; on y pénètre en traversant des ponts et en franchissant des guichets étroits, comme dans une place de guerre; une grande tour domine la cité marchande. Les maisons, massives et trapues, sont crénelées comme des citadelles; leurs fenêtres font penser à des meurtrières, et leurs portes bardées de fer semblent plutôt destinées à vous empêcher d'entrer qu'à vous permettre de sortir. Quoi qu'il en soit, Galata est le quartier de la haute finance; c'est là que se traitent toutes les grandes affaires; c'est là que les banquiers pensifs ourdissent laborieusement la trame de ces vastes spéculations qui embrassent le monde tout entier.

Mais il ne faut pas croire que tout soit calme et silence à Galata. Si, à travers des ruelles, qui sont bien les plus pittoresques, et en même temps les plus misérables du monde, bordées de cabarets que hante une population au voisinage malsain, vous descendez jusqu'au port, vous y trouvez un ramassis d'Ioniens, de Croates, de Grecs, de Maltais et de Dalmates, chassés pour la plupart de leur pays, population composite et dépravée, chargée de méfaits, ne songeant qu'à vivre aux dépens du prochain, occupée de vols, d'escroqueries et de métiers infâmes, ne reculant jamais devant l'assassinat, et vendant son poignard. La police elle-même ne s'aventure qu'avec réserve dans cette sentine impure d'une grande capitale, où elle sent d'ailleurs son action fatalement entravée; car, lorsque le filet s'abat sur cette troupe malfaisante, la plupart de ces bandits, munis de papiers en règle — comme tous les coquins — se font réclamer des ambassadeurs et des consuls, dont la protection gagnerait peut-être à se montrer plus éclairée.

Nous avons déjà cité LA TOUR DE GALATA, que l'on appelait autrefois la tour du Christ : elle est plus imposante par sa masse qu'intéressante par ses détails; c'est une assez lourde construction du XVe siècle, élevée par les Génois. Elle est ronde, percée de meurtrières et dénuée de toute espèce d'ornement architectural. Au-dessous d'un toit conique, à l'inclinaison presque perpendiculaire, s'ouvrent de grandes fenêtres dominant toute la ville. C'est la station ordinaire des guetteurs de nuit, chargés de surveiller ce terrible ennemi de Constantinople, toujours prêt à l'attaquer, et que l'on appelle l'incendie. Moyennant une gratification légère offerte au gardien, on peut monter à la tour de Galata, d'où l'on obtient une admirable vue de Constantinople. C'est un panorama immense et varié, où vous attirent, comme des points lumineux, le Séraï, le château des Sept-Tours, le dôme de Sainte-Sophie, les minarets d'Achmet, la cime immobile et verte des cyprès de Scutari, puis la campagne lointaine, les villas à demi cachées sous des bouquets de roses, les grands aqueducs dont la pierre blanche étincelle, dont la pierre grise se cache à demi sous les festons flottants du lierre, et le Bosphore troublé par des courants contraires, et la Corne-d'Or aux flots endormis, et la mer de Marmara resplendissante sous le soleil.

Constantinople est posée dans un site exquis. De toutes parts les paysages les plus charmants l'environnent ; ici la mer de Marmara et les îles des Princes, jetées comme des taches brillantes sur la moire bleue des flots ; plus près, Scutari, la ville des tombeaux, ombragée de cyprès éternels ; à droite la Corne-d'Or — la corne d'abondance — avec des milliers de vaisseaux qui lui apportent les richesses du monde ; à gauche le Bosphore, ce fleuve marin qui sépare l'Europe et l'Asie.

Tous ces environs sont dignes de la ville même. C'est une suite de paysages admirables, dont les plus célèbres portent le nom d'EAUX DOUCES d'*Europe* et d'*Asie*. Les premières sont fréquentées surtout le dimanche et par la société franque : elles dorment au fond de la Corne-d'Or, et on les trouve en remontant le cours du Barbyzès, un ruisseau charmant, qui se jette dans le grand port, avec le Cydaris, non loin des cyprès du cimetière d'Eyoub. Le site est charmant ; la prairie du plus beau vert, est toute parsemée de peupliers, d'ormes, de frênes, de platanes, et de vieux chênes qui atteignent, pour la plupart, un développement gigantesque. Le site des eaux d'Asie est moins pittoresque, mais le coup d'œil n'est pas moins aimable ; autour d'une fontaine ombragée de grands arbres, des femmes se groupent en des poses diverses, mais toujours gracieuses : les hommes sont assis en face, mais assez loin d'elles ; les enfants vont des uns aux autres, graves, recueillis, brillants et frais comme de belles fleurs. On passe sur des plateaux d'étain des sorbets à la neige et des confitures de feuilles de roses couvertes d'une gelée étincelante et légère, pareilles à des gouttelettes d'eau irisées par le soleil. Les femmes causent entre elles, les hommes fument silencieusement : le soir venu, chacun reprend paisiblement le chemin de la ville, persuadé qu'il s'est beaucoup amusé.

Mais ce qui fait la grâce et la beauté des environs de Constantinople, ce qui donne à son paysage un prix inestimable, c'est le Bosphore. On peut dire que le Bosphore est sans rival au monde. Nulle part une foule plus pittoresque, plus nombreuse et plus diverse ne sillonne la face des eaux ; les caïks se croisent avec les bateaux à vapeur ; la rame lutte avec la voile ; les uns montent, les autres descendent, rapides, affairés — et pourtant calmes. On passe entre une double ligne de palais, de villas et de jardins ; sur les deux rives, les collines s'élèvent en amphithéâtres couronnés de maisons bleues, blanches, vertes et rouges, à demi cachées sous des buissons de roses et de grappes de jasmins. Des kiosques d'une architecture fantastique sortent d'un bouquet d'arbustes en fleurs; des rochers sombres pointent çà et là à travers des rideaux de lianes flottantes, tandis que des massifs de cyprès, qui bordent l'horizon, enferment ce riant tableau dans un cadre sévère.

Voici ce que l'on voit quand on part du port de Galata pour aller dans la mer Noire.

C'est d'abord la Tour de la Fille, une silhouette blanche qu'effleurent de leur vol les alcyons mélancoliques. C'est le nouveau Séraï, palais européen, qui baigne dans la mer ses pieds de marbre blanc, à l'endroit où Jason débarqua avec les Argonautes à la recherche de la toison d'or. Après les villages d'Orta-Keuï et de Kourou-Tchesmi, on passe devant les palais de la sultane Validé, des vizirs, des ministres et des pachas. Ces palais sont de bois, à l'exception de quelques colonnes de pierre ou de marbre supportant le balcon ou les galeries à claire-voie du premier étage. Leur architecte a cédé aux inspirations d'une fantaisie délicieuse. Presque tous sont bâtis sur la côte d'Europe. On en rencontre moins sur la côte d'Asie, où se trouvent pourtant les villages de Kous-Goundjouk, de Starros, de Beiglerbey, de Tchengel-Keuï et de Vani-Keuï. C'est aussi sur cette côte d'Asie qu'il faut aller voir le château bâti par Bajazet (Bayezid-il-Dirim) et nommé Guzeldjé-Hyçar, le beau château. C'est un faisceau de tourelles carrées; il s'élève à l'endroit même où Darius jeta son pont de bateaux pour envahir la Thrace. En face du Beau-Château, mais sur la rive d'Europe, s'élève le château de Coupe-Gorge (*Boghaz-Kecen*), bâti par Mahomet II.

On dépasse tour à tour Balta-Leman, Yéni-Keuï, Steneh, Kalender, lieux charmants où l'on voudrait vivre, et l'on s'arrête un instant à Thérapia, non loin du palais d'été de l'ambassade de France, dont les jardins et la colline furent donnés à Louis XVI par le sultan Sélim. Le palais est simple, la végétation opulente, l'horizon enchanteur.

Un peu plus loin, c'est le village de Buyuk-Déré, au fond de l'anse creusée sur le continent d'Europe par les flots du Bosphore. Buyuk-Déré est la villégiature préférée de tous les riches de Constantinople : Turcs, Grecs, Arméniens et Francs. Ce village est sans pareil : il a le luxe, l'élégance, le comfort, la recherche, la couleur, la poésie; les maisons vastes reçoivent par de larges fenêtres l'air frais et embaumé, et par de larges canaux, que ferment des grilles de fer, l'eau courante et renouvelée du Bosphore, qui murmure dans les bassins de marbre des cours intérieures, ombragées de jasmins, d'orangers et de cédrats. Des Turcs, couchés sur des divans de soie, fument le narghiléh, immobiles et perdus dans une extase vague, tandis que les femmes voilées, oiseaux captifs du harem, suivent d'un long regard mélancolique le vol des oiseaux du ciel, qui sillonnent l'air libre.

Après Buyuk-Déré, le Bosphore se resserre et prend le nom de *Canal de la mer Noire;* il effleure le cap Fanarki et les Cyanées orageuses; à Kara-Deniez commencent les tempêtes de l'Euxin.

XXXIII

LA MER NOIRE. — TRÉBIZONDE.

Un joli nom pour une vilaine chose. — Les origines de Trébizonde. — Grandeur et décadence. — Les Dix Mille de Xénophon. — Adrien et Mahomet II.

La mer Noire n'est à vrai dire qu'un vaste golfe dépendant, comme l'Adriatique, de la Méditerranée. Son étendue l'a fait regarder cependant comme une mer intérieure, méritant son appellation particulière. Au temps où la Grèce dominait dans ces parages, la mer Noire était assez mal famée, tant à cause des tempêtes qui rendaient sa navigation si dangereuse que pour la barbarie des peuples qui habitaient ses rivages. Aussi l'appelat-on d'abord *Pontos Axénos*, qui veut dire mer inhospitalière; bientôt, par un euphémisme assez familier aux Grecs, ce mot de mauvais augure fut changé en celui d'*Euxénos*, qui veut dire précisément tout le contraire. Mais ce qu'il eût fallu pouvoir changer, c'était la mer elle-même, si terrible lorsque les vents s'engouffrent en tourbillons dans son bassin, de toutes parts entouré de côtes élevées, montagneuses.

Les géologues assurent qu'autrefois la mer Noire dut être unie à la mer Caspienne, éloignée d'elle d'environ soixante lieues : elle couvrait alors les grandes steppes qui s'étendent au nord du Caucase. Elle ne communique plus maintenant qu'avec la mer de Marmara et la mer d'Azof, et, chose remarquable, on ne trouve pas une seule île dans toute son étendue. Les eaux où se déchargent tant de fleuves, le Danube, le Dniester, le Dniéper, le Don et le Kouban, n'ont pas la limpidité de la Méditerranée : elles sont aussi moins salées; mais leur nature corrosive mine lentement les vaisseaux. Nous ne conduirons pas le lecteur dans tous les ports où le commerce a établi ses entrepôts de grains, de suif, de vins, de peaux, de denrées coloniales, vulgairement appelées épicerie, et d'objets manufacturés de toutes espèces. Laissons de côté Kherson, Kertch, Caffa, Taganrog, Sébastopol au nom glorieux, et contentons-nous d'aborder à Trébizonde.

Trébizonde, que les anciens appelaient Trapezus, et que les Turcs appellent Trabizande, sera le terme extrême de notre navigation vers l'est, et après l'avoir visitée nous tournerons la proue du côté où le soleil se couche. Pour les gens qui veulent voir un mystérieux accord entre les mots et les choses qu'ils représentent, ce nom de Trébizonde a je ne sais quoi de mystérieux et de vague : on voit tout de suite qu'il vient de loin; il évoque devant nos yeux je ne sais quelles visions de grandeur babylonienne et de splendeur orientale. N'a-t-on pas dit autrefois l'empire de Trébizonde comme on a dit l'empire romain? Quoi qu'il en soit, Trapezus dut son origine à une colonie envoyée de Sinope; son nom lui vient de sa position sur une plate-forme, pareille à une table (*trapeza*), dominant la mer. Elle était déjà florissante et célèbre lorsque Xénophon y arriva avec ces dix mille qu'il ramenait de la Perse, et que leur savante retraite a rendus plus célèbres que vingt victoires.

Mais c'est de la domination romaine et surtout du règne d'Adrien que date la vraie grandeur de Trapezus. L'empereur l'embellit, l'enrichit et le fortifia. Au moyen âge une branche de la maison de Comnène s'y déclara indépendante et en fit la capitale de ses États, qui survécurent à la chute même de Constantinople, et ne tombèrent qu'en 1460 sous les coups de Mahomet II.

Aujourd'hui Trébizonde ne garde aucun vestige de sa splendeur passée ; mais elle est toujours une des plus riches villes de l'Asie Mineure : les nouvelles lignes de navigation ouvertes dans la mer Noire ne pourront qu'augmenter ses prospérités ; elle est déjà l'entrepôt principal de la Perse. Malheureusement le port actuel n'offre aux navires aucune sécurité, et, dans les gros temps, il faut aller chercher un mouillage dans la rade de Platana, à dix kilomètres vers l'ouest.

Comme beaucoup de villes d'Orient, Trébizonde a besoin du prestige de la distance et de l'illusion de la perspective. C'est de la mer qu'il faut la voir : elle offre alors un coup d'œil des plus agréables ; ses quatre étages de constructions, occupant autant de plans différents, s'élèvent le long de hautes collines bien boisées, qui semblent encadrer la ville dans une bordure de feuillage. On la divise en deux quartiers : le quartier grec et le quartier turc. Le quartier turc s'entasse dans une sorte de cité centrale, que resserre une étroite enceinte de murailles ; elle est séparée des faubourgs par des ponts étroits et défendue comme une citadelle. Le quartier grec, au contraire, s'étend dans la campagne, se mêle aux champs et aux vergers, et cache ses maisons sous une végétation admirable. Trébizonde compte dix-huit mosquées et quinze églises..... mais pas un monument ; si l'on veut réjouir ses yeux par un peu d'architecture, il faut aller à une demi-lieue de la ville, jusqu'à Sainte-Sophie, ancienne église grecque, de forme circulaire, avec un pavé de mosaïque, et un dôme supporté par quatre colonnes de marbre veiné de rouge. Comme celle de Constantinople, la Sainte-Sophie de Trébizonde est aujourd'hui une mosquée : les dieux des vaincus suivent la destinée de leurs peuples.

XXXIV

SMYRNE.

Histoire et paysage. — Smyrna l'Amazone. — Ismir l'Infidèle. — Panorama. — Commerce et philosophie. — La ville. — Bazars et mosquées. — Une femme à vendre. — La rue des Roses. — La femme d'Orient. — Le berceau d'Homère. — Le Mélèze et le Pont des Caravanes. — L'Ionie.

Un golfe admirable, de toutes parts entouré par les plus beaux sites de l'Asie ; une nature dont la séve abondante et généreuse éclate en merveilles dans les fleurs les plus brillantes, dans les arbres les plus luxuriants, dans les moissons les plus opulentes, un climat d'une douceur sans égale, où le soleil échauffe la mer, où la brise tempère l'atmosphère trop ardente; un ciel d'une profondeur, d'une transparence, et, si j'ose dire, d'une limpidité sans égale, n'est-ce point assez pour justifier les éloges des poëtes et l'admiration des voyageurs, et s'étonnera-t-on, maintenant, si tous ceux qui ont parlé de Smyrne lui ont à l'envi prodigué les noms les plus flatteurs? Celui-ci la nomme Smyrne l'aimable; cet autre, la couronne de l'Ionie et la perle de l'Orient; un troisième, l'œil de l'Anatolie. Et comme si, pour être complètes, toutes ces beautés avaient besoin d'un rayon de poésie, ajoutez le souvenir d'Homère, que Smyrne réclame comme un de ses fils, et auquel jadis elle avait élevé une statue et un temple qui portait son nom : l'Homéréïon.

La perle de l'Orient doit son origine à une femme. La chose ne vous semble-t-elle pas toute naturelle? Une amazone du nom de Smyrna l'aurait fondée, après avoir conquis Éphèse. Hérodote, plus historien que poëte, assure que Smyrne était d'origine éolienne. Quoi qu'il en soit, elle sortit de la confédération éolienne, au VIII° siècle avant notre ère, pour se joindre aux Ioniens. Détruite par Alyatte, roi des Lydiens, après avoir résisté à Gigès, qui n'avait point son anneau le jour où il l'attaqua, elle ne présenta, pendant quatre ou cinq siècles, qu'un monceau de ruines. Alexandre voulut la rebâtir. Mais il n'en eut pas le temps, et cette grande œuvre de restauration ne fut accomplie que par ses lieutenants, Antigone et Lysimaque. La nouvelle ville, que son commerce mettait à la tête des cités de l'Ionie, devint bientôt la plus riche et la plus brillante de l'Asie Mineure. Mais elle ne s'occupait point seulement d'affaires, et, pareille en cela à toutes les villes grecques, elle n'oublia jamais les nobles spéculations de l'intelligence; elle ne fut pas plus célèbre par ses richesses que par ses écoles de rhétorique et de philosophie. Comme toutes les villes de ces beaux rivages qui se trouvaient sur le chemin des conquérants en route vers l'Europe, elle eut beaucoup à souffrir pendant les derniers siècles de cet empire de Byzance, dont l'existence n'était plus qu'une agonie douloureuse. Nous ne ferons point l'histoire de ses vicissitudes; tour à tour abattue et relevée, florissante ou ruinée, mais douée d'une puissance de vie incessamment renaissante, elle a été longtemps l'entrepôt central de l'Asie Mineure. De tous les points de la grande péninsule, des lointaines profondeurs de l'Arménie et des frontières de la Perse, d'immenses caravanes lui apportaient incessamment les productions du sol et de l'industrie asiatiques, qu'elle échangeait contre les marchandises de provenance européenne. Mais la ville moderne est quelque peu déchue de ce faîte de prospérité. La navigation à vapeur a fait tout cela. Elle en a fait bien d'autres! En desservant les échelles du Levant, elle a rendu complétement inutiles les grands entrepôts dont Smyrne avait, pour ainsi dire, le monopole; les services orga-

nisés avec Trébizonde et les ports de la mer Noire ont supprimé la nécessité des caravanes que l'Arménie et la Perse envoyaient jadis à Smyrne. Smyrne s'est donc trouvée tout à coup réduite aux exportations de son voisinage presque immédiat. Et, comme si elle devait subir tous les malheurs à la fois, son industrie locale n'a pu lutter contre la concurrence des produits manufacturés de l'Europe. La noble ville est aujourd'hui sur un déclin où les chutes sont rapides, et bientôt peut-être il ne lui restera plus que ses souvenirs et sa beauté.

La ville est assise au fond de son arrière-bassin, et, pour ainsi dire, dans la dernière anse de son golfe, que protégent de tous côtés des montagnes dont les lignes ont pour caractères la noblesse et la douceur, attributs ordinaires et distinctifs de cette belle portion de l'Asie. Quand on arrive par mer, on aperçoit la ville, qui semble se détacher sur le fond de ces montagnes, resplendissantes des couleurs à la fois les plus vives et les plus harmonieuses. Son premier aspect est très-saisissant : il est tout à fait oriental; des maisons blanches, des coupoles arrondies, des minarets élancés découpent leurs silhouettes variées sur le rideau sombre des grands cyprès. Au dernier plan se dresse le mont Pagus, fièrement couronné par les ruines d'une ancienne citadelle génoise; tout autour de la ville se creuse une vallée large, d'une richesse de végétation indescriptible, et qui rappelle par sa configuration générale cette belle *Conca d'oro*, que nous nous sommes efforcé de décrire en visitant Palerme. Cette vallée a pour limites naturelles au nord et au sud des montagnes d'une conformation toute différente : celles du nord ont, en effet, les lignes les plus gracieuses, et elles sont revêtues d'une couleur enchanteresse; celles du sud, au contraire, moins boisées, sont à la fois grandioses et sévères.

La ville proprement dite, qui s'élève sur les dernières pentes du mont Pagus, présente la forme d'une ellipse, dont le développement, du côté du golfe, est d'une longueur d'environ trois kilomètres. Elle compte à peu près autant de quartiers distincts qu'elle renferme de cultes différents : les Européens y vivent sous la protection très-efficace de leurs consuls, aussi les Turcs l'appellent-ils Smyrne l'Infidèle, Giaour Ismir. La plupart des maisons sont construites en bois et recouvertes d'un toit brun sans cheminée, excepté dans le quartier franc. La plus belle rue de la ville porte le nom poétique de RUE DES ROSES; j'ajouterai qu'elle le mérite pour plusieurs raisons : pour la beauté de ses constructions, vraiment élégantes avec leurs cours pavées d'un fin cailloutis imitant la mosaïque, leurs gracieuses fontaines au centre et leurs portiques à l'entour, soutenus par des colonnes en marbre, avec des soffites décorés d'arabesques ou d'ornements en stuc. A travers ces colonnades, au fond de la cour, on aperçoit un joli jardin tout parfumé par la fleur charmante que la rue a choisie pour patronne. Les fenêtres de ces maisons ne sont point garnies du moucharaby jaloux que les musulmans ne négligent jamais de faire placer à leurs habitations : ici l'œil entre librement et pénètre dans les intérieurs, et c'est de quoi l'étranger ne saurait trop remercier les heureux habitants de la rue des Roses, car ces intérieurs offrent parfois le spectacle le plus aimable.

La *rue des Roses* est plus spécialement habitée par les banquiers arméniens, dont les femmes et les filles ajoutent par leur beauté et leurs grâces un dernier trait, et certes le plus charmant, à cet aimable tableau : pâles, mais d'une pâleur saine et robuste, sous laquelle on devine le sang généreux de la vie, parées de vêtements d'une éclatante richesse, graves et doucement recueillies, elles semblent destinées à vous faire comprendre tout le charme que peut offrir à un homme cette vie intérieure dont, trop souvent, il a méconnu les pures délices.

L'intérieur de la famille est presque aussi sévèrement défendu contre l'étranger chez les Arméniens que chez les Osmanlis. Cependant, quand on obtient la faveur d'y pénétrer, on est accueilli avec une cordialité aimable. Les femmes, qui ne sortent jamais que voilées, vous reçoivent cependant le visage découvert; mais, que vous sachiez leur langue où qu'elles sachent la vôtre, elles ne vous adressent jamais la parole que par l'intermédiaire de leur père, de leurs frères ou de leur mari. Elles s'acquittent de tous les devoirs de l'hospitalité avec une bonne grâce charmante et humble qui ne laisse pas que de toucher vivement l'Européen, plus habitué à rendre qu'à recevoir des hommages. Élevées dans le respect de l'homme, ces reines de beauté ont pour vous des adorations d'esclave; elles s'agenouillent sur le divan où vous êtes assis; elles se lèvent à chaque instant pour vous offrir le café brûlant, le sorbet glacé ou la pipe allumée par elles. On reste comme ébloui devant cette incarnation vivante des rêves voluptueux de l'Asie. La taille élancée et mince ploie comme un jonc sous le vent; la tête s'incline sous le poids des lourdes tresses relevées de chaque côté, dont l'éclat sombre s'avive d'un bouquet de jasmin ou d'une fleur de grenadier, retenue par un ruban de soie et d'or; de longs cils voilent le regard toujours baissé, et l'ombre de la paupière palpite sur la joue; les pieds petits et paresseux, déchaussés dans la babouche traînante, se perdent sous de larges pantalons aux raies brillantes. Une ceinture de cachemire, aux couleurs éclatantes, retient sur les hanches l'extrémité de la jupe, qui bouffe au-dessus des genoux. Cependant la poitrine soulève à chaque battement la veste brune qui s'entr'ouvre......

Il faut se laisser servir par ces belles créatures, qui déploient naturellement et sans coquetterie toutes les séductions de la politesse orientale, s'inclinant devant vous, à demi prosternées, touchant avec humilité le bas de vos vêtements et portant sans cesse de leur bouche à leur front leurs longues mains pleines de grâce, qui semblent semer des baisers.

Smyrne, hospitalière, ouvre ses mosquées aux chrétiens : il suffit, pour y pénétrer, de laisser ses chaussures à la porte, et, pour y rester aussi longtemps qu'on le voudra, d'y garder le maintien respectueux que la maison de Dieu commande à tous. La principale de ses mosquées porte le nom d'*Essar-Djami* : elle se reconnaît à ses coupoles nombreuses et à ses beaux minarets, autour desquels s'enroulent de larges spirales teintes de carmin. L'intérieur est tapissé de nattes élégantes et de beaux tapis, — tapis de Smyrne bien entendu, — et assez bizarrement décoré de lampes, d'œufs d'autruche et de queues de cheval qui pendent de la voûte.

Quand on a vu le bazar de Constantinople, le Bézestein de Smyrne n'offre pas un extrême intérêt, et nous n'aurions même point eu l'idée d'en parler si nous n'eussions vu là un marché d'esclaves, ce qui est aujourd'hui une assez grande rareté partout. Lorsque nous le visitâmes, il venait de recevoir une petite caravane arrivant d'Égypte, et qui comptait seulement cinq à six femmes; les pauvres créatures ne nous semblèrent point dignes d'exciter parmi les acheteurs une très-vive concurrence. Une seule nous parut, à première vue, mériter quelque intérêt : c'était une jeune fille de treize à quatorze ans, qui jouait avec l'insouciance de son âge, lutinant ses compagnes plus graves, faisant sauter de petits enfants sur ses genoux, ou grimpant aux barreaux de sa cage avec une agilité de jeune singe. Sans être ce que l'on appelle jolie, elle avait un visage agréable, et cette élégance de formes que l'on retrouve assez souvent dans les races encore voisines de l'état sauvage, que les erreurs hygiéniques de la civilisation n'ont pas encore déformées. Nous demandâmes à son maître ce qu'elle pouvait valoir, et, sur sa réponse, qu'avec quinze cents francs elle lui paraîtrait suffisamment payée, sans doute elle surprit sur notre visage une expression de pitié dont elle ne se trouva point flattée le moins du monde, car elle jeta sans façon un quartier d'orange à la tête de notre philanthropie.

Si l'on n'a pas le temps de visiter avec quelques détails les environs de Smyrne, qui sont fort beaux, il faudra du moins faire une excursion de quelques heures au Pont des Caravanes, où l'on arrive par une jolie route, qui n'est autre chose que la continuation de la rue des Roses. Ce pont, formé d'une seule arcade en gros blocs de pierre, auxquels les siècles ont donné de riches teintes mordorées, unit les deux rives du Mélèze, fleuve poétique qui passe pour avoir vu naître le chantre immortel dont tant de villes se disputent aujourd'hui le berceau. Ce fleuve célèbre n'est, à vrai dire, qu'un modeste ruisseau de trente pieds de large dans les grands jours, mais qui, le plus souvent, est à moitié desséché. Sur ses deux rives, des cyprès gigantesques ombragent un cimetière turc. La tête du pont est protégée par un petit corps de garde, à côté duquel s'élève un café, rendez-vous ordinaire des paisibles bourgeois de Smyrne. A chaque moment passent et repassent sur ce pont les caravanes qui lui ont valu son nom, caravanes de chameaux, marchant en longues files et ne ressemblant à rien de ce que nous voyons dans notre Europe. Le conducteur chemine en avant, suivi d'un petit âne, sur le bât duquel on a fiché un oiseau empaillé, aux plumes brillantes, et portant entre les deux ailes un miroir très-clair, afin, sans doute, que les chameaux puissent s'y regarder le matin en faisant leur toilette. Ces chameaux viennent à la suite, attachés les uns aux autres, par petits groupes de cinq ou six; chaque groupe, conduit par un chamelier aux jambes nues, armé d'un bâton. Lents, pesants, chargés d'un encombrant volume et prenant toute la largeur de la route, ils s'avancent d'un pas d'amble, arrondissant le dos et faisant onduler le long col auquel s'attache une tête plate, qui semblerait stupide et hideuse si elle n'était éclairée par deux grands yeux doux.

XXXV

LA TROADE.

Pour l'amour du grec. — Homère et Alexandre. — Alexandria-Troas. — Le palais de Priam. — Le retranchement d'Hercule. — Sigée. — Le tombeau d'Achille. — Le Scamandre t le Simoïs. — Où va la poésie. — *Ubi Troja fuit*. — Pergame. — Le tombeau d'Hector. — Le mont Ida. — L'Olympe. — Paysage classique.

Un bon guide, et cinq ou six jours bien employés, vous rendront dans toute leur fraîcheur et dans toute leur vivacité les souvenirs classiques et les grands récits qui furent le charme — ou l'ennui — de votre jeunesse.

L'occasion est bonne, car beaucoup de voyageurs partent de Smyrne pour aller visiter la Troade.

La première étape nous conduit à une petite ville qui porte deux noms célèbres, car elle s'appelle ALEXANDRIA-TROAS. Alexandre, nourri de la lecture d'Homère, et très-épris de la gloire de ses héros, avait choisi lui-même l'emplacement de la ville, sur les bords de la Méditerranée, en face de l'île de Ténédos, et à l'extrémité orientale de la plaine de Troie. Elle s'appela d'abord ANTIGONIE, du nom d'Antigone, un des lieutenants du prince, qui continua sa construction. Après la mort du héros macédonien, elle prit le nom d'Alexandrie, auquel, dans la suite, s'ajouta le nom de Troas, parce que l'on s'imagina, je ne sais trop pourquoi, qu'elle était la ville même de Priam.

Alexandria nous prépare bien, du reste, aux impressions qui

nous attendent, et cette première station dans le pays des ruines est elle-même une ruine. La ville d'Alexandria était assise sur une colline où l'on ne voit plus que des débris de thermes, de temples et de palais mariés aux puissantes végétations d'une forêt de chênes. Un village composé de dix maisons, dont deux seulement sont habitées, voilà tout ce qui reste d'une ville dont les murailles, d'une remarquable épaisseur et couronnées de grandes tours, traçaient jadis une circonférence de près de 12,000 mètres.

Ici, quel que soit l'état présent des choses, nous devons nous attendre à des noms grandioses; sur tout ce pays brille encore un rayon de la poésie d'Homère, et l'épopée n'a jamais craint les pompeuses images. Les premières ruines que l'on découvre en arrivant, et elles s'aperçoivent d'assez loin, s'offrent à nous comme les restes du Palais de Priam. En réalité, ce sont des anciens bains et rien autre chose. On voit encore trois arcades : celle du milieu est d'une majestueuse beauté et surmontée de blocs énormes formant corniches. Les Turcs appellent ces ruines Balli-Séraï, c'est-à-dire palais de miel, à cause de la nature poreuse de la pierre, qui semble toute percée d'alvéoles. Les restes d'un aqueduc, d'un théâtre et de deux temples, qui jonchent le sol de colonnes renversées, de plinthes, de corniches, d'entablements, de chapiteaux et de statues, complètent ce premier ensemble assez bien fait pour prévenir l'esprit et le préparer aux spectacles qui l'attendent.

Une jolie route longeant la mer, bordée de moulins, de bains et de puits, le tout bâti avec des pierres sculptées arrachées aux monuments d'Alexandria-Troas, traversant plusieurs villages et une large coupure appelée le Retranchement d'Hercule, vous conduit jusqu'à Sigée, admirablement située sur une colline formant le promontoire du même nom et commandant l'entrée de l'Hellespont. La ville antique n'est plus qu'un village moderne que les Turcs ont appelé Giaour-Keuï ou village des infidèles, parce qu'il a compté jadis un assez grand nombre de chrétiens. Sigée n'existait point encore du temps d'Homère : elle ne fut bâtie qu'après sa mort et avec les pierres mêmes d'Ilion. Une église occupe l'emplacement du temple de Minerve, et l'ancienne citadelle est remplacée par un moulin. Non loin de la ville, trois tumuli recouverts d'un gazon rare et d'arbres tourmentés par le vent de la mer gardent les noms, sinon la cendre, de trois héros dont la gloire aura désormais l'immortalité de la poésie d'Homère : Antilope, fils du sage Nestor, et, un peu plus loin, Achille et Patrocle, ce glorieux couple d'amis qui s'avancent dans l'immortalité en se tenant par la main. Non loin de ce tombeau d'Achille, dont il ne reste plus que la base circulaire qui sert de cimetière aux musulmans, — la tombe d'un héros n'est-elle point assez grande pour abriter un peuple? — on avait élevé un temple au fils de Pélée; il n'en reste plus aujourd'hui de trace que dans la mémoire des antiquaires.

A deux cents pas du tombeau d'Achille, un pont de bois vous fait franchir le fleuve fameux qui roula tant de fois, mêlé à ses ondes, le sang des hommes et des dieux. J'ai nommé le Simoïs, dont les modernes ont fait le Mendéré-Sou. Des marais, moitié eau, moitié fange, et où de grands roseaux croissent dans le sol humide et détrempé, marquent, à l'embouchure même du fleuve, l'emplacement du golfe aujourd'hui inaccessible et ensablé où s'abritèrent jadis les vaisseaux des Grecs. C'est l'*Iliade* à la main qu'il faut parcourir ce site à jamais célèbre : le long du Simoïs étaient campés les soldats d'Achille; ceux d'Ajax occupaient le pied du cap Rhété; Ulysse et le roi des rois, Agamemnon, s'étaient établis entre les deux dans la plaine. Il n'est pas possible de nommer le Simoïs sans se rappeler aussitôt le Scamandre, l'autre fleuve troyen. Au temps d'Homère, les deux cours d'eau se réunissaient à quelque distance d'Ilion et se jetaient dans la mer, ensemble et confondus. Une fois unis, les deux fleuves portaient le nom de Scamandre, le Simoïs était absorbé,

— aujourd'hui nous dirions annexé. — Mais, depuis Homère, le Simoïs jaloux a changé tout cela : il a dévasté ses bords, comblé l'ancien golfe et amassé tant de sable à son confluent qu'il a rendu impossible toute jonction avec le Scamandre. Il est demeuré seul en possession du lit commun, après en avoir chassé son rival dont les eaux, sans issue, forment des marais à demi stagnants d'où elles s'échappent par des infiltrations invisibles. Un fait assez étrange s'est alors produit : le Simoïs a perdu son nom dans sa victoire, et l'on a appelé Scamandre la totalité de son cours : il n'était plus du tout question du Simoïs. Il en résultait que les voyageurs, encore tout remplis du souvenir d'Homère, mais égarés par les dénominations d'une géographie erronée, prenaient un fleuve pour l'autre, et, remontant de l'embouchure du Simoïs à sa source sans avoir rencontré le vrai Scamandre perdu dans ces marais sans gloire, s'égaraient beaucoup trop haut et cherchaient *Ilion* jusqu'à *Enaï*.

Le véritable emplacement de Troie a été retrouvé par un Français à la fois savant, diplomate et antiquaire, M. de Choiseul-Gouffier, qui, suivant Homère pas à pas, a pu se convaincre que le plus grand des poëtes était en même temps le plus exact des géographes.

Troie était située sur une haute colline battue des vents, qui dominait les deux sources du Scamandre. « L'une de ces sources, dit le poëte, verse ses eaux tièdes, d'où s'élève une fumée semblable à celle d'un feu brillant; l'autre, pendant l'été, roule des flots aussi froids que la grêle, la neige ou le cristal des eaux. » La première de ces deux sources s'échappe par plusieurs jets abondants, assez près les uns des autres, à travers les ruines d'une ancienne construction. La seconde, que l'on rencontre à un kilomètre plus loin, se compose également de plusieurs jets, mais plus séparés : ils se réunissaient dans un bassin carré, d'où ils allaient gagner le cours de la première source, pour former ensemble le vrai Scamandre. Une de ces sources possède une chaleur de 27° centigrade, qui augmente vers le mois de mars, et, pendant tout l'hiver, il s'en exhale une fumée très-visible, tandis que l'autre fontaine conserve pendant l'été une assez grande fraîcheur.

L'emplacement de Troie n'offre plus même de ruines :

Etiam periere ruinæ,

comme dit si bien Lucain dans sa Pharsale : il ne reste rien, absolument rien de la ville de Tros et de Priam. Le sol est couvert d'une couche de décombres fragmentaires, véritable poussière des siècles... Et voilà tout ce qui nous raconte la gloire de cette ville illustre ; voilà tout ce qui signale les champs où fut Troie.

De cette hauteur on découvre un panorama magnifique : le regard se promène sur la plaine de Troie, sur la mer, où il rencontre les îles de Ténédos et d'Imbros, et sur la Chersonèse de Thrace. Deux petites éminences terminent le plateau sur lequel Troie était assise. Sur celle de l'est, s'élevait la citadelle, ou acropole de la ville, que l'on appelait Pergame, et dont le nom sert parfois à désigner la ville même. Il ne reste plus de Pergame que des fondations à peine visibles, une citerne et trois tombeaux, ruines de ruines ! Un de ces tombeaux passe pour avoir contenu jadis les restes d'Hector. Cette dernière gloire est contestée à Pergame. Du côté de l'est, la citadelle était posée sur un rocher à pic, d'un escarpement inaccessible, dominant le Simoïs, qui bouillonne comme un gouffre à ses pieds. La seconde éminence, qui se trouve à l'autre extrémité du plateau, portait le nom d'Érinéos; elle avait aussi son sommet escarpé, nommé Scopiè, sorte d'observatoire d'où les sentinelles troyennes épiaient les mouvements de l'ennemi. C'était au-dessous de l'Érinéos que se trouvaient ces fameuses portes Cées, auprès desquelles se livrèrent tant de combats fameux, mais dont il n'a pas encore été possible de retrouver l'emplacement exact.

La plaine de Troie a pour limite grandiose, du côté du sud et de l'est, ce mont IDA, un des plus célèbres souvenirs de la poésie antique, dont les sommets sont toujours enveloppés de vapeurs ou couverts de neige. Les premiers plans sont occupés par d'épaisses forêts, entrecoupées çà et là de verts pâturages. Après une heure d'ascension, on rencontre un plateau qui forme un des plus beaux amphithéâtres naturels qui soient au monde. On est au centre d'un horizon admirable. De tous côtés, autour de soi, on voit tomber de petits ruisseaux, formant des groupes de cascades, dont le filet mince scintille sur les rochers. Toutes ces cascatelles proviennent d'une source unique, épanchée d'une caverne, et reçue à quelque distance dans une sorte de bassin dont le trop plein en s'épanchant forme ces cascades. Réunies une seconde fois, après s'être ainsi divisées, toutes ces eaux se précipitent ensemble dans un gouffre qui paraît sans fond, et au-dessus duquel on voit toujours planer un nuage de vapeur. Tout le paysage est du reste empreint d'une beauté sévère et pure : c'est le paysage classique, tel que les grands peintres et les grands poëtes le comprennent, et tel qu'il faut l'aimer, malgré les imitations maladroites et le poncif ennuyeux des académies: partout des lignes fières; partout de hauts et sombres rochers; partout les eaux ruisselantes et frissonnantes; et, çà et là, des arbres gigantesques, vrais contemporains du monde, éternels, puissants et jeunes comme la nature.

Nulle part on n'est mieux placé pour juger le majestueux ensemble du mont Ida, qui vous présente très-nets et très-distincts ses quatre sommets, le Cotylus, le Pytna, l'Alexandrin et le Gargare, le plus élevé de tous. La réunion de ces quatre sommets portait jadis le nom collectif d'OLYMPE, et l'on sait quel rôle joua l'Olympe dans la poésie et dans la religion du monde antique. Jupiter, le premier et le plus puissant des dieux, est souvent appelé le maître de l'Olympe : l'Olympe était son séjour de prédilection ; c'est là qu'il tenait sa cour au milieu des Immortels.

Quand on est à mi-côte du mont Ida, pour peu que l'on ait la tête forte et le pied sûr, il est impossible de ne point tenter l'ascension de l'Olympe : on veut retrouver la trace brillante des dieux et des déesses, et se convaincre de la réalité des grands souvenirs, entrevus seulement à travers le voile des fictions et des fables.

Comme plusieurs hautes montagnes, moins illustres que lui, l'Ida peut être divisé en trois régions : la région cultivée, la région des forêts et la région aride et neigeuse. La montée est assez pénible, et il en faut faire une partie à pied ; mais si la route est dure, le site est beau, et le plaisir des yeux récompense amplement la fatigue des jambes. La région cultivée, qui l'est peu ou mal, a un grand caractère de beauté pittoresque, auquel les ruines assez nombreuses de chapelles grecques donnent un accent de tristesse et de mélancolie qui n'est pas sans charme au milieu de cette nature splendide. La traversée de la zone des forêts semble d'autant plus pénible qu'elle est ennuyeuse. Elle est du reste moins difficile que l'ascension de la région désolée ; celle-ci n'est même point sans danger. Longue pente nue, aride, glissante, couverte de neige et de glace la plus grande partie de l'année ; précipices escarpés, crêtes aiguës, se présentant dans les conditions les plus défavorables, et n'offrant de prise ni aux mains ni aux pieds ; sentiers de chèvres côtoyant des abîmes ; déclivités soudaines, sur lesquelles toute trace de route disparaît, et que l'on ne gravit qu'avec l'aide des genoux et des mains ; tel est l'ensemble, que j'adoucis, des obstacles sans cesse renaissants qui nous arrêtent cent fois dans notre audacieuse entreprise. Mais aussi quelle joie, quand après cinq ou six heures d'escalades et d'assauts donnés à la montagne, on arrive tout à coup au dernier sommet ! Avec quelles délices on aspire cet air vif, frais et léger des hauts lieux qui baigne vos poumons, et donne à votre poitrine dégagée une palpitation pleine de bien-être ! Ajoutez le sentiment des difficultés vaincues et de votre triomphe sur la nature, qui rehausse encore le prix du spectacle qui s'offre à vos yeux. Le monde entier n'a peut-être point trois horizons qui se puissent comparer à celui-ci. C'est d'abord la grande plaine de Troie avec ses ruines, ses tumuli, ses collines ondulées, ses vallons aux sinueux contours et la fuite du Simoïs à travers des rochers escarpés et sauvages. Ceci, c'est, pour ainsi dire, le premier plan du tableau : vos yeux vont-ils plus loin, ils errent sur la mer Égée, caressant de ses flots des îles aux noms harmonieux, Ténédos, Imbros et Samothrace; plus loin encore, vous apercevez le mont Athos et les côtes de la Chersonèse; au nord, les Dardanelles et la mer de Marmara, baignant les pieds de Constantinople. Inclinez-vous vers le sud, vous retrouvez l'Archipel, avec ses constellations d'îles jusqu'à l'Eubée, le golfe de Smyrne, la Mysie, la Lydie et l'Ionie tout entière. Vers l'est, vous avez la Bithynie et toute la chaîne du mont Olympe. Ce ne sont là que des mots, et je les trouve bien froids pour rendre l'ardente magie de ces spectacles, les plus beaux peut-être qui puissent s'offrir à des yeux épris des beautés de la nature.

Mais ces mots mêmes ne rappellent-ils point d'immortels souvenirs, et la plus belle fleur de la civilisation humaine n'est-elle point éclose en ces lieux? Ne s'est-elle point épanouie sous ce beau ciel? La poésie et l'histoire ne s'accordent-elles point pour enchanter cette terre par les récits les plus merveilleux? Où les hommes ont-ils donc accompli de plus brillants exploits? Où les héros ont-ils jamais trouvé, pour les célébrer, un génie plus digne de leur gloire? Tous ces souvenirs vous reviennent à la fois; il semble que tour à tour ils vous accablent et vous exaltent : tantôt vous êtes écrasé par l'abondance même de vos sensations, et tantôt vous éprouvez comme une surabondance de vie. Mais vous finissez par vous abandonner tout entier aux charmes puissants de cette admirable nature ; vous suivez avec un plaisir instinctif et vague ces belles lignes si harmonieusement balancées, qu'il semble que votre âme elle-même se laisse envahir et pénétrer par cette sereine et pure lumière d'Asie faite seulement pour éclairer nos joies.

XXXVI

ALEXANDRETTE.
CHYPRE. — LATAKIÈH. — TRIPOLI.

Échelles de Syrie. — La fièvre. — Baïlan. — Chypre. — Le vin de la Commanderie. — Vénus Astarté. — Larnaca. — Laodicée. — A quoi sert la gloire. — Un maçon ingénieux. — « J'ai du bon tabac. »

Effleurons maintenant, au vol du navire, les échelles de la Syrie, dont le nom revient à chaque page dans les souvenirs des voyageurs. Voici d'abord ALEXANDRETTE, que les Turcs appellent ISKENDÉROUN. Aucun événement important ne signale cette ville à l'attention de l'historien ; elle porte le nom d'Alexandre, sans que l'on ait jamais trop su pourquoi; c'est peut-être même à tort que nous lui donnons le nom de ville : ce n'est, à vrai dire, qu'une petite bourgade composée d'une trentaine de huttes habitées par les Arabes et les Turcs, et de quelques maisons où les consuls d'Europe se rendent à des jours marqués pour expédier les affaires de leurs nationaux. Le paysage est triste. Imaginez une petite plaine, basse et marécageuse, bornée de tous côtés par des hauteurs abruptes, hérissées çà et là d'arbres nains; ajoutez un climat insalubre, des eaux stagnantes, et ces terribles fièvres paludéennes dont la monotone périodicité mine lentement les organismes les plus puissants, et vous comprendrez que les Francs déportés là n'y restent que le moins longtemps possible et qu'ils se hâtent vers Baïlan, charmant village situé à deux ou trois lieues vers l'est, non loin de ces gorges de l'Amanus que les anciens appelaient les portes de la Syrie, et qui donnèrent tour à tour accès à Alexandre le Grand et aux croisés. On y trouve des ruines grecques et romaines à côté d'une mosquée turque et d'un khan élevé par Soliman le Magnifique, et nos apprentis diplomates peuvent y faire un cours complet d'archéologie.

La grande et belle île de Chypre allonge sa pointe orientale dans le golfe d'Alexandrette qu'elle commande. Cette île, si renommée par sa beauté, non moins que par sa fertilité, est une grande arête montagneuse dont le nœud central, qui portait jadis le nom d'*Olympe*, — commun à plusieurs montagnes de la géographie hellénique, — s'appelle aujourd'hui le Mont de la Croix. Une foule de contre-forts, disposés en éventail, rayonnent de là vers l'ouest et le sud, formant dans leurs intervalles de très-belles vallées. Sur les pentes de ces montagnes, on recueille le raisin précieux qui donne le célèbre vin de Chypre. Le meilleur est celui qui provient des plants de la commanderie de Kolossi, et qui porte aujourd'hui encore le nom de *vin de la Commanderie*. C'est un vin cuit, liquoreux, passant successivement, comme couleur, de la topaze au grenat, et devenant même presque noir en vieillissant.

L'île de Chypre compte environ cent trente mille habitants, répartis dans six cent dix villes et villages : cette population est grecque pour les deux tiers.

Chypre, sous son nom antique de Cypre, avait été consacrée à Vénus, qui est souvent appelée Cypris par les poëtes. Le culte de la déesse semble avoir été emprunté aux mystères de l'Astarté phénicienne ; mais les Grecs avaient le privilége d'embellir tout ce qu'ils touchaient, et leur riante mythologie prodigua ses fables les plus gracieuses autour des sanctuaires de Paphos et d'Amathonte. Disons toutefois que les prêtres de Vénus défen-

dirent mal leur île contre les apôtres du Christ. Cypre fut une des premières contrées qui reçut l'Évangile, et elle devint fervente jusqu'à l'ascétisme : l'arbre austère et sanglant de la croix domina bientôt les myrtes des bosquets amoureux.

L'île, anciennement divisée en neuf royaumes, fait aujourd'hui partie de la province turque des *Iles*, dont le chef-lieu est Rhodes. Chypre a pour capitale LARNACA, située dans la partie la plus aride de l'île, et qui ne doit son existence factice qu'aux escales du Lloyd autrichien. Les ruines antiques, considérables par leur étendue, mais dans un état de conservation peu satisfaisant, sont toutes situées sur la côte sud et sud-ouest, au pied des contre-forts de l'Olympe, dans des paysages pleins de beauté, de grâce et de grandeur.

LATAKIÈH, l'ancienne LAODICÉE, qui doit sa fondation à Séleucus Nicator, est beaucoup plus important. Il ne compte pas moins de cinq mille habitants. La ville est bâtie sur une sorte de promontoire, terre qui s'avance au milieu des flots jusqu'à la distance d'une demi-lieue. Ruinée à plusieurs reprises par des tremblements de terre obstinés, elle a pu cependant conserver presque intact un arc de triomphe élevé en l'honneur de Livius et de Septime Sévère, dont les Turcs ont tiré un ingénieux mais singulier parti. Ils ont élevé des murs de briques dans l'entre-deux des colonnes, sans trop dégrader les frontons et les chapiteaux, qui ne les gênaient point; et ils ont édifié une maison moderne dans le monument antique : ils habitent ainsi dans la gloire même des empereurs romains. Les environs de Latakièh, jadis célèbres par leur fertilité, et dont les vignes produisaient des vins excellents, ne cultivent plus aujourd'hui que le tabac. Il est vrai que ce tabac, souvent très-capiteux à la suite de la fermentation qu'on lui fait subir, est célèbre dans tout l'Orient.

A quelque distance de Latakièh, vers le sud, nous apercevons l'embouchure du Vhar-el-Kébir (prononcez Grande Rivière), nous longeons une côte presque déserte, dominée au loin par la chaîne de l'antique Barjilus, semée de ruines, et, à soixante-trois milles de Latakièh, nous jetons l'ancre devant la pointe sablonneuse d'EL-MINA, qui forme comme une sorte de digue à la rade de Tripoli.

TRIPOLI, l'ancienne *Tripolis* des anciens, nom euphonique auquel les Turcs ont substitué un nom grotesque, — ils en ont fait TARABOULUS, — était jadis le comptoir des trois villes voisines et confédérées de Tyr, de Sidon et d'Aradus, qui avaient chacune un quartier séparé et entouré de murs. Colonie phénicienne, Tripoli étendit et développa singulièrement son commerce. Les Croisades lui donnèrent l'éclat d'une renommée guerrière que ses négociants n'avaient jamais souhaitée pour elle. Prise par Baudoin II, avec l'assistance de la flotte génoise, elle fut reprise en 1289 par les mahométans, qui massacrèrent du même coup sept mille chrétiens. Comme la plupart des villes du Levant, Tripoli se compose aujourd'hui de deux quartiers : la MARINE, située aux bords mêmes de la mer, et la ville proprement dite, qui a de belles rues en arcades avec de grandes maisons en pierres de taille, une jolie église et une grande mosquée. Le territoire de Tripoli est arrosé par le KADISSAT, qui lui donne une fécondité singulière. Dix mille musulmans et trois mille chrétiens vivent côte à côte en bonne intelligence et dans une tolérance mutuelle, — exemple que devraient bien suivre les autres sujets du sultan.

XXXVII

LE LIBAN.

Littérature sacrée. — Le Liban et l'Anti-Liban. — La Cœlé-Syrie. — Richesse et beauté. — Les quatre saisons dans un jour. — Agriculture. — Le Vin d'or. — Les cèdres du Liban.

C'est de la mer qu'il faut tout d'abord voir le Liban. On aperçoit à l'horizon, lointaine encore, mais déjà distincte, enveloppée de vapeurs, du sein desquelles jaillissent çà et là des pics éclatants, une vaste masse de montagnes qui bornent le regard et semblent comme un infranchissable rempart, cachant aux yeux la terre d'Asie.

Cette montagne qui se présente tout d'abord avec un caractère d'imposante grandeur, c'est le Liban! Un nom célèbre, depuis les temps les plus reculés de l'histoire du monde.

Le Liban, dont la beauté fut chantée par les poëtes, et les grâces célébrées par les prophètes, dont la langue lui emprunta tour à tour ses plus nobles et ses plus douces images, se rattache, suivant les géographes, au système tauro-caucasien, et forme le prolongement de la chaîne amanique. Il s'étend du nord au sud, à travers la Syrie, en ondulant avec toutes les sinuosités de la côte. Il se partage en deux chaînes principales, dont l'une longe la Méditerranée et s'appelle le Liban proprement dit; l'autre, qui borde la grande plaine de Damas, se nomme l'Anti-Liban. Ses derniers contre-forts, appuyés au rivage méridional de la mer Morte, vont se perdre dans les déserts qui forment l'extrémité nord-ouest de l'Arabie.

On le voit, son étendue seule suffirait à donner au Liban une importance que bien peu de montagnes pourraient revendiquer; mais la beauté des sites, l'abondance et la variété des productions, et le bruit qu'ont fait dans l'histoire les diverses tribus qui l'habitent, ont contribué bien davantage à faire du Liban une de ces contrées privilégiées dont le nom, seulement prononcé, réveille tout à coup dans l'âme mille idées de splendeur, de poésie, de noblesse et de malheur.

Pour nous qui avons longtemps vécu dans les replis de ses vallons, qui avons parcouru tous ses sommets, depuis Alep jusqu'à Jérusalem, depuis Saïda jusqu'à Damas, nous nous reportons toujours avec un sentiment d'involontaire et profonde sympathie vers cette terre, pour laquelle Dieu a tant fait, et où les hommes, trop souvent, semblent prendre un méchant plaisir à détruire son œuvre.

Quand, après un jour de marche pénible, on est arrivé sur le dernier plateau de roche calcaire qui forme le sommet le plus élevé du Liban, on a sous les yeux un des plus beaux panoramas du monde.

Tout autour, dans une confusion pleine de grandeur, se dressent les pics aigus qui hérissent la crête de la montagne. Çà et là, comme pour mieux dégager les vastes horizons, ils s'écartent d'eux-mêmes, et l'œil plonge de toutes parts dans l'espace infini. A l'occident, c'est la Méditerranée dont les vagues étincellent; à l'orient, c'est la grande plaine de BÉKAA, la COELÉ-SYRIE des anciens, ondoyante sous l'or des moissons; au nord, ce sont les ruines gigantesques de BAAL-BECK, et les dunes, et les minarets de Damas, et plus loin encore, les sables ardents du désert qui cachent PALMYRE; au midi, ce sont les collines irrégulières de la GALILÉE et SAINT-JEAN D'ACRE et la plaine du CARMEL.

Voilà les grandes lignes du Liban telles qu'elles se présentent tout d'abord et, pour ainsi dire, sous le premier regard. La couleur vaut la forme : ce mot de Liban veut dire *blanc*, et les rochers dont la montagne est faite et les neiges qui couvrent ses cimes luttent en effet de blancheur et d'éclat. Le ciel lui-même au-dessus de ces montagnes est d'un charme incomparable. Il n'a pas sans doute l'insoutenable éclat qui éblouit dans l'Arabie; mais il est d'une légèreté, d'une profondeur et d'une transparence lumineuse que l'on ne rencontre point ailleurs et qui caresse l'œil si doucement que l'on éprouve une sensation de bonheur rien qu'à l'ouvrir pour voir et pour regarder.

Si grande que soit la chaîne du Liban, elle offre peu de variété dans la composition de ses roches, dont la masse consiste assez uniformément en pierre calcaire; leur ton blanchâtre donne à la montagne son aspect général : mais ses productions végétales sont d'une abondance et d'une variété presque infinies. La montagne, grâce à la diversité de ses niveaux, réunit, dans un espace comparativement assez borné, toutes les températures et tous les climats. C'est ce qu'un poëte arabe a su exprimer dans une image où l'on reconnaît aisément le goût oriental :

« Le Liban, dit-il, porte l'hiver sur sa tête, le printemps sur ses épaules et l'automne dans son sein, pendant que l'été dort à ses pieds ! »

Le Liban offre donc tout naturellement à ses habitants des productions variées. Malheureusement, ainsi qu'il arrive assez souvent dans les montagnes, la terre végétale est rare, et de grands espaces sont nécessairement dérobés à la culture; mais là où le fond ne manque point, il est d'une force productive vraiment inépuisable.

La Bible vante en plus d'un endroit les belles eaux du Liban. Les torrents, les rivières et les ruisseaux y sont peut-être plus abondants qu'en aucun lieu du monde, et l'humidité qu'ils promènent avec eux, combinée avec la fertilité du sol et la chaleur de l'atmosphère, enfante de véritables merveilles de végétation. Je dois dire, d'ailleurs, que la culture y semble merveilleusement entendue, et que l'on n'y perd point un pouce de terrain.

Les vignes, qui donnent des grappes énormes dont chaque raisin a la grosseur d'une prune, et qui sont couvertes de fruits pendant huit et même, en certaines vallées, pendant dix mois sur douze, enlacent aux bras nerveux des sycomores leurs pampres toujours verts; dans la plaine de Békaa, les sillons donnent volontiers deux récoltes; sur les pentes occidentales, des forêts de mûriers nourrissent des millions de vers à soie, et attestent suffisamment les ressources infinies que pourraient y trouver les fabriques du pays; des haies touffues de lauriers-roses indiquent, par leur verdure ardente et leurs fleurs brillantes, le cours capricieux des ruisseaux qui s'attardent dans les plaines; sur les pentes méridionales, le cotonnier et l'arbre à gomme se marient aux cultures du tabac qui fournissent les entrepôts de Latakièh : ce tabac est regardé comme un des meilleurs du monde.

Les industries qui naissent de l'agriculture sont florissantes dans le Liban. Les soies d'Éden et des districts environnants alimentent les fabriques de Beyrouth et de Damas; l'huile y est meilleure que dans aucune autre contrée de la Syrie, et il n'y a pas dans l'Asie entière un seul pays dont le vin puisse se comparer à celui que les Maronites tirent de leurs admirables vignes, et qui est connu dans tout l'Orient, et même en Europe, sous le nom de VIN D'OR.

Le Liban eut jadis d'admirables forêts. Ses pentes étaient couvertes de chênes, de noyers, d'ormeaux et de sycomores; mais les cèdres du Liban si souvent célébrés par les prophètes, firent surtout l'ornement et la gloire de la montagne. Toutes les hauteurs en étaient couronnées.

Cette noble parure de la terre est maintenant tombée sous la hache des envahisseurs; c'est seulement autour des villages que l'on rencontre encore, par petits groupes trop peu nombreux, des platanes, des noyers et des ormeaux. Quant aux cèdres, ils ont été presque tous abattus : ce que l'on nomme encore, un peu trop ambitieusement peut-être, la *forêt des Cèdres*, n'est plus qu'un petit bois composé de quatre ou cinq cents arbres ou arbustes, agglomérés sur une pente qui regarde la Méditerranée, à deux ou trois lieues du beau village d'Éden. Trente sont beaux; huit ou dix sont superbes. Je ne sais pas s'ils valent les arbres géants du Nouveau Monde, mais ce sont les plus magnifiques spécimens du règne végétal que l'on rencontre dans notre hémisphère. Quelques-uns de ces beaux cèdres, contemporains des premiers jours du monde, vénérables frères de ceux qu'Hiram, roi de Tyr, offrit à Salomon pour le temple de Jérusalem, ne mesurent pas moins de quarante ou cinquante pieds de circonférence. On contemple avec respect leur tronc robuste et séculaire.

Nous avons dit que le Liban était divisé en deux rameaux; le rameau occidental ou Liban proprement dit, et le rameau oriental que l'on nomme Anti-Liban. Entre les deux s'étend une admirable plaine que les Arabes nomment aujourd'hui la plaine de Békaa, et que les géographes grecs appelaient la Cœlé-Syrie ou Syrie creuse. Les ondulations du terrain y forment comme trois vallées également fertiles en blé, en orge et en dourah. Toutes les trois produisent également le mûrier, l'olivier et le cotonnier. Les coteaux qui les séparent sont couverts de vignes. La Cœlé-Syrie est sans contredit une des parties les plus riches de toute l'Asie. Çà et là, de petits bois de sapins entourent la grande plaine qui déroule sous le vent l'or mouvant de ses horizons d'épis. La plaine de Békaa, nous le disions tout à l'heure, peut donner deux moissons par an, et comme les greniers sont moins grands que la récolte, avant d'engranger on dénoue la gerbe devant la porte des maisons, on la répand sur l'aire et on la fait dépiquer par de grands buffles aux crinières noires. Les enfants et les femmes vont jusque sous leurs pieds enlever l'épi vide ; les hommes entassent le grain en monceaux, et, pour vanner le jettent en l'air avec de larges pelles. Le vent emporte la poussière et laisse retomber le lourd froment. Tout près des maisons on voit de grands parcs de saules et d'osiers où les pasteurs enferment le soir des troupeaux de génisses, de chèvres et de moutons venant des prairies. Tout ici présente l'image de l'abondance et de la richesse au sein d'une nature clémente.

L'Anti-Liban nous offre d'autres aspects. Il ne ressemble à rien de ce que nous avons vu jusqu'ici. A l'élégance, à la beauté, à la grâce exquise du Liban, si aimable en ses grandeurs mêmes, succède tout à coup une nature violente et tourmentée; c'est le chaos à la porte de l'Éden !

Limite naturelle entre la plaine féconde de la Cœlé-Syrie et les riantes campagnes de Damas, l'Anti-Liban s'entr'ouvre, ou plutôt se déchire, de l'ouest à l'est, et la route, ou ce qui en tient lieu, passe à travers cette déchirure, comme un torrent coule au fond d'un abîme. Son tracé tortueux ondule et serpente avec les sinuosités de la montagne. Tantôt l'espace est assez large pour laisser passer un bataillon de front, tantôt ce n'est plus qu'un sentier de chèvres, où il faut défiler par un.

Une végétation opulente et variée corrige, par ses grâces changeantes, l'austère sévérité du paysage. A l'ombre, croissent les sapins, les mélèzes et les cyprès dont la chevelure verte pyramide comme des flammes, et les épicéas noirs, et les larix argentés. Les palmiers mûrissent au soleil leurs régimes de fruits d'or, à côté des cactus dont le pétale rose ou jaune s'épanouit à l'extrémité de ses feuilles épineuses. Tantôt un jeune cèdre semble jaillir du rocher, et, comme un coin de fer, le fendre et le disjoindre. Tantôt, au contraire, dans ses fortes racines, comme en des serres puissantes, l'arbre retient la pierre prête à tomber. Le fond du ravin est semé de fleurs de toutes sortes. Les sommets arides et chauves dressent dans les airs des arêtes foudroyées. Çà et là, des éboulements gigantesques sillonnent le flanc de la montagne, comme des torrents de rochers roulant leurs flots de pierres jusqu'au fond de la vallée. A côté, de vrais torrents, des torrents d'eau qui s'élancent d'une hauteur de mille pieds, reçus dans des bassins gigantesques, en rejaillissent aussitôt avec un nuage d'écume et des retentissements de tonnerre; un peu plus loin, un maigre filet sautille de roc en roc. La solitude est morne et, sans les hurlements de quelque lynx chassant sa proie, qui troublent tout à coup le silence, on pourrait faire vingt lieues sans entendre un seul bruit vivant. Les aigles, les vautours et les gypaëtes aux serres d'or, qui planent à des hauteurs infinies, augmentent encore l'impression de tristesse que produit sur l'âme cette nature âpre et sévère jusqu'à la dureté.

Le point supérieur de la chaîne, le col même de l'Anti-Liban, est une vaste enceinte de rochers nus, arides, sans végétation d'aucune sorte. Mais le caractère de la montagne change complétement aussitôt que l'on commence à descendre. La rampe orientale est à la fois plus douce que l'autre et mieux exposée. Aussi la culture s'en est-elle avidement emparée. Ce n'est plus un ravin comme sur la pente occidentale : c'est une succession de vallées, plus ou moins larges, mais toujours fertiles. Çà et là, on rencontre de jolis villages aux maisons bariolées de couleurs éclatantes, et bientôt, quand on a franchi le dernier col de la montagne, on aperçoit à ses pieds la vaste plaine au milieu de laquelle Damas est assis.

XXXVIII

BAAL-BECK.

Temples et palais. — Les routes du Liban.

Comme si aucune poésie ne devait manquer au Liban, à l'extrémité de la grande plaine circonscrite par les deux anneaux de sa chaîne, le temps et les hommes lui ont fait d'admirables ruines : je veux parler des ruines d'Héliopolis, la ville du soleil, que les Arabes appellent Baal-Beck. Il faut ranger ces ruines parmi les plus belles du monde. Sans avoir la majesté de Memphis ou de Thèbes aux cent portes, sans avoir l'importance ni l'étendue de Palmyre, — le Tadmor-du-Désert, — Baal-Beck a pour lui une remarquable conservation, et il appartient à une époque curieuse de l'art. Ces ruines vous écrasent de leur masse. Le premier moment où on les contemple est toujours donné à une sorte de stupeur muette : le bras des Cyclopes n'a jamais soulevé de blocs si formidables ; de l'ancienne ville, fameuse dès les jours de Salomon, il ne reste plus que les débris de deux temples et d'un palais, appartenant à une époque plus récente. C'est peu, sans doute ; c'est assez cependant pour donner une haute idée de la splendeur et de la puissance des civilisations antiques. Le plus grand de ces temples était consacré aux dieux d'Héliopolis; on ne les désignait point plus particulièrement. Ces dieux anonymes n'ont pas protégé leurs autels. Leur temple s'est écroulé, il n'en reste plus que quelques rangées de colonnes isolées, que rien ne relie entre elles et qui ne se rattachent à rien ; mais leur seul aspect a je ne sais quoi d'imposant qui étonne d'abord et inspire des calculs de grandeurs extravagantes ; c'est un portique qui s'ouvre sur l'infini.

Les prêtres n'étaient pas moins bien partagés que leurs aïeux : le palais valait le temple. Ni les tremblements de terre, ni les Arabes, — ces grands destructeurs de tout ce qui est beau, — n'ont pu renverser ses fortes murailles. Elles ont chance à présent de durer jusqu'à la fin du monde, et je gagerais qu'elles ne tomberont qu'au second coup de trompette de l'ange du jugement dernier. Elles sont restées intactes jusqu'ici. Parfois de grands fragments des temples ont glissé jusqu'à terre : des colonnes sont tombées entières ; la chute ne les a ni brisées, ni démolies ; on peut mesurer leur longueur gisante sur le sol. Les architraves, jetées d'un chapiteau à l'autre et formées d'un seul bloc, révèlent toute la puissance de levier de cette main antique, qui ne demandait qu'un point d'appui pour déplacer le monde. La terre, autour des temples, est jonchée de leurs grands débris ; on dirait une carrière éventrée, dont les blocs gigantesques seraient les chapiteaux, des plinthes et des corniches.

Partout ailleurs, ces ruines sembleraient monstrueuses. Mais, à l'extrémité de cette vaste plaine, entre ces deux montagnes qui les encadrent, elles semblent réduites à de justes proportions et n'être plus que l'accessoire de cette grande décoration d'une mise en scène vraiment splendide.

Le Liban n'a point ce que nous appelons en Europe des routes, c'est-à-dire des voies de communication entretenues par l'État ou les Communes, larges, aplanies, faciles et laissant rouler les chars. Il n'y a guère que des sentiers dans tout le Liban : sentiers étroits, contournant les obstacles, sillonnant de leurs zigzags pittoresques les rampes des montagnes ; si étroits en de certaines places, que c'est à peine si deux chameaux y peuvent marcher de front avec leurs fardeaux. Telles qu'elles sont pourtant, ces routes virent passer jadis tous les produits de l'Asie qui alimentaient le commerce de Tyr et de Sidon ; aujourd'hui encore elles sont à chaque moment parcourues par les caravanes d'Alep et de Damas. Souvent le voyageur qui les visite se croise avec un âne noir ou un mulet paré de pompons et de rubans, et ne portant pour toute charge qu'un simulacre d'oiseau, avec un petit miroir au cadre d'argent, placé sur son dos, entre ses deux ailes à demi déployées. Ce chef de file intelligent, allègre et dispos, marche gaiement devant la caravane, à laquelle il montre le chemin.

A la suite viennent les chameaux pesamment chargés, qui secouent leurs grappes de grelots. Les chameliers courent pieds nus de l'un à l'autre, en les frappant de leur long bâton. Ces caravanes d'aspect si modeste sont chargées des richesses du Liban. Elles mettent en rapport journalier la côte et la montagne, la Perse et la Syrie, Damas et Beyrouth, la nouvelle Békaa et l'antique Sidon. C'est par elles que le Liban communique avec le Liban ; ce sont elles qui assurent entre tous ses habitants les bénéfices du mutuel échange qui constitue le commerce.

Les plus belles échelles du Levant se trouvent au pied du Liban. La montagne elle-même ne porte point de ville ; elle n'a guère que des châteaux et de grands villages. Elle n'a point non plus de forteresse élevée par la main des hommes, mais elle a des positions naturelles extrêmement fortes, et qu'une troupe aguerrie et vaillante pourrait longtemps défendre.

XXXIX

LES DRUSES.

Origine des Druses. — Sont-ils Français? — Les Dursys et les Hivites. — Une histoire écrite avec du sang. — Quatre batailles dans un jour. — Haine et fanatisme. — Les francs-maçons d'Orient. — Le chef des étoiles. — Son costume. — Le Khaloué. — Doctrine. — Initiation. — Les Akals. — Le Horse. — Hackem. — Le palais du prince. — Les femmes druses.

Les Druses, qui ont acquis en ces derniers temps un si triste renom de férocité, sont tout à la fois les plus anciens et les plus nombreux habitants du Liban. On a longtemps discuté sur leur origine, et l'on a fini, comme il arrive presque toujours, par être moins d'accord après la discussion qu'auparavant. Minadoï et de Thou veulent qu'ils soient d'origine française. Ces assassins des Maronites ne seraient autre chose que les descendants des Croisés qui avaient suivi Godefroy de Bouillon à la conquête de Jérusalem. Ils se seraient établis sur le sol vaincu; puis, lorsque les musulmans eurent repris la Terre sainte, ces Français se seraient réfugiés dans le Liban, où ils ont depuis abjuré la religion de leurs pères pour embrasser le dogme étranger que nous étudierons tout à l'heure, et auquel, depuis, ils sont toujours restés fidèles. Ce nom de Druses viendrait de celui de Dreux, parce que les Français qui se réfugièrent ainsi dans le Liban avaient suivi les drapeaux d'un des principaux chefs croisés, le comte de Dreux.

Cette généalogie un peu fantaisiste, et que, pour notre compte, nous ne nous sentons point le besoin de défendre, trouvant pour le moins inutile de revendiquer aucune espèce de solidarité avec ces égorgeurs, est du reste démentie énergiquement par l'histoire.

On sait, en effet, que les chrétiens, lorsqu'ils arrivèrent en Syrie, trouvèrent dans le Liban un peuple portant le nom de Dursys, et dont les Druses actuels semblent les fils très-naturels, sinon très-légitimes.

Ces Dursys remontaient eux-mêmes jusqu'aux HIVITES, une des rares peuplades que les Israélites épargnèrent dans l'extermination générale qu'ils firent de tous les peuples habitant la Palestine. Dieu avait ordonné la conservation des Hivites, afin de s'en servir comme d'un aiguillon pour châtier les Hébreux dans les trop fréquentes rébellions de leur idolâtrie. « Ils resteront, dit le Livre saint, comme une épine dans le flanc d'Israël. » On voit que les fils n'ont pas dégénéré des pères, et que les Druses d'aujourd'hui sont aussi une terrible épine dans le flanc des Maronites.

Les historiens profanes font mention des ancêtres des Druses sous le nom d'ITURÆI ; ils nous les représentent comme les indigènes des montagnes de Syrie. Quand le roi asmonéen Aristobule soumit le district qu'ils habitaient, il obligea ces farouches ennemis à se faire circoncire et à suivre la plupart des rites hébraïques. La force pouvait bien les contraindre pour un temps, mais ils attendaient toujours l'occasion propice à la révolte. Cette occasion, les troubles qui suivirent la mort d'Alexandre la leur fournirent bientôt ; ils reconquirent leur indépendance, et, pendant plusieurs siècles, menèrent une vie de brigandage dans leurs montagnes.

Les Romains, qui voulaient que la paix régnât partout dans le monde, leur empire, réprimèrent ce brigandage, mais les laissèrent sur le territoire qu'ils habitaient.

A la faveur des troubles qui déchirèrent bientôt l'immense monarchie de leurs vainqueurs, les Ituræi accrurent encore ce territoire : il comprit bientôt la presque totalité du Liban, des châteaux, des villes, et même quelques ports de la Méditerranée.

Quand les Croisés débarquèrent en Syrie, ils y trouvèrent, dans une forte position, les descendants des Ituræi; ils s'appelaient alors Durzi : nous avons traduit ce mot-là par Druses. Ces Druses parlaient un arabe très-pur, et ils avaient une religion à eux, aussi éloignée du Koran que de l'Évangile. Pendant les grands siècles de guerres héroïques que l'histoire éternisera sous le nom de Croisades, les Druses, à force de courage, réussirent à se défendre contre l'Europe, l'Afrique et l'Asie, et, jusqu'aux premières année du xvie siècle (1517), aucun joug ne fit ployer leur cou. Les hordes conquérantes roulèrent à leurs pieds sans monter jusqu'à eux : hommes du Sud et du Nord, de l'Est et de l'Ouest, tous regardèrent de loin leurs créneaux de rochers, mais sans oser donner l'assaut à leur liberté. Les Osmanlis conquirent le reste de la Syrie et ne les conquirent point. Mahomet II traversa le Bosphore en les laissant derrière lui — libres.

Cependant, à la date que nous citions tout à l'heure, le dernier membre d'une grande famille druse, qui avait régné pendant près de sept siècles sur sa race, se trouvait réduit à une ombre de pouvoir : les Turcs étaient à peu près les maîtres chez lui. La trahison avait fait ce que le courage n'avait pu faire. Un Turc, coupable d'assassinat, s'était réfugié chez les Druses. En ce temps-là les Turcs voulaient et savaient punir le crime. On permit au pacha de venir saisir celui que les Druses, dans leur langue énergique, appelaient l'homme *aux mains rouges*. Mais, une fois qu'ils se virent sur ce territoire, depuis si longtemps convoité et toujours inaccessible pour eux, les Turcs y promenèrent le ravage et la mort, tuèrent les chefs, prirent les femmes, enlevèrent les enfants et frappèrent le sol d'un tribut.

On peut dire qu'à partir de ce moment, et pendant des siècles, leur histoire n'est qu'un long récit de batailles. Le Liban n'est plus la montagne blanche ; ses rochers sont teints de sang. Enfin, il y a de cela un siècle et demi, la victoire de Saïda assura aux Druses la possession du Kezrouan et des campagnes de Beyrouth, depuis Antoura jusqu'à Jezzin. Ils étaient redevenus assaillants : ils menaçaient les Ottomans et rançonnaient tour à tour Alep et Damas. Cependant Mohammed-Pacha, en soulevant contre eux les deux tribus des Keiss et des Yéminis, qui occupaient aussi le Liban, recommença la guerre. Un seul jour vit quatre batailles sur la terre des Druses : ce sont les batailles de Damaan, d'Abbéi, d'Adginet et d'Aïn-Dara. Les Druses furent vainqueurs partout, et ils se partagèrent le territoire qui s'étend de Tripoli à Saïda.

A partir de ce moment, les Turcs renoncèrent à tenter le sort des armes qui leur avait été si fatal ; ils cessèrent de combattre et commencèrent à négocier. Se rappelant à temps la maxime de Tibère : *Divide ut imperes!* Ils semèrent la discorde entre les plus grandes familles. On vit des Druses recevoir des Turcs le caftan d'honneur, et, dans l'espérance de commander à la nation entière, les premiers d'entre eux se laissèrent investir d'une sorte de vice-royauté ottomane. La nation subit ainsi, sans toutefois l'accepter, la suzeraineté des Turcs. Ils se virent enlacés dans les liens d'une vassalité qu'ils ne purent dénouer et qu'on resserra de plus en plus autour d'eux. Faibles sous les sultans forts, ils redevinrent forts sous les sultans faibles, et quand l'heure de la décrépitude commença de sonner pour la race d'Osman, ils soulevèrent enfin le joug qui les courbait et ne reconnurent plus au pacha qu'une autorité nominale.

Les Druses se sont fait depuis longtemps remarquer par leur haine contre les chrétiens. Pour expliquer cette haine, il est nécessaire d'exposer en quelques mots leur religion que nous avons pu étudier dans le Liban même, et que nous croyons jusqu'ici complétement inconnue en France.

Il est assez difficile de pénétrer dans le secret de la religion des Druses, car ils s'entourent du plus grand mystère, veillent avec le plus grand soin sur leurs livres sacrés, et dès qu'ils soupçonnent qu'un étranger peut s'en emparer et les lire, ils les transportent au fond des bois ou les cachent dans la terre. On sait pourtant que cette religion est un mélange des doctrines de Zoroastre, de la métempsycose indienne et des dogmes mahométans, juifs et chrétiens, singulièrement amalgamés entre eux. Un des personnages les plus importants dans l'ordre religieux porte le nom de CHEIKH-IL-N'GOUM ou chef des étoiles. Il est revêtu d'une robe noire aux larges manches, constellée d'étoiles, brodées en argent dans sa trame. Pas de cérémonies où il ne soit invité; pas d'expédition que l'on entreprenne sans son assentiment; pas de mariage qui se conclue avant qu'il ait tiré l'horoscope des jeunes époux; car, de même que nous lisons le passé dans les livres, ainsi lit-il l'avenir dans l'alphabet d'or des étoiles.

Leurs temples, qu'ils appellent KHALOUÉS, s'élèvent d'ordinaire à une certaine distance des villages, parfois en pleine campagne, à l'ombre d'un bouquet de palmiers, plus souvent dans la montagne, au milieu d'une enceinte de rochers couronnés de grands bois. Ils choisissent de préférence un site sauvage dont l'aspect leur semble fait pour préparer l'esprit aux rites sombres et à demi barbares qui se sont conservés jusqu'à nos jours dans leur paganisme corrompu. L'architecture du Khaloué est simple comme toute celle de l'Orient moderne, et l'intérieur n'a d'autre ornementation que des figures très-imparfaitement tracées à l'outremer et au carmin sur un mur blanchi à la chaux et représentant des hommes, des femmes, des enfants et des oiseaux. Les fenêtres sont étroites, petites, percées près du toit; au-dessus de ces fenêtres, comme décoration, on suspend les drapeaux des diverses tribus avec leurs emblèmes. Le plus souvent un ruisseau pénètre dans le temple par une de ses extrémités et ressort par l'autre, coulant dans l'enceinte sacrée avec un frais murmure.

Une pierre noire sert d'autel, et sur cet autel ils immolent assez souvent des brebis sur la tête desquelles ils répandent d'abord une pincée de cendre, de terre et de sel.

Comme la plupart des religions antiques, la religion des Druses comprend deux enseignements : l'enseignement public qui se réduit à fort peu de chose, le seul pourtant qui soit donné au corps de la nation et qui mérite à ceux qui n'ont reçu que lui le nom de DJAEL, qui veut dire ignorant, et l'enseignement privé communiqué aux sages qui portent le nom de d'AKALS. Les Akals se divisent eux-mêmes en *ruffiks* ou compagnons, et en *days* ou maîtres. Les uns et les autres portent sur leur poitrine l'image d'un veau sculptée dans une pierre noire, sorte de talisman idolâtre qu'ils nomment HORSE.

Le symbole de la foi des Druses, antique et secrète doctrine, mélange bizarre de vérités et d'erreurs, nous semble pour l'Europe une nouveauté assez piquante, et nous demandons la permission de le transcrire ici tel que nous l'avons recueilli dans le Liban même, et d'après des informations qui ne nous ont jamais trompé.

Dieu, grand et unique, a créé le monde de rien. Sa première création fut celle des esprits ; il fit l'esprit libre, et l'esprit enfanta le Verbe ; puis l'esprit commit le péché, et alors Éblis (le diable) naquit de l'esprit et du péché. Mais ce fut le Verbe qui fit le ciel et la terre. Après une lutte contre Dieu, Éblis, fils du péché, fut précipité du ciel, et, en tombant, creusa de son poids, dans les entrailles du globe, l'abîme de l'enfer. Quand le monde fut créé, Dieu lui-même l'appela le monde des esprits ; toutes les âmes du genre humain furent créées au commencement, et immortelles ; il n'est pas possible d'en diminuer ou d'en augmenter le nombre ; il restera le même dans toute l'éternité, et, montant et descendant, elles vont et viennent dans les corps, tabernacles périssables des âmes qui ne sauraient périr.

L'homme fut le cachet de la création et la dernière œuvre de Dieu ; après lui, Dieu se reposa et ne créa plus rien ; mais il ordonna à l'étoile, œil du ciel, de le suivre d'un doux regard et de veiller sur sa destinée. Plusieurs fois Dieu se manifesta aux hommes en leur disant : « Ne suis-je pas votre Dieu ? » Et les hommes crurent à l'existence du Très-Haut, et ils n'eurent plus d'excuse quand ils péchèrent ; mais Dieu, pour l'expiation du péché, créa le repentir et le châtiment. Ceux que Dieu assista le plus particulièrement furent appelés prêtres et prophètes, et Dieu leur indiqua le sentier de la vérité, afin qu'ils pussent y conduire les autres. Les vrais prophètes — il y en eut de faux — apparurent à certaines époques marquées d'avance.

« Le premier de ces prophètes, ce fut Noé, qui naquit après les mille ans pendant lesquels la loi d'Adam fut valable, et qui trouva dans *Wahé*, le livre saint, la différence du bien et du mal. Le déluge ayant rassemblé les hommes, il fut possible à Moïse de leur imposer sa foi en un seul Dieu.

« Le second des prophètes fut Abraham, père des Arabes et ensuite de Juifs.

« Le troisième fut Moïse, qui, à son tour, fut suivi d'Ézahiah, d'Hézékiah, de Nathaniel et de Daniel.

« Parmi les docteurs, il faut citer Pythagore, qui entendait les nombres se mouvoir harmonieusement dans l'espace, Platon et Aristote.

« Après eux vint Iça, fils de Joseph et de Marie (Jésus-Christ), accompagné de ses quatre apôtres : Jean, Matthieu, Marc et Luc. Il s'établit comme Seigneur et Messie.

« Plus tard apparut Mohammed, portant le cimeterre d'une main, et de l'autre le livre de l'Islam, dont les feuillets, rassemblés par lui, furent écrits par les anges.

« Comme Iça, Mohammed fit le bien ; il a vu la vérité, il l'a aimée et il l'a fait aimer.

« Mais la dernière et la plus complète manifestation de Dieu, ce fut Hackem, Dieu lui-même, aujourd'hui Seigneur des Druses, et demain maître absolu de l'univers. »

Pour arriver plus sûrement à cette domination, Hackem conseille l'extermination de tout ce qui ne croit pas en lui, et surtout de tout ce qui croit en Jésus. Les chrétiens sont aujourd'hui les plus terribles ennemis de ses sectateurs.

Ce Hackem, à qui appartient un si grand rôle dans la religion des Druses, fut un réformateur mystique, qui, jouant l'inspiré, affirma lui-même sa propre divinité, et, à force de paraître y croire, finit par y faire croire les autres. Hackem, comme le Brahma hindou, a fait plusieurs stations sur la terre. Les principales nous le montrent dans l'Inde, dans la Perse, dans l'Yémen, à Tunis et au Caire. Hackem est son nom terrestre. Dans le ciel, il s'appelle ALBAR. La généralité des Druses n'admet point, ainsi que les Akals, le paradis et l'enfer; ils regardent cette croyance comme l'erreur capitale des disciples de Jésus, auxquels, d'ailleurs, ils donnent le nom d'idolâtres. Quand un Djahel se présente pour recevoir l'initiation, qui fera de lui un Akal, on lui fait subir un examen rigoureux : on l'interroge sur tous les points de la doctrine; on se livre à une enquête sévère sur sa vie; on prend l'avis du chef des étoiles, celui-ci consulte les augures en faisant sauter une petite pièce de métal sur un tambour tatare en peau d'onagre, couvert de signes cabalistiques, de figures emblématiques et de constellations. Suivant que la pièce de métal s'arrête sur tel ou tel signe, la réponse est jugée favorable ou contraire; si le sort se prononce pour le candidat, le prêtre trempe son doigt dans le sang chaud d'une brebis noire, immolée sur l'autel, et, à dater de ce moment, il fait partie de la secte des Akals. Le nom chrétien comptera désormais un ennemi de plus dans la montagne.

Le reste de la nation, ceux à qui les Akals donnent si dédaigneusement le nom d'ignorants, n'ont, à vrai dire, aucune religion positive, aucun corps de doctrine; leur croyance, tout à fait individuelle, et qui diffère de village à village, parfois même de famille à famille, n'est qu'un débris confus des différents systèmes religieux qui se sont partagé le monde à diverses époques, qu'ils acceptent sans critique ou rejettent sans raison. Le plus grand malheur, peut-être, c'est qu'à cette regrettable absence de dogme correspond une absence plus regrettable encore de morale écrite ou enseignée. Chacun suit les inspirations de sa conscience, et n'est guère retenu que par la crainte du châtiment immédiat qu'il peut recevoir en s'attaquant à plus fort que lui. Mais quand ils croient pouvoir compter sur l'impunité, rien n'arrête les Druses dans la satisfaction de leurs désirs mauvais....., surtout quand ils n'ont en face d'eux que des chrétiens, qu'ils considèrent toujours comme leurs ennemis naturels, et leur proie, pour ainsi dire légitime.

On ne peut pas refuser aux Druses un grand courage et surtout un suprême mépris de la mort; ils aiment les armes, la guerre et les chevaux qu'ils montent avec l'audace intrépide et la violence parfois brutale des Arabes. Comme les Arabes, ils se livrent avec une sorte de passion aux jeux brillants du *Djérid*, ce carrousel primitif et un peu barbare, qui a le désert pour théâtre.

Les Druses occupent surtout le sud du Liban et les pentes occidentales de l'Anti-Liban. Ils ont peu d'habitations isolées, et se réunissent de préférence dans de gros villages, dont les maisons, qu'aucun alignement n'asservit, s'arrangent elles-mêmes en groupes pittoresques. Celle du cheik est un peu plus grande que les autres et bâtie de plus fortes pierres. Elle est ordinairement carrée, sans aucun ornement qui puisse rappeler à l'esprit la moindre prétention architecturale; les portes et les fenêtres accusent une main-d'œuvre grossière encore; mais du moins on n'épargne rien pour la solidité de la construction.

On l'élève sur un tertre artificiel, qui l'exhausse de huit à dix pieds, et elle peut braver le premier assaut d'une petite armée. Le toit en terrasse est formé de troncs de sapins ébranchés, mais non équarris, sur lesquels on jette des rameaux d'arbres, des touffes de bruyère, des herbes séchées; on recouvre le tout d'une couche de terre passée au rouleau et enduite de mortier; souvent, sur les bords du toit, on dispose une double rangée de lauriers-roses et de grenadiers en fleur. D'un peu loin, la maison a l'air d'un gros bouquet.

La plupart de ces villages druses sont situés en pleine montagne, dans des positions très-fortes, et disposées de façon à rendre la défense toujours facile et l'attaque souvent périlleuse.

Les Druses, qui peuvent mettre sur pied une petite armée de cinquante à soixante mille hommes, sont tout à la fois les plus braves et les plus turbulents parmi les vassaux de la Porte. Ils n'ont jamais laissé passer une occasion de courir aux armes, de se battre, et de tuer. Ils eurent longtemps, comme la plupart des tribus arabes, deux factions dans la nation : les blancs et les rouges; cette division, en s'effaçant, les réunit tous sous l'autorité assez mal définie d'un émir, ou plutôt, pour parler leur langue, d'un hackem. Ces hackems, qui n'ont guère que deux des attributs de la souveraineté : le droit de rendre la justice et celui de commander les prises d'armes, habitent, en face de Deir-il-Kamar, le château de BELEDDEIN, qui peut être regardé comme une des plus belles résidences du monde. Il est posé dans un admirable site. Les montagnes se reculent, comme pour laisser à sa vaste enceinte un plus libre développement; des sources éternellement fraîches tombent en cascades de tous les sommets, arrosent des pelouses semées de fleurs, ou se rassemblent dans des citernes de rochers; de grands arbres étalent de toutes parts leur végétation superbe. L'architecture du palais, assez irrégulière, est empruntée à tous les styles et à toutes les époques, et cependant leur ensemble a je ne sais quel caractère de grandeur pittoresque qui frappe. Il faut voir surtout les cours de ce palais, un jour de réception chez le Hackem. C'est un mélange de montures, de harnais et d'équipages, dont un Européen se ferait difficilement l'idée : les chevaux de race richement caparaçonnés des cheiks druses dédaignent les juments plus modestes des banquiers arméniens de Beyrouth; les mules des négociants d'Alep s'alignent le long des murailles, à côté des ânes noirs des paysans, et, autour de la fontaine ombragée de jasmins, dont la fleur d'argent rit dans le feuillage sombre, couchés sur le ventre, les jambes repliées sous leurs corps, les chameaux somnolents ruminent en étirant leur long col.

Les Druses ne craignent point le travail, et ils aiment le fruit du travail : ils font usage du vin, admettent le divorce, se marient avec solennité, épousent, comme les anciens Hébreux, la veuve de leur frère, pour que son sein ne demeure point stérile, voilent leurs femmes, mais les couvrent de bijoux comme des idoles : le principal ornement de ces femmes est une sorte de corne pyramidale, nommé TANTOUR, qu'elles font pencher vers la gauche avant le mariage, et, après le mariage, vers la droite.

Durs à la fatigue, insouciants du danger, d'une force musculaire remarquable, et d'une bravoure qui ne redoute aucune épreuve, les Druses sont remarquables par leur obéissance passive à leurs chefs, qui peuvent sur un signe les envoyer à la mort par milliers. Ce sont les plus terribles des fanatiques orientaux, parce qu'au fanatisme ils joignent le courage.

XL

LES MARONITES.

Origine des Maronites. — Leurs guerres avec les Druses. — Antiques relations avec la France. — Belle lettre de saint Louis. — Capitulations de François Ier. — Lettres de protection de Louis XIV. — Louis XV. — Bonaparte et Napoléon III. — Méhémet-Ali et la guerre de 1840. — Les missions chrétiennes dans le Liban. — Constitution politique. — Un village maronite. — La cloche. — M. le curé. — L'église et le presbytère. — Fils des Croisés. — La France en Orient.

Les Maronites sont, de tous les habitants du Liban, ceux qui doivent être les plus sympathiques à la France. Nulle part le voyageur européen ne rencontre une hospitalité plus généreuse, un accueil plus aimable. Un Français dans le Liban chrétien se sentira chez lui. Les deux nations peuvent se regarder comme deux sœurs séparées par la distance et réunies par l'affection.

L'origine des Maronites est moins incertaine que celle des Druses. On sait en effet qu'au ve siècle de notre ère, un moine du nom de Jean Maro, qui, pour étendard, portait une croix, fuyant la persécution avec un troupeau de fidèles, vint s'établir dans le Liban, non loin des cèdres. Un moment troublés dans leur foi par la secte des monothélites, qui, tout en reconnaissant les deux natures humaine et divine du Christ, voulaient qu'il n'eût agi que par une seule volonté, ils rentrèrent bientôt dans le sein de l'orthodoxie chrétienne, subirent avec une résignation courageuse des persécutions de toute espèce, et furent définitivement constitués par Jean, patriarche d'Antioche, qui s'établit avec eux sur le mont Liban. Cette petite mais courageuse nation prit bientôt des développements inattendus, et fut assez forte pour défendre contre tous son indépendance et sa nationalité.

Il y eut alors pour les Maronites du Liban deux ou trois cents ans de calme et de prospérité, et ils vécurent en paix à côté des Druses, leurs redoutables voisins. Mais au x° siècle, quand le calife Hackem, se jetant dans la montagne, eut donné un nouveau cours aux idées des Druses, quand il les eut pervertis par cette monstrueuse adoration de lui-même, qui devint le dogme fondamental de leur religion, des mésintelligences profondes, et qui, en se perpétuant jusqu'au moment où nous écrivons, n'ont fait que s'envenimer encore, commencèrent d'éclater entre les Druses et les Maronites.

Les Maronites avaient alors pour capitale BESCHARRI, ville située tout à côté des cèdres. Les califes musulmans les avaient plus d'une fois déclarés rebelles, car plus d'une fois ils avaient prêté un utile appui aux empereurs grecs de Byzance.

Les croisades mirent un premier terme à la lutte trop souvent sanglante des Druses et des Maronites. Dès alors on sentait le besoin d'interposer un pouvoir indépendant et fort au milieu de ces rivalités qu'envenimait encore le conflit journalier d'intérêts nés d'un voisinage trop immédiat.

Est-il nécessaire de dire que les Maronites reçurent les croisés avec une sorte d'enthousiasme? Les soldats de la foi catholique n'étaient-ils point pour eux des frères d'armes? Les Maronites pouvaient, à cette époque, mettre sur pied une armée de soixante mille hommes, prête à tout supporter pour chasser le croissant de la Palestine. Au xiii° siècle, ils envoyèrent à Louis IX, alors sous les murs de Saint-Jean d'Acre, un secours de vingt-cinq mille hommes, avec des présents de toute sorte. Le roi de France, en les acceptant, écrivit à leur émir une lettre dans laquelle nous lisons ces paroles mémorables : « Nous sommes « persuadé que cette nation est une partie de la nation fran-

« çaise, car son amitié pour les Français ressemble à l'amitié
« que les Français se portent entre eux. En conséquence, il est
« juste que vous, et tous les Maronites, jouissiez de la même
« protection dont les Français jouissent près de vous, et que
« vous soyez dans les emplois comme ils le sont eux-mêmes.
« Nous vous invitons, illustre émir, à travailler avec zèle au
« bonheur des habitants du Liban..... Quant à nous, et à tous
« ceux qui nous succéderont sur le trône de France, nous pro-
« mettons de vous donner, à vous et à votre peuple, protection
« comme aux Français eux-mêmes, et de faire constamment
« tout ce qui sera nécessaire pour votre bonheur. »

On comprend qu'après le départ des croisés, quand le drapeau de l'Islam flotta de nouveau sur la Syrie abandonnée, les Maronites, seuls représentants de la foi chrétienne dans cette partie de l'Orient, eurent à subir l'épreuve des mauvais jours. Ces épreuves furent souvent terribles, bien que la France — mais la France était si loin! — n'abandonnât jamais le protectorat qu'elle avait accepté pour eux. Au XVIe siècle, les CAPITULATIONS de François Ier firent reconnaître officiellement ce droit, et chaque fois que la violence des Druses ou la mauvaise foi des Turcs les menaçait trop sérieusement, la France parlait pour eux, et sa grande voix était toujours écoutée.

Louis XIV resta fidèle aux traditions de la monarchie. Le 28 avril 1649, il datait du château de Saint-Germain une LETTRE DE PROTECTION accordée au patriarche d'Antioche et de la nation des Maronites. « Nous prenons, disait-il, et mettons, par ces
« présentes signées de notre main, en notre protection et sau-
« vegarde spéciale le révérend patriarche et tous les prélats,
« ecclésiastiques et séculiers, chrétiens maronites, qui habitent
« dans le mont Liban; nous voulons qu'ils en ressentent l'effet
« en toutes occurrences, et, pour cette fin, nous mandons à
« notre amé et féal......., ambassadeur en Levant, et à tous
« ceux qui lui succéderont en cet emploi, de les favoriser con-

« jointement ou séparément de leurs soins, offices, instances,
« protection, tant à la Porte de notre très-cher et parfait ami
« le Grand Seigneur, que partout ailleurs que besoin sera, en
« sorte qu'il ne leur soit fait aucun mauvais traitement. Enjoi-
« gnons à nos consuls, » etc.

Louis XV lui-même, trop peu soucieux, hélas! de la dignité de sa couronne et de l'honneur de son pays, n'en renouvela pas moins, en 1737, cette charte de protection.

Lorsque le général Bonaparte, six siècles après saint Louis, arriva devant Saint-Jean d'Acre, il reçut, comme le pieux monarque, une députation de Maronites, et il l'accueillit avec la même faveur : « JE RECONNAIS, leur dit-il, QUE LES MARONITES SONT FRANÇAIS DE TEMPS IMMÉMORIAL. »

Du reste, ce protectorat moral de la France sur les Maronites a été, en toute circonstance, reconnu par la Porte. Les Turcs, trop faibles pour maintenir la paix et la justice dans leur malheureux État, eurent du moins assez souvent le bon sens de permettre que l'on fît pour eux ce qu'eux-mêmes ne pouvaient pas faire. Souvent, dans les pièces de leur chancellerie, on pouvait lire ces mots significatifs : « La nation *maronite-franque*, les *Maronites-Francs*.

C'est donc une petite France qu'à mille lieues de nos rivages, dans un repli des montagnes de l'Asie, le voyageur retrouve tout à coup. Que de fois, le dimanche, en entrant dans une de ces modestes églises du mont Liban, j'éprouvais une émotion à la fois attendrie et mêlée d'orgueil en voyant l'espèce de trône réservé au représentant de mon pays, que tous ces hommes, à l'âme généreuse et au cœur exalté, regardaient comme l'ambassadeur de leur véritable souverain, quand il tirait fièrement l'épée du fourreau, et faisait briller sa lance nue non loin du prêtre qui récitait l'Évangile ! Il me semblait ainsi qu'il renouvelait à la face de Dieu le solennel engagement pris par Louis IX, renouvelé par Louis XIV et par Bonaparte, dont Napoléon III a dégagé la parole. Aujourd'hui encore la France est le soldat de Dieu.

Nous n'avons point à faire ici l'histoire des Maronites du Liban : elle serait longue et triste. Nous ne pouvons qu'indiquer çà et là les points sommaires. De nos jours encore, le Liban a été le siége de graves événements. Méhémet-Ali, en 1832, lorsqu'il conquit la Syrie, fit désarmer les Maronites et les accabla d'impôts. On mettait une taxe sur chaque arbre fruitier; puis on abattait l'arbre, et on continuait d'exiger la taxe. En 1840, on les força d'acquitter par avance sept années de contributions. Mais, dans aucune circonstance et à aucune époque, le Liban n'avait été, comme de nos jours, en butte à d'odieuses et sanglantes persécutions; jamais le pillage n'avait été organisé sur une aussi grande échelle; jamais le massacre décrété en masse; aussi jamais la voix du sang n'avait crié plus haut vers le ciel et vers la France.

On sait que le pape Urbain VIII constitua, en 1625, la mission de Syrie, qui, depuis cette époque, fut toujours une des plus florissantes de la Propagande; ce que l'on sait moins, peut-être, c'est que les deux premiers fondateurs de cette mission furent deux Français, deux prêtres de Lyon, les pères Manilien et Stella.

Aujourd'hui la Syrie possède une mission de carmes, une de capucins, et des lazaristes, prêtres du plus sérieux mérite, d'une science véritable, d'un zèle aussi actif qu'il est éclairé, et qui sont les représentants les plus éminents du clergé catholique en Orient. Nous n'avons pas besoin de parler des sœurs de charité de Beyrouth et de Damas : leur nom est aujourd'hui dans toutes les bouches; leur héroïsme, en des circonstances trop récentes pour être oubliées, a été, comme toujours, à la hauteur de tous les périls et de tous les devoirs.

Le patriarche des Maronites, qui porte le titre de patriarche d'Antioche, a pour coadjuteur l'archevêque de Laodicée. Il a toujours auprès de lui deux évêques et un certain nombre de prêtres. Sa vie est simple, et il n'est grand que par ses vertus. Il compte sous sa juridiction quinze archevêques ou évêques; douze cents prêtres, qui desservent trois cent cinquante-six églises; soixante-sept couvents d'hommes; quinze couvents de femmes; enfin cinq colléges, qui envoient chaque année quelques élèves à Rome par les paquebots français, toujours heureux de leur accorder un passage gratuit. On le voit, c'est une civilisation européenne, française.

La population catholique du Liban s'élève à près de trois cent mille têtes, réparties dans six cent cinquante-sept bourgs et villages. Trois cent soixante-dix de ces villages sont leur propriété exclusive; dans les deux cent quatre-vingt-sept autres, ils sont mêlés aux Druses, aux *Ansyriis,* et aux *Métoualis.*

La constitution des Maronites est une sorte de république militaire; ils ont leurs émirs, comme les Druses ont leurs hackems. Leur vie est simple, leurs mœurs sont pures; il n'y a point aujourd'hui, sous le soleil, de peuple dont l'existence se rapproche davantage de celle des anciens patriarches. Guerriers au besoin, — et les Druses, quand ils ne les ont point attaqués par trahison, ont pu sentir le poids de leurs bras, — ils sont surtout pasteurs et laboureurs. Ils ont de beaux troupeaux dont ils prennent grand soin, des magnaneries fort bien tenues, d'admirables plants de tabac, de cotonniers et d'oliviers, et des vignes que je n'hésite point à ranger parmi les plus belles du monde. Leurs récoltes de céréales sont aussi très-abondantes et très-riches. C'est peut-être le fond qui leur manque le plus; car, sur la pente trop rapide de leurs montagnes, il suffit parfois d'un orage, qui fait déborder les torrents, pour que de longues pentes de terre végétale, soudainement enlevées, laissent à nu la roche âpre et stérile.

Ils savent obvier à cet inconvénient en divisant la montagne en une série de terrasses, larges d'une vingtaine de pieds, et, s'élevant par étages les unes au-dessus des autres. Un drainage bien entendu s'empare des eaux, les dérive, et change en fécondité ce qui était d'abord une cause de ruine.

Je ne sais rien de plus charmant qu'un village maronite, situé à mi-côte de quelque colline, s'étendant à droite et à gauche et faisant retour par une molle courbure, avec toutes ces terrasses en amphithéâtre, avec ces grands arbres, palmiers, mûriers en fleur, figuiers couverts de fruits, que soutiennent de grandes vignes, dont les grappes déjà mûres retombent en festons éclatants; avec toutes ces végétations opulentes escaladant les rochers, s'abaissant vers les précipices, et par le caprice de leurs formes et la variété de leurs teintes, donnant ainsi à la montagne entière je ne sais quel aspect de décoration théâtrale, que rehausse le prestige d'une incomparable lumière.

Il n'y a de cloches dans tout l'Orient que chez les Maronites; partout ailleurs les Turcs les interdisent; hier encore, une simple clochette dans une église d'Alep a été le signal d'un massacre. Je ne saurais dire avec quel charme on les entend le soir, quand le vent qui passe vous apporte leur tintement lointain. La cloche, n'est-ce point là une des plus touchantes poésies du catholicisme? A ces accents, tous les souvenirs de notre vie se réveillent, et, avec leur voix si douce, que la distance, en l'affaiblissant, rend plaintive, il semble qu'il nous arrive comme un souvenir et un écho de la patrie absente.

Bien souvent aussi le village est trop pauvre pour avoir une cloche, et, pour appeler les fidèles à l'office, le prêtre n'a qu'une plaque d'airain, suspendue aux basses branches d'un sycomore ou d'un ormeau, qu'il frappe à coups redoublés. L'arbre est la tour de l'église, la plaque d'airain est son unique cloche, et l'on sonne à coups de bâton.

Quelques-unes de ces églises m'ont paru bien simples, presque pauvres; et cependant elles produisaient une impression profonde sur mon âme. Elles avaient pour toute décoration deux flambeaux de cuivre sur une table servant d'autel, et que la nappe de lin ne couvrait pas tout entière. Sur un des murs, l'image de saint Maro, fondateur de la nation maronite, qu'on eût dite peinte à fresque avec du noir de fumée, tant elle était sombre; en face, une image de la Vierge, fidèle au type byzantin et découpant sur un fond d'or son ovale allongé. Du reste, pas une chaise, pas un banc, pas un prie-Dieu. Rien autre chose que la froide nudité des quatre murs. La piété des fidèles Maronites n'en est pas moins ardente. Nulle part la foi n'est plus vive, l'espérance plus ferme, la charité plus tendre; on ne prie point, on adore; on ne s'agenouille point, on se prosterne; on ne joint pas les mains, on étend ses bras en croix; on s'abîme dans son humilité, et l'extase noie dans ses langueurs mystiques tous les yeux tendus vers le ciel.

A quelque distance, une humble maison, à demi perdue sous les arbres d'un verger d'oliviers, plus propre que celles du village, entourée d'un jardin bien tenu, semble vous souhaiter la bienvenue en vous souriant à travers ses fleurs. Une femme encore jeune, entourée de beaux enfants qui courent du verger à la maison et de la maison au verger, dispose devant la porte le repas du soir.

C'est la femme du curé.

L'Église catholique, comme une bonne et indulgente mère, compatit aux faiblesses de ses fils, et mesure partout le poids du fardeau à la force des épaules. Elle n'a pas voulu sous ces ardentes latitudes et dans cette patrie des brûlantes passions, imposer à ses ministres le joug d'une continence absolue; en Orient, sa sagesse n'exclut point le prêtre de la famille et ne lui défend pas d'être père.

Sans être des théologiens de première force ou des casuistes très-subtils, ces curés maronites, suffisamment instruits, sont des prêtres selon le cœur de Dieu. Ils aiment le petit troupeau confié à leur garde; ils en sont aimés. Leur influence est immense sur ces populations qui ont gardé intactes les croyances du premier âge. Le prêtre, dans un pays où la hiérarchie du pouvoir est loin d'être nettement reconnue, est la principale et la plus salutaire autorité du village. Sans jamais donner lieu à l'*appel comme d'abus*, il concentre dans sa main le spirituel et le temporel. Il est impossible de se marier, de naître et de mourir sans sa permission. Cette théocratie, que la piété naïve de ce peuple accepte, qu'elle réclamerait au besoin, suffit à toutes les nécessités d'un pays qui n'a encore subi aucune des exagérations de la civilisation. Livrés à eux-mêmes, protégés contre les violences des Druses, peut-être aussi contre l'oppression des Turcs, les Maronites, bornés dans leurs désirs, simples dans leurs mœurs, sincères dans leur foi, donneraient au monde le dernier exemple des joies pures de l'âge d'or.

En parlant des Druses, je rappelais, pour la nier, l'origine française qu'il avait plu à certains historiens de leur attribuer. Cette origine pourrait être plus légitimement réclamée par quelque partie de la population maronite. On sait, en effet, qu'après les grands désastres qui signalèrent la fin des Croisades, une troupe assez nombreuse de chevaliers français s'échappa de Tripoli de Syrie, et, poursuivie par les musulmans, se jeta dans le Liban. Elle y fut accueillie par les Maronites avec une sympathie touchante. Elle y prit femme et fit souche de Français. Et aujourd'hui encore, quand on regarde avec des yeux qui savent voir, on rencontre assez souvent parmi les indigènes des familles tout entières qui présentent dans sa pureté originelle le type de la race gallo-latine.

XLI

SIDON. — BEYROUTH. — DAMAS.

Les ports du Liban. — La côte de Syrie. — Sidon-Saïda. — Le vieux château. — Le caravansérai. — Population. — Beyrouth. — Cosmopolitisme. — Le port marchand. — Visite aux bazars. — De Beyrouth à Damas. — La plaine. — Damas à vol d'oiseau. — Splendeurs. — Commerce et industrie. — Les maisons de Damas. — La mosquée de Saint-Jean-Baptiste. — Le palais du séraskier.

Nous l'avons déjà dit, le Liban n'a point de villes vraiment dignes de ce nom, et dont l'importance soit en rapport avec la grandeur de la montagne et l'étendue des pays qu'elle enserre et qu'elle domine. Il n'a guère que de grands villages. Mais à ses pieds, du côté de la mer, les deux célèbres et antiques cités de Beyrouth et de Sidon peuvent être considérées comme ses ports naturels. De l'autre côté de la montagne, par delà l'Anti-Liban, au milieu d'une admirable plaine, entre les deux ruines de Baalbeck, vers l'ouest, et, vers l'est, de Palmyre, nous trouvons Damas, une des plus belles villes de l'Orient, une des plus curieuses villes du monde.

Je ne connais rien de plus admirable que la côte de Syrie, entre Beyrouth et Sidon. A mesure que l'on approche de la terre, un panorama splendide, aux lignes les plus pures, aux tons les plus harmonieux, se déroule sous le regard de l'homme; c'est un de ces tableaux comme Dieu seul peut les signer. Nulle part le ciel et la mer n'ont un azur à la fois plus clair et plus profond. La vague n'est pas seulement transparente, elle est lumineuse; la côte, toute brodée de petits golfes se succédant les uns aux autres, ondule avec une souplesse de mouvement et une grâce dans le tour et le détour que rien ne peut imiter ; un peu plus loin, sur l'arrière-plan, et formant ainsi le fond du tableau, se dresse la grande masse du Liban, dont les crêtes se profilent dans l'espace et forment les perspectives les plus variées. Sombre à sa base, presque noire, à mesure qu'elle s'élève la montagne prend des teintes plus gaies, et, par une gamme chromatique de nuances insensibles, arrive à la blancheur des neiges immaculées.

Charmé de la beauté à la fois imposante et gracieuse de ce spectacle si nouveau pour lui, l'Européen hésite à descendre ; il ne veut point fouler encore cette terre d'Asie, et, du pont de son vaisseau, il embrasse ce magnifique ensemble. Tout près de lui, cependant, les grands palmiers ploient et relèvent leurs têtes flexibles sous la brise ; les bananiers font briller sous le soleil leurs régimes de fruits éclatants, et les haies de cactus s'avancent jusque sur le sable du rivage. Çà et là des cavaliers dont le kouffieh aux mille couleurs flotte sur leurs épaules, passent comme des fantômes emportés par le galop de leurs chevaux ; au bord d'un puits, un groupe de femmes, vêtues de blanc, babille en surveillant une troupe de jolis enfants, à demi nus, qui se roulent à leurs pieds.

Sidon — aujourd'hui l'on dit Saïda — est devant nous. La ville a bon air avec son vieux château démantelé, lors de la dernière guerre de Syrie, par les canons anglais. Ce château, posé comme une sentinelle avancée sur une petite île, qu'il occupe tout entière, communique par un pont avec la forteresse de terre ferme. La ville est bâtie moitié à niveau, moitié sur une colline dont elle escalade les flancs : le sommet de la colline est couronné par une ancienne citadelle dont on a fait un couvent. A gauche de la ville, se dresse un immense promontoire dont on pourrait faire une défense très-redoutable.

On débarque sur des degrés rapides et glissants ; on franchit une porte auprès de laquelle, comme aux anciens jours racontés par la Bible, se tiennent les notables de la ville, pendant que les jeunes oisifs prennent des sorbets à la neige dans des cafés assez luxueux. On entre. Les rues de Saïda, comme celles de toutes les villes d'Orient, sont étroites et tortueuses ; toutes les maisons se terminent en terrasses, et souvent, au moyen d'une arche jetée d'une maison à l'autre, la terrasse empiétant sur la rue la change en tunnel impénétrable à la pluie et au soleil, mais également impénétrable à l'air et à la lumière. On s'avance donc presque au hasard dans une demi-obscurité.

Tout à coup, après dix minutes de cette marche incertaine, on se trouve devant le majestueux portique d'une immense construction : c'est l'ancien caravansérai destiné aux voyageurs qui voulaient s'arrêter dans la ville. Aujourd'hui c'est le khan français. Une partie de ses vastes bâtiments est occupée par notre consul, et c'est là que, tout récemment encore, M. Blanche, dont nous goûtâmes l'hospitalité il y a quelques années, offrit un asile aux chrétiens du Liban ; une école, des boutiques de marchands, et un couvent de pères Franciscains occupent le reste du khan. Le vaste espace à ciel ouvert renfermé dans ses murailles est égayé par une belle fontaine, autour de laquelle des arbres aux essences précieuses étalent toutes les splendeurs de la végétation tropicale.

La ville de Saïda est plus solidement bâtie que la plupart des autres villes de la côte de Syrie ; quelques-unes de ses maisons ont l'aspect de véritables citadelles ; les belles sculptures des piliers qui supportent leurs toits rappellent l'habileté des anciens habitants du pays : « Qui donc parmi vous peut se vanter de sculpter le bois comme ceux de Sidon ? » dit l'auteur du Livre des Rois.

Saïda renferme environ 12,000 habitants ; les deux tiers sont mahométans, le reste est chrétien, mêlé de quelques juifs.

Toute cette population est industrieuse ; elle travaille la soie avec beaucoup d'art, mais son port très-difficile, — bien qu'avec un peu de travail il fût possible de le rendre excellent, — n'excite point aux entreprises commerciales. Cependant les promontoires de rochers qui s'avancent assez loin dans la mer, parallèlement à la côte, offrent le plus sûr abri contre les vents et les tempêtes, et une administration prévoyante n'eût pas manqué de créer là un port de refuge précieux sur une côte assez ouverte. Saïda peut être considéré comme le chantier du Liban : toutes les routes environnantes sont couvertes de chameaux portant et de bœufs traînant des pièces de bois coupées sur la montagne.

Si le présent de Saïda est modeste, le passé de Sidon fut glorieux. Cette ville, bâtie par un fils de Chanaan, était déjà renommée par son industrie et son commerce au temps du patriarche Jacob ; Josué en parle comme d'une cité magnifique ; et jusqu'au jour où elle fut détrônée par Tyr, sa jeune rivale, elle occupa une grande place dans l'histoire du monde ancien.

BEYROUTH est le second port du Liban.

Cette ville, que les Druses ont respectée jusqu'ici, présente un caractère de cosmopolitisme frappant. La beauté de son site, les facilités de toutes sortes offertes à la vie, n'ont pas peu contribué à rassembler à Beyrouth des habitants de toutes les parties de l'Europe, et même de l'Amérique ; chacun y apportait le goût d'élégance et de confort de sa nation, et, de ce concours de tous les peuples, il est résulté une des plus agréables villes du monde. Beyrouth, en moins de trente années, a improvisé des merveilles que, partout ailleurs, il eût fallu des siècles à réaliser. Ce ne sont que villas délicieuses, jolis cottages, vastes jardins, fleurs et parfums ; ajoutez le centre commercial d'une des régions les plus fertiles du monde, un mouvement et une activité dont s'étonne le nonchalant Ottoman, et qui font de Beyrouth le

Paris de la Syrie, — un Paris au pied du Liban et au bord de la Méditerranée.

Il est peu de villes en Asie où les Européens aient de plus sérieux intérêts et de plus nombreuses relations. La partie qui avoisine le port présente la même physionomie pleine d'animation affairée que nos halles à l'heure du marché, que la Cité de Londres à midi. C'est un bruit, un tumulte, une confusion que l'on peut difficilement imaginer. Les portefaix, courbés sous leurs charges, glapissent des interjections désespérées pour obtenir un passage qu'on ne leur livre point assez vite; les mulets heurtent les passants; les chameaux menacent de les écraser; mille cris se croisent, se mêlent, se confondent, et un nuage de poussière, s'élevant des rues qu'aucun arrosage n'a jamais humectées, enveloppe de son voile épais les matelots, les marchands et les touristes des quatre parties du monde : les Grecs en fustanelle blanche comme la neige, en veste de soie bleue, en bonnet rouge; les Arméniens en robe grise et en turban noir, les juifs râpés, les moines déchaux, les négociants d'Alep, qui n'ont pas tous le bouton, les Druses au turban de pourpre, et les Turcs portant le costume étriqué du Nizam. Des Anglaises pâles, mises à la dernière mode de Paris, mais avec des chapeaux verts et des ombrelles bleues, coudoient des sylphides de Damas qui marchent, comme des déesses, dans un nuage invisible sous leurs voiles blancs.

Dans les rues, couvertes de grandes tapisseries, jetées d'un toit à l'autre, que l'on a arrangées en bazar, tous les produits de l'Europe et de l'Asie semblent s'être donné rendez-vous pour tenter l'acheteur. Un grand khan d'architecture assez simple, mais de proportions imposantes, sert de caserne aux troupes turques. Un théâtre assez joli et où l'on chante les opéras italiens atteste le goût musical de la petite colonie européenne. A quelque distance de cette création toute moderne, on trouve les ruines d'un amphithéâtre antique, dont les dernières constructions descendent jusque dans la mer. Du reste, la ville tout entière est remplie, ou plutôt entourée de magnifiques débris du passé, et nous-même, pendant un trop rapide séjour à Beyrouth, nous avons découvert, à quelque distance du port, une mosaïque qui eût fait le bonheur de toute une société d'antiquaires.

Beyrouth est situé au pied même du Liban, dont les belles vallées ouvrent à la ville leurs riantes perspectives : de ses grands sommets, couverts de neige, descendent sur elle l'ombre et la fraîcheur.

DAMAS est séparé de Beyrouth par le Liban, la Cœlé-Syrie et l'Anti-Liban. Nous mîmes trois jours pour aller à dos de chameau d'une de ces villes à l'autre. L'étape nous parut longue. Il n'y a point de route pour joindre les grandes plaines de Damas aux rivages de la Méditerranée, mais seulement des sentiers de montagnes parfois assez difficiles; ils ont du moins le mérite de vous faire traverser les plus admirables paysages du Liban et de l'Anti-Liban.

Nous avons dans notre monde européen trois villes dont l'aspect est enchanteur : j'ai nommé Édimbourg, Naples, et Constantinople.

Mais ni la silhouette gracieuse de Carlton-Hill, baigné dans les eaux du *Firth-of-Forth*, ni l'éclat bleu du golfe de Baïa, ni les splendeurs de la Corne-d'Or, n'ont jamais égalé les magnificences du panorama qui se déroule devant les yeux du voyageur apercevant Damas des hauteurs de l'Anti-Liban.

Il y a là quelques minutes d'éblouissement qui ne vous permettent de rien distinguer tout d'abord; mais le spectacle de l'ensemble suffit, de reste, aux plus exigeants.

Imaginez une vaste ellipse, mesurant huit à dix lieues d'un foyer à l'autre, et dont le contour est tracé par une ligne de montagnes qui réunissent tous les accidents de la forme à tous les charmes de la couleur, et dont la ligne onduleuse, grise, verte et bleue, flotte à l'horizon lointain, comme une ceinture à demi dénouée. Au pied de ces montagnes, une forêt, où s'étale dans son luxe et dans sa force opulente une végétation qui semble, par un privilége assez rare, rassembler les produits de tous les climats. Le marronnier du Mans y prospère à côté du figuier des Indes, et les peupliers d'Italie avec les sapins de la Norwége pyramident entre deux bouquets de palmiers gigantesques; mais les arbres à fruits dominent dans cette forêt qui est un jardin : j'y ai retrouvé les pommiers de Normandie entremêlés à ces pruniers fameux qui ont eu jadis l'honneur de figurer·dans un proverbe, quand on venait à Damas pour ses prunes.

De temps en temps, la forêt s'entr'ouvre, et ses larges éclaircies laissent voir des nappes de gazon, qui présentent à l'œil la douceur moelleuse d'un velours épais. Sept ou huit ruisseaux, qui sont presque des rivières, brodent d'arabesques le tapis vert des prairies, avant d'aller se perdre sous le fourré des ramures.

Damas répond au luxe de la mise en scène qui l'environne. Il faut arriver le matin par la route de l'Ouest.

La ville alors vous apparaît toute baignée dans des flots de lumière dorée; le dôme des coupoles étincelle, la flèche des minarets brise en mille reflets la pointe du rayon qui se croise avec elle; d'innombrables terrasses resplendissent au soleil, et la longue muraille rouge qui l'entoure mord l'horizon de ses dentelures de créneaux.

A peine a-t-on franchi la porte, gardée par quelques soldats turcs, et déjà l'on s'aperçoit que l'on est dans une ville riche et puissante. Les rues, plus larges qu'à Beyrouth ou à Constantinople, sont bordées de maisons aux façades brillantes, ornées de balcons étroits, mais sculptés avec beaucoup d'art et de recherche. Les bazars sont magnifiques ; ils offrent au choix du voyageur toutes les splendeurs de l'Asie. Plusieurs fois, chaque année, les caravanes de Perse, qui correspondent avec les grands marchés de l'Inde, viennent y apporter les tapis d'Ispahan, les châles de Cachemire, les gazes de Delhi, les ivoires du Deckan, les perles du Ceylan et les diamants de Golconde. Quant aux soieries et aux aciers de Damas, leur réputation est depuis longtemps établie.

Les mosquées sont très-riches. Une d'entre elles, ancienne église chrétienne, bâtie en l'honneur de saint Jean-Baptiste par l'empereur Héraclius, a douze portes en cuivre avec figures en ronde-bosse ; ces portes sont ornées de colonnes, la plupart en porphyre, avec chapiteaux d'ordre corinthien en bronze doré.

Les maisons des riches bourgeois de Damas sont décorées avec un luxe dont notre vie parcimonieuse n'a pas même le soupçon.

C'est à peine si les palais princiers de l'Europe peuvent donner une idée de cette magnificence. L'argent ciselé et l'or moulé, posés par larges appliques sur les glaces étamées, revêtent les parois des appartements de réception ; des poutres gigantesques, sur lesquelles viennent s'enchevêtrer des solives peintes, donnent au plafond un aspect tout particulier, et qui rappelle assez bien les grandes salles moyen âge de nos vieux castels de Bretagne et de Normandie. A mesure que l'on se rapproche du nord de la Syrie, on abandonne de plus en plus l'usage des voûtes, que l'on rencontre dans tout le midi de la Palestine ; mais du moins chaque pièce a une hauteur qui donne à l'air une circulation large et facile : on pourrait superposer trois ou quatre appartements parisiens dans un salon de Damas.

La chambre à coucher est divisée en deux parties : l'une d'elles, plus élevée de quelques pieds, est consacrée au lit et au divan, le sol y est recouvert de nattes fines et de tapis de Perse aux riches couleurs ; la seconde est pavée de mosaïques, et pour tout ornement n'a qu'une fontaine, dont le jet, qui retombe en cascade légère, ne se tait ni jour ni nuit, accompagnant de son murmure ou la rêverie de vos siestes, ou les rêves de votre sommeil.

Dans les salons, l'élégance de l'ornementation dissimule peut-être ce qu'il y aurait d'excessif dans sa richesse. Aux glaces, à l'or et à l'argent succèdent, dans un ordre habile et avec un choix exquis, les marbres de couleur, les pierres précieuses et la nacre, mère des perles. Les petites vitres en verre assez opaque sont disposées eu losanges capricieuses; les tendines de soie et les doubles rideaux arrêtent ou laissent passer la lumière, selon les besoins de l'heure présente. Grâce à eux, l'éclat tempéré du jour se fond en des gammes de clartés délicates, qui se répandent sur les tapis soyeux, sur les ciselures des métaux et la mosaïque des pierres incrustées, de façon à former un ensemble à la fois brillant et harmonieux qui attire le regard et caresse les yeux.

Damas, qui est, sans contredit, une des plus riches, des plus belles et des plus importantes villes de l'empire ottoman, passe aussi pour une ville sainte, parce qu'elle est pour ainsi dire la clef de la Mecque. Les caravanes de l'extrême Orient sont obligées de la traverser pour se rendre au tombeau du Prophète, et leur présence régulière, à certaines époques de l'année, ne contribue pas peu à entretenir à Damas le foyer du fanatisme. Damas était autrefois défendu par trois murailles : il n'en reste plus qu'une seule aujourd'hui, et elle est encore garnie, de distance en distance, de tours assez bien conservées. Le château, environné d'un fossé large et profond, et construit en énormes pierres taillées à pointe de diamant, dans lequel les Européens ne peuvent jamais pénétrer, renferme la monnaie, l'arsenal et les casernes.

Le climat de Damas est un des plus agréables du monde. Sans doute il est chaud; mais la belle rivière BARADDI, qui se divise en plusieurs bras, comme pour mieux lui distribuer la fraîcheur, et les fontaines sans nombre répandues dans tous les quartiers de la ville, adoucissent ce qu'il y aurait peut-être de trop ardent dans cette température. Le ciel, du reste, y est si constamment beau, que dans l'année où je m'y trouvai, il n'y eut qu'un seul jour sans soleil.

Damas est une des plus vieilles villes du monde : elle existait au temps du patriarche Abraham, et la Genèse, en parlant d'elle, lui donne ses titres de noblesse; elle vit la conversion de saint Paul, et les croisés combattirent sous ses murs.

Après cette longue halte loin du rivage, nous reprenons la mer et nous nous hâtons vers Jaffa, une de nos escales les plus importantes. Mais saluons en passant le mont Carmel, qui projette sa grande ombre sur les flots.

La montagne profile devant nous les grandes lignes de sa beauté sévère, et involontairement nous nous rappelons la parole de l'Écriture : « Je lui donnerai la beauté du Carmel et la gloire du Liban ! »

Le CARMEL fut regardé de tout temps comme une montagne sacrée. Pythagore vint souvent y rêver à l'harmonie des nombres, et y méditer les pures maximes des VERS DORÉS; Vespasien y demanda des conseils au prêtre Basilide; il n'y avait alors ni temple ni statues sur la montagne, mais seulement un autel, et, comme dit Tacite : « la vénération du lieu. » Les païens l'avaient divinisé, comme toutes leurs admirations, et Suétone parle quelque part du DIEU-CARMEL.

Les prophètes ont toujours désigné le Carmel comme un lieu de délices; ils trouvent pour le louer les expressions les plus délicates et les formes les plus exquises..... C'est au Carmel que l'on compare, dans le *Cantique des cantiques*, la tête charmante de l'Époux. « Ta tête est comme le Carmel, et ta chevelure comme le diadème des rois ! »

Souvent les Hébreux vinrent sur le Carmel pour y adorer Dieu. Il fut longtemps la demeure des prophètes. C'est là que se retirèrent avec leurs disciples Élie et Élisée, préludant au recueillement austère des anachorètes chrétiens, et donnant au monde comme un avant-goût de ce spiritualisme détaché de la terre, qui se complaît dans les rêveries mélancoliques, et ne veut nourrir son âme que d'espérances immortelles.

Le prophète avait une existence à part au milieu de la nation juive. C'était un sage, menant une vie retirée et contemplative, un patriote qui rappelait au peuple oublieux le texte de la loi et le respect des institutions antiques, enfin un envoyé de Dieu, protestant contre les crimes des grands et l'impiété de tous, et annonçant les gloires et les malheurs de l'avenir. Avec quelle liberté d'esprit et quelle sublimité de paroles? c'est ce que nous dit assez la Bible, — le livre des livres.

Élevés au-dessus de ce monde et soutenus par la main de Dieu, ils découvraient, comme on fait en montant, le plan des horizons successifs, incessamment reculés devant leurs yeux, et dans ces visions ardentes et lumineuses qui les faisaient passer à travers des sphères inconnues, leur imagination se revêtait de formes splendides, et leurs lèvres, touchées par les charbons embrasés des chérubins, trouvaient des accents surhumains pour exprimer la pensée même de Dieu et les secrets de l'éternité. Les villes tremblaient en voyant venir à elles ces pieds nus, ces visages pâles aux yeux sombres, et ces robes funèbres; elles aimaient et elles redoutaient tout à la fois ces prédicateurs enthousiastes qui vengeaient les opprimés, mais qui vengeaient Dieu, et qui n'épargnaient pas plus les peuples que les rois!

La plupart de ces prophètes vivaient dans les grottes du Carmel : l'isolement de la montagne leur faisait oublier la terre; sa sérénité les rapprochait du ciel.

Le plus célèbre de ces prophètes fut Élie.

La principale grotte du Carmel porte son nom. C'est une salle carrée, haute et vaste, taillée de main d'homme et regardant la mer. Non loin de là, sur la pente embaumée, entre les arbres toujours verts, jaillit une fontaine qui retombe dans des bassins de roc vif. Plus de deux mille grottes sont ainsi creusées dans les flancs du Carmel.

C'est sur le Carmel qu'Élie confondit les prêtres de Baal ; et, quand il eut été ravi au ciel dans un char de feu, c'est encore sur le Carmel que se retira son disciple Élisée.

Dès le premier siècle de notre ère, des anachorètes chrétiens, successeurs des anciens prophètes, et comme eux dévorés du zèle de Dieu, vinrent peupler le Carmel. Ils y construisirent une chapelle sous l'invocation de la Vierge ; on croit aussi que sainte Hélène y fit bâtir une église.

Le moyen âge eut ses couvents sur le Carmel ; bientôt le Carmel et les Carmélites se répandirent dans les sites poétiques et sauvages de l'univers chrétien, cherchant le silence et pratiquant la charité.

En 1825 — j'arrive aux mauvais jours — Abdallah, pacha de Saint-Jean d'Acre, renversa de fond en comble le couvent du Mont-Carmel, et avec les matériaux se bâtit un palais d'été.

La France réclama.

Le sultan rétablit les Carmes dans leurs anciens droits et ordonna au pacha de rebâtir le couvent à ses frais. Il eût fallu peut-être attendre bien longtemps. Le frère Jean-Baptiste et le frère Charles parcoururent l'Europe ; Paris, Londres, Vienne et Berlin les virent tour à tour ; « fins comme des serpents et simples comme des colombes, » ils avaient pour eux le charme de la persuasion ; ils eurent bientôt le succès. La charité ingénieuse organisa le plaisir pour les mieux servir. On dansa et on chanta pour eux ; pour eux, les mains les plus aristocratiques et les plus fières demandèrent le louis d'or du banquier, le denier du pauvre et l'obole de l'artiste. Les pères revinrent au Carmel avec une moisson abondante. A ces ressources matérielles apportées de l'Europe, ils joignirent la volonté forte et l'inébranlable patience, sans laquelle, en Orient pas plus qu'ailleurs, on ne peut rien. Ils firent les ouvriers avant de faire la maison, devenant eux-mêmes architectes, maçons et tailleurs de pierre, et aujourd'hui, sur la dernière pointe du Carmel, s'élève enfin, comme le donjon du christianisme, un couvent fortifié et parfaitement disposé pour la résistance : les portes sont revêtues de fer, défendues par un flanquement et des feux de protection ; on a ouvert dans toutes les directions des créneaux et des meurtrières, et, comme on dit en langage militaire, la terrasse est défilée des hauteurs qui la dominent. Jamais la paix ne s'est entourée d'un appareil plus guerrier. Cette forteresse est un couvent : cette citadelle n'est défendue que par une douzaine de carmes déchaux.

L'église du mont Carmel est assez belle. Le chœur est bâti sur la grotte même d'Élie. Cette grotte est également vénérée par les Turcs et par les Druses, par les Grecs et par les Latins. Les moines l'ouvrent, avec une parfaite courtoisie, aux pèlerins de toutes les communions.

XLII

LA TERRE SAINTE. — JAFFA.

Grandeur des souvenirs. — Le port de Jaffa. — On débarque. — Le marché. — Petites maisons et grands jardins. — Joppé. — Jaffa, Japhet. — Antiquité profane et sacrée. — Saint Pierre et la vocation des Gentils. — La route. — Comment on équipe une caravane. — La plaine de Sarons. — Ramlah. — Nicodème et Joseph d'Arimathie. — Premier aspect de la Judée. — Le bon larron et la fuite en Égypte. — La vallée des Térébinthes. — Roi et berger.

Depuis la mort de Jésus, le monde chrétien eut toujours les yeux tournés vers Jérusalem. Jérusalem, au milieu des péripéties changeantes des siècles, possédée par les empereurs romains, soumise aux musulmans, affranchie par les croisés, retombée une fois de plus sous le joug des infidèles, n'en attire pas moins constamment à elle tous ceux qui nourrissent dans leur âme d'immortelles espérances. On veut contempler ces vastes horizons, devinés à la lecture de la Bible, ces grands paysages, entrevus dans les tableaux des peintres; on veut fouler cette terre sur laquelle éclatèrent tour à tour la colère et la tendresse de Dieu, dont l'histoire fut longtemps l'histoire même du monde, et où l'on découvre encore les vestiges du Très-Haut; on veut gravir ces montagnes retentissantes de prophéties; errer dans ces solitudes peuplées de miracles, mais surtout retrouver, en l'adorant, la trace du Christ sauveur : à Beit-Léhem, où, dans son humble crèche, vagit le Verbe fait homme; à Nazareth, où l'enfant divin essaya ses premiers pas après l'exil; sur les rives du Jourdain, consacré par son baptême; au sommet du Thabor, illuminé de sa gloire; dans les grottes de Getséhmani, arrosées de sa sueur sanglante; au pied du Calvaire, où s'accomplit le sacrifice qui renouvela la face du monde.

Jaffa est le port de Jérusalem : c'est à Jaffa qu'il faut débarquer pour commencer son pèlerinage de terre sainte.

Vue du bateau et d'un peu loin, la ville de JAFFA offre un coup d'œil charmant : elle est assise sur une colline aux pentes douces, les pieds dans la mer, et portant au front, comme une couronne de fleurs et de verdure, ses terrasses toutes couvertes de jardins; ajoutez la coupole étincelante de ses maisons arrondies, ou la pointe aiguë de ses minarets qui pyramident dans la lumière chaude et pure.

On approche : les difficultés commencent. Je disais tout à l'heure que Jaffa était un port, c'est bien plutôt un écueil. Son golfe, hérissé de rochers, ne laisse point approcher les navires; c'est à peine si les caïks légers peuvent se hasarder dans ces défilés impraticables. Un faux mouvement de la rame vous chavire; un reflux trop brusque vous brise contre un récif. Enfin nous abordons — nous étions quarante — presque tous jeunes, ardents au voyage, durs à la fatigue, avides de voir. — Le bruit de notre venue nous a précédés; une foule nombreuse se presse sur la marge étroite du quai; c'est à peine si on nous laisse poser un pied sur le sol. Des hommes, aux traits fiers et à la tournure mâle, des enfants d'une incomparable beauté, des femmes, impunément curieuses sous le masque de crin noir, se pressent autour de nous, touchent nos vêtements et nos armes, murmurent le nom de France et de pèlerin, nous suivent de l'œil et nous montrent du doigt. Nous débouchons sur une petite place où se tient un marché de denrées rurales : c'est un avant-goût de l'Orient. Les acheteurs se disputent des tranches de pastèques fondantes, des raisins énormes, de petites figues bleues, et des grenades entr'ouvertes, dont le grain rose a des lueurs humides à faire pâlir le corail. Nous frayons notre route à travers cette foule qui se laisse assez patiemment écarter du coude, et nous arrivons au couvent des Pères de Terre-Sainte, succursale de la maison de Jérusalem.

Autrefois, quand les pèlerinages des Latins se faisaient à des époques fixes et régulières, le *Père gardien du Sépulcre*, — c'est le titre que prend le supérieur des Franciscains de Palestine, — venait recevoir lui-même les pèlerins au rivage. On a un peu changé tout cela; cependant Monseigneur Valerga nous envoie son chancelier avec des paroles de bienvenue. Les religieux, qui sont tous Espagnols, nous font un accueil aimable. Leur couvent, qui serait beau partout, à Jaffa, au milieu des maisons turques, semble magnifique; c'est un palais et une forteresse : il pourrait soutenir un siége, et il rappelle à l'esprit l'idée de ces anciens ordres à la fois religieux et guerriers que l'Occident envoyait jadis camper au milieu même des infidèles. On ne s'étonne plus de le voir arborer, comme un château fort, un drapeau sur ses créneaux. Ce drapeau est blanc, aux armes de Jérusalem, « *la croix de gueule, potencée et cantonnée de quatre.* » La ville est assez triste, petites maisons basses, rues étroites, où des tentures jetées d'un toit à l'autre interceptent la lumière. Pas de monuments, mais beaucoup de jardins. Il serait difficile de voir de plus beaux arbres. Ici l'orange d'or éclaire son feuillage sombre; là c'est la grenade qui s'entr'ouvre et qui montre à travers sa peau rugueuse l'éclat humide de ses pepins roses. Les fleurs se mêlent aux fruits, et toutes les saisons se rencontrent sur la même branche.

Jaffa, tel que nous le voyons aujourd'hui, est une ville moderne, une ville neuve, qui date peut-être de cent cinquante ans; mais par l'histoire et la tradition Jaffa se rattache à Joppé, c'est-à-dire à la plus ancienne ville du monde, bâtie sur son emplacement par Japhet, fils de Noé. Tous les souvenirs de la religion, de l'histoire et de la poésie se pressent sur ce petit coin de terre. La critique sépare l'ivraie du bon grain. C'est au pied de cette montagne que Noé construisit l'arche; c'est sur ce rocher que la vengeance des Néréides attacha Andromède. Une des fontaines de Jaffa roule des eaux presque rouges ; c'est le sang du combat! C'est ainsi qu'aujourd'hui encore le sang d'Adonis, teignant le fleuve de Biblos, épouvante le Phénicien de la couleur de ses flots. Joppé était la limite extrême de la tribu de Dan, et le seul point par lequel la Judée, dans les temps anciens, communiquât avec la mer. C'est là qu'abordaient les flottes d'Hiram, chargées des cèdres du Liban ; c'est de là que partaient, c'est là que revenaient les vaisseaux de Salomon, après avoir parcouru les îles de la Méditerranée ; c'est là que Jonas prit la mer quand il fuyait devant la face du Seigneur, déposant comme un poids trop lourd sa mission de prophète. Simon et Judas Machabée prirent Joppé sur les Syriens ; Judas le brûla en partie avec les vaisseaux de son port, pour venger le massacre de deux cents Juifs réfugiés dans ses murs.

Joppé reçut avec joie la bonne nouvelle de l'Évangile. Saint Pierre y accomplit un de ses premiers miracles. Il y demeura plusieurs jours dans la maison de Simon le corroyeur, où lui fut révélée la vocation des Gentils. J'ai voulu visiter cette maison. On ne m'a montré que la place où elle était, au bord de la mer, regardant à la fois l'Europe et l'Afrique, où les apôtres allaient bientôt semer le Verbe de Dieu. Tout près de cette maison on éleva une église à saint Pierre ; il ne reste plus aujourd'hui de cette église que la base d'un pilier, un fragment de voûte et quelques pierres éparses. Souvent, hélas! des sanctuaires les plus vénérés c'est à peine si l'on retrouve une faible trace! Les Romains rasèrent et brûlèrent deux fois Joppé. Au moyen âge et pendant les croisades, il partagea la fortune changeante des églises d'Orient. Au xvie siècle, ce n'était qu'une ruine ; au xviie siècle, qu'un château et trois cavernes. Le château consistait en deux vieilles tours reliées par un mur : une troupe d'Arabes en guenilles montait la garde autour de six canons rouillés !

Le Jaffa moderne est né de ces ruines. A toutes les époques nous avons écrit notre nom avec des victoires sur ce coin du monde. Saint Louis y planta l'oriflamme, et Bonaparte le drapeau tricolore. On sait comment la peste y suivit le massacre des prisonniers. Il semble que de ses ennemis l'Orient ne garde que les morts. Les Anglais entrèrent dans Jaffa quand nous en fûmes sortis ; ils y élevèrent, au sud-est de la place, un bastion que l'on voit encore ; Jaffa, depuis le commencement de ce siècle, a été pris trois ou quatre fois. Aujourd'hui les Turcs s'en croient les maîtres.

Pour aller de Jaffa à Jérusalem (il y a un peu moins de deux jours de marche), on s'organise en caravane comme s'il s'agissait d'aller jusqu'au fond de la Perse. Si vous êtes comme nous trente ou quarante voyageurs, le cortége nécessaire des gens de service va tout de suite former une petite troupe. On mettra pour la monter tous les villages voisins en réquisition. Ce sera une occasion précieuse de juger, au moins sur échantillons, toutes les races et toutes les espèces de chevaux, d'ânes et de chameaux qui se rencontrent dans la Syrie, depuis le fier cheval du Nedji qu'on nomme KUEL, et qui est, dit-on, le plus beau cheval du monde, jusqu'aux petits BÉGUIRS, qui ressemblent assez à nos chevaux de montagnes, bas sur jambes, courts de reins, mais pied sûr, tête obstinée et du feu dans l'œil. Les caravanes, dont le départ est toujours une opération difficile, accompagnée de cris et de horions, adoptent un ordre de marche assez guerrier. Les mulets, les ânes et les chameaux destinés aux bagages sont placés au centre ; des cavaliers s'avancent en tête, flanquent les ailes ou terminent la colonne, et, après une bonne heure employée à s'organiser, l'expédition sort enfin par la porte de Jérusalem et déroule ses longues files à travers les allées sinueuses et sablonneuses d'un bois de cactus et de figuiers de Barbarie, mêlés aux oliviers, aux nopals, aux sycomores et aux nabkas ; de temps en temps, un tamaris au feuillage bleuâtre et délicat me rappelle mes rivages normands et la patrie absente. Çà et là, dans les éclaircies du bois, de grands carrés de terres fécondes et cultivées, arrosées par les NORIAS[1], où s'attellent des buffles et des chevaux aveugles, nous montrent toutes sortes de légumes plantureux ou de fruits exquis, les aubergines de mille formes et de mille couleurs ; des pastèques qui dorment sur leur ventre rebondi, des régimes de bananes, des figues bleues ou rouges, et surtout des grappes de raisins dorés que les pampres amoureux laissent pendre aux branches de tous les arbres.

Jaffa est le jardin de la Palestine.

En sortant de ces vastes jardins, on débouche dans une plaine immense : c'est la plaine de SARONS, qui s'étend depuis Gaza jusqu'au Carmel, depuis la Méditerranée jusqu'aux montagnes de la Judée et de la Samarie. Plus d'une fois l'Écriture a loué sa beauté. « Je suis le Narcisse de Sarons et le lis des vallées, » dit l'épouse du Cantique. Maintenant encore le printemps y sème à pleines mains le lis, la rose, l'anémone, les tulipes, les giroflées et l'immortelle d'or. La plaine n'est point unie : elle se soulève au contraire par un mouvement d'ondulation lent et doux. Nous laissons à notre droite le pays des PHILISTINS, qui trembla sous les pas du fort Samson. Bientôt nous trouvons la TOUR DES QUARANTE MARTYRS, consacrée à des saints inconnus, et les ruines de Lydda, où mourut saint Georges.

Le soir vient ; le soleil disparaît comme une lampe qu'on éteint ; la nuit tombe du ciel. Nous sommes à RAMLAH, la patrie de Nicodème, un des personnages les plus obscurs de l'Évangile, et que les traditions, au moins bizarres, s'obstinent à placer dans la lune. Joseph d'Arimathie, qui, au pied même du Calvaire, oignit de parfums et arrosa de larmes le corps du divin crucifié, avait une maison de campagne à Ramlah. Nous eussions bien

---

[1]. Sorte de puits muni d'une machine, mue par des chevaux, et à l'aide de laquelle on fait monter l'eau.

voulu aller lui demander l'hospitalité, mais sa villa est depuis longtemps détruite, et nous dûmes nous contenter de l'abri que nous offrirent très-généreusement, d'ailleurs, les pères franciscains dans leur couvent.

Après une halte de quelques heures, nous nous mîmes en route vers minuit, conduits par les étoiles; nous arrivâmes avec le jour au pied des montagnes de Judée. De loin ces montagnes célèbres nous apparaissent comme autant de mamelons isolés; mais, en approchant nous reconnaissons un vaste système, une chaîne immense, dont les anneaux se soudent avec des rochers. Ici, plus de route tracée; nous cheminons le plus souvent dans le lit desséché des torrents. De temps en temps nous rencontrons un village à mi-côte. Un de ces villages, nommé LATROUN, fut, dit-on, la patrie du seul voleur qui ait jamais mérité le nom de bon larron. Une légende pieuse se rattache à cette conversion, la première qu'ait obtenue le sang du Crucifié. C'était au moment de la fuite en Égypte. La caravane que suivaient Joseph et Marie s'était remise en route après le repos de midi, au bord de la fontaine, à l'ombre des mûriers et des térébinthes. L'enfant Jésus s'était endormi sur les genoux de sa mère, et la Vierge respectait ce divin sommeil. Tout à coup deux voleurs s'élançant des broussailles parurent devant eux; la Vierge leur montra l'enfant endormi, et l'un des deux fut touché jusqu'au fond de l'âme par cette grâce innocente, et au lieu d'attaquer il défendit. Trente ans s'écoulèrent: Jésus passa à travers le monde en faisant le bien — l'histoire ne dit pas ce que fit le larron. Mais un jour trois croix se dressèrent au sommet du Golgotha: le Fils de l'homme était attaché entre deux voleurs. L'un d'eux blasphémait, mais l'autre disait: « Celui-ci n'a fait aucun mal, » et, se tournant vers Jésus: « Seigneur, disait-il encore, souvenez-vous de moi lorsque vous serez arrivé en votre royaume! »

Jésus lui répondit: « Je te le dis en vérité, aujourd'hui tu seras avec moi dans le paradis. » Or, celui-là même à qui le

Christ parlait ainsi, c'était le bon larron qui avait sauvé l'enfant Jésus.

Les montagnes se succèdent avec une monotonie qui, à la fin, devient fatigante : c'est toujours le même horizon qui sans cesse finit et recommence; chaque hauteur franchie nous découvre une hauteur nouvelle. C'est toujours et partout le même caractère : grandeur sombre, tristesse sauvage — l'image saisissante du génie hébreu.

Un défilé où une poignée d'hommes écraserait une armée nous conduit dans la Vallée des Térébinthes : nous laissons sur notre droite la montagne où gisent encore les ruines de Modin, la patrie de ces vaillants qui auraient sauvé les Juifs, si les Juifs avaient pu être sauvés, et qui ont du moins donné à leur nom une gloire immortelle : les Machabées! Dans la vallée des Térébinthes nous retrouvons la jeunesse de David : nous traversons le lit du torrent dans lequel il ramassa les cinq pierres polies qu'il mit dans sa panetière pour aller combattre le géant Goliath. La vallée est étroite, sinueuse et profonde; les montagnes qui l'encaissent ont quelque chose de violent, d'âpre et de tourmenté; le térébinthe qui lui donne son nom est un arbre biblique : c'est sous un térébinthe qu'Abraham vivait dans la vallée d'Hébron. Les teintes sombres de son feuillage contribuent encore à augmenter l'aspect mélancolique de la vallée. En quittant ce paysage, par trop austère, nous entrons dans un nouveau défilé formé par des monticules tristes et nus, qui nous amène, après une heure de marche à travers des buissons, des pierres et des rochers couverts de mousse et de lichens, sur un plateau inégal, semé de blocs rougeâtres. Tout à coup, brusquement, sans préparation aucune, nous voyons se dresser à nos yeux, derrière un pli de rochers, la blanche Jérusalem.

XLIII

JÉRUSALEM. — LES LIEUX SAINTS.

La ville sainte. — Entrée à Jérusalem. — L'église du Saint-Sépulcre. — Les sanctuaires. — Les Litanies de la Passion. — Le Golgotha. — Description fidèle du Saint-Sépulcre. — Histoire des lieux saints. — La ville de David. — Le temple de Salomon. — La mosquée d'Omar. — Chrétiens, Juifs, Arabes et Musulmans.

On a beaucoup parlé des désolations et des épouvantements de la mort que semble respirer encore le désert de Juda, et des sombres tristesses de Jérusalem. Chacun sent à sa manière. Pour moi, je l'avoue, ce qui m'a frappé tout d'abord, en approchant de la ville de David et de Jésus, c'est une idée de beauté, beauté grave et mélancolique, comme il convient à une reine dans les fers, — esclave, mais reine encore. Jérusalem est toujours belle, et je comprends l'espèce de fascination qu'elle exerce sur les Arabes-Bédouins : ils ne parlent d'elle qu'en la nommant LA SAINTE, *el Cods!*

Autour de la ville, pas un champ cultivé, pas un jardin, pas un arbre, le désert partout. Jérusalem s'isole dans une solitude éclatante. Rien ne distrait le regard de ses contemplations; rien ne détourne l'âme de ses souvenirs. De hautes murailles crénelées, flanquées de tours massives et carrées, délimitent nettement l'enceinte, et découpent leur silhouette aux vives arêtes sur le fond tranché et cru d'un azur implacable, que déchire la flèche aiguë des minarets. Par une belle journée d'été, cette première vue, sous la réverbération ardente du soleil embrasant les rochers nus, nous donne les éblouissements du vertige.

Arrivée sur ce plateau, notre petite troupe s'arrête quelques instants, chacun de nous voulant se recueillir et se retrouver seul avec soi-même.

Quelle que soit la différence des symboles et la diversité des croyances, est-il possible de ne pas reconnaître que ces murs ont vu s'accomplir la plus grande des choses divines et humaines; que l'histoire de cette ville est l'histoire du ciel et de la terre, et que, du haut de ce Golgotha qui la domine, le Christ laissa tomber, avec le sang et l'eau de son côté, les semences d'une moisson d'amour et de charité, mûrie depuis sous le feu des persécutions, et qui nourrit encore le monde?

Cependant le père gardien du Saint-Sépulcre, informé de notre arrivée, daigna s'avancer hors des murs à notre rencontre, avec quelques prêtres du clergé de Jérusalem, et un assez grand nombre de chrétiens qui désiraient nous faire honneur et grossir notre cortége. On était bien aise de donner à notre présence la portée d'une manifestation religieuse et politique : en toute autre circonstance, nous nous y serions refusés, mais il y a des moments où il n'est pas permis de cacher son drapeau.

On sait qu'autrefois les FRANCS, — c'est ici le nom générique des *Européens*, — ne pouvaient entrer à cheval à Jérusalem; ils étaient obligés de mettre pied à terre aux portes de la ville. Notre influence reconquise, et, disons-le, les mœurs adoucies des Turcs, nous affranchissaient de cette honte. Nous venions en amis, non en vaincus : nous entrâmes à cheval par la porte appelée BAB-EL-KHALID, la porte des Bien-Aimés, située à l'ouest de la ville, et que l'on nomme aussi la porte des Pèlerins et la porte de Jaffa. Les soldats turcs, pantalon blanc, veste bleue, fez rouge, qui gardaient cette porte, nous laissèrent bénignement passer, tandis que des groupes d'Arabes indolents, assis sur leurs talons, le chibouck à la main, ne tournaient même pas la tête pour nous voir. Nous laissâmes à notre droite la *Tour de David*, et, par une rue étroite, grimpant, comme un sentier de chèvre, à travers deux allées de maisons sans fenêtres, nous arrivâmes à l'hospice de Casa-Nuova, bâti et desservi par les religieux franciscains.

Les hôtels sont à peu près inconnus dans la Palestine : l'hospitalité s'y donne. Les couvents de presque toutes les communions s'ouvrent généreusement pour les étrangers; on vous offre tout à l'arrivée, on ne vous demande rien au départ.

La première chose qui attire le pèlerin arrivant à Jérusalem, c'est l'Église du Saint-Sépulcre. Cette église est comme un abrégé de la ville sainte; on y trouve, réunis et comme rassemblés à dessein, les plus grands sanctuaires du christianisme : le Calvaire, le Saint-Sépulcre, la pierre de l'Onction, sur laquelle on déposa le corps du Crucifié, une des prisons du Christ, la Colonne de la Flagellation, puis les divers théâtres des grandes scènes de la Passion : les chapelles du dépouillement, du crucifiement, de l'apparition du Christ à sa mère et à Marie-Madeleine.

Chaque jour, à l'issue de leurs vêpres, les pères franciscains vont eux-mêmes en procession solennelle, la corde aux reins et le cierge à la main, s'agenouiller et prier dans chacun de ces sanctuaires.

Il est d'usage que, dès le lendemain de leur arrivée, le père gardien invite les pèlerins à se joindre aux moines. La musique des chants sacrés, la grande voix de l'orgue, l'odeur de l'encens, emportent l'âme dans les sphères supérieures de l'exaltation religieuse, et la prédisposent aux sentiments qu'elle doit éprouver en présence de ces lieux vénérés.

Suivons cette procession quelques instants pour visiter le Saint-Sépulcre : nous ne saurions avoir un meilleur guide.

En quittant le chœur de leur chapelle, les pères se dirigent tout d'abord vers la Colonne de la Flagellation.

Cette colonne, dont une partie seulement se trouve maintenant à Jérusalem (l'autre fut transportée à Rome), est presque entièrement cachée par un revêtement de métal : on a cru être plus respectueux, mais à coup sûr on a diminué l'impression que produirait la vue même du vénérable monument.

La seconde station nous arrête devant la Prison de Jésus-Christ; cette prison n'est autre chose qu'un enfoncement de quatre ou cinq pas sous le rocher. Là, dit la tradition, le Christ fut déposé quelques instants, pendant que l'on achevait les préparatifs de son supplice. On s'arrête ensuite à la place même où s'accomplit cette parole des prophéties : « Ils ont divisé entre eux mes vêtements et ils ont tiré ma robe au sort. »

Les deux stations suivantes se font dans les chapelles de Sainte-Hélène et de l'Invention de la croix. Ces chapelles, dont le nom fait assez connaître l'origine et l'appropriation, sont situées sur le rocher du Calvaire; des degrés hauts et larges y conduisent : l'une était l'oratoire de sainte Hélène; la croix fut trouvée dans l'autre. Non loin de là est un tronçon de colonne, qu'on appelle Colonne de l'outrage, et sur lequel on fit asseoir le Christ pendant que l'on posait sur sa tête la couronne d'épines, et entre ses bras le roseau, sceptre ironique de sa royauté bafouée.

La procession monte ensuite au Calvaire, en chantant cette grande et belle hymne de la Passion :

« *Vexilla regis prodeunt!*

« Les étendards du roi s'avancent! »

Elle est belle et saisissante, cette hymne chantée par des voix attendries, accompagnées des soupirs de l'orgue, selon les rites de la liturgie en deuil de notre grande semaine, celle qui s'appelle par excellence la Semaine sainte. Mais combien me parut-elle plus belle encore et plus éloquente, murmurée à demi-voix par la longue procession des moines, aux lieux mêmes où s'accomplirent les mystères qu'elle célèbre : « Ici, son côté fut blessé par la pointe d'une lance; ici, pour nous laver de nos crimes, le sang coula avec l'eau. — O arbre de la croix, bel arbre, arbre brillant, paré de la pourpre des rois! ici, tu portas, croix heureuse, le corps d'un dieu; ici, comme une balance, tu pesas la rançon du monde racheté..... Ici, reprend encore la voix des prêtres après un moment de silence, ils ont percé mes mains et mes pieds; ici, ils ont compté mes os..... »

Ces lamentations et ces plaintes empruntent à la présence des lieux où se consomma le sacrifice je ne sais quelle réalité poignante qui vous trouble, — car, lorsque votre bouche prononce ce mot, ICI, vos yeux contemplent le lieu même indiqué par le poëte !

Mais déjà nous voici à la place où se dressa la croix : c'est le sommet du GOLGOTHA; deux gros pilastres soutiennent la voûte et partagent la chapelle, en formant deux arcades ; la croix fut plantée dans l'arcade à gauche. On a cru convenable de décorer le mur du fond de riches ornements; ici, des tables de marbre; là, des candélabres et des lampes d'argent. Une lame mobile, également en argent, large de douze ou quinze centimètres, recouvre la fente du rocher, qui s'entr'ouvrit au moment où le *Fils de l'homme* rendit le dernier soupir.

Quand on soulève cette lame et qu'on plonge le regard à travers la fente, on pénètre jusque dans l'intérieur de la CHAPELLE D'ADAM, vide et nue. La tradition raconte que notre premier père fut enseveli sur le Golgotha, à l'endroit où plus tard devait s'élever la croix du Sauveur. Quand le rocher éclata, au dernier soupir de Jésus, le sang rédempteur coulant dans la terre lava les vieux os du plus antique pécheur du monde; et de même que nous avions tous été perdus dans Adam, ainsi nous fûmes tous purifiés et rachetés en lui. — Le fait n'est peut-être pas vrai, mais à coup sûr l'idée est poétique et grande.

En descendant du Calvaire, la procession se dirige vers la PIERRE DE L'ONCTION, sur laquelle on plaça le corps de Jésus, déposé de la croix, et où il fut oint et enseveli par Nicodème et

Joseph d'Arimathie. Il faut bien le dire, on ne voit pas la vraie pierre de l'Onction, qui n'était autre chose que la surface plane et unie du rocher. La piété des gardiens a cru devoir la recouvrir d'une plaque de marbre jaune. On sait que la pierre est derrière le marbre : cela doit suffire.

La procession suit toujours sa voie douloureuse, et elle arrive enfin au Saint-Sépulcre, qui donne son nom à l'église. On remarque dans ce trajet, indiquée par une plaque de marbre, la place où se tenaient la Vierge et les saintes femmes pendant que les deux amis rendaient au mort ces devoirs suprêmes.

Le tombeau est placé au milieu de la grande circonférence décrite par le temple. C'était jadis une simple grotte, creusée dans le rocher vif; on en a fait une sorte de monument en taillant le rocher tout autour; on lui a donné un revêtement de marbre blanc, avec galerie et corniches, sculptures et colonnettes; nous avons mesuré exactement sa dimension : treize pas de long, neuf pas de large, douze pieds de haut. On a placé devant l'entrée quatre magnifiques candélabres, et, au-dessus de la porte, quatorze petites lampes en argent d'un travail délicat. Le sépulcre est divisé intérieurement en deux compartiments : le premier, qui sert à l'autre comme de vestibule, renferme un bloc de marbre de près de quatre pieds de haut, indiquant la place où s'était assis l'ange qui accueillit les saintes femmes à leur arrivée au tombeau, et qui leur dit : « Ne craignez rien : je sais que vous cherchez Jésus qui a été crucifié; il n'est point ici; il est ressuscité comme il vous l'avait dit. »

Quinze lampes sont suspendues à la voûte.

La chambre intérieure de la grotte est longue d'environ sept pieds. A droite, sur la saillie large du rocher, on avait déposé le corps du Christ; ici encore la pierre a été revêtue de marbre blanc. Quarante-cinq lampes, en or, en vermeil et en argent brûlent sans jamais s'éteindre, au milieu des cierges sans nombre, dans ce tombeau, devenu le plus grand sanctuaire du monde chrétien. Là, sans cesse, s'exhale je ne sais quelle odeur de parfum mystique qui rappelle à l'âme la myrrhe, le cinnamome et l'aloès de Joseph et de Nicodème.

Entre ces deux chambres, aujourd'hui séparées par une simple porte, on avait roulé la vaste pierre scellée du sceau des princes des prêtres. « Qui donc enlèvera la pierre? » disaient entre elles les femmes marchant vers le sépulcre; et, quand elles arrivèrent, elles virent la pierre enlevée, Jésus absent, et l'ange, vêtu de blanc, qui annonçait la résurrection.

A l'extrémité du Saint-Sépulcre, et adossée à la paroi extérieure du monument, s'élève, humble et petite, la chapelle des Cophtes et des Abyssins. Vis-à-vis de cette chapelle, les Syriens ont un modeste sanctuaire, placé entre deux des piliers qui soutiennent la coupole.

Enfin, la procession rentre au chœur par les deux chapelles des Apparitions à Marie-Madeleine et à la Vierge Mère.

L'apparition à Madeleine eut lieu à quelques pas seulement du sépulcre; c'est à peine si Marie-Madeleine avait pu quitter un instant la pierre avide qui renfermait les restes de son Dieu; elle était revenue, noyée dans ses larmes, perdue dans sa douleur, languissante d'amour. « *Christi amore languida.* » Elle vit Jésus tout près d'elle, mais sans savoir que c'était Jésus..... « Femme, lui dit-il, pourquoi pleurez-vous? que cherchez-vous? » Mais, pensant que c'était le jardinier, elle lui dit : « Seigneur, si c'est vous qui l'avez enlevé, dites-moi où vous l'avez mis, et je l'emporterai. » Jésus l'appela : « Marie! » et elle, se retournant et le reconnaissant au seul accent de cette voix qui prononçait son nom : « Mon maître! » s'écria-t-elle, et déjà elle s'élançait vers lui. « Ne me touchez pas, lui dit Jésus, *Noli me tangere!* car je ne suis pas encore remonté vers mon Père. » Ainsi la pécheresse convertie eut la première visite du ressuscité, et le Fils de l'Éternel oublia les splendeurs du ciel pour se ressouvenir du cœur qui l'avait aimé.

Un peu plus loin, le Christ apparut à sa Mère; une chapelle a consacré cette tradition pieuse, qui n'est point relatée dans l'Évangile : c'est la dernière station du jour; on y chante les dernières hymnes, on y murmure les dernières prières, et, pour quelques heures du moins, l'église redevient solitude et silence.

Tel qu'il nous apparaît maintenant, le monument du Saint-Sépulcre est moins une église qu'une réunion d'églises. On y reconnaît la main de plusieurs siècles. Sa forme générale est celle d'une croix romaine, avec une nef circulaire à l'ouest; un transept du nord au sud, et à l'est une sorte de chœur terminé par une abside.

Ajoutez une aile à l'extrémité, et à l'est et à l'ouest de chaque transept; enfin, une autre aile courant autour de l'abside, avec des chapelles rayonnant à l'entour. La rotonde ne présente que des arches en plein cintre; la partie orientale est à ogives, entremêlées de fenêtres rondes.

Le saint sépulcre occupe le centre de la rotonde.

Seize colonnes de marbre ornent le pourtour de cette rotonde, et dix-sept arcades plus petites; des niches, qui correspondent à ces petites arcades, s'élèvent au-dessus de la galerie, et sur l'arc de ces niches.

A aucune époque de l'histoire, les chrétiens n'abandonnèrent les lieux saints; chassés de Jérusalem par la main violente de Titus, le même qu'on appela *les délices du genre humain*, ils y revinrent avant même que la dixième légion eût quitté ses décombres fumants. Treize évêques, en trente ans, passèrent sur le siége de cette ville : ce furent presque autant de martyrs.

De nouvelles persécutions, dirigées cette fois contre les Juifs plutôt que contre les chrétiens, firent bientôt une solitude de la Judée. Adrien défendit aux Juifs d'entrer dans leur ancienne capitale : une colonie païenne vint l'habiter, et elle s'appela désormais *OElia capitolina*. Son nom même fut aboli. L'empereur posa un pourceau de marbre sur la porte qui regarde Beit-Léhem, une idole de Jupiter sur le rocher du Golgotha, et une Vénus au Calvaire !

Ceci dura deux siècles.

On sait la piété de Constantin et de sainte Hélène. Constantin fit disparaître les édifices païens, et retrouva le tombeau du Christ : sainte Hélène retrouva sa croix.

L'empereur donna l'ordre de bâtir une magnifique église : on n'épargna rien, ni le marbre, ni le cèdre, ni l'or, ni le travail des plus excellents artistes ; l'église fut bâtie en six ans, et dédiée avec toute la pompe du luxe oriental. On ne l'appelait pas alors l'église du Saint-Sépulcre, mais le « Témoignage de la résurrection, » MARTYRIUM RESURRECTIONIS.

Cette gloire de Jérusalem renaissante dura trois siècles environ ; puis un lieutenant de Kosroës ravagea la ville, renversa l'église et enleva la vraie croix.

Le torrent s'écoula et les ruines se relevèrent.

Quelques années plus tard, Omar, fils d'Hittab, entrait vainqueur dans Jérusalem ; mais il laissait aux chrétiens leurs temples et leurs reliques.

Les Fatimites furent moins cléments : Hackem ravagea l'édifice de Constantin, qui fut à peu près rebâti sous son successeur. Les destructions ne furent jamais complètes ; les mains ennemies se hâtent et défigurent un monument plutôt qu'elles ne le renversent : la rotonde qui entoure aujourd'hui le saint sépulcre est conforme au plan primitif de Constantin ; les murs extérieurs sont peut-être les siens.

Les sanctuaires du crucifiement, de l'érection de la croix et de l'onction, furent réunis au Saint-Sépulcre par les croisés. Le récit d'un chroniqueur contemporain, Guillaume de Tyr, ne laisse pas de doute à ce sujet :

« Avant l'entrée de nos Latins dans Jérusalem, le lieu de la Passion de Notre-Seigneur, appelé Calvaire ou Golgotha, et le lieu de l'Invention de la croix rédemptrice, et, enfin, le lieu où le corps fut descendu, embaumé et enveloppé dans de beaux voiles, n'étaient que de tout petits sanctuaires, situés hors de la grande église; mais après que, par l'assistance divine, les nôtres eurent obtenu la possession de la ville, ladite église leur parut trop petite; l'ayant donc augmentée par un ouvrage solide et élégant, réunissant le nouveau à l'ancien, ils réussirent merveilleusement à renfermer dans une même enceinte tous les sanctuaires vénérés. »

Les caractères architectoniques du temple confirment cette citation de Guillaume de Tyr, et ne permettent pas d'attribuer, comme on le fait souvent, toute l'église à Constantin. Où donc trouve-t-on l'ogive dans la pure architecture byzantine?

Il faut reconnaître ici l'alliance de trois styles : l'art ROMAN, que les croisés apportaient d'Europe; l'art ARABE, qu'ils trouvaient à chaque pas en Orient et qui se révèle dans l'ogive; enfin, d'incontestables réminiscences de l'art GREC antique, que Byzance n'avait pu corrompre tout à fait; ainsi, dans la belle façade de l'église, on remarque des corniches qui sont grecques, par leur profil comme par leur ornementation.

Depuis les croisés jusqu'au xix\ siècle, à travers toutes les vicissitudes de la victoire et de la défaite, de la persécution et du triomphe, l'église du Saint-Sépulcre resta la même : l'entrée en fut plus ou moins facilement accordée aux chrétiens, mais on ne remua point une seule de ses pierres.

Le feu du 12 octobre 1808 fut plus cruel que les Persans et les Turcs.

Un Italien écrivait, avec la pompe de langage particulière à sa nation : « La journée du 12 octobre fut affreuse : le souvenir de ce jour malheureux arrache un cri de douleur aux cœurs les plus indifférents. Les catholiques, les schismatiques, les hérétiques sont dans l'affliction; les Orientaux, les Occidentaux pleurent, les Juifs mêmes versent des larmes. »

Le feu prit, pendant la nuit du 11 au 12 octobre, dans la chapelle des Arméniens, située sur la terrasse de la grande église. Tous les secours furent inutiles. Bientôt le feu gagna le dôme, les orgues, les chapelles; les métaux précieux, qui se fondent, retombent en feu liquide; les pavés craquent, les colonnes se fendent. Au bout de deux heures, le dôme s'écroule au-dessus du Saint-Sépulcre, entraînant les galeries et une partie des murs, écrasant le reste. L'incendie épargna la façade : elle resta telle qu'on la voit aujourd'hui; il épargna également la pierre de l'Onction et le Saint-Sépulcre, mais il s'étendit sur la moitié du Calvaire.

On attribua cet incendie à la malveillance : on soupçonna les Arméniens, on nomma les Grecs.

En 1808, l'Europe avait des préoccupations de plus d'une sorte : son attention n'était point tournée de ce côté. Les Franciscains, sans ressources, sans argent, sans crédit, pleuraient en face de leurs ruines. Le couvent grec, instrument habile d'une main puissante, obtint de la Porte la permission de rebâtir un temple qui ne lui avait jamais appartenu. Comme œuvre d'art, la restauration fut incomplète et grossière; mais elle prépara la revendication des Grecs en remplaçant les inscriptions latines par des inscriptions en leur langue, qui, aux yeux de juges superficiels, font foi aujourd'hui de leur propriété antique.

L'église du Saint-Sépulcre, qui n'a point été bâtie sur un plan uniforme, d'après une pensée architecturale mûre et raisonnée, ne présente point à l'œil ces grandes et nobles lignes que nous admirons dans les monuments religieux du Nord et de l'Occident. Elle n'a point de décoration extérieure; on la voit mal; son double dôme est masqué de toutes parts par des constructions bâtardes et parasites. Une de ses deux entrées a été murée par les Turcs, comme si on eût voulu ajouter un déshonneur à une mutilation.

Mais qu'importe? ce n'est point une admiration architecturale que l'on vient chercher ici, c'est un souvenir et une émotion. Ce souvenir, les pierres mêmes le rendent à notre âme ; cette émotion, tout contribue à la faire naître : le nombre et la disposition des sanctuaires, le demi-jour mystérieux des voûtes, cette ornementation byzantine, dont le goût n'est pas toujours pur, mais étrange et saisissant pour nous, avec l'éclat chatoyant de ses étoffes soyeuses et tissées d'argent, le rayonnement de de ses riches métaux et ses pierreries étincelantes ; ajoutez cette atmosphère naturellement échauffée des lampes éternelles, cette vapeur d'encens, qui flotte comme un nuage entre le ciel et la terre ; puis, à l'intérieur, cette foule nombreuse et diverse, assise, debout, accroupie, agenouillée, prosternée, suivant la liturgie de son culte : les Francicains en robe de bure et les reins ceints d'une corde ; les Caloyers grecs à la barbe brune, au pâle et fier visage, au regard hautain, à la mine insolente et froide ; les Arméniens en robe flottante, les Cophtes bronzés, les Abyssins luisants comme l'ébène, puis les pèlerins accourus de tous les bouts du monde, les pèlerins de toute condition, de tout rang, de tout sexe et de tout âge, hâlés par la bise, brûlés par le soleil, déchirés par la route, amaigris par les privations, exténués par le jeûne, la besace au dos, le bourdon à la main, errant dans l'église et traînant d'une station à l'autre la poudre de leurs sandales.

Cependant, à la porte de l'église, l'Arabe immobile, ou le Turc indolent, couché sur ses tapis, vous regarde passer, et fait, lui, infidèle, la police du sanctuaire chrétien. Hélas ! cette charge de police n'est pas une sinécure ! Il n'y a pas longtemps qu'un samedi saint, le pacha de Jérusalem fut obligé de se poster debout, le sabre au poing, à côté de l'autel du Calvaire, pour tenir en respect le couvent grec, qui voulait empêcher le couvent latin de célébrer les pieux mystères. Il est fâcheux d'avoir des maîtres, j'en conviens ; mais on pourrait plus mal tomber qu'entre les mains des Turcs. Les catholiques ne s'y trompent pas, et jusqu'au jour de leur émancipation complète, ils n'échangeraient pas volontiers ce joug mahométan contre la domination soi-disant chrétienne du schisme gréco-juif.

Sans aucun doute, cinq cents ans de domination sont bien faits pour augmenter l'arrogance de la victoire, et cette hauteur de dédain que le dogme de l'*Islam* à développée si puissamment dans le cœur des musulmans ; mais un sentiment profond abaisse cette superbe et tempère cette dureté : c'est le sentiment religieux. Les Turcs deviennent de jour en jour plus tolérants : ils ne vous demandent pas comment vous adorez Dieu, il leur suffit de savoir que vous l'adorez. Ils honorent presque tous nos sanctuaires, et, si pour eux le Christ n'est pas le fils d'Allah, il est du moins un de ses plus grands prophètes.

Aperçue de loin, derrière ses murailles féodales, les tours aux flancs, les créneaux au front, couronnée de ses mosquées et de ses minarets, avec le panache ondoyant des palmiers, JÉRUSALEM fait encore illusion ; on se laisse prendre à cette belle et noble apparence : la vieille reine farde sa pâleur et dissimule ses rides.

Quand on approche, on ne voit que trop les ravages du temps et des hommes ; la main implacable et les mains violentes !

Les rues obscures, tortueuses, effondrées, interrompues, se dérobent entre des décombres ou des masures hideuses. De temps en temps, un pan de muraille où l'on reconnaît l'architecture romaine, où l'on devine l'art hébraïque, redouble par le contraste d'une idée de force, de grandeur et de beauté, ce qu'il y a de poignant et d'amer dans l'abaissement et la dégradation qui nous entourent. Et l'on se demande alors : Qu'est donc devenue cette splendeur, où est cet éclat dont Dieu avait orné la ville de son choix ?

Quelle suite inouïe de revers et de prospérités, dans laquelle Dieu fut toujours trouvé fidèle à ses promesses et à ses menaces ! Où donc est le temps où le prophète s'écriait : « Je me suis réjoui lorsqu'on m'a dit : Nous irons dans la maison du Seigneur. Déjà mes pieds se sont arrêtés dans tes parvis, ô Jérusalem! »

La Jérusalem de l'histoire commence avec David. C'est lui qui donna son importance à la ville, et ce n'est pas sans raison qu'aujourd'hui encore on l'appelle la CITÉ DE DAVID.

La Jérusalem de David et du Christ est-elle la *Salem* antique où régnait Melchisédech, prince et prêtre, qui vint saluer et bénir Abraham au retour de son expédition contre les rois de la Pentapole? C'est un problème que la critique n'a point encore résolu; on a cru plus qu'on n'a prouvé : les traditions ont placé l'ÉDEN dans la Palestine, le sépulcre d'Adam sur le Calvaire, la résurrection de la chair et le jugement dernier dans la vallée de Josaphat.

Jérusalem est donc le théâtre de toutes les grandes scènes du drame religieux, et Jacques de Vitry n'avait pas tort quand il disait, au livre III de ses histoires, qu'elle était le « *vray centre du monde.* »

Quand Josué, sous les ordres Dieu, envahit la Palestine, Jérusalem s'appelait JÉBUS. Son roi, Adonibeseck, fut vaincu à la journée de Gabaon, avec ses alliés : les enfants de Juda mirent le siége devant Jérusalem, et s'emparèrent de la partie basse de la ville. La citadelle, assise sur le mont Sion, resta aux Jébuséens.

David, roi, s'en rendit maître, agrandit la ville et recula ses murailles, qui alors entourèrent les trois collines d'Acra, de Sion et de Moriah.

C'est sur le mont Sion que David bâtit son palais éclatant. Où trouver un horizon plus poétique et plus grandiose? Ici, le torrent de Cédron, plus d'une fois traversé par la suite du roi, « *de torrente in via bibit;* » là, les flots murmurants et inspirateurs de Siloé, maintenant taris; plus loin, la vallée de Josaphat, et à travers le flanc déchiré des montagnes, le cours du Jourdain, ombragé de sycomores, et les plaines de sable où dorment les flots de la mer Morte.

Sous la main de David, Jérusalem devint belle entre toutes les villes; David acheva l'œuvre de la conquête, assit la nation dans la paix d'une possession incontestée, et ramena dans la ville l'arche sainte, exilée, depuis cent cinquante ans, dans une obscure bourgade de la tribu de Juda.

Plus grand peut-être par son successeur que par lui-même, David prépara le règne brillant de Salomon : il fut pour son fils ce que fut, chez nous, Pepin pour Charlemagne, ce magnifique Salomon de l'Occident.

Depuis la sortie d'Égypte, les Juifs avaient toujours la pensée et le désir d'élever un temple à Jéhovah, qui n'avait eu jusquelà que des tentes flottantes et des tabernacles errants.

David rassembla tous les trésors de l'Orient ; il amassa l'or et l'argent, le fer et l'airain, les bois précieux et les marbres rares ; il entassa auprès du mont Sion les dépouilles opimes de l'Idumée, de la Phénicie, de la Syrie, de Moab et d'Ammon ; mais, parce qu'il avait versé trop de sang, Dieu ne lui permit pas d'élever son temple : le sacrifice que Dieu aime, c'est avant tout le sacrifice des mains pures et pacifiques.

Salomon recueillit dans la paix tous les fruits de la conquête. Diplomate plus que guerrier, où son père avait combattu, il négocia. Ses vaisseaux visitèrent l'Égypte, nourrice du vieux monde, les côtes de l'Asie Mineure et les îles de l'Archipel grec : ses longues caravanes couraient des bords de l'Euphrate aux rivages de la mer Rouge, il tendait une main à l'Arabie et l'autre aux Indes ; il bâtissait Palmyre comme un vaste entrepôt de Babylone à Jérusalem, et amenait dans les comptoirs d'Asiongaber les trésors du monde oriental.

Hiram, fidèle ami de David, ne se contenta pas d'envoyer à son fils les cèdres incorruptibles du Liban, il y joignit les ouvriers sidoniens les plus habiles à tailler le bois, à ciseler la pierre, à polir le métal. Les chiffres seuls ont assez d'éloquence pour donner une juste idée de cette incroyable activité. Outre les ouvriers juifs, soixante-dix mille étrangers portaient les fardeaux, quatre-vingt mille façonnaient les matières brutes d'après le plan de l'architecte, et leur travail, exécuté au loin, fut tellement précis que, dans la construction du temple, on n'entendit pas un coup de marteau ou le grincement d'une scie.

Le temple fut commencé la quatrième année du règne de Salomon : il devait former comme une ville sur le mont Moriah. Le marbre et le porphyre ne furent pas trop précieux pour ses fondements. On environna l'édifice d'une triple enceinte : la première était réservée aux Gentils — aux étrangers; la seconde aux Israélites — au peuple; la troisième aux lévites et aux prêtres. Le temple lui-même s'élevait au milieu de la dernière enceinte et renfermait l'ARCHE D'ALLIANCE ; ses lambris de cèdre étaient recouverts de lames d'or; on avait sculpté et moulé des figures sur toutes ses murailles; les mosaïques étincelaient sur les pavés éblouissants.

Le temple fut achevé en sept années, et Salomon résolut d'en faire la dédicace avec une magnificence qui étonna le monde. Ce fut une fête nationale; Israël accourut; les anciens du peuple, les chefs des tribus, les princes des familles se pressaient autour de l'Arche, qui fut transportée de la citadelle de Sion dans le sanctuaire du temple. Le roi ouvrait la marche, suivi de sa cour; les lévites, divisés en chœurs alternants, chantaient les cantiques de David; d'autres pinçaient d'un doigt diligent les cordes du KINNOR et du NÉBEL, ou remplissaient d'un souffle vaillant le SCHOPHAR, l'OUGAB et le NÉHILA; d'autres, enfin, faisaient retentir le TOPH et le CELCELIM. Salomon, réunissant pour un jour les attributs du roi et du prêtre, comme Melchisédech, adressa à Dieu une de ces prières où la grandeur du style semble s'égaler à la majesté de celui qu'on veut louer. Soudain le tabernacle se remplit d'une nuée lumineuse; une flamme ardente descendit du ciel, dévora la victime, illumina le temple, — et le peuple, qui crut voir comme une ombre de Dieu, tomba le visage contre terre.

Depuis ce jour, ce fut un usage consacré par la liturgie hébraïque de ne prononcer qu'une fois l'an, dans le sanctuaire le plus intime, le nom de Jéhovah ; et à l'instant même où il sortait de la bouche du grand prêtre, le bruit des instruments et des voix, déchaîné comme une tempête, empêchait que ces syllabes redoutées n'arrivassent jusqu'aux oreilles du peuple.

Après avoir élevé le temple de Dieu, Salomon voulut se bâtir un palais. Nous n'en redirons point ici les splendeurs : elles brillent encore dans les souvenirs de l'Orient ; ni le temps ni le malheur n'ont pu les éteindre. Les Hébreux jurent aujourd'hui encore par le trône de Salomon, ce trône d'ivoire, enrichi d'or, que deux lions portaient sur leurs vastes reins.

Jérusalem atteignit en quelques années l'apogée de sa gloire et de sa prospérité. On adorait le bruit de son nom, et le monde craignait ses armes ; elle avait assuré la paix par la guerre, et maintenant le commerce, comme un fleuve, y roulait ses flots d'or. La reine de Saba ne fut que l'interprète de l'univers quand elle dit à Salomon :

« Ce qu'on avait publié dans mon royaume touchant vos discours et votre sagesse est bien vrai... J'ai vu de mes yeux, et j'ai constaté qu'on ne m'avait dit qu'une moitié de la vérité ; votre sagesse et vos actes dépassent la renommée. Heureux ceux qui sont à vous ! Heureux vos serviteurs qui jouissent de votre présence et entendent vos paroles ! Gloire au Seigneur votre Dieu, qui a mis en vous son affection, et vous a fait asseoir sur le trône d'Israël ! »

Il n'y a point de solstice dans la prospérité des nations : leur soleil ne reste jamais immobile au zénith du ciel ; il monte ou il descend. Le déclin commença du vivant même de Salomon, et aujourd'hui, de toutes les œuvres de ses mains, il ne reste plus qu'une citerne vide !

Le schisme des dix tribus fut le premier coup porté à la puissance de Jérusalem : ce ne fut plus la capitale d'un grand peuple; ce fut la ville d'une tribu. Bientôt Sésac, roi d'Égypte, la prit et la pilla : il enleva les trésors du temple et du palais, et ces lances d'or, et ces boucliers suspendus aux lambris de cèdre de Salomon. La jeunesse de Joas répara les malheurs du temple; les Israélites, par des offrandes volontaires, secondèrent la piété du roi; mais le sang d'Achab ne put longtemps se démentir : les tabernacles du vrai Dieu furent abandonnés, et la foule, se tournant vers les hauts lieux, adora les idoles muettes.

« Que le Seigneur me voie et qu'il me venge! » s'écria en tombant le fils de Joiada.

Et le Seigneur le vit et le vengea.

Les Syriens envahirent la Judée, et mirent le siége devant Jérusalem. Le roi, pour acheter la retraite de ses ennemis, dépouilla de nouveau le temple et les palais de Jérusalem. Un an plus tard, le roi d'Israël entra dans Jérusalem, prise d'assaut par une brèche de quatre cents coudées. Quelques années prospères du roi Osias ne pouvaient effacer tant de malheurs; la trêve passagère était toujours suivie d'une guerre plus cruelle et d'un ravage plus complet.

On n'écoutait cependant ni la menace des prophètes ni leur prière. La cithare et la harpe, la flûte et les tambours, avec le vin et l'allégresse, étaient aux festins de Juda, pendant que l'ennemi marchait contre lui. Appelé comme défenseur et comme ami, le roi d'Assyrie reste en vainqueur et s'impose en maître : la ville est ensanglantée par les cruautés de Manassès, le temple souillé de ses idolâtries; les Assyriens, vengeurs de Dieu, reviennent alors et l'emmènent avec son peuple en captivité. Les Juifs vont suspendre leurs harpes détendues aux saules de l'Euphrate, et les prophètes racontent à l'avance la série de leurs malheurs avec des gémissements plus douloureux que ces malheurs mêmes.

Après les soixante-dix ans de captivité, Zorobabel rebâtit un second temple sur les ruines du premier. Ce temple, qui n'était qu'une ombre de l'autre, ne fut achevé qu'au bout de vingt ans; la ville en mit quatre-vingts à sortir de ses ruines.

Mais il y a des ruines que l'on relève plus difficilement encore que celles des villes renversées : ce sont les ruines de l'âme, de la moralité détruite et de la probité perdue. La captivité corrompit les Juifs ; ils prirent des dieux étrangers et des femmes étrangères. Ils perdirent jusqu'à leur langue ! l'hébreu, chez les Hébreux mêmes, ne fut qu'un idiome savant ; Daniel prophétise en syriaque pour être compris des siens, les lettres du Pentateuque sont inconnues des enfants qui n'épellent plus que l'alphabet chaldéen. Il y eut encore cependant comme une paix de Dieu ; la prospérité sembla renaître, et chacun, comme aux anciens jours, put se reposer sous sa vigne et sous son figuier ; Dieu ne pouvait se détacher tout d'un coup du peuple qu'il avait tant aimé. Jérusalem fléchit Alexandre ; le génie grec connut toujours la clémence. Le conquérant devant qui déjà la terre se taisait faisait alors le siége de Tyr, antique alliée de Jérusalem. Il envoya demander la soumission des Juifs et des subsides. Le grand prêtre Jaddus allégua la fidélité due aux Perses, et le souvenir des bienfaits des Grecs. Pour Alexandre, ce n'était pas là une raison suffisante ; il prend Tyr, entre en Palestine, renverse tout sur son passage et se présente devant la ville.

Cependant, voilà que le grand prêtre, vêtu de blanc, couronné de fleurs, entouré de ses prêtres et suivi du peuple, fait ouvrir les portes et s'avance vers l'armée victorieuse.

Dès qu'Alexandre aperçut le pontife, la tiare sur la tête et portant au front la lame d'or où rayonnait le nom de Jéhovah, il quitta les rangs de son armée et vint se prosterner devant Jaddus. « Ce n'est pas, dit-il, un homme que j'adore ainsi, c'est Dieu même. » Il fut ensuite introduit dans la ville, visita le temple et offrit des sacrifices au Très-Haut, en se conformant aux rites judaïques. Il partit, après avoir accordé aux Juifs force immunités et priviléges. Mais, pour une nation, les priviléges qu'elle reçoit ne valent jamais la liberté qu'elle se donne.

Alexandre mort, les Juifs passèrent d'un maître à l'autre. Ce n'était déjà plus un peuple dans la grande et noble acception du mot. Le lion de Juda eut, du moins, la gloire d'un réveil héroïque dans son trépas même, et les Machabées lui préparèrent de splendides funérailles.

Les Romains n'eurent que la peine de vaincre; avec eux, ce fut la fin de tout; ils imposèrent aux Juifs un roi étranger, Hérode l'Iduméen.

Hérode fut un tyran magnifique; il remplit la ville de palais et de jardins, releva ses murailles, les fortifia de tours imprenables, et bâtit un temple, supérieur en étendue, égal en magnificence au temple de Salomon lui-même.

Le Christ naquit au milieu de ces malheurs, pleura sur Jérusalem, l'arrosa de ses larmes, de sa sueur et de son sang, et lui laissa l'ineffaçable malédiction de sa mort.

La révolte des Juifs contre les Romains fut le signal de leur perte. On sait les horreurs du siége de Titus et cet assaut, le plus terrible que l'histoire ait enregistré dans les annales sanglantes de la guerre. Le feu, le fer, la famine et la peste se conjuraient pour la ruine d'un peuple. En deux mois et demi plus de cent mille morts sortirent par une seule porte. Un brandon fut lancé contre le temple; — l'incendie, le massacre et le pillage passèrent sur la ville, et Titus entra par la brèche dans Jérusalem, qui déjà n'était plus qu'un amas de ruines; chaque soldat de la dixième légion reçut, comme récompense et comme souvenir, une médaille qui représentait une femme pleurant sous un palmier : c'était l'image de la Judée captive.

On passa la charrue sur les ruines. Titus ne fit respecter que trois tours, comme témoignage de l'antique puissance que venait d'abattre la valeur romaine. Il fit aussi conserver les portes du mur d'enceinte qui couvrait la ville à l'Occident, pour qu'elles pussent servir de défense à sa garnison. Il emporta le trésor du temple, les rideaux de pourpre du sanctuaire, les vases sacrés, la table de cèdre revêtue de lames d'or et le chandelier à sept branches, sculpté aujourd'hui sur l'arc de triomphe qui éternise sa victoire.

Les Juifs furent dispersés à travers les nations. La Jérusalem qui renaîtra plus tard sous les mains de Constantin ne sera plus la ville des Juifs : ce sera la ville du monde chrétien, et les Juifs y seront plus étrangers que nous-mêmes.

Quand on entre à Jérusalem aujourd'hui par la porte de Jaffa, on se trouve tout d'abord dans la ville du roi David, et l'on gravit le mont Sion. Nous avons la citadelle à droite, EL KAL'AH. — C'est une tour carrée, assez forte, entourée de fossés et protégée par de hautes murailles. — Cette tour s'appelait autrefois la TOUR DE DAVID ; le moyen âge la nomma *tour des Pisans*. — Elle s'élève au lieu même où Hérode avait bâti la tour *Hippicus*. Il paraît que l'emplacement était bon ; les habiles prétendent reconnaître les traces de ces diverses architectures, tandis que de plus habiles encore affirment que c'est la tour même de David que nous voyons aujourd'hui.

C'est sur le mont Sion que le roi avait bâti son palais ; c'est là qu'il reçut l'Arche d'alliance dans le tabernacle dressé pour elle ; c'est là qu'il vit et aima celle qui fut l'épouse d'Urie et la mère de Salomon ; c'est là qu'il écrivit dans les larmes ces Psaumes encore murmurés par tant de bouches pénitentes. — Salomon, à son tour, bâtit son palais de cèdre sur le mont Sion ; il y rendit le jugement qui porte encore son nom et y reçut, au milieu des splendeurs de sa cour, la jeune reine de Saba. C'était aussi sur le mont Sion qu'Hérode avait placé son palais, dont il ne reste plus le moindre vestige aujourd'hui.

L'Église vénère comme des sanctuaires les diverses constructions situées à l'extrémité méridionale du mont Sion. Elles nous rappellent les plus grands souvenirs du monde chrétien. Ici, Jésus institua l'eucharistie et lava les pieds de ses disciples; là, il leur apparut le jour même de sa résurrection, et huit jours après, quand il fit voir et toucher ses plaies à l'apôtre incrédule; là enfin, quand les cinquante jours après la pâque furent accomplis, le Saint-Esprit, sous la forme d'une colombe, descendit sur les apôtres, qui se dispersèrent pour aller prêcher par toute la terre la bonne nouvelle de l'Évangile. Le CÉNACLE est aujourd'hui converti en mosquée.

On montre, adossée à cette mosquée même, la maison où la sainte Vierge, après la mort de Jésus, vécut ses dernières années dans le recueillement et la prière. — On dit qu'elle y mourut; je n'ose me prononcer, dans l'incertitude où me jettent des traditions également vénérables. Antioche réclame aussi pour elle les derniers jours de la Mère de Dieu. On dit encore à Jérusalem que les tombeaux de David et de Salomon étaient situés sur cette montagne... C'est du moins dans une des cavernes de Sion que le gouverneur fait déposer chaque année les présents que le sultan, suivant l'ancien usage, envoie de Constantinople au tombeau du roi-prophète.

Dans la partie orientale de la ville, de l'autre côté de la vallée de Josaphat, s'élève une autre montagne non moins fameuse, le mont MORIAH, dont le nom hébreu signifie: *domination du Seigneur.*

Cette montagne fut l'autel d'un sacrifice à jamais célèbre. Pendant qu'Abraham était à Bersabée, Dieu lui dit: « Prends ton fils, ton unique, que tu chéris, Isaac; va dans la terre de Moriah, et offre-le en sacrifice sur une des montagnes que je te dirai. »

C'est sur le mont Moriah que se trouvait l'aire où les fils d'Aran le Jébuséen battaient le blé, quand le prophète Gad ordonna à David d'y bâtir un autel et d'offrir des hosties pacifiques à Jéhovah, dont l'ange exterminateur dévorait Israël.....

Plus tard, à cette même place, s'éleva le temple de Salomon, où s'élève aujourd'hui la mosquée des Khalifes, une des merveilles de la Jérusalem moderne.

Lorsque le khalife Omar, après la victoire de ses lieutenants, vint recevoir la soumission de la ville conquise, il entra dans Jérusalem en donnant toutes les marques extérieures de l'humilité, et vêtu par dévotion d'un vieux cilice de poil de chameau.

Il visita les lieux saints et demanda au patriarche Sophronius, qui l'accompagnait, une place où il pût faire sa prière. C'était l'heure de midi, et tous deux se trouvaient alors dans l'église du Saint-Sépulcre.

« Commandeur des croyants, dit le patriarche, fais ta prière ici. »

Omar refusa et sortit de l'église.

Une fois dehors, il étendit son manteau par terre et pria.

Quand il eut terminé : « Je n'ai pas voulu prier dans ton église, dit-il au patriarche, parce que partout où le khalife a prié, les musulmans élèvent une mosquée, et ils se seraient emparés de ce lieu, que je te laisse. »

Omar recueillit avidement les traditions relatives aux patriarches de l'ancienne loi, et demanda ce qu'était devenue la pierre sur laquelle Jacob avait reposé sa tête la nuit où il eut cette vision fameuse des anges descendant du ciel sur la terre et remontant de la terre au ciel par une échelle sans fin. On lui indiqua l'emplacement du temple. Il s'y rendit, et témoigna son indignation de le trouver rempli d'immondices. Il en prit tout ce que pouvait contenir le pan de sa robe et les porta au loin. Tout vainqueur a ses courtisans ; les courtisans d'Omar firent comme lui. Bientôt le khalife résolut de bâtir sur le lieu même une mosquée digne par sa magnificence de rappeler les temples d'Hérode et de Salomon. — Omar commença cette mosquée, mais elle ne fut achevée que par ses successeurs.

On la découvre assez bien des terrasses de la maison de Pilate, aujourd'hui convertie en caserne, et dont un mot du gouverneur nous ouvre facilement la porte.

Le parvis de la mosquée a cinq cent vingt pas de long et trois cent soixante-dix de large. Les murs de la ville lui servent de limites à l'est et au midi. A l'ouest il est borné par les *médressès* ou écoles publiques des enfants turcs et par des oratoires particuliers. On y pénètre de ce côté par quatre portiques. Au nord, le parvis est fermé par des maisons et par un mur percé de portes. Quatre minarets d'une légère et gracieuse architecture s'élèvent sur les côtés de cette enceinte. Çà et là, rares et clair-semés, croissent quelques cyprès, moins pour donner de l'ombre que pour montrer qu'on n'en a pas.

La mosquée s'élève au centre du parvis; elle est couronnée d'un dôme sphérique, surmonté d'un croissant doré dont les cornes semblent se rejoindre. La forme générale de la mosquée est celle d'un octogone régulier: elle est bâtie sur une plate-forme élevée, à laquelle conduit un escalier de six marches larges et faciles. On entre par quatre portes qui regardent les quatre points cardinaux; la porte du Nord est décorée d'un superbe portique s'appuyant sur huit colonnes de marbre d'ordre corinthien; les trois autres portes n'ont qu'un petit porche en bois, mais d'un travail élégant et fin. Les quatre côtés qui n'ont pas de portes s'ouvrent par huit fenêtres; les quatre autres en ont cinq seulement. Toutes ces fenêtres ont des verres de couleur. L'intérieur du parvis est pavé de marbre blanc. Le bas des murs est extérieurement revêtu de marbre blanc et bleu. La frise et la partie supérieure des murs sont recouvertes de petits carreaux en émail de couleur où le bleu domine; ces petits carreaux sont entremêlés d'arabesques et de versets du Koran; le tout forme une mosaïque à la fois étrange et gracieuse; au milieu des caprices les plus inattendus de la forme, l'Orient garde toujours le sentiment juste de la couleur et l'instinct vrai de la nuance. Le toit, recouvert de plomb, s'élève par une inclinaison douce jusqu'à la lanterne placée au-dessus du dôme ; les arêtes de cette lanterne sont également recouvertes de carreaux aux nuances vives et aux brillantes couleurs.

L'ensemble de cette architecture donne l'idée de l'élégance et de la légèreté bien plus que de la grandeur et de la force.

Les musulmans défendent avec un soin jaloux l'entrée de leur mosquée : y pénétrer, c'est pour un chrétien un crime toujours puni de mort. Quand vous errez trop près de ses murs, on vous court *sus* comme à une bête malfaisante. J'en demandai la raison à un Turc tolérant.

— Que voulez-vous, me répondit-il, on se défend comme on peut. Le peuple est persuadé qu'Allah ne pourrait rien refuser à un chrétien qui le prierait dans la mosquée d'El-Sachrah (c'est le nom musulman du temple). — Cela pourrait être dangereux pour nous, si vous lui demandiez Jérusalem ou Constantinople.

On ne connaît donc l'intérieur de la mosquée que par les récits de quelques voyageurs téméraires ou par les indiscrétions d'un Turc sceptique à l'endroit de Mahomet. L'espèce en est rare.

Voici ce que nous avons recueilli un peu de toutes mains et sur la foi des témoignages.

Les parois intérieures de la mosquée sont revêtues de marbre blanc : les dalles du pavé sont de grandes tables de diverses couleurs. — Trente-deux colonnes de marbre gris ornent le pourtour ; seize soutiennent la première voûte ; les seize autres, appuyées sur le chapiteau des premières, supportent le dôme lui-même. Tout autour de ces colonnes on remarque de beaux ouvrages de cuivre et de fer doré, ciselés artistement. Ce fer et ce cuivre, façonnés en chandeliers gigantesques, peuvent porter jusqu'à sept mille lampes, qu'on allume toutes à la fois pendant les cérémonies du Rhamadan.

La NIMBAH, qui sert à la lecture des prières, est une petite tour de marbre qui s'élève au milieu de la mosquée. On y monte par dix-huit degrés. — Tout près de la porte de l'Occident, on montre aux pèlerins musulmans deux colonnes assez rapprochées. Si le pèlerin passe librement dans l'intervalle, c'est un signe infaillible de prédestination, il peut engraisser sans crainte le reste de sa vie. Si, au contraire, c'était un chrétien qui tentât l'épreuve, les deux colonnes, poussées par la main puissante d'Allah, se rapprocheraient violemment et le briseraient dans leur étreinte. Les Turcs doués d'embonpoint ne tentent pas non plus l'épreuve.

Mais la principale relique de cette mosquée, c'est la pierre même qu'on appelle SACHRAH, et qui occupe le centre du parvis, formant, dans l'espace laissé libre par le péristyle des colonnes, une saillie abrupte et violente : c'est le rocher avec ses aspérités, que ni le ciseau, ni le marteau n'ont touchées. Le rocher était jadis à fleur de sol, mais quand le pied glorieux de Mahomet quitta la terre pour les cieux, la terre se souleva pour le suivre, et le rocher jaillit.

On voit, dans la petite galerie qui circule autour de la roche Sachrah, l'endroit où se tenait Éblis — c'est le diable musulman — pendant qu'il tentait le Prophète.

Un escalier intérieur vous fait pénétrer dans une grotte étroite et obscure, située sous la roche Sachrah. Cinq objets y doivent attirer tout d'abord l'attention du croyant : c'est d'abord la pierre sur laquelle priait Salomon, puis les Mehrabs, espèces d'oratoires où demeurent éternellement présents, quoique invisibles aux hommes, les quatre anges supérieurs respectés par le Koran : Asraïb, Siraïb, Gébraïl et Michaïl.

Parmi les curiosités de la mosquée, il faut citer encore une pierre noire, d'un mètre carré, qui fait saillie dans le pavé. Cette pierre, percée de vingt-trois trous, est en grande vénération chez les musulmans. Elle servait, disent-ils, de marchepied aux prophètes, quand ils descendaient de cheval pour entrer dans le temple. — C'est sur elle aussi que descendit Mahomet, quand il fit le voyage du paradis sur sa jument « *El Borach,* » pour traiter d'affaires avec Dieu.

On rapporte que le patriarche Sophronius ne put supporter la vue de cet édifice, consacré au culte des infidèles, près du tombeau du Christ, et qu'il mourut de désespoir quand il fut terminé. — Par combien de malheurs nos patriarches ont-ils appris, depuis ce temps-là, la patience et la résignation ! Signalons encore une autre pierre qui ne serait autre que celle où le Christ aurait posé le pied droit en montant au ciel : les musulmans la conservent avec un pieux respect.

Pendant l'occupation qui suivit la première croisade, la mosquée d'Omar fut convertie en église chrétienne, et un légat d'Innocent II en fit la dédicace vers le milieu du XIIe siècle.

Quand Jérusalem retomba aux mains des infidèles, la mosquée suivit le sort de la ville et redevint musulmane. Telles sont les fortunes de la guerre.

Les premiers soins de Saladin s'appliquèrent à la restaurer. — Il fournit en abondance des marbres et des métaux. Son neveu, comme jadis Omar, se rendit à la *Sachrah,* nettoya le sol de toute immondice, fit disparaître jusqu'au moindre vestige des images chrétiennes, lava les murs et les lambris à plusieurs reprises, et les parfuma d'eau de rose. — Les chrétiens avaient planté une grande croix d'or sur la coupole. Quand la ville se fut rendue, plusieurs musulmans s'élancèrent pour l'abattre : elle tomba aux cris de joie des uns, aux cris de désespoir des autres ; et, pour emprunter les paroles naïves du chroniqueur : « Le bruit fut tel qu'on eût cru que le monde allait s'abîmer. »

Jamais, depuis ce jour, la croix n'a plus brillé sur le dôme de la Sachrah.

Non loin du temple d'Omar, on nous a montré la petite mosquée d'E<small>L</small>-A<small>SHAB</small>, — mosquée des disciples, — qui ne cherche point à dissimuler sa forme d'église chrétienne. C'était autrefois l'église de la Présentation, dédiée à la Vierge, qui, en ce lieu même, fut consacrée au Seigneur dès l'âge de trois ans. Jusqu'à l'époque de ses fiançailles, elle fut élevée à l'ombre du sanctuaire, avec les jeunes *halmah*, attachées ainsi qu'elle au service du Seigneur, et qui figuraient dans les solennités religieuses des Hébreux. Sur l'autre flanc de la montagne, en inclinant vers la vallée de *Thyrepéon*, abandonnée aux Africains, on trouve la mosquée d'EL-MUGHARILEH, ou mosquée des Maugrabins. Les musulmans ont coutume de montrer, au sud du mont Moriah, l'éminence où se tiendra Mahomet, au dernier jour, quand il jugera les hommes.

Le mont Moriah vit aussi le martyre de saint Jacques, qui fut lapidé pour n'avoir pas voulu renoncer à la foi du Christ.

Il y a beaucoup d'autres ruines à Jérusalem; et toutes ces ruines sont des souvenirs.

Nous mentionnerons d'abord, tout près du Saint-Sépulcre, la PRISON DE SAINT PIERRE. On sait le miracle de cette délivrance, et l'ange déliant les liens de l'apôtre, promis à un plus glorieux martyre. Une fois délivré, saint Pierre se rendit à la maison de Marie, mère de Jean, occupée aujourd'hui par l'église des Syriens. Les Actes font un récit d'une naïveté aimable :

« Pierre frappa à la porte, et une jeune fille nommée Rhode (Rose) vint pour écouter. Dès qu'elle eut reconnu la voix de Pierre, dans sa joie elle n'ouvrit pas, mais elle courut annoncer que Pierre était à la porte. On lui dit : — Vous avez perdu l'esprit; mais elle persistait, assurant que c'était lui. Alors on lui dit : *C'est son ange.* Cependant, Pierre continuait à frapper, et lorsqu'ils eurent ouvert, ils le virent et furent dans la stupeur. »

Cette église, devenue aujourd'hui l'ÉGLISE ÉPISCOPALE DES SYRIENS, fut la première église des Grecs.

Un peu plus loin, vers le nord, le pèlerin rencontre sur sa route une église sous l'invocation de saint Jean, qui appartient encore aux Grecs. C'était autrefois la maison de l'Évangéliste et de son père Zébédée.

Tout à côté, et toujours dans la direction du nord, d'assez belles ruines ogivales, au milieu d'un vaste enclos, qui tente vainement de devenir un jardin, attestent la puissance des *hospitaliers de Saint-Jean*, qui furent plus tard les *chevaliers de Rhodes*, et, plus tard encore, les *chevaliers de Malte*.

On va voir au bout de la rue des Paumes, où l'on distribuait jadis aux pèlerins les palmes de Jéricho, quelques décombres gisant dans la puanteur d'une tannerie turque : c'est tout ce qui reste des deux couvents de Sainte-Marie-Majeure et de Sainte-Marie-Latine.

Jérusalem n'est point la Terre sainte tout entière, et si elle contient ses plus grands souvenirs, elle est loin de renfermer tous ses souvenirs. — Bethléem, où naquit le Christ; Nazareth, où s'écoulèrent son enfance et sa jeunesse, furent de notre part l'objet de curieuses visites; nous espérons que l'on nous permettra de consigner encore quelques-unes de nos impressions dans ces pages fidèles.

XLIV

NAZARETH.

Nasra. — La fleur de la Judée. — Une ville blanche. — Saint Louis à Nazareth. — Le sanctuaire de l'Incarnation. — Notre-Dame de Lorette. — Une maison qui voyage. — Jésus enfant. — Le premier miracle. — *Mensa domini*. — Jésus à la synagogue. — La montagne de l'effroi. — La fontaine de Marie. — Koubroussi. — Les femmes de Nazareth.

Nous arrivâmes à Nazareth le soir et un dimanche. A quelque distance de la ville, autour d'une fontaine antique, des muletiers, des chameliers et des pasteurs faisaient ranger leurs bêtes altérées; les cheikhs et les principaux du village fumaient, gravement assis sur de grandes pierres blanches, les femmes causaient entre elles au pied des cactus et sous les érables; de beaux enfants, aux yeux noirs, s'ébattaient en criant dans la poussière du chemin : partout le calme et la paix, et les riantes images du bonheur offert aux âmes simples.

Nazareth est une ville chrétienne — une ville catholique. — La foule se joignit à notre caravane, et nous entrâmes accompagnés d'une escorte volontaire qui donnait à notre marche je ne sais quel air de triomphe. En hébreu, NAZARETH — Nasra — veut dire fleur : ce nom ne semble-t-il pas s'approprier merveilleusement au site charmant où devait s'épanouir et germer la fleur mystique qui fut la grâce et le salut du monde?

La ville blanche a l'éclat des beaux lis d'Esdrelon; elle est dominée par des hauteurs qui se réunissent à leur base et se détachent à leur cime, comme les pointes d'une couronne ou les lobes d'une fleur : on ne retrouve ici, dans l'aspect comme dans le souvenir, que des impressions de poésie, de douceur et de beauté : pas de fossés, de portes, de tours ou de murailles crénelées, qui rappellent le souvenir sinistre des assauts ou des batailles... La ville n'est défendue que par des bouquets de nopals, de cactus, de figuiers et de grenadiers ; elle n'est protégée que par une haie touffue, muraille vivante que parfume chaque printemps. Autour des maisons, distribuées en groupes comme des archipels de pierre, courent de petites rues sinueuses et animées, pleines de chant, de bruit et de gaieté. On ne se croirait plus en Syrie, sous le joug pesant du vainqueur ; c'est une autre atmosphère, un autre souffle, une autre vie. Le bazar n'a plus l'indifférence hautaine et morne du commerce oriental ; dans les marchés et sur les places, on fait le même bruit que dans nos foires de Bretagne et de Normandie. Cependant les couvents ont grand air et fière mine ; on traverse, pour y arriver, de longs portiques et de vastes cours ; une foule dévote et nombreuse assiége les églises ; les Turcs mêmes ont un faux air de chrétiens, et le muezzin qui chante la prière du haut des minarets ne demanderait pas mieux que de sonner l'*Angelus*.

Je goûtai un charme extrême dans les premières heures de mon séjour à Nazareth. Les Franciscains y exercent une influence plus heureuse que dans les autres villes ; on leur confie plus volontiers l'éducation de l'enfance et de la première jeunesse. Beaucoup d'hommes et quelques femmes parlent assez couramment l'italien. On peut faire le tour de la ville sans drogman : le drogman est, comme on sait, le fléau de la conversation.

Les catholiques latins sont en majorité à Nazareth, où l'on rencontre aussi des Maronites, des Melchites ou Grecs unis, des Grecs schismatiques, des Arméniens, et, comme dans tout ce pays, des musulmans.

On a conservé à Nazareth d'antiques souvenirs de la France :

on y a rappelé devant moi « *le bon roy sainct Loys* » entrant dans l'antique cité, la veille de l'Annonciation, à pied, le cilice aux reins, se mettant lui-même au pain et à l'eau après une marche fatigante, et allant entendre avec dévotion dans la chapelle la messe, les vêpres et les matines ; puis la jeune gloire se mêle aux vieilles traditions, et après les grands coups de lance des Croisés on parle aussi des canonnades du mont Thabor.

Ici, comme dans toute la Terre sainte, nous logeâmes à la Casa-Nuova des Franciscains, empressés à nous servir, où le sommeil nous fut doux et la nuit courte.

Le lendemain nous commençâmes nos visites.

La première, on le comprendra sans peine, fut pour la maison de Marie et de Joseph, pour le sanctuaire où le Fils de Dieu s'est incarné dans le sein d'une vierge.

Je me rappelais en y allant le début sublime de l'évangile de saint Jean :

« Dans le principe était le Verbe, et le Verbe était en Dieu, et le Verbe était Dieu... Toutes choses ont été faites par lui, et rien n'a été fait sans lui. Et le Verbe s'est fait chair, et il a habité parmi nous, plein de grâce et de vérité. »

L'humble maison de Marie a fait place à une assez belle église, enfermée tout entière dans le couvent des Franciscains. Cette église est courte et large ; le chœur est beaucoup plus élevé que la nef ; on y monte par un escalier à double rampe, garni de balustrades dorées ; puis, quand on l'a traversé, un autre escalier, à sa gauche, vous conduit, par dix-sept degrés, dans la chapelle souterraine : c'est le sanctuaire de l'Incarnation. Un assez bel autel indique la place où se tenait la Vierge ; au-dessous, sur le marbre blanc des pavés, on lit ces mots gravés en gros caractères :

Verbum caro hìc factum est.

« C'est ici que le Verbe s'est fait chair. »

Des lampes ardentes brûlent sans cesse autour de cet autel. Deux colonnes en granit s'élèvent à quelques pas. Une d'elles, celle de gauche, indique la place où se tenait l'ange.

« L'ange Gabriel fut envoyé de Dieu dans une ville de Galilée, appelée Nazareth, à une vierge qui avait épousé un homme nommé Joseph, de la maison de David ; et le nom de cette vierge était Marie ; et l'ange, venant vers elle, dit : « Je vous salue, pleine de grâces ; le Seigneur est avec vous... Voici que vous concevrez dans votre sein, et vous enfanterez un fils, et vous l'appellerez du nom de Jésus... Le saint qui naîtra de vous sera appelé Fils du Très-Haut, et le Seigneur lui donnera le trône de David son père, et il régnera éternellement sur la maison de Jacob, et son règne n'aura point de fin... La vertu du Très-Haut étendra sur vous son ombre, c'est pourquoi celui qui naîtra de vous sera nommé le Fils de Dieu. »

Et Marie répondit :

« Voici la servante du Seigneur ; qu'il me soit fait selon votre parole. »

Le sanctuaire de l'Incarnation n'est autre chose qu'une voûte taillée dans le roc même, et à laquelle on a ajouté un autel, un pavé de marbre et deux colonnes. Une de ces colonnes, la colonne de l'ange, est brisée par le milieu, de telle sorte que les deux parties sont entièrement séparées. On croit généralement que la partie supérieure adhère à la voûte par une force surnaturelle. Je fis part au révérend père franciscain qui m'accompagnait de cette tradition bien connue ; il se contenta de me montrer en souriant des barres de fer assez solides qui retiennent le miracle à la voûte. Derrière le sanctuaire de l'Annonciation, une seconde grotte, plus petite que l'autre, mais également taillée dans le rocher, est regardée généralement comme la chambre qu'habitait Jésus.

J'ai remarqué dans cette arrière-grotte un assez joli tableau d'un genre un peu bâtard, — cela m'a fait penser tout naturellement à l'école de Düsseldorff. — L'enfant Jésus est assez nul ; on ne pressent, dans cette tête rondelette, ni le Roi de gloire, ni le Sauveur du monde ; la Vierge est allemande, c'est tout ce que j'en puis dire ; mais la figure de saint Joseph a un véritable mérite : elle est pensive, modeste, résignée et gravement mélancolique. On a rarement reproduit en traits plus heureux la physionomie de ce doux gardien de la vertu d'une vierge mère. Le tableau est bien éclairé, d'une lumière à la fois fine et chaude ; on aperçoit dans un assez joli fond, délicatement traité, la ville de Nazareth telle qu'elle est aujourd'hui... telle qu'elle était peut-être au temps de Jésus et de Marie... Est-ce que rien change dans cet Orient immobile ?

L'église de l'Annonciation est assez bien tenue et passablement décorée ; plusieurs tableaux représentent les scènes de la vie de Jésus à Nazareth, pendant qu'il croissait en grâce et en sagesse. Au-dessous d'un de ces tableaux, une *Sainte Famille* de l'école italienne, on a écrit cette légende : « IL LEUR ÉTAIT SOUMIS. »

Ces deux mots-là ne résument-ils pas éloquemment l'histoire de toute une jeunesse bénie ?

Le sanctuaire de l'Annonciation est la partie SOUTERRAINE de la maison de Marie. Cette maison même, remplacée par l'église, n'existe plus aujourd'hui à Nazareth.

Ce fut un des premiers lieux honorés par les chrétiens.

Sainte Hélène, après les persécutions, l'enferma dans une magnifique église, avec cette inscription d'une emphase un peu byzantine : « C'EST ICI LE SANCTUAIRE OU A ÉTÉ JETÉ LE PREMIER FONDEMENT DU SALUT DES HOMMES. »

Saint Paul, et, treize siècles plus tard, notre roi saint Louis, vinrent visiter cet auguste sanctuaire.

A la fin des croisades, quand les chrétiens furent expulsés de la Terre sainte, l'église de Sainte-Hélène fut détruite par les musulmans. La petite maison de la sainte Vierge allait sans doute éprouver le même sort.

Or, voilà qu'un matin, c'était le 10 mai 1291, les Dalmates furent fort étonnés de trouver au bord de la mer, en un lieu où il n'y avait rien la veille, à RAUNIZA, entre Tersatz et Fiume, une maison en pierres rouges d'une nature inconnue au pays, bâtie à l'orientale et posée simplement sur le sol, sans qu'aucuns fondements l'y rattachassent. Cette maison n'avait qu'une seule porte et qu'une seule fenêtre; les murs, à l'intérieur, étaient recouverts de peintures qui reproduisaient les scènes merveilleuses de l'histoire de Nazareth : à l'une des extrémités, se trouvait un autel en pierre, surmonté d'un crucifix, peint sur une toile collée au bois; une statue en bois de cèdre, placée dans une niche, représentait la Vierge portant l'enfant Jésus entre ses bras; près de l'autel, une armoire renfermait quelques vases.

Grand fut l'étonnement, grande l'admiration du peuple; on criait : Miracle! Cependant l'évêque Alexandre, que l'on savait malade, parut au milieu de la foule, joyeux et plein de santé. Il raconta comment une révélation lui avait fait connaître que cette demeure était *celle où le Verbe s'était fait chair;* que l'autel était celui que saint Pierre avait élevé pour y célébrer les mystères, et qu'enfin la statue de cèdre était l'image même sortie des mains de saint Luc, le premier artiste chrétien.

L'empereur Rodolphe Ier envoya des *experts* à Nazareth; ils rapportèrent que la maison de la Vierge avait été effectivement détachée de ses bases qui existaient encore; qu'il n'y avait aucune différence de nature entre la pierre des fondements de Nazareth et celle de la maison trouvée en Dalmatie; les dimensions se correspondaient d'un édifice à l'autre; *de tout quoi* on dressa un rapport authentique, lequel fut de plus confirmé par serment.

Les mêmes faits furent encore attestés par plusieurs personnages qui firent le voyage de Nazareth.

Cependant la maison ne resta pas à Raunitza, elle en repartit au bout de quatre ans; elle s'en alla comme elle était venue, la nuit; le lendemain, on trouva la place vide et le sol nu. L'étrange voyageuse s'était posée dans un bois de lauriers, près de Recanati; elle n'y fit qu'une halte pour aller bientôt sur une montagne du voisinage, et enfin à Lorette, dans la marche d'Ancône, où on l'honore et où on la garde avec toutes sortes de respects et de précautions.

Voilà six cents ans qu'elle y reçoit les hommages pieux des fidèles.

Cette tradition, généralement acceptée en Italie, *n'est pas un article de foi.*

Nous allâmes visiter tout près de l'église l'atelier de saint Joseph. On en a fait une chapelle; mais çà et là, sous le plâtre qui tombe, on retrouve la muraille antique. Dans cette maison, sous cet humble toit, le Christ vécut jusqu'à trente ans, obscur, ignoré, et, comme le dernier des artisans, gagnant sa vie par le travail de ses mains.

Il y a deux manières de comprendre l'enfance et la jeunesse de Jésus : une, tout extraordinaire, semée de miracles, pleine d'apparitions, les cieux ouverts pour le contempler, et les anges descendant pour le servir; l'autre, au contraire, naturelle et simple : l'enfance et la jeunesse du fils d'un ouvrier, travaillant auprès de son père adoptif, contraignant aux œuvres serviles ses mains divines, ses mains, qui sauveront le monde! cueillant les fruits ou arrosant les fleurs de son jardin, — comme Overbeck nous l'a montré dans cette suite de tableaux où il unit la pureté classique des maîtres à la naïveté et aux grâces retrouvées de Giotto et de Cimabuë.

Pour moi, c'est cette seconde enfance, où l'homme attendait humblement l'heure de Dieu, cette jeunesse écoulée dans la grâce calme et la vertu obscure, que je me représentais plus volontiers en visitant l'atelier de Nazareth.

Nous, cependant, nous cherchions à rassembler nos souvenirs, tour à tour feuilletant l'histoire ou interrogeant les traditions.

C'est auprès de cette fontaine que Jésus enfant accomplit son premier miracle : il avait alors douze ans, nous disent les traditions pieuses. Il jouait avec d'autres enfants de son âge : prenant l'argile souple au bord de la fontaine, ils en faisaient de naïves ébauches de petits oiseaux, qu'ils rangeaient ensuite sur le sol; et Jésus faisait comme eux. Mais voilà que tout à coup les oiseaux façonnés de ses mains pleines de vie commencèrent à s'animer; l'argile se couvrit de plumes; un souffle frissonna dans les ailes palpitantes, puis les oiseaux prirent joyeusement leur volée; les uns montaient en chantant vers le ciel, les autres peuplèrent les rameaux des grands arbres penchés au-dessus des eaux; quelques-uns, voltigeant autour de l'enfant Jésus, effleuraient son front de leurs ailes, ou, doucement familiers, venaient se poser sur ses épaules et becquetaient ses joues.

XLV

ALEXANDRIE.

La nuit. — Nous touchons au port. — Le drapeau jaune. — Un pilote bien vêtu. — La prière. — L'ouled. — Roumis et Rayas. — Le quartier européen. — La ville turque. — La capitale d'Alexandre. — Les Fellahs. — Un cimetière arabe. — La colonne de Pompée. — Les Aiguilles de Cléopâtre.

Nous ne ferons qu'effleurer la terre d'Égypte, en touchant barre à Alexandrie, pour y remuer la poussière des Pharaons et saluer à l'horizon la grande silhouette des pyramides.

Au premier abord l'Égypte moderne ne semble point hospitalière. Le port d'Alexandrie est défendu par des passes impraticables pour l'étranger. On n'a pas voulu que les amers, les bouées et les signaux d'usage indiquassent les dangers de la route. En cas de guerre, les écueils du mouillage deviendraient une première défense.

Nous arrivâmes un peu après minuit en vue d'Alexandrie. Nous résolûmes d'attendre le jour sur le pont.

Le modeste fanal qui a succédé à la septième merveille du monde, élevée jadis dans la petite île de Pharos, éclairait la mer de ses reflets rougeâtres et un peu ternes. A une lieue devant nous, Alexandrie dormait à l'abri de ses blanches murailles. La lune découpait son mince croissant sur le bleu tendre et clair d'un ciel sans nuages. On apercevait vaguement, et dans une sorte de pénombre incertaine, le dôme des coupoles et la flèche des minarets. Autour du port, au-dessus des flots et au rayon de la lune étincelait l'enceinte éclatante des palais et des maisons neuves. Deux heures se passèrent dans cette contemplation ; puis, peu à peu, le ciel pâlit, les feux de Pharos s'éteignirent, une bande rose s'étendant vers l'Orient indiqua la dernière ligne de l'horizon. Un coup de canon, parti du vaisseau amiral, annonça que le port venait d'être mis en libre pratique. Le pavillon français fut arboré. Celui du fort nous rendit le salut, et un caïk léger nous accosta et mit à notre bord un pilote égyptien ; nous entrions dans le royaume des Pharaons.

Ce pilote était un grand et fort gaillard d'une quarantaine d'années : front large, nez épaté, lèvres saillantes, œil enfoncé sous le sourcil grisonnant, teint de bronze florentin. Le costume n'était pas moins caractérisé : veste blanche, turban rouge, ceinture laine et argent, vaste culotte brune, dont les larges plis s'arrêtent aux genoux, jambes nues, chaussures de cuir jaune : il monte lestement au banc de quart, et d'un geste silencieux et précis indique la manœuvre à l'homme de la barre.

Déjà nous entrons dans le port. Nous frayons notre route au milieu de mille vaisseaux, çà et là quelques navires en quarantaine, isolés et immobiles au milieu de cette foule et de ce mouvement, ont arboré le drapeau jaune de la peste qui les sépare du monde. A cent pas de nous, le vaisseau amiral, qui laisse flotter à sa poupe pavoisée l'étendard turc — l'étoile et le croissant — se livre à ses manœuvres matinales.

Au coup de sifflet du maître d'équipage, les matelots, en veste blanche, s'élancent aux mâts et se perchent sur les vergues comme des troupes de mouettes ; au milieu du bassin, un ponton démâté rappelle à l'esprit l'idée et l'image de quelque corbeau gigantesque à qui on aurait coupé les ailes. Sur ce ponton, comme dans les casernes, comme à bord de l'*Amiral,* l'accompagnement de l'exercice est un certain tambourin et une flûte aiguë, dont l'accord produit une musique assez semblable à la mélodie sur laquelle nous notons la danse des ours. Cette musique est particulièrement sympathique à l'oreille turque.

Mais déjà l'*Alexandre* a gagné son mouillage. On jette l'ancre. Cent barques détachées des quais viennent nous accoster; des drôles de toutes nuances, de toutes couleurs et de toutes langues se disputent à coups de rames l'honneur de nous conduire à terre. Ils sont à moitié nus : nous admirons leurs tailles bien prises, leurs membres vigoureux; — ils conduisent avec une rare habileté leurs longues barques sans voiles.

Cependant le KAVAS d'un consul, le cimeterre au côté, la canne de tambour-major à la main, écarte les importuns avec de formidables moulinets. Les battus se retirent et paraissent fort contents; du moins ils ne se plaignent pas. Le temps se passe pendant ces préparatifs de débarquement. Il est six heures : une église française carillonne l'ANGELUS; une autre sonne sa messe, comme dans un village catholique. Alexandrie est le pays de la tolérance universelle : à côté de l'église, le minaret; la flèche du minaret égyptien ne s'élance pas avec la légèreté aérienne des mosquées de Constantinople; sa blanche aiguille domine pourtant la ville tout entière. Mais c'est l'heure de la prière des musulmans : le vieux muezzin monte à son balcon de pierre. On a eu soin de le choisir aveugle, pour que ses regards indiscrets ne s'arrêtent point sur les belles croyantes dévoilées qui prennent le frais au sommet de leurs maisons.

Cette première prière, qui s'appelle *sobah-namazy*, peut se faire de sept heures à midi.

On en fait une seconde à midi; une troisième quand le soleil est aux trois quarts de sa course; la quatrième, quand il ne fait plus assez clair, dit le proverbe arabe, pour qu'on puisse distinguer un fil blanc d'un fil noir. La dernière prière se fait dans la nuit.

Les musulmans, sur le bateau, accomplissent devant nous toutes les cérémonies de leurs rites.

Ils se tournent d'abord vers la Mecque, élèvent les deux mains, posent le pouce sur la partie inférieure de l'oreille, et récitent la prière préliminaire, le *kekbyr;* les deux mains passent ensuite sous la ceinture; le front s'incline, la tête et le corps prennent la position horizontale, puis le bout du nez touche la terre; enfin le musulman s'assied sur ses talons, les mains étendues sur les cuisses, et demeure dans une sorte de contemplation extatique, à laquelle nos matelots ne prennent plus garde : de jeunes passagers seraient peut-être tentés d'en rire, mais les croyances sincères se font toujours respecter. Cependant tout le monde part; on déserte le port, si animé il y a une heure à peine. Pour moi, je ne me hâte pas de descendre.

On ne voit jamais si bien une ville que quand on n'y est pas. J'ai choisi les haubans comme poste d'observation. De là, je découvre l'enceinte ou la trace de trois cités qui forment l'Alexandrie moderne. Ici, le palais du vice-roi et ses portiques en colonnades; plus loin les jardins du harem; derrière nous s'étend la plage sans fin, une plage de sable d'or; à l'horizon, de toute part, des moulins à vent, comme à l'entrée d'un village de la Beauce ou de Normandie.

Le port n'a plus cette belle couleur d'un bleu profond, qui s'étend, comme une nappe d'azur, d'Alexandrie à Marseille. Ici la vague a des teintes glauques sans reflet, mais dont la transparence profonde laisse apercevoir, à cent pieds, les algues, les rochers, les bancs de coraux, ou des troupes de requins en maraude.

Je descends enfin.

Un OULED, espèce de groom, en chemise bleue — c'est son unique vêtement — m'offre ses services et son âne noir. J'accepte l'âne, et laisse mes bagages à la garde de Dieu. Un garçon d'hôtel s'en empare et me glisse sa carte dans la main. Mon âne part au galop : l'ouled, qui court à côté, l'excite de la voix et du geste. Mon ouled est un jeune Arabe, qui parle assez couramment un mauvais italien. Il veut bien me communiquer ses observations sur l'État du pays : — « LA GUERRA, me dit-il à plusieurs reprises,

LA GUERRA! CORTAR LA TESTA A GLI ROUMI : « La guerre! la guerre! couper le cou aux chrétiens! C'est, du reste, le bruit du jour, et les rameurs qui assiégeaient l'*Alexandre* ce matin nous avaient déjà reçus dans leur port à ce même cri : « LA GUERRA ! » Il paraît que ces braves gens la veulent, comme on voulait autrefois la paix... à tout prix. En attendant, ils ont commencé cette nuit à piller quelques boutiques de joailliers italiens..... uniquement pour se faire la main.

On voit trois villes pour une quand on visite Alexandrie : la ville des Francs ou Européens, la ville des musulmans, et la vieille cité d'Alexandre. Ici, tous les Européens sont des Francs, FRANGI. On ne nous demande pas de quel ROYAUME nous sommes, mais de quelle PROVINCE. Nos empires, nos royaumes et nos républiques d'Europe ne forment qu'un grand tout, qui s'appelle le Frangistan. Les Russes seuls ne sont pas compris dans cette vaste communauté. Ces anciens vaincus des Tartares ne sont pour les Turcs que des RAYAS.

L'Alexandrie franque est un vrai quartier européen, qui se groupe autour d'une large place, sur laquelle s'élèvent de grands hôtels et les vastes demeures des consuls, surmontées de leur pavillon. Tous les types de l'Afrique, de l'Europe et de l'Asie se pressent dans ce vaste entrepôt des trois mondes. On y parle italien le matin : c'est le langage des affaires; français le soir : c'est le langage des relations sociales et des plaisirs élégants. Des troupes d'acteurs, en congé illimité, représentent, sur un petit théâtre assez fréquenté, les vaudevilles de la place de la Bourse et du passage des Panoramas : rare et précieux échantillon de la civilisation européenne!

La ville turque présente un tout autre caractère. Ici, les hautes maisons se penchent sur les rues étroites. Des MOUCHARABYS, sorte de balcons étroits, se suspendent à chaque façade;

leur grillage à mailles étroites finement sculptées permet aux femmes de voir sans être vues. Elles peuvent ainsi accomplir la loi et satisfaire leur curiosité : la coquetterie ne trouverait pas son compte à ce système, mais la coquetterie n'est pas orientale; c'est une VERTU française. De vastes jardins s'étendent derrière les maisons. Ces jardins réunissent toutes les cultures : des palmiers y balancent gracieusement leurs longs régimes au-dessus des rosiers du Bengale qui fleurissent quatre fois l'an. Les géraniums luxuriants s'y marient à l'aloès épineux. Dans les rues, dès le soir, les troupes de chiens errants et affamés donnent la chasse aux mollets chrétiens ou musulmans, les portes se verrouillent, les fenêtres se ferment, et la vie se retire dans le harem intérieur.

La troisième ville, la ville d'Alexandre, la véritable Alexandrie, est maintenant abandonnée.

Cette capitale éclatante de la première renaissance du monde antique n'a plus même aujourd'hui la majesté de ses ruines. Les Arabes, les Cophtes, les Fellahs et les Turcs enlèvent chaque jour les pierres de taille de ses palais, les sculptures et les colonnes de ses temples; le sable couvre le reste. Quand on s'y promène le soir, on fait lever de chaque buisson quelque chacal glapissant. Le matin, la scène est plus riante : les ibis, blancs comme la neige, voltigent familièrement au-dessus de notre tête, et les flamants roses décrivent autour de nous des orbes capricieux. Le spectacle change quand on s'avance un peu dans les terres et qu'on visite les villages des Fellahs.

Les Fellahs, ou Cophtes cultivateurs, sont les descendants des vieux Égyptiens, les maîtres du Nil, les fondateurs de Thèbes aux cent portes, les rois de Memphis, les possesseurs d'Alexandrie. Rien ne peut donner une idée de la misère où ils sont aujourd'hui tombés. Ils ont le pied des Turcs sur le cou; ils ne se relèveront pas de sitôt.

A cent pas d'un village, on n'en soupçonne pas l'existence. Les maisons sont des tanières, creusées bien plus que bâties. Des branchages recouverts de boue, qui se dessèche et se fend au soleil, servent de toits à ses huttes. Une botte de roseaux au lieu de siége et de lit; pour foyer, deux pierres rapprochées. Devant le trou qui sert d'entrée à ces maisons, des troupeaux d'enfants végètent, fourmillent et pullulent dans la poussière, malingres et souffreteux, à demi dévorés par la vermine qu'engendre la misère. J'avais cru, en parcourant les Hébrides, atteindre le dernier degré du malheur humain : je n'avais pas vu les Fellahs. Dans les Hébrides, du moins, de beaux enfants gardent le trésor du sang pur et cette fleur de beauté qui s'épanouit sur le jeune visage; et, quand ce doux visage leur sourit, les mères sont consolées. Mais il n'y a pas de consolation pour le Fellah, à qui Mahomet lui-même n'oserait pas dire le grand mot de sa religion : Résigne-toi!

Tout près d'un petit cimetière, mon *ouled* m'a fait voir les Aiguilles de Cléopâtre.

Jamais les mains mignonnes de cette belle reine du Nil ne brodèrent le chiffre d'Antoine avec ces crochets de granit rose de soixante pieds de long. L'une des deux aiguilles est renversée; on l'a donnée aux Anglais, qui ne se sont pas encore senti la force de l'emporter.

Je ne parlerai point de la colonne de Pompée, ainsi nommée sans doute parce qu'elle a été taillée pour Alexandre, et érigée en l'honneur de Dioclétien, avant qu'il cultivât ses légumes.

Abbas Pacha a quitté Alexandrie.

Les consuls généraux, qui sont en Orient de véritables diplomates, l'ont suivi au Caire; Alexandrie a perdu ainsi toute son importance politique : ce n'est plus qu'un entrepôt et un comptoir, où nous n'avons pas le temps de nous arrêter.

XLVI

TUNIS.

La civilisation des États barbaresques. — Un prince comme on en voit peu. — Ahmed-Bey. — Son portrait. — Principaux personnages de la régence. — Réformes courageuses. — Abolition de l'esclavage. — Création d'une armée régulière. — Protection accordée aux sciences, à l'industrie et au commerce. — Première vue de Tunis. — Tunetum. — Le Goletta. — Le lac de Tunis. — La ville aux sept portes. — Population. — Les trois quartiers. — Physionomie de la ville. — Boutiques et bazars. — Le Bardo. — Les chaoux. — Turcs et renégats. — Les Arabes vont en ville. — Agriculture. — Le Henné. — Les femmes peintes. — Jardins et villas. — Le chemin de Carthage. — Carthage. — Ruines et souvenirs. — Saint-Louis. — Messieurs les Anglais.

Je ne sais rien de plus digne de sympathie et d'intérêt que l'effort d'un prince ou d'un peuple, retenu par des entraves séculaires loin de la vraie civilisation, mais qui la pressent, qui la devine, qui en a, pour ainsi dire, l'instinct vivace en lui-même, et qui, à travers tous les obstacles, marche résolûment vers elle, pour accomplir ainsi le grand œuvre du progrès que la Providence nous impose à tous.

Tel est le spectacle que nous donne en ce moment un petit État, perdu bien loin de nous, de l'autre côté de la Méditerranée, sur les rives de l'Afrique à demi sauvage, et que les historiens, nos prédécesseurs, ne croyaient pas pouvoir mieux désigner que sous le nom d'ÉTAT BARBARESQUE par excellence.

Grâce à une initiative aussi intelligente qu'elle est puissante, Tunis entre dans le concert des nations qui se préoccupent de l'avenir, et auxquelles l'avenir appartient. L'homme éminent, auquel Dieu a confié sa destinée, s'est mis depuis longtemps à la recherche de toutes les solutions, comme à l'étude de tous les besoins; et il réalise dans la mesure de ce qui est possible les améliorations entrevues.

Une telle conduite serait digne d'éloges dans tous les temps et dans tous les lieux : elle excite peut-être une admiration plus vive encore, lorsqu'elle a nécessité une généreuse mais difficile rupture avec des préjugés depuis longtemps enracinés, et un état social d'autant plus difficile à modifier, qu'il semble s'appuyer sur la religion même et participer à l'immobilité du dogme. De tels obstacles, si grands qu'ils soient, n'ont pas arrêté le BEY DE TUNIS, et il montre à notre siècle un prince éclairé, sagement libéral, qui précède son peuple au lieu de le suivre, et qui le conduit au bien par les voies rapides.

Quand les Sarrasins, vainqueurs des trop faibles empereurs qui laissaient s'évanouir à Byzance, entre leurs mains, les derniers restes de la grandeur romaine, promenèrent la ruine et la dévastation dans toute l'Afrique septentrionale, TUNIS, jeune encore, mais déjà florissante, qui, sous le nom de TUNETUM, s'élevait aux portes mêmes de l'ancienne Carthage, Tunis, comme le reste de la côte méditerranéenne, eut beaucoup à souffrir des nouveaux conquérants. Il fut plusieurs fois détruit, mais on le rebâtit toujours.

Je viens de nommer Carthage : Tunetum existait déjà, alors que la ville punique soutenait contre les Romains cette rivalité terrible, qui ne s'arrêta qu'au moment où sa ruine fut accomplie, et où Scipion put semer du sel sur l'emplacement de ses murailles. On a même prétendu que Tunetum n'était qu'un faubourg de Carthage. Ce qui est certain, c'est qu'une série non interrompue de constructions, en ruine aujourd'hui, joint la ville actuelle de Tunis à ce qui reste de Carthage.

Au IXe siècle de notre ère, Tunis et les États voisins furent soumis par la famille puissante des AGLABITES, qui conservèrent le sceptre pendant une période de cent quinze ans. Mais l'année 385 de l'Égire, la dynastie FATIMITE, sauvée par Mahdi Ben

Tomart, soixante-dix ans auparavant, ayant transféré son siége de Bagdad en Égypte, réduisit toute cette partie de l'Afrique à n'être plus qu'une province de son empire. Tunis fut alors gouverné, pour le compte des Fatimites, par des princes de la famille de SANHAGIA. Ceux-ci, en 435, secouèrent le joug des khalifes, et se déclarèrent maîtres de Tunis, sous la tutelle d'abord de Bagdad, et plus tard du Maroc. La dynastie des Sanhagia régna deux cent dix-huit ans; puis elle fut vaincue et remplacée par celle des AHFASA, qui devait son origine à Abou-Mohammed-Habd-el-Uahed, fils de l'illustre cheikh Ahmor.

Mais, l'an 1534 de notre ère, Hiardin, plus connu sous le nom de *Barberousse*, alors capitan-pacha du sultan de Constantinople, s'empara par trahison de Tunis, qui, depuis lors, et pendant une assez longue période, flotta d'un prince à l'autre, passant des musulmans aux chrétiens, des Africains aux Espagnols, jusqu'à ce qu'enfin elle implora la protection du sultan, qui lui envoya SNAN PACHA. Celui-ci chassa les Espagnols et remplaça la Croix par le Croissant. Une nouvelle ère commença pour Tunis.

Tunis fut soumis au régime des beys, sorte de gouverneurs de provinces pour la Porte, dont les principales attributions étaient d'imposer un frein à la turbulente ardeur des tribus numides. L'état de Tunis prit alors le titre de RÉGENCE. La première dynastie des beys, car cette haute dignité fut héréditaire comme les autres souverainetés, fut celle des Mradiin, qui dura jusqu'en 1702.

La seconde dynastie, qui eut pour fondateur Ahseim-Ben-Ahly, gouverne encore aujourd'hui : elle est représentée par Ahmed-Bey, le dixième souverain de sa race.

AHMED-BEY est né en 1805. Le flegme oriental est chez lui d'autant plus méritoire que c'est un homme de constitution nerveuse : il est de taille moyenne, mais admirablement prise, bien proportionnée, propre à supporter également les travaux de la paix et les fatigues de la guerre. Sous l'expression bienveillante et douce de son sourire, on craindrait ce regard où brille le feu de la passion, où l'on devine l'énergie nécessaire au commandement; une barbe blanchie avant l'âge tempère la majesté naturelle de son noble visage. Réfléchi, calme, maître de lui-même, comme tous les vrais politiques, il porte une attention minutieuse et un regard sûr jusque dans les détails les plus particuliers du gouvernement. Comme ses aïeux, et aussi comme la plupart des grands souverains de l'Orient, il administre souvent la justice par lui-même, et il ne surprend pas moins par la rapidité de sa pénétration que par la rectitude de ses décisions. Il aime les livres et, chose peut-être un peu plus rare chez un souverain absolu, il aime les journaux; l'histoire l'intéresse, la géographie le passionne. Religieux sans fanatisme, humain et clément, patron des savants, des lettrés et des artistes, véritable Mécène couronné, il montre à l'Afrique étonnée un autocrate, dont le plus grand bonheur est de s'entretenir avec les hommes éclairés de tous les pays que les hasards de la vie de voyage amènent dans ses États. Il donne, et, ce qui est plus difficile, il sait donner. Il semble, en accordant une faveur, ne faire que payer une dette, et, quand il récompense, au delà même du mérite, exercer seulement une des prérogatives de la souveraineté, et la plus précieuse. Malgré les facilités trop indulgentes de l'Islam, après avoir pris, jeune, une compagne de son choix, bien que cette union n'ait pas eu pour elle les bénédictions de la fécondité, il ne lui en est pas moins resté fidèle, donnant ainsi à ses peuples le louable exemple de la continence unie au pouvoir de satisfaire la plus égoïste comme la plus avide de nos passions. Une adoption heureuse le console d'ailleurs des enfants qu'il n'a pas, et le peuple qui a placé en lui toute sa confiance espère déjà voir se continuer ces traditions de talents et de vertus auxquelles la Régence doit son bonheur.

Lorsqu'il succéda en 1837 à son oncle Asheim-Bey, le nouveau souverain porta tout d'abord son attention sur les finances et sur l'armée. Les finances, par lesquelles, dit-on, les plus grands États périssent, ne sont point, en général, la partie brillante des gouvernements orientaux. Ahmed-Bey a su comprendre toute leur importance, et il est parvenu à donner aux siennes une régularité et un ordre des plus parfaits. Il n'avait trouvé en arrivant au pouvoir qu'une poignée de troupes régulières, organisées à la fin du règne de son oncle. Il est parvenu à créer tout d'abord deux régiments d'infanterie, un régiment d'artillerie, et un régiment de cavalerie légère, montée sur ces superbes chevaux barbes que toute l'Europe admire et lui envie. Mais il savait qu'une armée ne s'improvise point et que le courage sans l'instruction n'a jamais suffi. Il s'est donc adressé à la France, toujours heureuse de servir d'initiatrice à ceux qui veulent marcher résolûment dans la voie du progrès, et nos officiers sont allés instruire ses soldats. Tunis possède aujourd'hui une école militaire, où les sujets du bey, qui doivent un jour être investis de sa confiance, préludent, par l'obéissance, à l'exercice du commandement. Nos meilleurs ouvrages sur l'art militaire sont maintenant traduits en arabe, et forment le plus riche trésor de la bibliothèque de l'École. Un régiment d'infanterie de marine régulière, six régiments irréguliers de cavalerie, enfin un corps de huit mille hommes, formé des anciens cadres des régiments de janissaires, et des zouaves, complètent la force militaire de l'État. Ahmed-Bey s'avance, du reste, d'un pas ferme et régulier dans la voie de l'organisation européenne. Quand il arriva au pouvoir, il trouva un ministre unique, puissant comme un grand vizir, chargé de toutes les affaires de l'État. Ahmed-Bey ne tarda point à reconnaître le vice d'un pareil système, et il l'a aussitôt modifié, en créant autant de ministres qu'il y a de branches diverses dans le service : le premier ministre a le titre de président du conseil, comme dans la monarchie la plus constitutionnelle du monde.

Tout cela est bien, sans doute; mais voici qui est mieux: le premier mai 1841, Son Altesse Ahmed-Bey a promulgué l'abolition de l'esclavage dans tous ses États. La terre de Cham, l'Afrique, sur laquelle depuis cinq mille ans pèse la malédiction de Noé, l'Afrique en a tressailli jusque dans ses plus lointaines profondeurs; ce fut la première fois que cette patrie de l'antique esclavage entendit proclamer les imprescriptibles droits de l'humanité, et Ahmed-Bey donna à tous les princes de sa foi l'exemple qu'ils suivront, je l'espère, du respect si longtemps méconnu que les puissants et les forts devront toujours à la plus humble créature faite à l'image de Dieu. Cette généreuse initiative a inspiré au poëte Barthélemy des vers éloquents et où respire une sorte de passion de l'humanité à laquelle nos lecteurs seront heureux d'applaudir.

Écoutons ! jusqu'aux cieux un grand bruit est monté :
Hourra ! l'Afrique pousse un cri de liberté.
Et ce cri de l'Atlas, que l'écho répercute,
Fait tressaillir le nègre accroupi sous la hutte.
Pendant que notre loi n'ose encore abroger
Les bazars de chair noire, autour des murs d'Alger,
Le sultan de Tunis abolit l'esclavage ;
Le pied du nègre est libre en touchant son rivage.
Dans le marché public où pendait le carcan,
Les fers, au lieu de lui, sont vendus à l'encan.
Que le Dieu tout-puissant le couvre de son aile,
Que l'Europe, à ses rois, l'impose pour modèle,
Que son glorieux nom éternise mes vers !
Sur un cap africain, dominateur des mers,
Avec les fers brisés de la traite abattue,
Que l'Europe chrétienne érige une statue,
Où la philanthropie écrive de sa main :
Ahmed, bey de Tunis, ami du genre humain !

Un prince ami des lumières ne peut qu'aimer les livres : Ahmed-Bey a fondé une bibliothèque devenue promptement assez riche en manuscrits arabes, achetés à grand prix, rassemblés dans la belle mosquée de l'Olivier, et toujours mis à la disposition du public lettré. La même mosquée, véritable centre de l'instruction publique, renferme aussi un collége d'ulémas, sorte de docteurs en théologie de l'islamisme, au nombre de trente individus, et deux autres colléges de chacun quinze docteurs chargés de l'interprétation des dogmes de quelques sectes dissidentes, sortes de religions à côté de la religion d'État, que la tolérance du souverain ne traite pour cela ni d'hérétiques ni de schismatiques. Les étudiants suivent les cours de ces professeurs.

Mais tous ces soins, que j'appellerai volontiers de l'ordre moral, n'absorbent point l'action du prince, et sa prévoyance s'étend aussi aux intérêts matériels de ses sujets.

Le bey, qui n'a voulu rien négliger de ce qui pouvait assurer la prospérité de ses États et les rendre indépendants de l'étranger, a établi sur le cours d'eau du Mejerda, à quelque distance de la ville jadis si prospère de Tuburda, une fabrique de draps aujourd'hui en pleine prospérité, et il est parvenu, par de sages mesures, toujours prises à temps, à favoriser l'éclosion de l'industrie intérieure et à développer les ressources du commerce avec l'étranger.

Le bey de Tunis a trouvé pour l'œuvre de civilisation qu'il a entreprise avec tant de courage, et qu'il poursuit avec tant d'ardeur, des collaborateurs intelligents et dévoués dans les principaux personnages de son gouvernement. Qu'il me suffise de nommer ici Sidi-Mustapha Kamadar, un des hommes les plus éminents de son pays; — le général Hiardin, qui, après avoir été chargé de fonctions diplomatiques importantes, occupe aujourd'hui le ministère de la marine; le comte Raffo, ministre des relations extérieures, qui ne laisse échapper aucune occasion de rendre plus étroits les rapports de l'Afrique et de l'Europe, et le docteur Lumbroso, premier médecin du bey, savant comme le sont les Italiens, — quand ils s'avisent de l'être, —

organisation souple, nature cosmopolite, et dont les ouvrages n'ont pas médiocrement contribué à faire connaître son souverain et sa patrie d'adoption.

La première vue que l'on a des *États barbaresques* en arrivant à Tunis ne rappelle point l'Orient. On ne débarque pas dans la ville même : elle a un port avancé nommé la GOULETTE, que, dans la langue franque, ou PETIT SABIR, usitée dans le pays entre gens de diverses nations, on appelle la GOLETTA. Ce port comprend un petit village composé d'un fort, d'une maison de plaisance du bey, de l'arsenal maritime, et d'un certain nombre de maisons construites à l'européenne, et généralement d'assez triste aspect. Ce bourg est traversé par un canal, dont l'entrée est défendue par des batteries assez bien disposées ; ce canal fait communiquer la mer avec le lac de Tunis. Les petites embarcations peuvent seules le traverser et naviguer sur le lac. Les grands navires sont obligés de rester en rade.

Quand on sort de ce canal étroit, et par bonheur assez promptement franchi, on entre dans le lac de Tunis. La vue est belle et l'horizon lointain ; tout autour de soi, de belles collines aux mouvements onduleux et aux teintes variées, et, dans une distance heureuse pour la perspective, la ville même de Tunis, bâtie en amphithéâtre au bord de son lac, et dont on distingue bientôt les forts, les maisons et les tours. Ces tours ne sont point, il est vrai, extrêmement nombreuses, mais elles se présentent d'une façon pittoresque et font un bel effet dans la décoration du paysage. Sept portes donnent accès dans la ville, défendue par une double enceinte de murailles.

La population, qui s'élève à peut-être deux cent mille habitants, se compose de Turcs de race pure, de Turcs mélangés, que l'on nomme COULOUGLIS, de Maures originaires d'Espagne, de Maures du pays même, d'Arabes, de Nègres, et d'une population européenne qui comprend environ quatre mille Maltais, deux mille Siciliens ou Napolitains, des Grecs, des Français, des Italiens et des Espagnols, quelques Allemands, enfin des Polonais, lointaines épaves de cette noble race dispersée; ajoutez des Juifs en assez grand nombre pour former à eux seuls tout un quartier, et une population flottante de Bédouins nomades, qui plantent leurs tentes autour de la ville, la fréquentent pour leurs affaires, mais n'aiment pas à voir ses portes se refermer sur eux.

Tunis se divise en trois parties : la ville proprement dite, qui comprend elle-même trois quartiers : le QUARTIER FRANC, la HARA, réservée aux Juifs, enfin un autre quartier où demeurent les plus riches musulmans, peu enclins à se rapprocher des religions étrangères ; le faubourg de BAB-SUICA et celui de BAB-ZIRA, l'un et l'autre habités exclusivement par des musulmans. Ici, comme dans la plupart des villes d'Orient, les nationalités vivent à part et ne se mêlent jamais.

Tunis est irrégulièrement bâti ; les maisons se groupent avec un caprice qu'aucun alignement ne dérange ; les bazars, les mosquées et les cafés apportent çà et là une assez agréable diversité. — Les bazars sont généralement petits, à l'exception de celui du bey, très-belle et très-vaste construction moderne, parfaitement distribuée, bien pavée, et ornée d'édifices élégants. Placés au centre même de la ville, ces bazars forment eux-mêmes une ville à part, dont chaque rue a la spécialité d'un commerce. Ici les tailleurs ; plus loin les bijoutiers ; à côté, les fabricants de pipes ; dans un coin, les magasins de sellerie, où vous trouverez des harnachements magnifiques et des broderies, or sur velours, comme l'Europe ne vous en montrerait point ; les parfumeurs méritent une mention spéciale. Constantinople, malgré ses sultanes, n'a point d'eau de rose comparable à celle de Tunis, et nulle part le jasmin ne concentre avec plus de puissance ses senteurs énervantes et capiteuses. Le personnel de chaque boutique dans le bazar se compose du patron, homme d'âge mûr et d'as-

pect fort digne, remarquable par sa bonne tenue, ses façons courtoises et dignes tout à la fois, et, léger détail, qu'il faut cependant noter, l'éclatante blancheur de ses mains : nulle part, peut-être, les hommes n'ont de plus belles mains qu'à Tunis ; puis un jeune enfant de douze à quinze ans, souvent le fils du patron, déjà grave et sérieux ; cet apprenti négociant sert poliment l'acheteur, qui reste toujours en dehors de la boutique.

Le palais du bey, qui porte le nom de BARDO, est situé à quelques milles de sa capitale ; c'est un château fort plutôt qu'une maison de plaisance. Il s'élève dans une vaste plaine, au milieu de laquelle les Bédouins viennent de temps en temps bâtir leurs villages de toile, improvisation du matin, que le soir voit disparaître, et qu'ils emportent au fond des déserts sur la croupe de leurs chevaux. Le Bardo a des fossés, des murailles et des tourelles que défendent des batteries de canons. Sa construction massive, irrégulière, composée de diverses bâtisses où se mélangent les architectures mauresque, espagnole et italienne, recouverte d'une teinte rouge sombre, cuite et recuite par le temps et le soleil, ne manque ni d'originalité ni de grandeur. Un pont-levis, gardé par des sentinelles appartenant à l'armée régulière, vous conduit dans une première cour, que l'on pourrait nommer la cour d'attente, et d'où l'on sort par une porte étroite et basse pour entrer dans une sorte de bazar qui précède le palais. Une seconde porte, d'une architecture imposante et grandiose, vous fait pénétrer dans la première cour intérieure du palais ; cette cour est de médiocre grandeur, mais forme un carré parfait ; elle est ornée au milieu d'une assez jolie fontaine en marbre, et chacune de ses quatre faces est percée d'une grande porte centrale. La partie du palais habitée par le bey est précédée d'une sorte de galerie couverte, pavée de mosaïques, et à laquelle viennent aboutir de chaque côté de grands et beaux escaliers, disposés de façon à présenter les lignes harmonieuses et balancées des plus heureuses perspectives. Au pied de ces escaliers, et comme garde particulière du bey, on trouve quelques soldats d'élite portant l'uniforme des mameluks, si célèbre autrefois dans tout l'Orient, et que des réformes plus économiques que pittoresques ont fait successivement disparaître de partout. Les amis de la couleur locale doivent savoir quelque gré au bey de Tunis d'avoir au moins sauvé les derniers vestiges de cette splendeur évanouie.

Une troisième cour, plus petite que la seconde, mais plus ornée encore, avec fontaine de marbre au milieu, et à l'entour péristyle de colonnes, est la cour particulière du bey, et lui sert souvent de promenade privée. Ses colonnes et ses parois intérieures sont ornées de fines sculptures du travail le plus délicat, fouillées à la pointe vive du couteau dans le stuc, et non point sorties du moule, ainsi qu'on l'avait cru tout d'abord. Dans cette cour, où les soldats du bey font sécher sans façon leurs tentes au soleil, — parce que, sans doute, chez un prince militaire ils se croient chez eux, — on voit souvent de jeunes hommes au teint pâle et à la chevelure blonde, qui forment un contraste assez singulier avec les belles figures turques des mameluks et le teint bronzé des soldats arabes. Ces jeunes gens sont des Européens, et pour la plupart des Allemands, qu'une vie un peu aventureuse ou la fougue indisciplinée du vingtième printemps a engagés à visiter l'étranger. Ils forment aujourd'hui la garde du prince. On les désigne sous le nom de CHATERS ou de CHAOUX. On sait que, dans l'origine, ces chaters ou chaoux n'étaient autre chose que les bourreaux des beys, et comme alors la justice était aussi expéditive que sommaire, ils avaient l'habitude, quand ils sortaient pour l'accompagner, de porter avec eux les instruments nécessaires pour faire tomber au premier signe la tête coupable ou déplaisante, — c'était la même chose aux yeux de l'autocrate. — Aujourd'hui que la justice du souverain s'exerce selon les règles de la procédure régulière et calme en honneur chez tous les peuples civilisés, les chaoux du bey ne sont plus ses bourreaux, et ce n'est point à eux que l'on confie l'exécution des arrêts prononcés par les seuls tribunaux : ils sont tout simplement les gardes du corps du prince, et font auprès de sa personne le service intérieur confié chez nous aux CENT-GARDES de l'empereur. Le costume de ces chaoux est d'une grande richesse : ils portent une tunique écarlate couverte de brandebourgs d'or, la ceinture suspendue à un large baudrier, et ils ont pour coiffure un tarbouche bariolé de broderies.

Comme annexe du Bardo, nous devons citer une caserne et un arsenal, une ménagerie dont le désert voisin se charge de renouveler les hôtes, et un haras où le bey prend plaisir à réunir de précieux échantillons de cette race barbe, si vive, si souple et si gracieuse, dont il possède les plus beaux types.

Les costumes que l'on voit dans les rues de Tunis sont aussi divers que la population même qui les porte. Les schérifs, qui prétendent descendre de Mahomet par Fatime, sa fille, celle qui fut la femme d'Aly, portent le turban vert ; les pèlerins qui ont visité la Mecque se distinguent par le turban rouge ; les Bédouins, généralement pauvres, sont loin d'avoir des toilettes splendides, et c'est le burnous national qui en fait les principaux frais ; les Juifs sont mieux tenus qu'à Constantinople, et les Grecs sont élégants ici comme partout. Mais le trait le plus étrange de tous ces costumes, c'est évidemment la coiffure des Arabes de la campagne. Cette coiffure consiste en grands chapeaux tressés avec des feuilles de palmier, larges de deux ou trois pieds, hauts en proportion, et qu'ils portent par-dessus leur turban. La doublure du chapeau est ordinairement de drap rouge, et un morceau de velours de la même couleur en décore le sommet. De loin, on pense au chapeau de cardinal. Un long cordon, muni d'une olive, et que l'on peut élever ou abaisser à son gré, fixe le chapeau sur la tête par un nœud sous le menton, ou le retient à demi flottant sur les épaules. Ce chapeau est pour l'homme un véritable toit : il le défend également de la pluie et du soleil.

Les chapeaux des Arabes riches sont parfois tout couverts de plumes d'autruches : une garniture de paysan tunisien ferait le bonheur de vingt Parisiennes.

Sans être très-beaux, les cafés de Tunis méritent au moins un regard en passant : ce sont de grandes salles, généralement blanchies à la chaux, entourées de banquettes très-hautes, recouvertes de nattes et de tapis, et sur lesquelles on s'assied d'ordinaire à la turque, c'est-à-dire les jambes repliées sous le corps. Au fond de la salle, il y a toujours une enceinte pénétrant dans la muraille et entourée d'une balustrade ; c'est la place réservée aux musiciens qui viennent chaque soir donner une sorte de concert aux habitués de l'établissement.

La musique n'est pas, du reste, la seule distraction des Tunisiens, qui prennent encore un plaisir extrême à voir danser les almées et à suivre les opérations plus ou moins magiques des charmeurs de serpents.

La nature a beaucoup fait pour la Régence de Tunis. Elle lui a donné un sol fertile. Ses campagnes bordées au nord et au midi par deux grandes chaînes de montagnes, qui s'élèvent au bord même de la mer et vont se prolongeant obliquement du nord-est au sud-ouest, offrent le plus heureux mélange de plaines et de collines. Le sol calcaire et sablonneux produit, presque sans culture, les plus riches moissons, et rend au centuple la semence reçue ; on y rencontre à chaque pas de belles plantations d'oliviers ; au bord de la mer, et sur les pentes des coteaux, on cultive la vigne avec un grand succès, et l'on sème à ses pieds des concombres, des pastèques et des melons délicieux. Les terrains que l'homme ne cultive point se couvrent de genêts épineux aux fleurs d'or, de myrte, de romarin, de lavande, de bruyères, de cistes élégants, de lauriers-roses, de lentisques et de caroubiers, dont les gousses pulpeuses peuvent servir également à la nourriture des hommes et des animaux.

Rien n'est charmant comme la maison de campagne d'un habitant de Tunis pendant les beaux mois de la saison nouvelle : les roses musquées, l'acacia et les deux jasmins, celui d'Espagne et celui d'Arabie, mêlent leurs parfums aux senteurs de l'oranger, et l'atmosphère est embaumée.

Les jardins de ces villas sont défendus par des haies de nopals, qui entrelacent leurs rameaux et croisent les baïonnettes de leurs dards épineux, de façon à présenter à l'assaillant téméraire d'infranchissables remparts.

Plusieurs routes conduisent de Tunis à Carthage.

Il en est une assez jolie, très-unie, plutôt grâce à la nature du terrain qu'aux travaux de l'homme, — qui s'est contenté de ne le point gâter : c'est déjà quelque chose ! Elle traverse un petit bois d'oliviers, et passe à côté d'une maison située auprès d'une grande citerne qui attire beaucoup de voyageurs. Cette maison, — un café, — est pour les habitants de Tunis un but de promenade et de rendez-vous. Quelquefois — par exemple dans l'après-midi du vendredi — avec ses groupes d'hommes, de femmes et d'enfants portant des costumes superbes, avec ses chevaux richement caparaçonnés, ses chameaux couverts de housses éclatantes, ses équipages bizarres, elle présente un coup d'œil qui surprend tout d'abord l'Européen, accoutumé au luxe moins tapageur de Hyde-Park, du Prater et du Bois de Boulogne. Les équipages des riches Tunisiens auraient besoin de quelques améliorations pour arriver au dernier degré du confort et de l'élégance : dans l'état actuel, ce ne sont que de longs tombereaux à deux roues, recouverts d'une espèce de baldaquin, et garnis de tous côtés par de grands rideaux, avec franges, et toutes sortes d'ornements, où il y a plus de clinquant que d'argent pur et d'or fin.

Ces tombereaux, plus grands que les arabas de Constantinople, sont traînés par deux mulets. Le cocher monte sur l'un d'eux et conduit l'autre.

Carthage n'est plus aujourd'hui qu'une ruine, elle ne s'est point relevée des coups terribles de Scipion. A mesure que l'on approche, on découvre dans les champs, à droite et à gauche de la route, des pans de murailles et des constructions, ou plutôt des débris de constructions de toute sorte. Nous sommes sur l'emplacement même de la plus terrible ennemie de Rome, et il ne tient qu'à nous d'évoquer les grandes ombres de Hannon, d'Asdrubal, d'Annibal, et de tous ces généraux fameux qui contre-balancèrent un moment la fortune des futurs maîtres du monde.

Mais pour nous, Français, un souvenir pacifique et doux remplace aujourd'hui toute cette poésie sombre de l'histoire ancienne; je veux parler de saint Louis, dont le nom et la pensée sont maintenant indissolublement liés à Carthage. On sait que l'héroïque croisé mourut dans la capitale de la foi punique, au retour d'une de ces expéditions lointaines où sa foi religieuse, plus peut-être qu'une sage politique et les intérêts bien entendus de son peuple, l'entraîna si souvent. Le pieux roi rendit le dernier soupir sur une petite colline, à la place même que sa chapelle occupe aujourd'hui. On sait que cette chapelle a été érigée par le roi Louis-Philippe. On pourrait peut-être lui demander, sans montrer pour cela une exigence ridicule, un peu plus de grandeur et de style; car ce n'est, à vrai dire, qu'une construction mesquine et sans aucun caractère architectural. Mais hâtons-nous, pour être juste, de décharger d'un nouveau crime, en fait d'art, la mémoire du feu roi, à qui les arts ont déjà demandé un compte trop sévère peut-être de l'emploi que l'on a fait, sous son règne, du marbre et de la pierre de taille. Cette fois encore, s'il fit mal, on assure que ce fut du moins en voulant bien faire. Il avait les intentions les plus louables et les plus généreuses : il voulait élever un noble monument, et nous devons dire qu'il était même assez bien servi par le hasard. L'emplacement qu'indiquent les traditions était des plus heureux, et il réunissait toutes les conditions stratégiques, qui, d'une église, peuvent à un moment donné faire une citadelle. C'est ce qui nous perdit : les Anglais, auxquels, assure-t-on, le dernier règne fit parfois quelques concessions, les Anglais réclamèrent avec cette mauvaise humeur énergique qui fait songer aux grognements du bull-dog.

— C'est pour honorer la mémoire de mon illustre aïeul, disait le cabinet des Tuileries.

— Soit, répondait le cabinet de Saint-James; mais nous autres, nous sentons le besoin d'honorer à notre tour la mémoire de ce grand capitaine de marchands, assez connu sous le nom d'Annibal, et qui est né non loin de la place où mourut le monarque français.

Le monument élevé en l'honneur d'Annibal eût été orné de tours et de bastions, et dans une position telle qu'il eût pu au besoin envoyer des boulets au bienheureux saint Louis.

On s'est donc contenté d'une petite chapelle tout à fait inoffensive et de la plus modeste apparence : à l'extérieur, on n'aperçoit qu'un pavillon octogone surmonté d'un globe et d'une croix en cuivre doré; il a pour ornements des flèches gothiques très-finement sculptées par les Maures, qui n'ont pas cru offenser Mahomet en travaillant à une chapelle chrétienne. L'intérieur n'est pas plus magnifique; il est en plâtre avec peinture économique imitant le marbre. Le petit autel est écrasé par la lourde statue du saint.

La chapelle de saint Louis est posée sur une colline qui s'élève à peu de distance de la mer et d'un bassin profond que l'on croit avoir été le COTHON, ancien port de Carthage. Toute la crête de cette colline, sur laquelle on avait placé jadis un temple consacré à Hercule, a été enceinte d'une solide muraille formant un vaste plateau dans lequel on ne pénètre que par deux portes : la position est solide et pourrait devenir importante. En creusant le sol pour les fondations de la chapelle, on a trouvé des restes de constructions antiques, des chapiteaux et des fûts de colonnes, des mosaïques assez bien conservées, mais d'un travail beaucoup moins parfait que celles d'Herculanum et de Pompéi : il est certain qu'en fait d'art les Carthaginois ne valaient pas les Grecs. Du reste, tout l'emplacement de Carthage offre à celui qui le fouille de précieux vestiges de la richesse et de la puissance de cette ville célèbre. Ici c'est un grand édifice de forme elliptique, entouré d'un corridor voûté avec des chambres carrées aux quatre coins, — probablement un amphithéâtre ou un gymnase, — là des citernes immenses, ailleurs des vestiges de toutes sortes ramenés au jour par la charrue du laboureur, et, sur une immense étendue, des fragments de marbre, de granit, de porphyre et de vert antique.

La chapelle de saint Louis domine un vaste horizon : la vue parcourt tour à tour la Goulette et sa rade couverte de vaisseaux, le lac de Tunis aux eaux paisibles, avec la ville tout entière à son extrémité; puis la plaine aux cultures variées, la plaine immense, entrecoupée de villages, d'aqueducs, de tentes et de bouquets d'arbres; puis la MARZA, avec les campagnes verdoyantes arrosées par ses eaux, puis, comme fond du tableau, le *Mamelife*, et d'autres montagnes ses sœurs, dont les crêtes azurées vont se confondre avec l'azur même du ciel.

XLVII

ALGER.

Coup d'œil général. — Les vainqueurs et les vaincus. — La ville arabe. — Maisons mauresques. — La ville française. — La Kasbah. — Le musée. — L'hôtel de la Division. — Palais du Gouvernement. — Alger cosmopolite. — Les races d'hommes. — Une mauresque chez elle. — Hadars, Amins et Berranis. — Les Maures, les Juifs, les Nègres et les Arabes. — Environs d'Alger.

Comme toutes les villes assises sur les rivages, Alger veut être vu de la mer. Il faut tout d'abord l'apercevoir de loin, par un jour éclatant : il vous apparaîtra sous le ciel comme un triangle d'une blancheur crayeuse, dont la base s'appuie sur des coteaux bruns, et dont la pointe pyramide dans le ciel bleu profond. La ville, par une disposition assez originale, se développe ainsi dans le sens de la hauteur. Les quais français lui servent de piédestal, et la forteresse turque la couronne. Les maisons, les mosquées, les églises, les terrasses et les palais montent avec la colline et s'échelonnent dans le plus pittoresque et le plus charmant désordre; comme lignes et comme couleurs, c'est un ensemble de tableaux merveilleux. A mesure que l'on approche, les détails deviennent peu à peu distincts : ces murs dégradés et, pour ainsi dire, rongés par le soleil, ce sont les fortifications; ces bâtiments qui se groupent autour d'un phare appartiennent à l'amirauté; ces trois dômes blancs flanqués de minarets vous révèlent les mosquées de l'Islam.

Comme toutes les villes où la conquête fut clémente, Alger se compose maintenant de deux cités bien distinctes : la cité des vainqueurs et celle des vaincus, la ville arabe et la ville française.

La ville arabe vous attire naturellement la première, et, pour peu que vous soyez étranger à l'Orient, et que votre voyage en Algérie soit pour vous l'initiation à une civilisation nouvelle, vous irez bien vite vous égarer dans ce labyrinthe de rues étroites, qui s'élèvent tantôt sur des degrés pavés de cailloux pointus, tantôt sur des pentes lisses presque insensibles. Vous vous étonnerez de l'inclinaison de ces murailles blanches, qui semblent se toucher à leur sommet, et que réunissent le plus souvent des entre-croisements de poutres minces à travers lesquelles on aperçoit par places, et comme du fond d'un puits, quelques lambeaux du ciel. Même dans les journées torrides, ces rues étroites gardent une fraîcheur délicieuse. De chaque côté, on aperçoit les portes des maisons, toujours fermées, protégées parfois d'un épais grillage, comme mesure de précaution. De temps en temps, vous rencontrez une modeste échoppe vous présentant un étalage d'objets inconnus, et dont vous ne pouvez pas même soupçonner l'usage. Parfois, mais plus rarement, c'est un bazar en forme de croix, éclairé par une haute coupole centrale. Çà et là, aux angles des carrefours, de jolies fontaines tombent avec un grésillement frais dans des vasques de marbre abritées sous des niches en faïence bleue. Comme si tous les sens à la fois devaient être saisis et pénétrés, il s'exhale de ces maisons et de ces bazars je ne sais quelles vagues odeurs de musc et de jasmin, et, pour peu que votre organisation nerveuse soit le moins du monde accessible à l'impression des parfums, qui jouent un si grand rôle dans la vie de l'Orient, ces senteurs capiteuses vous jettent dans un ordre d'impressions encore inconnues pour vous jusque-là.

Ces maisons mauresques, d'un aspect si poétique et si mystérieux, sont bâties en pierres et en briques. Le bois qui entre dans leur construction appartient à l'essence incorruptible du

thuya ; le fer en est banni. Voir une de ces maisons, c'est en voir mille, car si l'on tient compte de la différence nécessaire des proportions, selon la fortune des gens, le plan est toujours le même. Que l'on imagine une cour pavée en marbre blanc, sur laquelle s'ouvrent plusieurs pièces assez longues. Cette cour est entourée d'un portique de colonnes torses, aux chapiteaux ioniens, qui supportent une galerie à balustrade en bois ouvragé, sur laquelle s'ouvrent à leur tour les pièces du premier étage. Le plus souvent cet étage est unique, et au-dessus de lui s'étend une terrasse plate.

Les fenêtres qui prennent jour sur la rue sont rares, étroites, irrégulières ; la maison est disposée pour la vie intérieure. Là du moins on est chez soi : les cloîtres envieraient cette séquestration si complète et si sévère ; toute communication avec le dehors est impossible sans la permission du maître ; il s'isole avec les siens ; il oublie le monde, il en est oublié ; jamais le précepte du philosophe grec : *Cache ta vie!* n'a été plus sévèrement pratiqué ; je ne sais si les Arabes y ajoutent le non moins fameux : *Connais-toi toi-même!*

Le mobilier beaucoup trop cosmopolite de ces maisons est devenu, depuis la conquête, un véritable assemblage de bric-à-brac, accumulé sans le moindre discernement et disposé sans le moindre goût : tous les siècles se coudoient, tous les styles se confondent, tous les pays se heurtent de façon à faire de cet ensemble hybride un véritable charivari de formes et de couleurs.

La ville française, avec ses maisons à six étages, ses boutiques et ses trottoirs, ses larges rues et ses places que le soleil, à certaines heures du jour, rend vraiment impraticables, étreint, enserre et refoule de toutes parts la ville mauresque ; nos maisons, comme les soldats conduits jadis par le maréchal de Bourmont, montent à l'assaut de la Kasbah.

J'ai nommé la Kasbah. On sait que cette citadelle des deys occupe le sommet de la ville. Les palais d'Orient n'ont point la symétrie rectiligne des nôtres, et du côté où le soleil se lève, on ne verra jamais rien qui ressemble à nos Tuileries, au Louvre ou au palais de Westminster. Si nous voulions trouver une analogie architecturale à la Kasbah, il faudrait aller jusqu'au Séraï de Constantinople. Comme à Constantinople, en effet, nous rencontrons à Alger un énorme amas de bâtisses séparées par des ruelles, des cours et des jardins, enveloppées et au besoin défendues par une haute muraille crénelée.

Ce qui nous frappe tout d'abord, c'est une tour carrée, avec un balcon en bois très-saillant, que supportent des colonnettes extrêmement minces. Les anciens deys venaient s'asseoir à ce balcon pour assister aux exécutions qui se faisaient en face d'eux sur la place. Le palais du dey est le plus grand de la ville. Il a subi quelques dégradations regrettables : des poteaux moins élégants remplacent les fines et sveltes colonnettes; on a repeint le pavillon, au bout de la galerie couverte servant de promenoir au prince, où fut donné ce malencontreux coup d'éventail, si rapidement vengé par nos armes. Le génie militaire s'est emparé de la Kasbah, par droit de conquête. On a logé des artilleurs dans les chambres des sultanes; la grande mosquée est un dortoir. Mais nos soldats sont cléments pour les vaincus : ils cassent peu, démolissent encore moins, et, malgré l'occupation *manu militari,* il reste encore çà et là quelques jolis détails à la Kasbah : ne serait-ce que ce plafond flamboyant, avec son grand soleil aux rayons tordus, ses vastes fenêtres grillées de jolis barreaux de bronze, et ses portes encadrées de plaques de marbre, et sa fontaine en marbre blanc, à colonnes torses, surmontée d'un croissant du plus pur goût oriental. Des antiques et beaux jardins des maîtres d'Alger, il ne reste plus aujourd'hui que quelques jujubiers et un grand platane qui ne s'en ira pas, car on lui a pris le pied sous le mur de la maison du commandant.

L'ancien palais d'un personnage important, le gendre d'Hassan-Pacha, a été converti en musée. On admire sa jolie cour, entourée, sur les quatre côtés, de colonnes torses en marbre blanc, aux chapiteaux corinthiens, taillés dans les profondeurs de Carrare. Tout autour de la balustrade, court une charmante galerie en bois rouge et bleu. Cette maison méritait bien vraiment d'être convertie en musée, et il faut espérer qu'elle conservera, comme elle s'est elle-même conservée : elle est incontestablement une des plus intactes de tout Alger. C'est plaisir de voir ses belles portes de cèdre, avec leurs encadrements en saillie, qui semblent sortir des mains de l'ouvrier; il ne manque pas un clou à leur garniture; les lourds marteaux sont à leur place, et si, par un hasard peu probable, le maître rentrait tout à coup chez lui, il n'aurait pas de peine à reconnaître sa maison. Le palais du musée est bâti sur des récifs dont la mer baigne le pied. De ses fenêtres, la vue s'étend sur un horizon immense. On a converti — converti est un singulier mot; ici, il ne veut dire que changer — l'appartement des femmes en BIBLIOTHÈQUE publique. Sa décoration est pleine d'élégance; ses carreaux vernissés forment de jolies mosaïques, et ses murs revêtus de faïence ont gardé leur vif et frais éclat. Au-dessus de ce revêtement, et par conséquent à une certaine hauteur du sol, court une galerie légère, renflée par places, de manière à présenter cette ligne onduleuse qui caresse si doucement le regard. De petits buffets s'ouvrant sur cette galerie recevaient jadis les mille fantaisies dont se compose l'attirail des femmes. On les a remplacés par des objets moins gracieux, — des livres et des manuscrits. — Le plafond est à compartiments, en bois colorié, très-joli comme disposition, et de ton très-harmonieux. Les quatre fenêtres de l'appartement des femmes regardent la mer, et comme en cet endroit la côte est absolument inabordable, le maître pouvait se croire en sûreté.

Un autre joli palais arabe que nous retrouvons plus au centre

de la ville, c'est celui qui porte aujourd'hui le nom, d'Hôtel de
la Division. Il n'est pas très-grand, mais son aspect est charmant
et ses détails exquis ; tout le palais est voué au blanc et au bleu —
comme les jeunes enfants que nous plaçons sous l'invocation de
la vierge Marie. L'architecte à qui nous devons cette maison
coquette a tiré le plus admirable parti de ces deux couleurs
exquises, qui se fondent si tendrement l'une dans l'autre. Je ne
connais point de séjour dont on puisse emporter une impression
plus aimable et plus douce ; nulle part les lacis d'arabesques ne
vous présentent de plus jolis motifs ; nulle part les colonnettes
ne sont plus sveltes ni les arceaux plus gracieux.

Le Palais du Gouvernement est un peu comme ces gens qu'il
ne faut point juger sur l'apparence, le dedans vaut mieux que
le dehors. On a eu le tort, selon moi, de disposer l'extérieur
à la française. La marquise en zinc qui s'étend au-dessus de
la porte est un peu lourde ; la balustrade en fonte, qui court
le long de la maison, est d'un goût douteux, et les fenêtres
à colonnes de marbre noir ne sont pas du plus heureux effet.
Disons tout de suite que l'intérieur est charmant et que les restaurations modernes ont été comprises et accomplies avec une
intelligence rare et un sentiment très-juste de l'art arabe. Les
ornements, qui s'inspirent de l'Alhambra, sont d'une merveilleuse finesse ; les coupoles, les rosaces, les roubâs, tout porte
l'empreinte d'une main légère et hardie, assez féconde pour
prodiguer les chefs-d'œuvre.

Maintenant que nous connaissons la cage, examinons un peu
les oiseaux.

La population d'Alger est certainement une des plus disparates qui soient au monde. Aux divers éléments qu'elle y a trouvés, la conquête est venue en ajouter de nouveaux, et plus d'une
fois, à la porte d'un bazar, à l'entrée d'une promenade, au mi-

lieu d'un carrefour, vous apercevez huit ou dix échantillons de la grande famille humaine : des Français, des Espagnols, des Maltais, des Maures, des Kabyles, des Juifs et des Nègres; tout cela finissant par se comprendre, grâce aux ingénieuses combinaisons du SABIR, affreuse langue, digne de prendre place à côté du patois des Nègres de nos colonies et de l'éloquence des *Mamamouchis* du *Bourgeois Gentilhomme*. Mais qu'importe si l'on parvient à s'entendre? Tout le monde n'est pas diplomate, et il y a encore des gens qui pensent que la parole n'a pas été donnée à l'homme pour dissimuler sa pensée.

De même que la vieille ville nous a plus intéressé que la ville neuve, ainsi la population africaine aura pour nous plus d'attrait que nos frères d'Europe, près desquels nous vivons depuis trop longtemps déjà. Il n'est pas besoin de passer la mer pour rencontrer des Parisiens. Ce que voudra voir tout d'abord le Français débarqué aux rives africaines, c'est un Maure et surtout une Mauresque, la chose n'est pas impossible; qu'il prenne seulement la peine de nous suivre dans une de ces maisons de la haute ville que nous décrivions tout d'abord, et nous pourrons lui montrer, assise, ou plutôt accroupie sur ses coussins, à l'angle le plus reculé de la chambre la plus fraîche, quelque blanche aux yeux noirs, aspirant à petits coups la fumée du narguileh, prenant lentement un sorbet à la neige, ou agaçant avec un brin de jonc les cordes de sa guitare. Son costume ne manque point d'une certaine élégance, et il a le mérite de ne point ressembler à ceux qui sortent des *confections* de la rue Vivienne. Imaginez un pantalon bouffant, en satin blanc, à fleurs d'or, serré aux jarrets, retombant jusqu'au milieu de la jambe nue, et laissant voir un pied soigneusement lavé, brossé, poli, parfumé, dont le henné avive les ongles de ses teintes rouge-brun. La chemisette, d'une étoffe à fleurs, fine et transparente, laisse deviner ce qu'elle ne montre pas; autour du cou, un ruban jaune, avec un collier, où parfois on peut compter jusqu'à sept ou huit fils de perles fines;

pour coiffure un foulard bleu à bandes d'or, non pas posé droit sur le front, mais de biais, et de façon à le découvrir beaucoup plus d'un côté que de l'autre ; laissant tomber ses longues franges par derrière jusqu'au-dessous des épaules ; une guirlande de fleurs de jasmin, enfilées comme les grains d'un chapelet, enlace autour de la tête sa spirale, qui cache à moitié un diadème de pierreries, — presque toujours de diamant, — et retombe de chaque côté de ses belles joues. Ne comptons ni les bagues des doigts, ni les anneaux des jambes ; ne demandons pas ce que coûtent ces boucles d'oreilles aux longues pendeloques : qu'importent les bijoux? si la femme est laide, ils ne l'embellissent point ; si elle est belle, ils ne valent point ce qu'ils cachent. Regardons plutôt, pendant qu'elle baisse sur ses yeux noirs ses longues paupières ombragées de cils bruns, ce joli visage, dont la peau blanche, que le soleil n'a jamais vue, se nuance d'un rose si délicat ; voyez comme cette mouche posée près du menton fait ressortir tout à la fois l'éclat rouge des lèvres et l'éclat blanc des dents ! Elle a de belles mains, molles, un peu longues, aux doigts fins, sans nœud sensible aux phalanges, amincis en fuseaux ; des doigts pour ne rien faire ! Sa voix est douce, d'un timbre qui semble voilé, et qui pourtant pénètre : son attitude n'est jamais sans grâce ; son geste est parfois charmant.

On divise en deux classes bien distinctes les indigènes qui habitent près de nous la ville d'Alger. Les Hadars, ou citadins, qui constituent la population fixe, attachée, pour ainsi dire, au sol et aux maisons ; les Berranis, ou étrangers, qui comprennent des commerçants, des artisans ou des hommes de peine, qui ne viennent à la ville que pour y gagner le plus promptement possible de quoi vivre tranquillement chez eux. Ces Berranis, qui appartiennent à toutes sortes de variétés de la race africaine, se livrent aux petits métiers et aux petites industries, sous la surveillance de syndics arabes portant le nom d'Amins, soumis eux-mêmes à l'autorité française, et qui maintiennent avec beaucoup de fermeté un ordre parfois assez difficile entre ces rivaux naturels, que les difficultés de la vie et l'âpreté à la curée transforment parfois en ennemis dangereux. L'intervention de ces amins est extrêmement précieuse à notre autorité. Ils sont le lien naturel entre les vainqueurs et les vaincus, et sans eux notre autorité serait tout à la fois et moins efficace et plus dure.

Les Maures de race pure ne forment qu'une assez petite portion de la population algérienne. Les riches sont rares parmi eux, et ceux qui sont obligés de demander leur vie au travail se confinent d'ordinaire dans les industries de second ordre : ils sont tout à la fois et moins forts que les Arabes et moins fins que les Juifs, qui finiront par les asservir complétement. D'ailleurs beaucoup de familles se sont éteintes depuis la conquête ; le reste diminue chaque jour et s'efface. Les uns s'en vont au Maroc, à Tunis et à Tripoli, les autres à Constantinople ou à Smyrne, et se répandent dans les diverses escales de la côte de Syrie.

Les Arabes, les hommes de la tente, comme ils s'appellent eux-mêmes, ne résident guère à Alger. Ils n'y viennent que pour leurs affaires ou leurs plaisirs, et n'y restent jamais bien longtemps. Les chefs, ceux qui sont riches, mettent leurs chevaux dans des auberges et logent avec leurs serviteurs dans les maisons de la haute ville. Pendant le jour ils vont aux bazars causer avec les Maures ; le soir, on ne sait pas trop ce qu'ils font. Au bout de quelques jours ils s'en retournent chez eux. Les pauvres diables, et il y a des pauvres diables partout, même en Arabie, ne peuvent se permettre ces grandes façons, mais, avec ce mélange de simplicité, de dignité, de grandeur et de liberté que l'on retrouve chez les Orientaux, même des classes inférieures, ils se conduisent à Alger comme au désert, et, malgré notre présence, à l'ombre flottante du drapeau français, chez nous se croient chez eux; ils campent sur le pavé de la ville comme sur le sable d'or, se couchent au pied de nos maisons comme au pied de leurs palmiers, font la sieste dans les rues, et vivent sur les places publiques comme au fond de leur smalah. Notre civilisation ne pénétrera que lentement la tribu arabe; elle commence cependant à s'infiltrer en elle peu à peu, et le moment n'est pas loin, peut-être, où la fusion des deux peuples commencera de s'accomplir : plus d'un Arabe envoie maintenant ses fils au collége d'Alger.

La POPULATION JUIVE a une véritable importance dans toute l'Algérie. Les Juifs étaient avant nous en Afrique; où ne sont-ils pas? Implantés depuis quinze cents ans sur la rive méridionale de la Méditerranée, patients, résignés, souples, habiles, persévérants, ils ne pouvaient que végéter et ne pas mourir sous le joug écrasant des anciens maîtres. Notre conquête les a relevés; ils ont largement profité de ces principes de tolérance, de civilisation clémente et vraiment humaine que nous promenons sur le monde dans les plis de notre drapeau; leur fortune, servie par ce génie des affaires qui les distingue en tous lieux, s'est développée à l'ombre de la nôtre. Aujourd'hui on les trouve partout riches, heureux, florissants. Presque toutes les maisons d'Alger sont à eux : ils sont descendus de la ville haute dans le quartier français, et ont quitté la maison mauresque pour l'appartement européen. Un assez grand nombre portent encore le costume oriental, mais beaucoup se font habiller *à l'instar de Paris*, sans se douter de ce qu'ils y perdent. Leurs femmes sont mises très-richement; leurs vêtements sont presque toujours en étoffe superbe, et elles portent volontiers des bijoux, même pour rester chez elles. Leur robe sans manches, qui découvre le cou et la naissance de l'épaule, est serrée à la taille par une ceinture de cachemire; la jupe tombe droit et sans faire un pli de la hanche jusqu'aux pieds, chaussés de sandales en cuir rouge aux bouts pointus. Un foulard rouge et or, tissé dans les fabriques du bey de Tunis, s'arrondit comme une calotte sur leur tête, descend jusqu'aux sourcils de façon à cacher tout le front, et laisse échapper par derrière la chevelure tressée en deux nattes.

Il y a plusieurs espèces de Nègres dans Alger : les uns appartiennent à la race pure ; ils ont le teint foncé de l'ébène, pour cheveux une laine crépue, un torse énorme et des membres fins. Ce sont de véritables types du serviteur bon, doux, patient et fidèle. Les autres ont reçu dans leurs veines un mélange à doses inégales de sang arabe, et ils ont emprunté à cette race fière sa gravité, son élégance et son calme superbe. On dirait les dieux de la nuit taillés dans des blocs de marbre sombre. Ils portent avec une souveraine aisance leur draperie blanche et flottante et leur coiffure d'un rouge éclatant. Ils montrent avec un certain orgueil calme leurs jambes brunes, dont la musculature puissante trahit leur force et leur souplesse, leurs bras sur lesquels la lumière se joue en fauves éclairs, et leur poitrine large et rebondie. Mais au lieu d'avoir la simplicité de cœur, la joie franche et la candeur ingénue des Nègres de race pure, ils sont généralement soucieux, réservés, calmes et froids, hautains, enfermés dans une dignité sévère : ils font si bien sentir qu'ils ne sont pas faits pour obéir, qu'on les commande le moins possible.

Les environs d'Alger sont fort beaux, et comme si l'Afrique sauvage avait plus de force que notre vieille Europe pour se défendre contre la civilisation, le voisinage de la capitale s'y fait sentir moins cruellement que dans beaucoup d'endroits. L'horizon est vaste et calme, les lignes belles, hardies, superbes, la couleur générale à la fois éclatante et harmonieuse. Quand on a franchi les jardins et que l'on arrive au-dessus d'El-Biar, à l'endroit où ces jardins font place aux terres labourables, on a devant soi un horizon immense, et le regard embrasse ce que l'on peut appeler la campagne d'Alger. A votre gauche, vous apercevez le pittoresque village de Saint-Eugène, dont les maisons se groupent au milieu des roches brunes, et les gorges profondes de la Boujaréah, — à droite, les bocages de Mustapha, le long du golfe de Hussein-Dey, la Maison-Carrée et le fort de l'Eau.

C'est aux gorges de la Boujarèah que devra se rendre de préférence le voyageur condamné à ne pas tout voir et obligé de choisir. Ces gorges, en effet, vous donneront une assez bonne idée du paysage africain, traité par le bon Dieu dans la manière de Salvator Rosa. Le site ne laisse point que d'être assez sauvage; mais, par places du moins, le gracieux s'y marie agréablement au terrible. Figurez-vous un amas de roches fauves, entassées, déchirées, bouleversées, jetées pour ainsi dire au hasard, pêle-mêle, les unes sur les autres. Autour de leur base, circulant et montant avec elles, une route blanche développe sur une assez grande longueur sa bordure d'arbres d'un vert vigoureux. Çà et là, au fond de ces gorges, et à demi cachées sous d'épais ombrages, on aperçoit des habitations sans aucune prétention architecturale, mais qui ont du moins le mérite d'être situées au milieu de grands et beaux jardins dont la vue seule vous donne comme un sentiment de fraîcheur. Elles sont toutes occupées par des Maures qui se sont retirés d'Alger devant la conquête, et qui vivent là dans un repos profond, heureux d'oublier, plus heureux peut-être d'être oubliés. Les clôtures de ces habitations sont faites de cannes et de roseaux terrestres, dont la végétation est si rapide sous ces climats heureux, que ce mur vert et vivant pousse en quelques semaines. — Les jasmins, les lianes, les clématites, et tout l'escadron léger des plantes grimpantes et des pariétaires grimpent à l'assaut de ces remparts mouvants et les couvrent de fleurs et de parfums. Dans les jardins mêmes, ce ne sont que buissons de lauriers-roses, berceaux d'orangers et de grenadiers, massifs de poivriers, de jujubiers et de caoutchoucs au tronc vernissé. Là, presque toutes les fleurs, devenues arborescentes, atteignent des proportions inconnues à nos tristes régions, et qui nous font concevoir une puissante idée de la fécondité de cette terre d'Afrique. Dieu a donné le soleil à ces jardins ; l'homme, au moyen d'irrigations savantes, leur distribue l'eau à chaque instant du jour, et l'eau et le soleil unis produisent de véritables miracles de végétation. Malgré leur charme profond, ces gorges de la Boujaréah — la plus belle chose que l'on rencontre aux environs d'Alger — jouissent d'une solitude profonde. L'Européen n'a pas songé encore à la troubler, et les Arabes vivent sans faire de bruit.

Le COTEAU DE MUSTAPHA n'est pas un site moins aimable. C'est assez improprement que je l'appelle un coteau, car, à vrai dire, c'est toute une rampe de collines, aux courbes les plus molles et les plus douces. Ces collines dominent le rivage, vers lequel, par des pentes insensibles, elles descendent en décrivant un circuit gracieux. Des routes en spirale se tordent sur ses flancs autour de grands bouquets d'arbres semés inégalement çà et là. Sur la gauche on aperçoit la ville d'Alger qui sort toute blanche du sein des flots bleus ; sur la droite, les cimes du petit Atlas, vaguement estompées dans les brumes du lointain : nulle part vous ne trouverez un horizon plus varié. De partout vous apercevez à la fois la mer, la ville et la campagne. Mais le spectacle varie à l'infini, selon la hauteur plus ou moins grande où l'on se place, et selon l'heure du jour que l'on a choisie ; mais, quelle que soit l'heure ou la place, on éprouve un enchantement sans pareil, et l'on se sent pénétré de cette indéfinissable émotion qui naît de la beauté.

XLVIII

LE MAROC.

Querelle du Maroc et de l'Espagne. — Los Presidios. — Les pirates du Riff. — L'expédition du Maroc. — Triomphe de l'Espagne. — Fez et Maroc. — Tanger. — Maracasch. — Le palais de l'Émir.

Il en est pour les États comme pour les individus : notre voisin le plus proche est souvent notre ennemi le plus cruel. Le Maroc et l'Espagne, assis chacun sur un rivage du détroit qui les sépare, se regardent à distance et semblent toujours prêts à se jeter l'un sur l'autre. La querelle entre les deux nations dure depuis des siècles.

Le Maroc, on le sait, est un des pays du monde où la civilisation occidentale a le moins pénétré. Il est fermé à l'Europe. Il y eut cependant jadis entre l'Europe et cette partie de l'Afrique des rapports nombreux et nécessaires. Lorsque Ferdinand le Catholique eut chassé de l'Espagne ces Maures dont la civilisation brillante a laissé tant de vivants souvenirs écrits en caractères ineffaçables sur les ruines de l'Andalousie, ils se dispersèrent sur la vaste étendue de la côte africaine. Un certain nombre des plus illustres familles se réfugièrent dans le Maroc, où elles trouvèrent les Arabes animés comme eux de la haine du nom chrétien, et qui avivèrent encore dans leur âme le désir déjà si ardent d'une revanche sur l'Espagne. Pendant une longue suite d'années, le Maroc fut en guerre avec la péninsule. Comme toutes les guerres qui durent pendant des siècles, celle-

ci eut des alternatives diverses. Mais le résultat final assura la possession de certains points de la côte à l'Espagne, qui en fit des Présidios, c'est-à-dire des lieux de déportation pour les criminels. Tels sont Mélilla, Penon de Velez, Penon de Alhucenas et Ceuta, situé en face de Gibraltar, et qui, comme lui, commande la moitié du détroit. Mais les Marocains ne laissèrent point l'Espagne jouir en paix du fruit de sa victoire. Toutes ces places subirent les fréquentes attaques des indigènes ; Ceuta, entre autres, eut à supporter le plus long siége dont fasse mention l'histoire militaire, car il ne dura pas moins de vingt-six ans. Une fois encore l'Espagne triompha ; mais la paix imposée au Maroc par la terreur de ses armes ne fut pas longtemps respectée, et les actes d'hostilité contre les Présidios recommencèrent et se renouvelèrent d'année en année, avec une obstination que la défaite même ne parvenait point à lasser.

Tout le monde se rappelle encore les récents outrages commis par les pirates du Riff, et les insultes que Ceuta vit prodiguer au pavillon espagnol : quand la nouvelle en arriva dans Madrid, l'émotion fut immense et unanime. A partir de ce moment, les haines politiques, apanage trop ordinaire des peuples libres, s'apaisèrent ; il n'y eut plus de partis de l'autre côté des Pyrénées : il y eut seulement des patriotes dont le faisceau ardent se resserra autour d'une Reine aimée. La fibre nationale, si chatouilleuse dans ce noble pays, tressaillit comme au temps de Ferdinand et de l'autre Isabelle, et ce fut aux applaudissements de l'Espagne tout entière que la guerre fut déclarée. La défiance jalouse de l'Angleterre ne tarda point à s'éveiller, et, ici comme partout, elle essaya de paralyser l'effort d'un peuple qui venait de saisir avec tant d'empressement l'occasion de développer son activité en vengeant son honneur. L'Espagne préluda au triomphe de ses armes par celui de sa diplomatie, et, par la fermeté avec laquelle le cabinet de Madrid sut poser et affirmer son droit contre l'intervention britannique, l'on put deviner avec quelle énergie il allait poursuivre contre les barbares la juste réparation de ses griefs. L'armée tout entière, fatiguée de tourner sans cesse la pointe de ses armes contre la poitrine de ses frères et de les teindre du sang des guerres civiles, s'élança avec une explosion de joie contre l'antique ennemi de sa race; on sentait qu'elle était fière de marcher à son tour sur la route glorieuse où la France l'avait précédée, et où elle allait retrouver l'antique souvenir de ses pères et le vif reflet de leur gloire. Le maréchal O'Donnell fut placé à la tête de l'armée qu'il avait réorganisée avec une rapidité féconde. Le gouvernement espagnol sait qu'à la guerre il faut porter rapidement les premiers coups. Son armée d'opération s'improvisa en quelque sorte, et, pendant que sa troisième division se formait à Malaga, les deux premières étaient déjà concentrées, l'une à Cadix, et l'autre près d'Algésiras. Bientôt quarante-quatre mille Espagnols foulèrent le vieux sol africain.

Ce n'est point ici le lieu de raconter avec l'exactitude d'un historiographe militaire tous les détails de cette campagne, dans laquelle l'armée espagnole, qui eut à combattre tous les ennemis à la fois, et les Maures et le choléra, donna tant de preuves de son héroïsme. Disons seulement que l'ennemi lui-même se montra, par son courage, digne des vaillants champions contre lesquels il allait lutter. On se battit plus d'une fois à la baïonnette; on lutta corps à corps, on mourut sans reculer d'un pouce — sur le terrain même que l'on avait choisi, et, mort, on couvrit de son cadavre la place où l'on avait combattu.

Mais ce n'était là, pour ainsi dire, que des escarmouches et des préludes. La bataille décisive, celle qui devait entraîner le sort de la campagne, eut lieu le 4 février, par un froid plus digne de la Norvége que de l'Afrique. L'Atlas avait revêtu son manteau d'hiver, et la neige tombait jusqu'à ses pieds, qu'elle couvrait des longs plis de son linceul blanc. Le camp des Marocains et celui des Espagnols étaient placés vis-à-vis l'un de l'autre, séparés par une assez faible distance. Les Maures, maîtres d'une bonne position, l'avaient encore fortifiée par des travaux d'art assez bien entendus. Ils ne semblaient point disposés à tenter le sort d'une bataille rangée : ils attendaient et hésitaient. Le maréchal O'Donnell donna l'ordre de les attaquer dans leur camp. Ce camp était une véritable citadelle, et le combat devenait ainsi un véritable assaut. Au signal donné par leur général en chef, les Espagnols traversèrent la petite rivière d'Alcantara, qui coulait devant leur camp, et, se reformant dans la plaine immense, sans se laisser arrêter par les obstacles de toutes sortes qui hérissaient la route, froids, calmes, silencieux, avec l'aplomb de vieilles bandes que rien ne saurait plus ébranler, sans même répondre au feu vif que l'on ouvrait contre elles, sans ralentir, et, ce qui est plus difficile, sans hâter leur marche, ils avançaient toujours. L'artillerie des assaillants ouvrit son feu à dix-sept cents mètres du camp marocain, et, après quelques décharges, l'armée tout entière s'avança jusqu'à six cents mètres des premiers retranchements. Arrivée là, elle eut à supporter l'attaque, assez brillante d'abord, mais peu soutenue, d'un parti de Marocains qui sortirent de leur camp.

Mais déjà les troupes de la Reine n'étaient plus qu'à cent pas des retranchements ennemis : quarante pièces rangées en batterie vomirent des volées de mitraille et de boulets... quelques minutes plus tard, on donnait l'assaut. Les Espagnols se précipitèrent à la victoire ou à la mort avec cette ardeur que l'on appelait autrefois la furie française. Les Marocains, cachés jusque-là derrière leurs ouvrages, se levèrent, poussant des cris, brandissant leurs armes comme pour une fantasia, et soutinrent d'ailleurs le choc avec une grande fermeté. Mais l'assaut était conduit par un de ces hommes que rien ne rebute et que rien n'arrête. — Ils marchèrent contre le fer et le feu. — Le général Prim, comte de Reus, à la tête de ses intrépides bataillons, pénétra un des premiers par une embrasure dans le camp ennemi. On se tua beaucoup pendant trente-cinq minutes; après quoi, au milieu de la fumée et au-dessus des flammes, on vit flotter, triomphantes et sereines, les couleurs de l'Espagne. L'Espagne était vengée et les Maures punis.

L'ennemi se dispersa dans toutes les directions, escaladant avec rapidité les pentes escarpées de la Sierra-Bermeja (la Montagne Vermeille), pour échapper aux coups de ses terribles ennemis. Quelques jours après, Tétuan ouvrait ses portes au maréchal : la guerre était finie, et l'Espagne inscrivait un nom et une date de plus dans les annales de sa gloire.

Le bruit des armes attire invinciblement l'attention du monde. On s'occupe plus du Maroc depuis deux ans qu'on ne l'avait fait depuis des siècles. Arrêtons-nous quelque temps sur son rivage inhospitalier. Ce sera notre dernière station africaine. Nous reverrons bientôt la terre d'Europe.

L'empire du Maroc, — le Maroc est un empire, — occupe toute la partie occidentale de cette vaste région, que nous appelons du nom générique, mais impertinent, de Barbarie. Les Orientaux le désignent sous le nom de Maghreb-Akssay, c'est-à-dire le pays du Couchant éloigné. Baigné au nord par la Méditerranée, et à l'ouest par l'océan Atlantique; séparé de l'Espagne par le détroit de Gibraltar; de l'Algérie par le désert d'Angad, il aboutit vers le sud au Sahara, cette mer de sable que l'on appelle le Grand-Désert. La vaste chaîne du Haut-Atlas le traverse du nord-est au sud-ouest, et domine un horizon immense de ses cimes neigeuses. L'Atlas divise le Maroc en deux régions : l'une, méridionale, contiguë au désert, dont le voisinage semble lui communiquer quelque chose de sa grandeur sauvage et de son austérité. Cette partie de l'empire comprend le pays de *Sous* et les provinces de Tafilets, de Draha et de Segemessa. La partie septentrionale, baignée par deux mers, la plus fertile, la plus peuplée, et, sous tous les rapports, la plus

importante, forme, à l'ouest, le Maroc proprement dit, et à l'est le ROYAUME DE FEZ. Défendu par ses hautes montagnes contre le vent du désert, le Maroc jouit d'un climat salubre sous un ciel magnifique; dans les vallées arrosées, le sol est d'une incroyable fécondité, si souple, qu'on laboure avec un soc de bois, si généreux, qu'il donne, sans jamais recevoir d'engrais, jusqu'à trois récoltes par année. De vastes forêts couvrent les pentes des montagnes; les côtes où les flottes ne trouvent que peu d'abri offrent presque partout des plages arides et sablonneuses. L'empire du Maroc compte environ dix millions d'habitants, comprenant des Maures, des Berbères, des Arabes, des Juifs, des Nègres et des Chrétiens.

Les voyageurs européens qui vont visiter le Maroc en quittant l'Algérie débarquent d'ordinaire à TANGER. Ce ne serait point cependant connaître le Maroc que d'avoir vu seulement cette résidence des consuls, dans laquelle, malgré les résistances de l'islamisme, l'Europe pénètre peu à peu. Elle est entourée de murailles en ruine, inutiles pour la défense, mais qui lui donnent une certaine tournure pittoresque que le génie militaire peut mépriser et que l'artiste admire. Çà et là de grosses tours, tantôt rondes, tantôt carrées, s'élevant à pic sur les récifs, et, du côté de la terre, sont défendues par un fossé sans contrescarpe, à demi comblé, et dans lequel, au milieu de grands arbres, poussent mille végétations follement opulentes. Çà et là on aperçoit quelques batteries irrégulières, de calibres différents, juchées sur des affûts mal faits, difficiles à manœuvrer. Un vieux château, qui, comme celui d'Alger, porte le nom de KASBAH, domine la ville entière qui lui doit une certaine majesté d'aspect. La principale rue qui part du rivage traverse la ville, de l'est à l'ouest, en décrivant dans son parcours toutes sortes de sinuosités capricieuses. Les maisons blanches, où les fenêtres sont plus rares encore que dans les autres villes d'Afrique, n'ont presque jamais qu'un rez-de-chaussée sans étage. Tanger n'a guère de monuments. La Kasbah est bien délabrée, et si la principale mosquée est assez grande, elle est loin d'atteindre à la perfection de formes, à l'harmonie d'ensemble et à la richesse de détails que nous avons pu admirer déjà dans certains monuments de l'Orient, et que nous retrouverons encore dans les œuvres des Arabes d'Espagne.

Fez, sans être la capitale de l'empire, en est cependant la ville la plus célèbre. On y va de Tanger en neuf jours. Incultes et brûlés par le soleil, les plateaux qui la précèdent rappellent assez bien les environs de Madrid. La ville est divisée en deux parties distinctes : le vieux Fez et le nouveau, séparés l'un de l'autre par de nombreux jardins et une vaste enceinte, où campent sous la tente des soldats et des détachements de diverses tribus. Le château de Bouzoulou, une des habitations de l'empereur, situé près de la ville, et défendu par un fort bastionné, donne assez de caractère au site qui l'entoure.

La population de Fez pouvait être d'environ cent mille âmes au commencement de ce siècle; la peste, qui l'a cruellement ravagée, ne lui en a guère laissé plus de trente. La vaste enceinte de la ville est entourée de murailles flanquées de tours, construites en terre mêlée de chaux, auxquelles le temps a donné une dureté singulière. La ville est dominée par deux vieux châteaux bâtis sur les hauteurs, à l'est et à l'ouest. Ces châteaux ne sont, à vrai dire, que des carrés de murailles percés d'embrasures assez rapprochées. Ils sont protégés par un large fossé, et présentent cette singularité de n'avoir point de porte. Leurs défenseurs eux-mêmes n'y pénètrent que par escalade. — Les ingénieurs marocains ont cru naïvement qu'en agissant ainsi ils les rendaient plus difficiles à prendre : — ils oubliaient que ce n'est point par la porte, mais par la brèche, que l'on entre dans les citadelles prises d'assaut.

La ville de Maroc, dont le nom arabe, Maracasch, signifie la bien ornée, est située à environ trente jours de marche de la côte — nous mesurons cette marche à celle des caravanes. — Après avoir ainsi parcouru une succession de collines et de plateaux élevés, on débouche tout à coup d'un horrible défilé, et l'on se trouve en présence d'un panorama splendide. Au milieu d'une forêt de palmiers, derrière laquelle apparaissent les neiges éternelles de l'Atlas, on découvre Maroc, la ville impériale.

La capitale de l'empire est entourée, sur une circonférence d'environ dix kilomètres, d'une muraille à machicoulis, haute de trente pieds, en bois dur, nommé bois de *Tapia*, avec fondations en maçonnerie. Mais tout cet espace n'est point couvert d'habitations; il renferme, au contraire, de très-grands jardins, de véritables parcs. Onze doubles portes ont été ménagées dans les murailles, qui, de cinquante en cinquante pas, sont défendues par une tour carrée. La plus belle des portes de Maroc s'ouvre en face du palais de l'empereur, situé hors de l'enceinte même de la ville; elle porte le nom de PORTE DES ROMAINS; sa voûte en fer à cheval est couverte de riches sculptures et de gracieuses arabesques. La principale mosquée de la ville (qui en compte dix-neuf) se nomme la KOUTOUBIA : elle s'élève grande, majestueuse, isolée, sur un terrain nu, qui permet de saisir librement toutes ses proportions. On est surtout frappé de l'énorme masse de sa tour carrée, haute de vingt-cinq pieds, aussi large à son sommet qu'à sa base. Si les rues de Maroc n'étaient qu'étroites, irrégulières et tortueuses, nous n'en parlerions point, car ce signalement n'aurait rien qui leur convînt particulièrement : c'est celui de toutes les villes d'Afrique; mais la plupart de ces rues sont interrompues par d'énormes arcades, au milieu desquelles on a placé des portes solides. En cas d'attaque, il faudrait faire le siége de toutes ces rues et donner l'assaut à toutes ces portes.

Le palais du sultan est situé, nous l'avons déjà dit, hors de l'enceinte de la ville, du côté du midi, en face de l'Atlas, dont les cimes lui versent matin et soir une fraîcheur agréable. Ses murailles sont aussi fortes que celles de la ville, et il occupe un espace de quinze cents hectares, divisé en un certain nombre de jardins, au milieu desquels s'élèvent les grands pavillons habités par l'empereur et les gens de sa cour. Au premier aspect, ces jardins vous semblent bizarres ; mais bientôt vous les trouvez charmants ; ils sont plantés sans aucune symétrie, et l'on dirait que les arbres y poussent au hasard ; mais vous y trouvez toutes les familles et toutes les espèces, dans une variété presque infinie. Vous allez du pommier à l'oranger, du noyer au citronnier, du cèdre au mûrier, du peuplier à la vigne, du myrte au laurier-rose, du cyprès au palmier, du palmier au jasmin. Ce sont partout d'épaisses voûtes de verdure, vous laissant par intervalles apercevoir au-dessus de vos têtes les pics blanchis de l'Atlas. Dans ces oasis délicieuses, où vous n'entendez que le chant des oiseaux, et le bond léger des gazelles, qui fait bruire les herbes sèches, et le doux murmure des ruisseaux gazouillant sous les arbres, vous trouverez tout ce que l'homme peut souhaiter sous ces climats brûlants : le repos, l'ombre, la fraîcheur et des parfums flottant dans l'air. Mais si ces images de la paix heureuse ne conviennent point à votre âme avide des horizons infinis et du libre espace, montez sur le toit en terrasse du plus voisin de ces jolis pavillons, et vous découvrirez la plaine sans limites à l'est et à l'ouest, où votre œil peut aller, aller toujours, sans jamais rencontrer d'obstacle, et, au sud et au nord, la ceinture de l'Atlas entourant la campagne de son ruban de neige.

XLIX

ESPAGNE.

L'Espagne. — Gibraltar. — Malaga. — Grenade. — Séville. — Carthagène. — Valence. — Barcelone.

Nous tournons maintenant le cap vers la France, et nous revenons au pays natal et à notre point de départ. Mais nous nous hâtons lentement, et en effleurant ces belles côtes de la péninsule ibérique, nous profiterons encore plus d'une fois des facilités de la navigation pour visiter cette poétique Espagne, qui, au milieu des bouleversements si profonds de notre Europe, paisible sous le sceptre de sa jeune souveraine, a gardé jusqu'à nos jours une indestructible originalité.

Assise à l'extrémité de l'Europe, dont elle fut longtemps le boulevard contre l'islamisme, baignée par la Méditerranée, qui la met en communication avec le vieux monde, et par l'Océan qui la rapproche de ces mondes nouveaux soumis à sa domination pendant des siècles, par son passé comme par son présent l'Espagne attire à soi le regard de l'artiste et l'attention du penseur : elle possède également ce qui charme le poëte et ce qui captive l'historien, la beauté des aspects et la grandeur des souvenirs. Héroïque et galante, elle est tout à la fois la patrie du Cid et celle de don Juan; également illustre par les lettres et par les arts, elle nous montre avec le même orgueil le berceau de Cervantes et la tombe de Murillo. Ascétique et sombre avec ses inquisiteurs et ses moines, qui font de la religion un ressort politique et de la foi une raison d'État; éclatant comme l'Orient, avec les dynasties de ses rois maures; avant-garde de la civilisation vers les royaumes de l'avenir, avec ses navigateurs conquérants; rêvant un moment la monarchie universelle, à l'abri du trône de ce Charles-Quint, qui trouva le monde trop petit et un cloître assez grand pour les insatiables désirs de son ambition; tour à tour paresseuse jusqu'à l'indolence, brave jusqu'au fanatisme, insouciante ou héroïque le même jour, et prouvant, au milieu même de son apparente apathie, que les plus violents efforts et les plus extrêmes résolutions ne sont qu'un jeu pour elle, l'Espagne a une physionomie à part au milieu des nations de notre Europe, et la grande famille des peuples de race latine ne serait pas complète sans elle. Pourquoi, lorsqu'elle mériterait des volumes, ne pouvoir lui consacrer que des pages?

En face d'Algésiras, et séparé de lui par une si courte distance que de l'Afrique on aperçoit l'Europe, se dresse le rocher de Gibraltar, cette guérite de l'Angleterre posée, on ne sait pourquoi, sur le vieux sol de l'Espagne, qui remplace aujourd'hui une des deux Colonnes d'Hercule, et d'où ces nouveaux rois de la mer surveillent l'important détroit par lequel défilent les navires qui passent de la Méditerranée dans l'Océan, et de l'Océan dans la Méditerranée, c'est-à-dire d'un monde dans un autre. — Pénétrer dans la péninsule par Gibraltar, c'est entrer en Espagne par une porte anglaise.

Ce Gibraltar, dont le nom est connu dans le monde entier, est un rocher qui surgit brusquement de la mer. Les anciens, qui parlaient toujours en images, et dont le coup d'œil vif et prompt saisissait toujours avec tant de justesse le côté plastique des choses, appelaient Gibraltar une colonne. C'était une des deux Colonnes d'Hercule. De cette colonne les Anglais ont fait une forteresse. On a comparé le rocher de Gibraltar à un sphinx énorme tournant sa tête tronquée et allongeant ses grandes

pattes vers l'Afrique, tandis que sa croupe, ses épaules et ses reins ondulent vers l'Europe. Pour grandiose qu'elle soit, la comparaison ne manque point de justesse.

La ville a été bâtie sur une étroite langue de terre qui s'étend entre la mer et le rocher. Elle n'a qu'une rue, et cette rue est beaucoup plus anglaise qu'espagnole. Plus de balcons aux maisons capricieuses et diverses, mais au contraire quelque chose de froid, d'aligné, de correct et de monotone comme la civilisation britannique. Le rocher de Gibraltar est un calcaire compacte d'un blanc jaunâtre, dont le grain fin et serré offre une résistance assez grande au travail, mais qui, ces premières difficultés vaincues, garde une solidité à toute épreuve. On l'a percé d'une foule de galeries superposées, et disposées de telle façon que les ouvertures pratiquées dans la montagne servent d'embrasure à des batteries de canons. On est certain de voir apparaître à chaque fenêtre la gueule de fer ou de bronze d'un engin meurtrier. De temps en temps la galerie s'évase, et, dans une excavation arrondie comme une rotonde, nous montre, sur des tréteaux de fer scellés dans le roc, tous les ustensiles nécessaires au service de la pièce, puis tout autour, des caissons de gargousses et un parc à boulets. On fait ainsi trois ou quatre kilomètres dans les flancs meurtriers de cette montagne, qui peut lancer à la fois des volées de trois ou quatre mille projectiles. Nulle part, peut-être, vous ne rencontrerez une plus grande variété de canons; vous suivrez un cours complet d'artillerie sans quitter la place : on dirait vraiment que l'Angleterre veut essayer là tous les systèmes de destruction. Les affûts eux-mêmes sont organisés de la façon la plus ingénieuse. Les uns tirent de bas en haut, les autres de haut en bas : il y en a qui tournent sur une base circulaire, de manière à pouvoir balayer sous leur mitraille tous les points de l'horizon. Sans doute je ne suis pas né guerrier, car ces machines-là me donnent toujours envie de m'en aller.

Vrai *Finistère*, promontoire extrême de notre continent, Gibraltar est dévoré d'une intense chaleur ; il y a là des journées torrides ; on y respire déjà la brûlante atmosphère de l'Afrique. Si ce n'est pas le seul endroit de l'Europe où l'on trouve des Anglais, c'est du moins le seul où l'on trouve des singes ; un singe d'environ cinquante centimètres de longueur, au pelage d'un gris jaunâtre, blanchâtre par devant, sans aucune espèce de queue : c'est le MAGOT, — non pas de la Chine, — l'animal qui ressemble le plus à l'homme. Il vit en bonne intelligence avec les maîtres de Gibraltar ; il a seulement la précaution de s'éloigner un peu de la ville les jours où l'on fait l'exercice du canon, et de passer, selon le temps qu'il fait, d'un côté de la montagne à l'autre. Il sert ainsi de baromètre aux habitants, comme chez nous les grenouilles vertes, avec cette seule différence qu'on ne le met point en bocal.

Un grand phare svelte et blanc profilant dans l'air bleu sa silhouette élégante ; une cathédrale, dont la masse imposante qui domine au loin l'horizon, vous fait songer à une montagne de pierre ; des ruines de fortifications arabes, faisant bon effet sur les montagnes voisines, annoncent au loin la jolie ville de MALAGA. On l'aimerait pour elle-même, quand son vin ne l'aurait pas rendue si célèbre. Deux choses frappent également le voyageur qui débarque : la beauté des maisons et la beauté des femmes. Le long de la promenade, qui porte le nom d'ALMADA, et plantée de grands arbres formant deux allées parallèles ; on voit les magnifiques demeures de l'aristocratie indigène et des consuls étrangers. Quant aux femmes, elles se font remarquer par la pâleur dorée de leur teint, l'ovale allongé de leur visage, la finesse de leur nez et l'éclat rouge de leurs lèvres : leurs yeux de gazelle sont recouverts d'une large paupière aux longues franges soyeuses, et la draperie rouge dont elles arrangent habilement les plis autour de leur tête rehausse encore leur expression, à la fois ardente et sérieuse.

Malaga n'a guère que deux choses à montrer à l'étranger, — une église et un théâtre, — sa cathédrale et son cirque. Sa cathédrale, qui date de la fin du xvii° siècle, est un édifice colossal, plus massif qu'élégant, et plus lourd que beau. Peu d'objets d'art, si ce n'est quelques détails de serrurerie. Les Espagnols, qui ont toujours senti un besoin immodéré de verroux, de grilles et de fermetures de toute espèce, montrent une grande habileté dans leur façon de travailler les métaux solides, à l'aide desquels on emprisonne et l'on garde tous les trésors, — femmes ou bijoux. L'intérieur de cette cathédrale est divisé en trois nefs, par deux gros piliers taillés à facettes, dont les nervures s'épanouissent à la voûte avec une intention d'ornement peu réussie. La décoration artistique, sculptures ou tableaux, ne mérite point l'attention des connaisseurs. La peinture est commune et la sculpture est grossière.

Le cirque, où se livrent ces fameux combats de taureaux qui sont la passion de l'Espagne, peut contenir quinze mille spectateurs. Il ressemble à un vaste entonnoir, dont l'arène occupe le fond : les gradins, dont l'amphithéâtre s'en va reculant par des plans assez doux, s'élèvent jusqu'à la hauteur d'une maison de cinq étages. C'est un jour de *course*, ainsi s'appellent les combats de taureaux, qu'il faut voir le cirque de Malaga, rempli d'une foule passionnée d'AFICIONADOS ou d'amateurs, de PICADORES, montés sur des chevaux rapides, et brandissant leurs lances où flottent des banderoles aux vives couleurs; de taureaux furieux piquant droit à l'ennemi; de chevaux fuyants, atteints, éventrés. Mais quel est cet homme au riche costume, à la mine fière, au regard assuré, qui s'avance, en comptant ses pas, le front en arrière, le jarret tendu et l'épée haute? c'est le MATADOR, le TUEUR, le héros de la fête, qui donne l'estocade à la bête entre la nuque et les épaules. Laissons passer les folies d'Espagne!

Cette côte aux molles courbures que rase le vaisseau, c'est la côte de l'Andalousie, la poésie, la grâce, le charme et la gloire de l'Espagne. Bien que Grenade ne soit pas située précisément sur le bord de la mer, comment quitter l'Andalousie sans visiter sa belle reine? Hélas! Grenade n'est plus qu'une ruine où, s'il faut en croire les Espagnols mêmes, qui sont loin pourtant de déprécier leur chère patrie, il ne reste plus aujourd'hui que des trous à rats et des bohémiens.

Les Tours-Rouges, d'origine phénicienne, la longue muraille bâtie sur la crête des montagnes voisines, dont elle suit les ondulations capricieuses et molles, l'Alhambra, assis sur un mamelon de la Sierra-Nevada, la tour des Infantes, la tour des Sept-Histoires, le Généralife, tout cela est plus grand aujourd'hui par le souvenir que par la réalité : mais le souvenir est si grand!

GRENADE est bâtie sur trois collines, à l'extrémité de la plaine de la VEGA. Les TOURS-ROUGES, ou plutôt les TOURS-VERMEILLES, *Torres-Bermejas*, occupent la première; l'Alhambra, la seconde; l'Albaycin est le nom de la troisième : séparée des deux autres par un ravin profond où coule le Darro, torrent rapide, dont les bords se chargent, en remontant, d'une admirable végétation de cactus, de coloquintes, de pistachiers, de grenadiers et de lauriers-roses, elle appartient en propre aux bohémiens.

Malgré les ans, qui lui ont fait sentir si lourdement leur poids, la ville est gaie, riante, animée, il semble que la pétulance andalouse prenne à tâche de multiplier les habitants par le mouvement qu'ils se donnent : les maisons sont peintes des plus riches couleurs et vous font songer aux splendides décorations de quelque opéra. Mais on se hâte vers les trois ou quatre monuments qui ont fait la gloire et la beauté de Grenade et qui font aujourd'hui encore sa poésie et son charme.

Le premier de ces monuments, c'est l'ALHAMBRA, ce palais-forteresse des anciens rois maures. On n'aperçoit du dehors que de grosses tours massives, bâties à diverses époques par les princes arabes, et une grosse muraille couleur de brique. On entre par une porte dont on ne saurait dire que le nom manque de couleur locale, car elle s'appelle la Porte des Grenades. A peine l'a-t-on franchie que l'on se trouve en face d'un véritable bois de haute futaie, dont les essences appartiennent aux espèces du Nord : leur seule vue donne le sentiment exquis de la fraîcheur, que mille ruisseaux, courant et gazouillant dans des rigoles de cailloutis, viennent bientôt augmenter encore. L'eau jaillit de toutes parts ; on la voit sourdre au pied des arbres, ou jaillir des murailles à travers lesquelles on ménage des conduits secrets. Et, phénomène assez étrange, plus il fait chaud, plus ces sources sont abondantes, car elles sont alimentées par la neige, qui fond plus rapide, sous l'action de l'atmosphère embrasée. On fait une halte auprès d'une fontaine dédiée à l'empereur Charles-Quint, puis on suit une rampe qui conduit à la Porte du Jugement, par laquelle on entre dans l'Alhambra proprement dit. A vrai dire, cette porte est une tour, une grosse tour massive et carrée, percée d'un arc gigantesque, évidé en forme de cœur, portant une clef gravée en creux sur une des pierres, et un cœur sur une autre. Cette tour, crénelée, glacée de tons rouges et orangés, forme au palais une entrée splendide. On a appliqué contre la muraille un autel surmonté d'une image de la Vierge : c'est là une sorte de prise de possession de la religion des vainqueurs. Des corridors obscurs vous font déboucher, après quelques détours, dans une vaste cour, au milieu de laquelle se trouve un réservoir de trois ou quatre pieds de profondeur, entouré de deux plates-bandes de myrtes et autres arbustes. A chacune des deux extrémités de ce réservoir se trouve une galerie à colonnettes minces, supportant des arcs mauresques d'un travail fin et délicat. Un peu plus loin s'élève la majestueuse tour de Comarès, qui renferme la plus grande de toutes les salles de l'Alhambra, connue sous le nom de salle des Ambassadeurs : elle occupe tout l'intérieur de la tour. Son plafond en bois de cèdre présente à l'œil une variété infinie et ingénieuse d'entrelacs, de dessins et de combinaisons ; les murailles tout entières disparaissent sous un réseau inextricable d'ornements, que l'on a très-heureusement comparés à des guipures superposées les unes aux autres. Toute cette ornementation se développe d'ailleurs sur des plans presque unis, qui ne dépassent jamais quatre ou cinq pouces de relief. L'écriture arabe, d'une calligraphie si brillante, tient une large place dans ce système décoratif, et ajoute ainsi par des inscriptions bien choisies à la beauté de la forme et de la couleur la beauté non moins grande d'une pensée morale ou poétique. Tous ces ornements sont en plâtre, coulés dans des moules, et se reproduisent indéfiniment. On sait, du reste, que les Arabes ont toujours travaillé le plâtre avec une habileté surprenante : ils savent lui donner à un degré rare l'éclat et la solidité.

Effleurons rapidement le jardin de Lindaraja, un terrain inculte aujourd'hui ; n'entrons pas, de peur d'y rester trop longtemps, dans ces jolis bains des sultanes, revêtus de mosaïques, pavés de carreaux en terre vernissée, et dont les baignoires sont de grandes cuves de marbre creusées en plein bloc et d'un seul morceau, et allons tout de suite à la merveille de Grenade et de l'Alhambra, à la cour des Lions.

La cour des Lions, dont on peut voir une assez agréable réduction auprès de Londres, dans les belles collections du palais de Sydenham, mesure cent vingt pieds de long sur soixante-treize de large ; les galeries qui l'entourent et la limitent ne dépassent point une hauteur de vingt-deux pieds. Ces galeries sont formées par cent vingt-huit colonnes de marbre blanc, groupées quatre par quatre, ou trois par trois ; les chapiteaux de ces colonnes gardent encore la trace des couleurs dont elles furent ornées. Quand on entre dans la cour des Lions, on a en face de soi la salle du tribunal, dont la voûte renferme un monument artistique que l'on ne retrouverait nulle part ailleurs : je veux parler de peintures arabes, les seules qui soient parvenues jus-

qu'à nous. Ces peintures représentent, l'une la cour des Lions, — on peut ainsi comparer l'original et la copie, — et l'autre une réunion des rois maures ayant régné à Grenade. La célèbre FONTAINE DES LIONS, qui donne son nom à cette partie du palais, est un simple bassin de marbre supporté par douze lions d'un dessin primitif, qu'on ne doit point étudier avec une intention d'analyse trop sérieuse ou de critique trop raffinée. Il faut prendre ces choses-là pour ce qu'elles sont, c'est-à-dire pour des motifs de décoration : qu'elles aient une certaine tournure grandiose et pittoresque, c'est tout ce qu'on peut leur demander, et il faut convenir que la fontaine de la cour des Lions remplit suffisamment les conditions de ce programme.

Le voyage en Espagne perd chaque jour quelque chose de son ancienne poésie; plus de mules enrubannées; plus d'*arriéros* aux brillants costumes; plus de bandits, l'escopette au poing! Un chemin de fer — un chemin de fer en Andalousie! — vous fait glisser en quelques heures sur des rails anglais de Grenade à Séville. — Glissons !

> Quien no ha visto á Sevilla
> No ha visto maravilla.

« Qui n'a pas vu Séville n'a pas vu de merveille. »

Le proverbe espagnol n'est pas plus modeste que le proverbe napolitain : *Voir Naples et mourir!* Avouons du moins qu'ils ont tous deux leur raison d'être, et que si Naples est la plus brillante des villes d'Italie, Séville est peut-être la plus séduisante des villes d'Espagne. La vie arabe et la vie espagnole semblent s'y mêler encore, et laisser partout l'empreinte ineffaçable d'une double nationalité. A côté des maisons nouvelles, à larges baies, comme les comprend le monde moderne et la civilisation européenne, nous retrouvons la vieille maison des anciens maîtres de l'Andalousie, la maison close, jalouse, isolée, la maison de l'Orient, avec sa fenêtre étroite, rare, grillée, sa double porte, son long vestibule, sa cour plantée et sa galerie solitaire. Excepté dix ou douze grandes voies très-larges, les rues de Séville sont tellement étroites qu'elles ne laissent point passer les voitures. Leur réseau, inextricable aux pas de l'étranger, s'interrompt de temps en temps pour aboutir à quelques petites places sablées, ombragées, rafraîchies par une fontaine monumentale. Une de ces places, celle DEL DUQUE, où les ducs de Médina-Sidonia avaient jadis un palais superbe, est comme le rendez-vous et le centre des promenades intérieures de la ville, ces promenades sont fréquentées de six heures à minuit.

Les femmes qui craignent de fatiguer leurs petits pieds ne vont pas d'ordinaire plus loin que de la place de l'Ayuntamiento à la place del Duque; mais quand la fraîcheur du soir les invite, et qu'elles sentent ce besoin qui, à certains moments, devient irrésistible, de respirer un air pur, elles se rendent jusqu'à la CHRISTINA, que l'on appelle aussi les DÉLICES, située sur les bords du Guadalquivir. C'est là, par un beau soir d'été, quand les fleurs exhalent leurs parfums et les eaux leur murmure, quand les étoiles scintillent dans les cieux, et les yeux humides sous la paupière, c'est là qu'il faut voir l'aristocratie des beautés sévillanes.

Le cadre est digne du tableau.

Le long du rivage s'aligne la forêt immobile des grands mâts, surmontée de ses banderoles resplendissantes qui flottent au vent; la TORRE DEL ORO, où l'on enfermait jadis les dépouilles de l'Amérique, pyramide au milieu d'un massif de verdure, et, avec ses deux ponts, ses murailles fuyantes et ses trois étages qui reculent, achève la perspective.

Mais la gloire, la beauté, la splendeur de Séville, c'est sa cathédrale. Sans doute, on pourra trouver dans notre Europe des édifices religieux d'un style plus pur, d'une ornementation plus délicate et de proportions plus harmonieuses; mais il n'en est point où la pensée chrétienne s'exalte plus facilement, où l'imagination prenne un plus sublime essor. Il est impossible de rester froid en face de cette conception audacieuse, et c'est le frisson des grandes émotions qui tombe sur vous au moment où vous pénétrez sous ces nefs d'une si prodigieuse élévation, où vous vous agenouillez devant ce maître-autel gigantesque, où vous entendez ce jeu d'orgues, tour à tour si puissant et si doux, qui remplit de ses ondes sonores l'immensité du temple. Lorsque la célèbre mosquée, élevée au XII° siècle par Abu-Yusuf-Jacob-All-Mansur, fut abattue, les chanoines de Séville s'écrièrent : « Élevons un monument qui fasse croire à la postérité que nous étions fous ! » Les vénérables chanoines n'avaient pas tout à fait tort : le froid bon sens et la calme raison des gens positifs n'auraient jamais enfanté ces merveilles; il y fallait, sinon la folie, telle que le monde l'entend, du moins cette fièvre chaude de l'inspiration qui semble l'atmosphère naturelle de l'artiste et au sein de laquelle il enfante ses chefs-d'œuvre. Oui, ils avaient tous un grain de folie dans le cerveau, — mais de folie sublime, — ces admirables ouvriers qui ont donné à leurs noms l'immortalité de l'histoire en travaillant pour la gloire de Dieu : Muño Sanches, le tailleur d'images, qui a fait ce chœur, un des plus vastes du monde et le plus imposant peut-être, peuplé de ces statues excellentes, si belles de mouvements, si nobles d'attitudes, si heureuses de draperies et d'ajustements, si pathétiques d'expression; ce Dancart, qui exécuta à lui seul le plan du grand retable; ce Guillem, qui sculptait les stalles du chœur, ce Cristobal, qui décorait de vitraux peints les grandes arcades des fenêtres; ce Sancho-Muñoz et ce Dominicain de Salamanca, qui fouillaient d'un ciseau si patient et si habile la serrurerie de la grille du chœur; ce Diégo de Riano, qui construisit la sacristie et la salle capitulaire; cet Antonio Florentino, qui sculpta en bois le Monumento, qui sert de tombeau au Christ pendant les derniers jours de la semaine sainte; ce Bartholomé

Morel, qui ciselait le Ténébrario, chandelier triangulaire qui reçoit les cierges du sombre office des Ténèbres. Je ne puis même indiquer tant d'autres détails remarquables, vraiment dignes d'études, ces sculptures en marbre, en pierre ou en bronze, ces peiutures à fresque, sur bois, sur toile, ces vitraux, ces tapisseries, ces ornements de toute nature qui ont occupé Séville pendant plus de cent cinquante ans. Comment, en face de ces merveilles, ne pas se laisser involontairement absorber par l'effrayante multiplicité des choses? comment ne pas se laisser distraire d'une œuvre par une autre? Nous, voyageurs trop hâtés, qui sommes obligés de nous contenter d'une vue rapide d'ensemble, après avoir visité dix ou douze fois la cathédrale de Séville, nous l'avons quittée en nous disant que trois ou quatre mois d'étude ne nous l'auraient pas fait suffisamment connaître, et en nous répétant cette parole mélancolique et vraie d'un historien poëte : « Ah! que la vieille société se couche ici sans regret dans son tombeau! elle n'en trouvera point qui soit mieux ciselé ni qui porte mieux son deuil? »

La grande tour de la Giralda, bâtie par les Maures et célèbre dans l'univers entier, a été dénaturée par une superfétation inintelligente qui avait pour but de lui donner l'apparence d'un clocher chrétien. Elle avait jadis pour couronnement de petites coupoles en rotondes, surmontées de ces grosses boules de cuivre, si fréquemment employées dans l'architecture arabe dont elle offrait un échantillon vraiment curieux. Cette créatien de Gher, l'inventeur de l'algèbre, inspira le désir d'un malencontreux perfectionnement à l'achitecte Francisco Ruiz, qui trouva tout simple de coiffer une tour musulmane d'un clocher chrétien. On a juché sur le haut une statue colossale représentant la Foi, non pas immobile sur son roc, mais, au contraire, très-mobile sur son pivot, et, comme une modeste girouette, tournant au moindre vent des sierras voisines. Deux rampes sans degrés, mais si douces et si faciles, que l'on pourrait les monter à cheval, conduisent jusqu'à la haute plate-forme, d'où l'on découvre une vue splendide et les méandres ondoyants du Guadalquivir.

Le musée de Séville est un des plus intéressants que l'on puisse voir dans une ville de province — même dans une ville d'Espagne. Il compte environ quatre cents tableaux, parmi lesquels l'œil va chercher tout d'abord vingt-quatre toiles du grand maître de l'école espagnole, Murillo, qui trône là dans toute sa grandeur et qui rayonne de tout l'éclat poétique de sa gloire : savant et correct dans ses études de la forme humaine, charmant dans ses groupes d'anges, idéal dans ses têtes de vierges, majestueux avec ses saints, pathétique avec ses martyrs, artiste toujours. Nommons après lui Zurbaran, Valdes Leal, Simon Gutierrez et Herrera le Vieux.

Une inscription qu'on lit sur ses murailles résume l'histoire de Séville :

> Hercules me edifico ;
> Jvilio Cesar me circo
> De muros y torres altas ;
> Un rey godo me perdio,
> El rey santo me gano
> Con Garcia Perez de Vargas !

« Hercule me bâtit, Jules César m'entoura de murailles et de hautes tours ; un roi goth me perdit ; un roi saint me reconquit, aidé par Garcia Perez de Vargas. »

L'époque romaine, l'époque mauresque, le moyen âge et la renaissance ont laissé à Séville des traces brillantes de leur passage. Vingt mille colonnes de granit ou de marbre, appartenant la plupart à l'ordre dorique, mais dont quelques-unes accusent une dégénérescence de la forme corinthienne, semblent, comme autant de poteaux indicateurs, marquer encore le passage des générations successives depuis Hercule jusqu'à Perez de Vargas. Ces colonnes se retrouvent partout à Séville, où on les emploie peut-être avec plus de profusion que de discernement. On en a mis partout : elles sont la note dominante, et, pour ainsi parler, la génératrice de l'architecture sévillane. Elles se profilent sur la façade des maisons; elles supportent à l'intérieur les galeries et les plafonds; elles entourent les monuments publics de leurs péristyles circulaires, mais inégaux, et par leur irrégularité même déconcertent peut-être plus encore qu'elles ne charment.

Une communauté d'origine et d'intérêt cimenta dans les anciens temps une étroite alliance entre Séville et Cordoue; mais, Cordoue s'étant déclarée pour Pompée, César fit de Séville un poste militaire important et lui donna le germe des prospérités qui se développèrent pendant quinze cents ans. Devenue la capitale des Goths, elle conserva dans le sud de l'Espagne une prédominance qui ne cessa qu'avec le règne de Léovigilde, qui transféra le siége de sa puissance à Tolède. Séville humiliée, affaiblie et tourmentée, se donna aux Maures, dont la domination fut pour eux clémente et douce, et qui l'embellirent des monuments de leur art exquis. Les chrétiens, sous la conduite de saint Ferdinand, s'en emparèrent, après une année de siége, pendant laquelle les nouveaux sujets de l'Islam firent des prodiges de valeur, célébrés dans toutes les poésies du temps, et dont la mémoire sera conservée dans l'immortalité des beaux vers du cycle héroïque. Redevenue chrétienne, Séville vit commencer pour elle une ère nouvelle, pendant laquelle s'opéra la transformation lente, mais incessante, de l'art musulman en art chrétien. Ces transformations se firent surtout sentir dans les monuments religieux, chargés de rendre les nouvelles idées et de consacrer les nouvelles doctrines. Elles épargnèrent bien davantage les monuments civils et militaires, qui ont conservé beaucoup plus fidèlement leur type primitif. Quoi qu'il en soit, pour l'archéologue comme pour l'artiste, cette période de transition présente un singulier intérêt d'étude.

On sait que Charles V transporta sa cour à Valladolid. Les grands seigneurs commencèrent à déserter Séville. L'aristocratie de second ordre qui lui resta se fit peu à peu marchande, et Séville devint le marché de l'Europe méridionale. A cette époque d'émancipation qui lui laissait une liberté d'allure inconnue jusque-là, Séville poursuivit et atteignit dans tous les arts plastiques un développement et une perfection dignes des temps les plus heureux des peuples les mieux doués. C'est alors qu'elle éleva son hôtel de ville et acheva sa cathédrale; c'est alors que florissaient Jean-Martinez Montanez, ce sculpteur célèbre qui mérita le surnom de Phidias de l'Andalousie; Ildefons Acana, qui maniait également bien l'ébauchoir et le ciseau; Lope de Rueda, le poëte aux douces inspirations; Fernand Cortez, le héros du nouveau monde. Les écoles de Séville virent étudier des hommes tels que Cano, Vélasquez et Zurbaran. Un peu plus tard, la place d'Alfaro voyait naître le sublime et suave génie qui fut Murillo.

Si longtemps qu'on passe à Séville, on quitte toujours avec regret cette ville aimable, centre du mouvement et de l'activité, et l'un des plus charmants séjours, non-seulement de l'Espagne, mais du monde entier. On part, mais on emporte un souvenir : chaque siècle vous laisse sa date brillante. Hercule commence; puis vient César; les Goths succèdent aux Romains; les Maures remplacent les Espagnols; les Espagnols chassent les Maures; Maria Padilla dort sous les coupoles de l'Alcazar; Charles-Quint promène ses pensées ambitieuses au même lieu où elle rêva d'amour, et don Juan de Marana, ce grand symbole du cœur insatiable et des désirs de l'homme éternellement renaissants, trompé par les créatures, et lassé de porter à ses lèvres, sans les désaltérer, le fruit menteur des tendresses humaines, va s'ensevelir au fond des cloîtres de la CARIDAD, et demande à Dieu de remplir enfin le vide de cette âme que n'ont pu combler toutes les voluptés de la terre.

Après cette incursion sur la terre promise — et défendue, — il nous faut regagner promptement la côte, prendre aussitôt la mer, et, comme auparavant, continuer notre voyage par escales.

CARTHAGÈNE, dont le nom indique suffisamment l'origine, occupe le fond d'une baie en entonnoir, et communiquant avec la mer au moyen d'un goulet étroit, vraie déchirure de montagne que l'art a couverte de fortifications. Fondée par Asdrubal, florissante sous les Romains, ruinée par les Goths, relevée par Philippe II, Carthagène est le grand port militaire de l'Espagne. C'est là que l'éternelle ennemie de l'Afrique, la sentinelle de l'Europe, prépare les expéditions qui vont porter au Maroc la terreur de ses armes.

Le port est rond et d'une telle régularité qu'on pourrait le croire un ouvrage d'art plutôt qu'une production de la nature. Toutes les *armadas* du monde trouveraient un sûr asile dans ses eaux calmes et profondes. Les arsenaux, moins actifs sans doute qu'au temps où le soleil ne se couchait jamais dans les domaines de l'Espagne, contiennent encore un matériel considérable, suffisant, on l'a vu récemment, à toutes les nécessités du service.

Carthagène n'est pas positivement une ville gaie, ce que j'attribue à l'influence du génie militaire, naturellement sombre et chagrin. Elle n'en forme qu'un contraste plus piquant avec la plupart des villes d'Espagne. Il faut plus d'une note pour faire un concert.

Une courbe profonde dessine dans les terres l'enceinte gracieuse du beau golfe de VALENCE, à laquelle le GRAO sert de port. La ville même est à une lieue du rivage. On ne trouve point la route trop longue, parce qu'elle vous fait parcourir une campagne charmante, couverte de fleurs et de fruits, moitié parc, moitié jardin. Elle-même est plantée d'arbres magnifiques, dont le soleil d'Espagne fait trouver l'ombre aimable. Ce terrain d'alluvion, incessamment arrosé, fournit à toutes les exigences d'une production incessante. Les laboureurs, ou plutôt les jardiniers qui cultivent la plaine de Valence que l'on nomme la Huerta, portent un costume étrange digne du crayon et du pinceau des maîtres.

Ce costume, qui sans doute n'a pas beaucoup varié depuis l'invasion des Arabes, ressemble assez à celui des Maures du Maroc. Il se compose d'une chemise, d'un caleçon flottant de grosse toile qu'une ceinture rouge serre sur les flancs, d'un gilet de velours généralement vert ou bleu, à boutons d'argent; les jambes, parfois nues, parfois aussi sont protégées par une sorte de guêtre en laine blanche, bordée d'un liséré bleu, qui laisse à découvert le genou et le cou-de-pied. La chaussure est une sorte de sandale dont la semelle n'a pas moins d'un pouce d'épaisseur. Cette sandale, nommée alpargata, se rattache par une sorte de ruban, à la façon du cothurne antique. Les paysans de la Huerta ont gardé des Arabes l'habitude de raser leur tête, qu'ils enveloppent habituellement d'un foulard aux couleurs éclatantes; ils posent sur ce foulard un petit chapeau bas de forme, aux bords relevés, qu'ils chargent de rubans de velours, de houppe de soie et de clinquant. Ils laissent flotter librement sur l'épaule, non point seulement comme vêtement, mais plutôt comme parure, une pièce d'étoffe bariolée qu'ils appellent capa de muestra, qu'ils ornent avec beaucoup de soin de rosettes en rubans jaunes. Dans les coins de cette cape, qu'il sait arranger de mille façons, le Valencien serre son argent, son pain, et ce long et terrible couteau qui peut devenir poignard au besoin, et qu'il appelle navaja. Si vous ajoutez le teint bronzé, la barbe farouche et l'œil sombre, vous comprendrez peut-être que le reste de l'Espagne donne parfois, dans sa terreur naïve, le nom de mauvaises gens, *mala gente*, aux paysans de la Huerta. Un contraste assez piquant, mais que nous retrouverons plus d'une fois ailleurs, donne pour compagnes à ces hommes farouches les femmes les plus tendres, les plus douces, et qui paraissent les plus sentimentales de toute l'Espagne : ce sont d'adorables créatures, pâles et blondes, sourire rose et regard bleu, qui ont toujours l'air de trembler devant leurs terribles maîtres. On assure cependant qu'elles font avec eux très-bon ménage — sept ou huit enfants dans la maison sont là pour le dire — et elles sont loin de se plaindre de la destinée.

On entre dans la ville par une grande porte flanquée de tours, et la *tartane*, sorte de caisse recouverte de toile cirée, posée sur un essieu sans ressort, qui vous a pris au Grao, vous débarque à l'hôtel du Cid — le Cid Campéador, s'il vous plaît, qui prit Valence aux Maures en 1094. — Cette ancienne capitale d'un royaume n'est pas aussi pittoresque que l'on serait tenté de le croire : la ville est plate, confuse, sans que le désordre lui devienne beauté, comme il arrive à quelques-unes. Les rues sont étroites, bordées de hautes maisons, mais où l'on ne trouve que de rares vestiges d'architecture. La cathédrale a un portail superbe, avec un arc plein-cintre recouvert d'une profusion d'ornements denticulés, garni de colonnettes engagées, portant des chapiteaux à figures. L'intérieur a été dégradé par une prétendue restauration où le plâtre et le badigeon ont régné en maîtres. Signalons pourtant sur la façade douze bas-reliefs en albâtre, représentant des sujets tirés de l'Écriture sainte, et dont quelques-uns sont traités avec une habileté remarquable. Les stalles du chœur sont en bois noir très-finement sculpté ; près du grand autel, une haute grille en cuivre doré peut passer pour un des plus remarquables spécimens de la serrurerie espagnole. La fameuse tour de Miquelette sert de clocher à cette cathédrale. Elle est octogone, et sur la terrasse qui la terminait jadis on a élevé un petit minaret aigu et pointu. Le minaret est lui-même surmonté d'une croix, et sur le bras de cette croix on a perché une statuette de saint qui tourne au vent ; la croix se trouve ainsi changée en girouette : c'est bizarre et peu respectueux. Les autres églises sont dans un goût rocaille, peu conforme aux traditions et au génie de l'Espagne. Passons.

Une particularité des rues de Valence, c'est qu'elles ne sont point pavées, mais garnies d'une sorte de macadam dont la terre est mêlée d'un petit cailloutis assez agréable à l'œil quand il vient d'être lavé par la pluie de quelque orage.

Le seul monument de la ville vraiment intéressant, c'est la Bourse des marchands de soie, que l'on appelle la LONJA DE SEDA, production vraiment charmante de l'architecture gothique. La voûte de la grande salle retombe sur deux rangées de colonnes dont les nervures, tordues en spirale, sont d'une élégance, d'une grâce et d'une légèreté extrêmes. C'est dans cette salle, la plus gaie peut-être de toute l'Espagne, que se donnent les fêtes et les bals masqués du carnaval.

L'ancien couvent de la MERCED sert aujourd'hui de musée à Valence. Disons tout de suite que ce musée n'est pas digne de l'Espagne : il contient peu de tableaux, et généralement ces tableaux ne sont pas remarquables. Mais le couvent de la Merced possède un cloître exquis, entourant une cour admirable, plantée de palmiers poétiques et beaux comme ceux qui balancent leurs fruits d'or dans l'azur du désert oriental.

On entre à Barcelone la chanson aux lèvres :

> Avez-vous vu dans Barcelone
> Une Andalouse au teint bruni ?

La mémoire du plus charmant des poëtes semble voltiger encore autour de la ville qu'il a chantée dans ces vers qui gardent comme un vif reflet des Espagnes. Ce n'est pas d'aujourd'hui que Barcelone est célèbre, et *Cervantès*, avant Alfred de Musset, avait vanté la noble cité : « Barcelone, séjour de la courtoisie, asile des étrangers, hôpital des pauvres, patrie des hommes vaillants, refuge des offensés, centre commun de toutes les amitiés sincères, ville unique par son site et sa beauté. »

Disons-le toutefois, Barcelone est sans aucun doute la ville la plus commerçante, la plus animée, la plus riche, la plus remuante — et par conséquent la moins espagnole de toute l'Espagne. On y sent déjà le voisinage de la France : son grand cours, la REMBLA, promenade favorite de la ville, qui sépare le vieux Barcelone du nouveau, ressemble à nos boulevards parisiens. Si un certain nombre d'anciennes rues sont encore étroites, tortueuses et sombres, toutes celles que l'on construit maintenant sont larges, droites, bien pavées et garnies de trottoirs. Le trottoir n'est-il pas le dernier mot de la civilisation des rues? Barcelone, depuis quelques années, a perdu un certain nombre de ses couvents : on les a démolis, et le terrain qu'ils occupaient a été converti en places plantées ; au lieu d'un moine on a un arbre : il est évident que l'arbre donne plus d'ombre ; mais le moine était plus pittoresque, et ces vieux murs noirs et sombres ont emporté, en tombant, une partie de l'originalité de la ville. Beaucoup de ces couvents possédaient de belles églises, d'admirables cloîtres, de cet aspect à la fois grandiose et mélancolique que prend en Espagne tout ce qui touche à la religion ; des tombeaux d'une riche architecture, et des tableaux qui en faisaient de véritables musées : tout cela a disparu dans ce que les orateurs politiques appellent l'*ouragan révolutionnaire*. Les Constitutionnels de 1823 ont profané les sépultures royales de la famille d'Aragon ; en 1835, ils ont brûlé l'œuvre capitale du peintre Antonio Villa-Donat ; et le général Espartero, en 1843, a mis la dernière main à l'œuvre de destruction. — Eh ! messieurs, attaquez les hommes s'ils vous gênent ; mais, de grâce, respectez les pierres, qui ne font de mal à personne !

Les palais, que l'on n'a pas encore détruits, ont subi des modifications regrettables. C'est ainsi que l'ancienne demeure des rois goths, cédée à l'inquisition par le roi Ferdinand, en 1487, après avoir servi pendant quelque temps de demeure au vice-

roi, a été transformé en couvent d'abord, et bientôt en prison.

Barcelone est une vieille ville; son histoire se rattache à tous les événements de la Péninsule, soit qu'elle leur ait donné, soit qu'elle en ait subi l'impulsion. Fondée 230 ans avant notre ère, elle a passé successivement des Carthaginois aux Romains, des Romains aux Goths et des Goths aux Francs sous Charlemagne. Les Arabes s'en emparèrent en 926; mais les Français la leur reprirent bientôt et la possédèrent jusqu'en 1258, au moins comme suzerains. A cette époque elle tomba au pouvoir de la Castille : trois fois depuis lors elle revit flotter sur ses murailles le drapeau de la France conquérante, en 1697, en 1714 et en 1808. Nous l'avons encore occupée militairement de 1823 à 1827; mais cette fois pour le compte de la légitimité espagnole, dont nous allâmes faire les affaires au Trocadéro. Insurgée en 1842, elle subit toutes les horreurs qui accompagnent et châtient les guerres civiles. Depuis lors, avec cette facilité merveilleuse et que l'on retrouve seulement dans les villes sur lesquelles le commerce répand sa pluie d'or, elle a non-seulement réparé ses ruines, mais rapidement conquis une prospérité qu'elle n'avait jamais connue et que lui envient les plus nobles cités de l'Espagne.

Barcelone n'est pas seulement un grand centre commercial, c'est encore un foyer d'activité intellectuelle, projetant ses rayons dans les directions les plus diverses. Il possède, en effet, toutes sortes d'institutions artistiques, scientifiques ou littéraires, et ne laisse sommeiller aucune des forces vives d'une population heureusement douée.

Les églises de Barcelone ne valent point sans doute celles de de Tolède, de Séville ou de Cordoue, ces merveilles de l'art arabe et chrétien; mais sa cathédrale mérite pourtant l'attention et l'étude. Bâtie sur l'emplacement d'un temple antique, cette basilique, que l'on nomme la Seu, se recommande à l'attention de l'antiquaire par un système d'élégants piliers, une belle colonnade semi-circulaire, et venant, des deux côtés, rejoindre le maître-autel, une belle crypte souterraine, un retable immense — fait d'une pierre sombre, artistement fouillée, avec arcature ogivale, corniches, chapiteaux dorés, — de jolies chapelles en marbre, de grands tombeaux, des vitraux de couleurs, un vaste fronton inachevé, et des statues d'un assez beau style et donnant une heureuse idée de la sculpture espagnole du XIIe au XVIe siècle. L'église est remplie d'*ex-voto*, déposés, ou plutôt suspendus, par la reconnaissance de malades guéris qui ont fait hommage à la Vierge des membres reconquis sur la maladie par sa toute-puissante intercession. On pourrait faire un cours complet d'anatomie, rien qu'en allant du bénitier au maître-autel!

Si, arrivé au terme extrême du long voyage, nous n'avons plus le loisir de visiter tous les environs de Barcelone, il nous restera du moins assez de temps pour conduire le lecteur jusqu'au sommet du MONT-JOUÏ, couronné de sa citadelle. On y monte par une route escarpée, mais dominant la mer, et, à chaque pas que l'on y fait, découvrant un horizon plus large. Elle est plantée de jolis arbustes, d'une végétation tout orientale, et bordée de cottages, de villas, de chalets et de maisons rustiques, qui dorment en paix sous les canons de la forteresse. Ainsi les abeilles célestes déposèrent leur miel dans la mâchoire du lion immolé par Samson : mais le lion des Philistins ne devait plus se réveiller, et il suffirait d'une étincelle pour mettre en feu et le Mont-Jouï, et les villas, et Barcelone. Avec ces canons on n'est jamais sûr de rien!

FIN.

TABLE DES SOMMAIRES

I. — **La Méditerranée.** — Quelques mots en guise de préface. — Où l'auteur aurait envie de parler de lui. — La Méditerranée et l'Océan. — Rapide coup d'œil. — Souvenirs et paysages. 1

II. — **Marseille.** — L'arrivée. — La ville. — Le présent et le passé. — Population. — Les femmes du peuple. — La Cannebière. — Peu de monuments. — Marseille artiste. — Un peu d'histoire. — Promenades publiques. — Un mariage impromptu. — L'hôtel de Suez. — Notre-Dame de la Garde. — L'architecture gothique et la gaieté méridionale. — La cathédrale de Marseille. — Le style byzantin. — Rêves d'avenir. 8

III. — **Toulon.** — Une ville du Midi. — Comment les Anglais traitent leurs alliés. — Topographie. — L'Arsenal. — La toilette d'un forçat. — Un bagne pittoresque. — Le plus beau jardin du monde. 24

IV. — **Nice.** — Trois noms pour une ville, et deux villes pour une. — Nikh, Nizza, Nice. — Les bienfaits de l'annexion. — Heures de paresse. — Les couleurs suaves. — Symphonie en bleu majeur. — Palais et villas. — Couleur locale. — Les Ponchettes. — Aimez-vous les roses ? — Le royaume de Lilliput. — Les Grimaldi. — Tempête dans un verre d'eau. — Prince et comédien. — Sous-préfecture de première classe. . . . 33

V. — **Gênes.** — Effet de neige. — Une ville qu'il faut voir de loin. — Les rues de marbre. — Trop de palais. — Faute de place. — Architecture aérienne. — Les Génois à la recherche de la meilleure des républiques. — On se tue beaucoup. — Qu'il est parfois difficile d'avoir un maître. — Les églises. — Un pape qui n'est pas galant. — Saint Jean-Baptiste trop vengé. — N'y touchez pas ! — La douane. — Le port. — L'aristocratie des portefaix. — Comment on *bâtit* une promenade. — Toilettes de femme. — La villa Pallavicini. — Souvenir d'Horace. — Où l'auteur ose avouer qu'il n'est pas riche. . . 41

VI. — **La Corse.** — Les îles sont excommuniées. — Farouche insulaire. — Marius, Sylla, Charlemagne. — Sombre histoire. — Rôle de la France dans les affaires de la Corse. — Tragédie de famille. — Un assassin délicat. — Comment il faut tuer sa femme. — Une révolution pour trois centimes. — Les noms prédestinés. — Carbone allume l'incendie. — Mangin roi. — Un prince bien vêtu. — Sans argent. — Un vrai grand homme. — Paoli. — Un peuple vendu. — Physionomie du pays. — Portrait d'homme d'après nature. — Les maquis. — La vendetta. — La ville et la campagne. — Le berceau d'un grand homme. — Pas galants. — Les femmes. — Sans dot. 55

VII. — **L'île d'Elbe.** — Trois princes pour un royaume. — Napoléon à l'île d'Elbe. 80

VIII. — **La Sardaigne.** — Profils de paysans. — Les cavalcanti. — Un guide pour les guides. — Population. — Les Barbares. — Charlemagne et le denier de Saint-Pierre. — Trop de maîtres. — Huit cents ans de guerre. — Paysages. — Tempio. — Beauté des femmes. — Les tombeaux. — Noraghes. — Sassari. — Rita-Christina. — L'amour impossible. — Milis. — Une forêt d'orangers. — Le Tirsis. — Un coin de l'Afrique. — Cagliari. — Physiologie du balcon. — Le paradis des vieillards. — Seconde jeunesse. — Le Campo-Santo. — La Cathédrale. — Débris du passé. — Une ville carthaginoise. — Ruines romaines. — Saint-Avendrace. — Effet du soir. — Le Campidono. — Costumes et coutumes. — Une vieille langue. 83

IX. — **Livourne.** — Une ville cosmopolite. — Où il est prouvé qu'il ne faut pas faire trop de commerce. — La cathédrale. — Église, temple et synagogue. — Un cimetière botanique. 98

X. — **Pise.** — La cité dolente. — Tristesse et beauté. — Souvenirs. — Un quatuor. — Le Dôme. — Le Baptistère. — La Tour penchée. — Le Campo-Santo. — Giotto. — Orcagna. — Simone Memmi. — La Tour de la Faim. — Dante en colère. . . . 100

XI. — **Civita-Vecchia. — La Compagnie des Messageries Impériales.** — L'éloquence des chiffres. — Une grande entreprise. — La poste et la mer. — Histoire d'une compagnie commerciale. — Le Lloyd français. — L'isthme de Suez. — Les Transatlantiques. — L'Inde à nos portes. — Nos colonies dans l'extrême Orient. — Chine et Cochinchine. — Comme quoi Civita-Vecchia est un nom d'amitié. — Centumcellæ. — Le port de l'empereur Trajan et la forteresse de Michel-Ange. 107

XII. — **Naples.** — Voir Naples et ne pas mourir! — Les dons de la nature. — Le ciel, la terre et la mer. — La ligne et la couleur. — La ville. — La rue de Tolède et la Chiaja. — Les habitants. — Un peuple gai. — Un souper pour trois centimes. — Les lazaroni. — Un saint complaisant. — Les musées. — Histoire de Naples. 115

XIII. — **Le Vésuve.** — Une montagne qui a fait parler d'elle. — Moins de feu que de fumée. — Les caprices du Vésuve. — Cinquante éruptions. — Des gens obstinés. — Intrépidité du gouvernement napolitain. — Une poudrière sur un volcan. 127

XIV. — **Pompéi.** — L'antiquité vraie. — La plus curieuse ville du monde. — Pompéi nous aide à comprendre la vie des anciens. — La catastrophe. — Un somme de dix-huit siècles. — Une ville de province sous les Romains. — Petits détails. — Une maison antique. — Profonde différence entre la vie des anciens et la nôtre. — Du spectacle chez les Romains. — Les théâtres de Pompéi. — Les temples. — Les tombeaux 131

XV. — **La Sicile.** — Les hommes et les dieux. — Sicaniens et Sicules. — Romains et Carthaginois. — Normands et Teutons. — Les Vêpres siciliennes. — Angevins et Aragonais. — La Sicile à vol d'oiseau. 145

XVI. — **Trois jours à Palerme.** — Une ville charmante. — Comme quoi Palerme est un coquillage. — Premier aspect. — Une promenade à vol d'oiseau. — La rue de Tolède. — Au bord de la mer. — Le Palais. — La Chapelle palatine. — Un monument bien conservé. — Le Dôme. — Une architecture de transition. — Archéologie normande et sarrasine. — Une lettre de la sainte Vierge. — Sainte Rosalie. — Un pèlerinage en train de plaisir. — Souvenirs d'Afrique : Ziza, Cuba, Favara. 150

XVII. — **Monreale.** — La route. — La ville. — La cathédrale. — Où est le cœur de saint Louis ? — La poésie du cloître. 162

XVIII. — **Girgenti.** — Le taureau d'airain. — Une pauvre ville. — Quarante-cinq églises et pas une maison. — Un bénitier païen. — Splendeurs évanouies. — Grandes ruines. — Temples détruits. — Palais des Géants. — Un volcan de boue. 166

XIX. — **Syracuse.** — La ville des souvenirs. — Sept lieues de tour et pas de ruines. — Une Vénus et deux abbés. — Les carrières. — Les amours d'un fleuve. — La fontaine Aréthuse et les blanchisseuses de Syracuse. 170

XX. — **Catane.** — La via Ferdinanda. — Deucalion et Pyrrha. — Récolte d'enfants. — Un voisin dangereux. — Exportation de la neige. 176

XXI. — **L'Etna.** — Physionomie du volcan. — Constitution de la montagne. — Les trois régions. — Un monde de volcans. — Les éruptions. — La montagne improvisée. . 179

XXII. — **Taormina.** — Le théâtre. — L'horizon. 183

XXIII. — **Messine.** — Le port. — Belles perspectives de la ville. — Les pavés de lave. — La cathédrale. — Les cheveux de la sainte Vierge. — Le couvent des Géorgiennes. — Le détroit de Messine. — Charybde et Scylla. 185

XXIV. — **Malte.** — Effet de matin. — Le canot maltais. — Pêle-mêle de nations. — La cité Valette. — Ciceroni. — Saint-Jean des Chevaliers. — Les huit langues et leurs chapelles. — Le trône de Victoria. — L'esplanade des Chevaliers. — Le gouverneur anglais dans le palais du grand maître. — Le corricolo. — Medina-Vecchia. — British Garden. — La campagne. — Cazal. — Portrait de la vierge Marie par saint Luc, apôtre évangéliste et artiste. — La cathédrale Saint-Pierre et Saint-Paul. — La grotte. — Un miracle. — Les femmes à la promenade. — Le génie anglais. — Les Maltais. — Le peuple et l'aristocratie. — Les jardins. — Physiologie du balcon. 188

XXV. — **Venise.** — L'Adriatique. — Venise et Trieste. — Arrivée à Venise. — La place Saint-Marc. — Promenade nocturne. — Sérénade. — Les barcarols. — La terre et l'eau. — Les rues de Venise. — Le Grand-Canal. — Silhouettes de palais. — Profils d'habitants. — Saint-Marc. — Les églises. — Les musées. — Le Ridotto. — La Fenice. — Les lagunes. — Le Lido. — Le cimetière des juifs. — Murano. 205

XXVI. — **Trieste.** — Histoire et géographie. — Commerce et civilisation. — Le Lloyd. 230

XXVII. — **Gabreck.** — La montagne du Karst. — Géologie. — Une rivière intermittente. — Les Dolinas. — La Pivka. — La grotte. — Le Dôme. — Le labyrinthe. —

Stalactites et stalagmites. — La salle de danse. — La cuisine du docteur. — La chapelle. — Le Golgotha. — La roche musicale. — Le protée. 233

XXVIII. — **L'Albanie.** — Pourquoi l'Albanie est-elle si peu connue. — La terre et l'homme. — Frontières poétiques. — Ethnographie. — Race blanche et race jaune. — Scutari. — Une ville à la campagne. — Cathédrale en plein air. — Antivari. — Ruines de ruines. — Le mont Romija. — Mœurs et coutumes. — Chrétiennes et musulmanes. — Albanais. — Des gens qui ne veulent pas se marier. — Ignorance des femmes. — Types de jeunes filles. — Religion et superstition. — Abus des parfums. — Les femmes peintes comme à Paris. — Dîner albanais. — On mange avec ses doigts. — Danses. — Musique. — Cérémonies funèbres. — Échantillons de poésie albanaise. 242

XXIX. — **Les îles Ioniennes.** — Destinées orageuses. — Que les Ioniens sont des Grecs. — Pourquoi ils ont si souvent changé de maîtres. — Politique anglaise. — Venise gouvernait mieux. — Circumnavigation. — La Fleur de l'Orient; Zacynthus; Zante. — Les femmes ioniennes. — Samos, Céphalonie. — Le Monte-Nero — Un curé qui n'aime pas les pommes de terre. — Argostoli. — Ithaque. — Souvenirs d'Ulysse. — Les amants de Pénélope. — Sainte-Maure. — Forêt d'oliviers. — Corfou. — La clef de l'Adriatique dans la poche des Anglais. — Les jardins d'Alcinoüs. — Un voyage à Cythère. 263

XXX. — **Athènes.** — Arrivée en Grèce. — Le cap Sunium. — L'horizon. — Le Pyrée. — Du Pyrée à Athènes. — Le Céphise et l'Eurotas. — La rue d'Hermès. — Le palais du roi. — Costumes modernes. — Patissia. — Mouvement littéraire. — L'ancienne ville. — L'Acropole. — Les Propylées. — Le temple de la Victoire sans ailes. — La Pinacothèque. — Le Parthénon. — Périclès, Ictenus et Phidias. — Les Métopes et les Frontons. — Intérieur du temple. — La statue de la déesse. — Le temple de Thésée. — Le Jupiter Panhellénien. — Les théâtres. — Le vrai conservateur des antiquités d'Athènes. — Excursions et promenades. — Un paysage classique. — Le ciel de la Grèce. 282

XXXI. — **Les Sporades.** — Variété d'aspects. — Rhodes, la rose. — Le colosse. — Les Chevaliers. — La ville. — Les faubourgs. — Zembouli-Déré. — Premiers habitants. — Rhodon. — Villaret. — Villiers de l'Isle-Adam. — Soliman le Magnifique. — Cnide. — Vénus et Praxitèle. — Cos et Apelles. — Pathmos et saint Jean. — Grotte de l'Apocalypse. — Samos. — Chora, ruines grecques. — Chio et ses femmes. — Lesbos, la république des îles Fortunées. — Sapho et la pléïade. — Mitylène. — Ténédos. — Les Dardanelles. — Gallipoli. — Le beau Léandre. 310

XXXII. — **Constantinople.** — Panorama. — Les Mosquées. — Sainte-Sophie. — Les bazars. — Le vieux Sérail. — La Corne d'or. — Le harem. — Le palais du sultan. — Stamboul. — Péra. — Galata. — Le Phanar. — Les cimetières. — Les eaux douces. — Europe et Asie. — Promenade sur le Bosphore. 318

XXXIII. — **La mer Noire.** — **Trébizonde.** — Un joli nom pour une vilaine chose. — Les origines de Trébizonde. — Grandeur et décadence. — Les Dix Mille de Xénophon. — Adrien et Mahomet II. 356

XXXIV. — **Smyrne.** — Histoire et paysage. — Smyrna l'Amazone. — Ismir l'Infidèle. — Panorama. — Commerce et philosophie. — La ville. — Bazars et mosquées. — Une femme à vendre. — La rue des Roses. — La femme d'Orient. — Le berceau d'Homère. — Le Mélèze et le Pont des Caravanes. — L'Ionie. 359

XXXV. — **La Troade.** — Pour l'amour du grec. — Homère et Alexandre. — Le palais de Priam. — Le retranchement d'Hercule. — Sigée. — Le tombeau d'Achille. — Le Scamandre et le Simoïs. — Où va la poésie. — *Ubi Troja fuit.* — Pergame. — Le tombeau d'Hector. — Le mont Ida. — L'Olympe. — Paysage classique. 366

XXXVI. — **Alexandrette.** — **Chypre.** — **Latakièh.** — **Tripoli.** — Échelles de Syrie. — La fièvre. — Baïlan. — Chypre. — Le vin de la Commanderie. — Vénus Astarté. — Larnaca. — Laodicée. — A quoi sert la gloire. — Un maçon ingénieux. — « J'ai du bon tabac. » 375

XXXVII. — **Le Liban.** — Littérature sacrée. — Le Liban et l'Anti-Liban. — La Cœlé-Syrie. — Richesse et beauté. — Les quatre saisons dans un jour. — Agriculture. — Le Vin d'or. — Les cèdres du Liban. 379

XXXVIII. — **Baal-Beck.** — Temples et palais. — Les routes du Liban. 386

XXXIX. — **Les Druses.** — Origine des Druses. — Sont-ils Français? — Les Dursys et les Hivites. — Une histoire écrite avec du sang. — Quatre batailles dans un jour. — Haine et fanatisme. — Les francs-maçons d'Orient. — Le chef des étoiles. — Son costume. — Le Khaloué. — Doctrine. — Initiation. — Les Akals. — Le Horse. — Hackem. — Le palais du prince. — Les femmes druses. 389

XL. — **Les Maronites.** — Origine des Maronites. — Leurs guerres avec les Druses. — Antiques relations avec la France. — Belle lettre de saint Louis. — Capitulations de François Ier. — Lettres de protection de Louis XIV. — Louis XV. — Bonaparte et Napoléon III. — Méhémet-Ali et la guerre de 1840. — Les missions chrétiennes dans le Liban. — Constitution politique. — Un village maronite. — La cloche. — M. le curé. — L'église et le presbytère. — Fils des Croisés. — La France en Orient. 400

XLI. — **Sidon.** — **Beyrouth.** — **Damas.** — Les ports du Liban. — La côte de Syrie. — Sidon-Saïda. — Le vieux château. — Le caravansérail. — Population. — Beyrouth. — Cosmopolitisme. — Le port marchand. — Visite aux bazars. — De Beyrouth à Damas. — Damas à vol d'oiseau. — Splendeurs. — Commerce et industrie. — Les maisons de Damas. — La mosquée de Saint-Jean-Baptiste. — Le palais du séraskier. . . 409

XLII. — **La Terre Sainte.** — Jaffa. — Grandeur des souvenirs. — Le port de Jaffa. — On débarque. — Le marché. — Petites maisons et grands jardins. — Joppé. — Jaffa, Japhet. — Antiquité profane et sacrée. — Saint Pierre et la vocation des Gentils. — La route. — Comment on équipe une caravane. — La plaine de Sarons. — Ramlah. — Nicodème et Joseph d'Arimathie. — Premier aspect de la Judée. — Le bon larron et la fuite en Égypte. — La vallée des Térébinthes. — Roi et berger. 422

XLIII. — **Jérusalem.** — **Les Lieux saints.** — La ville sainte. — Entrée à Jérusalem. — L'église du Saint-Sépulcre. — Les sanctuaires. — Les Litanies de la Passion. — Le Golgotha. — Description fidèle du Saint-Sépulcre. — Histoire des lieux saints. — La ville de David. — Le temple de Salomon. — La mosquée d'Omar. — Chrétiens, Juifs, Arabes et Musulmans. 430

XLIV. — **Nazareth.** — Nasra. — La fleur de la Judée. — Une ville blanche. — Saint Louis à Nazareth. — Le sanctuaire de l'Incarnation. — Notre-Dame de Lorette. — Une maison qui voyage. — Jésus enfant. — Le premier miracle. — *Mensa domini.* — Jésus à la synagogue. — La montagne de l'effroi. — La fontaine de Marie. — Koubroussi. — Les femmes de Nazareth. 459

XLV. — **Alexandrie.** — La nuit. — Nous touchons au port. — Le drapeau jaune. — Un pilote bien vêtu. — La prière. — L'ouled. — Roumis et Rayas. — Le quartier européen. — La ville turque. — La capitale d'Alexandre. — Les Fellahs. — Un cimetière arabe. — La colonne de Pompée. — Les Aiguilles de Cléopâtre. 467

XLVI. — **Tunis.** — La civilisation des États barbaresques. — Un prince comme on en voit peu. — Ahmed-Bey. — Principaux personnages de la régence. — Réformes courageuses. — Première vue de Tunis. — Tunetum. — Le Goletta. — Le lac de Tunis. — La ville aux sept portes. — Population. — Les trois quartiers. — Physionomie de la ville. — Boutiques et bazars. — Le Bardo. — Les chaoux. — Turcs et renégats. — Les Arabes vont en ville. — Agriculture. — Le Henné. — Les femmes peintes. — Jardins et villas. — Le chemin de Carthage. — Carthage. — Saint Louis. — Messieurs les Anglais. 474

XLVII. — **Alger.** — Coup d'œil général. — Les vainqueurs et les vaincus. — La ville arabe. — Maisons mauresques. — La ville française. — La Kasbah. — Le musée. — L'hôtel de la Division. — Palais du Gouvernement. — Alger cosmopolite. — Les races d'hommes. — Une Mauresque chez elle. — Hadars, Amins et Berranis. — Les Maures, les Juifs, les Nègres et les Arabes. — Environs d'Alger. 491

XLVIII. — **Le Maroc.** — Querelle du Maroc et de l'Espagne. — Los Presidios. — Les pirates du Riff. — L'expédition du Maroc. — Triomphe de l'Espagne. — Fez et Maroc. — Tanger. — Maracasch. — Le palais de l'Émir. 504

XLIX. — **Espagne.** — L'Espagne. — Gibraltar. — Malaga. — Grenade. — Séville. — Carthagène. — Valence. — Barcelone. 514

FIN DE LA TABLE DES SOMMAIRES.

Paris. — Imprimerie de P.-A. Bourdier et Cie, rue Mazarine, 30.

www.ingramcontent.com/pod-product-compliance
Lightning Source LLC
Chambersburg PA
CBHW070827230426
43667CB00011B/1707